Sarah Morikawa　Luke Harrington　平岡麻里　著

International English Language Testing System

JN042112

IELTS
完全対策 & トリプル模試

音声アプリ
&
DL対応

Gakken

はじめに

　本書は IELTS のアカデミックモジュールを受験する日本人学習者のために、英国、オーストラリア、日本出身の著者が3者合わせて30年の IELTS 対策指導経験を注ぎ込んだ教材です。IELTS をまったく初めて受験する方から、さらにスコアアップを目指す方まで活用していただけるよう構成されています。

■ 4つの技能を網羅

　本書の前半では、IELTS で測られる4つの技能（リスニング・リーディング・ライティング・スピーキング）について、出題傾向を分析し、問題タイプ別の対策を詳しく解説しています。多くの問題をこなすことで実践力をつけられるよう、リスニングやリーディングには練習問題を豊富に設けています。多くの日本人受験者が苦手とするライティングでは、エッセイライティングの基本を無理なく理解できるよう丁寧に解説したつもりです。同時に、応用力を養うことができるよう、豊富なサンプルエッセイと充実した英語表現集を収録しています。スピーキングでは回答のテクニックやコツを解説したほか、日本人受験者によく見られるミスや癖についても確認できる機会を設けています。ぜひ大いに活用して4つの技能すべてにおいて力を伸ばしてください。

■ フルサイズの模試を3本

　本書の後半には、本番と同じ問題数の模擬試験を3本収録しています。IELTS が初めての方は、本書をひと通り学習した後にまず1本目に取り組んで弱点を確認し、復習をしてから2、3本目にチャレンジするといいでしょう。受験経験者は、まず力試しに1本目に取り組んでみて、結果を基に特に弱いところから重点的に勉強すると効率的です。

　本書は、Gakken 編集部の多大なるご尽力なくして完成することはありませんでした。その貴重な助言や協力に対して、心からお礼を申し上げます。また、私たちに協力してくれた千葉大学の学生さんたちにも、感謝の気持ちをお伝えしたいと思います。

2024 年 1 月

Sarah Morikawa
Luke Harrington
平岡麻里

CONTENTS

はじめに ·· 003

| INTRODUCTION | IELTS の概要 | 007 |

■ IELTS についての基本情報 ································ 008
■ アカデミック・モジュールの試験内容 ················ 011
■ IELTS と TOEFL の比較 ································ 012
■ 受験申し込み ··· 014
■ 受験者に役立つ情報 ······································ 016

| LISTENING | 完全対策 | 017 |

01 リスニングテストの概要 ································ 018
02 パート 1 対策 ·· 025
03 パート 2 対策 ·· 039
04 パート 3 対策 ·· 051
05 パート 4 対策 ·· 063
06 リスニング模擬問題 ···································· 073
07 弱点補強のリスニング練習 ·························· 099

| READING | 完全対策 | 117 |

08 リーディングテストの概要 ·························· 118
09 問題タイプ別対策 ······································ 125
10 リーディング模擬問題 ································ 189

WRITING	完全対策	213

11 ライティングテストの概要 214
12 タスク 1 対策 226
13 タスク 2 対策 270
14 効果的に書くための英語表現・タスク 1 310
15 効果的に書くための英語表現・タスク 2 330
16 受験者によくある文法・語彙のミス 340

SPEAKING	完全対策	351

17 スピーキングテストの概要 352
18 パート 1 対策 371
19 パート 2 対策 397
20 パート 3 対策 418

PRACTICE TEST	IELTS トリプル模試	433

TEST 1 434
TEST 2 490
TEST 3 548

音声のご利用方法

音声再生アプリで再生する

右の QR コードをスマホなどで読み取るか、下の URL にアクセスしてアプリをダウンロードしてください。ダウンロード後、アプリを起動して『IELTS 完全対策&トリプル模試』を選択すると、端末に音声がダウンロードできます。

https://gakken-ep.jp/extra/myotomo/

MP3 形式の音声で再生する

上記の方法1の URL、もしくは QR コードでページにアクセスし、ページ下方の【語学・検定】から『IELTS 完全対策&トリプル模試』を選択すると、音声ファイルがダウンロードされます。

ご利用上の注意

お客様のネット環境およびスマホやタブレット端末の環境により、音声の再生やアプリの利用ができない場合、当社は責任を負いかねます。また、スマホやタブレット端末へのアプリのインストール方法など、技術的なお問い合わせにはご対応できません。ご理解いただきますようお願いいたします。

INTRODUCTION

IELTS の概要

IELTS についての基本情報

IELTS（International English Language Testing System）は英語の環境で学業や生活、仕事をするために必要とされる英語の能力を測る試験です。世界 140 ヵ国の 11,000 以上の教育・政府・国際機関や企業に採用されています。イギリス、オーストラリア、カナダ、ニュージーランドでは、ほぼすべての高等教育機関において入学の判定基準として認められているほか、近年はアメリカでも TOEFL に代わる試験として採用する教育機関が増えています。試験問題は国際性を重視して作成されており、多様な国・地域に関するトピックを扱うとともに、リスニングではさまざまな国や地域のアクセントを取り入れています。

日本では、IDP: IELTS Australia と British Council が、IELTS 共同所有者として運営しています。British Council は日本英語検定協会と共同運営の形式をとっているほか、IDP と British Council が認可したテストセンターが複数あり、各サイトにて申し込むことができます。どの団体から申し込んでも試験内容は変わりませんが、試験日、会場、受験料、当日の持ち物などが異なります。

IELTS には、以下の 2 つのタイプがあり、目的に応じて受験者が選択します。

① **Academic Module**（アカデミック・モジュール）
大学や大学院への留学を希望する人、英語圏での看護師や医師登録申請をする人を対象としています。

② **General Training Module**（ジェネラル・トレーニング・モジュール）
英語圏で学業以外の研修を希望している人、英国、オーストラリア、カナダ、ニュージーランドへの移住を計画している人を対象としています。

なお、いずれのモジュールでも、リスニング、リーディング、ライティング、スピーキングの 4 技能を測定します。リスニングとスピーキングの問題は両モジュールに共通しており、リーディングとライティングの問題はモジュールによって異なります。**なお、本書はアカデミック・モジュールを扱います。**

IELTS のレベル設定

IELTS には、9 つのレベルが設定されています。試験結果は、1.0 から 9.0 まで 0.5 刻みのスコアで表されます。合格・不合格の判定はありません。一般に、大学入学に必要とされるスコアは 6.0 から 6.5 以上とされています。

IELTS 9 つの判定レベル	
Band 9	**Expert user** — IELTS の最高レベル。英語の運用能力を十分に持っている。適切で、正確かつ流暢である。英語を完全に理解する能力がある。
Band 8	**Very good user** — 非体系的な不正確さや不適切さが散見されるが、英語の運用能力を十分に持っている。不慣れな状況では誤解が生ずる可能性もあるが、複雑な議論にうまく対応することができる。
Band 7	**Good user** — 不正確さや不適切さが散見され、誤解が生じることもあるが、英語の運用能力を持っている。複雑な言葉もおおむね扱うことができ、詳細な論理を理解することができる。
Band 6	**Competent user** — 不正確さ、不適切さ、誤解が多少見られるが、おおむね効果的に英語を運用する能力を持っている。身近な状況では、相当に複雑な言語の意味を把握し、使うことができる。
Band 5	**Modest user** — 英語の運用能力は限定的である。だいたいの状況において全体的な意味を把握することができるが、多くのミスをすることも予測される。得意な分野では、基本的なコミュニケーションができる。
Band 4	**Limited user** — 身近な状況においてのみ、基本的な英語力を示すことができる。理解しにくい、あるいは表現しにくいことが頻繁にあり、複雑な言葉を使用することができない。
Band 3	**Extremely limited user** — ごく身近な状況において、一般的な意味だけを伝え、理解することができる。コミュニケーションがしばしば中断される。
Band 2	**Intermittent user** — 実質的なコミュニケーションを行うことができない。身近な状況で必要に迫られて、単語や短い定型句をバラバラに並べて、ごく基本的な情報を伝えることのみ可能である。口語も書き言葉も理解するのが非常に困難である。
Band 1	**Non-user** — 単語をいくつかバラバラに並べることしかできず、基本的に英語の運用能力がない。

試験の流れ

IELTS は、リスニング、リーディング、ライティング、スピーキングの 4 分野で構成され、受験者は 4 分野すべてを受験します。リスニングとスピーキングは、すべての受験者共通ですが、リーディングとライティングは Academic Module と General Training Module で異なります。

以下は、ペーパー版の場合の試験の流れです。コンピューター版とペーパー版に関する詳細は p.16 をご覧ください。

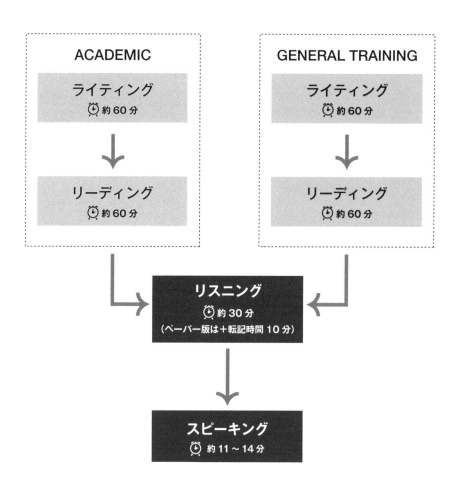

アカデミック・モジュールの試験内容

リスニング

会話やモノローグの音声を聞きながら、さまざまなタイプの問題（選択問題、記述式問題など）に答えます。すべての音声が終わった後で、ペーパー版の場合、解答を解答用紙に転記する時間が10分間与えられます。それを含めてテスト時間は合計40分程度です。4つのパートでそれぞれ異なる音声素材が使用され、各10問、全40問が出題されます。音声は一度しか聞くことができません。音声には多様な国や地域のネイティブスピーカーのアクセントが使用されます。

リーディング

3つのパッセージ（全体で2,150語〜2,750語）について、全40の問題が出題されます。テスト時間は60分です。パッセージは本、学会誌、雑誌、新聞などから引用され、扱うテーマは学術的なものですが、一般向けに書かれており、専門的な知識を必要とするものではありません。3つのうち、少なくともひとつは詳細で論理的な議論を扱った内容です。

ライティング

タスク1とタスク2の2種類のタスクが出されます。タスク1では最低150語のエッセイ、タスク2では最低250語のエッセイを書きます。これら2つのエッセイを書き上げるのに与えられる時間は合計60分です。タスク1ではグラフや図表などで提示された情報を説明する能力が問われます。タスク2では提示された主張や問題に関する自分の意見を筋道立てて論じる力が試されます。

スピーキング

試験官と受験者の1対1の面接形式で行われます。テスト時間は11分〜14分です。3つのパートから成り、パート1は日常生活に関する簡単な質疑応答です。パート2では試験官から提示された話題について、1〜2分間ひとりでトークを行います。パート3ではパート2の話題について、より掘り下げたディスカッションが行われます。

IELTS と TOEFL の比較

TOEFL との比較

TOEFL も IELTS と同じく大学レベルの英語を使用および理解する能力を測定するもので、リスニング、リーディング、ライティング、スピーキングの4つのパートで構成されています。両試験とも、そのスコアは世界全域の大学や機関、その他の団体で受け入れの判断基準として採用されています。

IELTS にはコンピューター版、ペーパー版、IELTS Online の3つの形式があります。TOEFL のペーパー版は廃止されており、現在では TOEFL iBT のみ実施されています。

IELTS と TOEFL で大きく異なるのはスピーキングのテスト形式です。IELTS はコンピューター版であっても試験官との対面形式で行われます（IELTS Online はパソコンのマイクに吹き込む形式）。TOEFL iBT のスピーキングはパソコンのマイクに向かって話した音声が録音、採点されます。

	IELTS	TOEFL iBT
テスト時間	約3時間	約2時間
受験料	25,380円〜	US$245
スコア	各パートのバンドスコア（1〜9）と「総合バンドスコア」（1〜9）が与えられる	各パートは0〜30で評価され、総合スコア（0〜120）が与えられる
テスト形式	コンピューター版／ペーパー版（スピーキングは試験官との対面式）IELTS Online（スピーキングはコンピューターに音声が録音される）	パソコンの画面にクリックやタイピングで解答を入力（スピーキングはコンピューターに音声が録音される）
Listening	• 約30分＋ペーパー版のみ解答転記時間10分 • 40問 • 一般社会の会話、一般社会のモノローグ、教育・勉強の場での会話、講義・講演、各1題	• 36分 • 28問 • 授業中の討論や会話（2題）、講義（3題）
Reading	• 60分 • 40問 • 3つの学術的なパッセージ	• 35分 • 20問 • 2つの学術的なパッセージ
Writing	• 60分 • 2問 • タスク1：グラフや図表などのデータを見て150語以上で説明する • タスク2：社会問題などについて自分の意見を250語以上で述べる	• 29分 • Integrated task 1問 • Academic Discussion task 1問
Speaking	• 11〜14分 • パート1：一般的な話題の質疑応答 • パート2：与えられた話題について1〜2分話す • パート3：パート2の話題について試験官とディスカッション	• 16分 • Independent task 1問 • Integrated task 3問
メモ	問題用紙にメモ可。コンピューター版は、メモ用紙が配られる。（スピーキングでは、メモ用紙と鉛筆が渡される）	メモ用紙を配布。試験終了後に回収される

（2024年1月現在）

受験申し込み

テスト会場と実施日
IELTSは主要都市で受験可能ですが、実施団体や形式（コンピューター版／ペーパー版／IELTS Online）によって会場や試験日が異なります。詳しくは各団体のサイトをご覧ください（p.16参照）。

お申し込みの流れ
インターネットで申し込みます。その際、試験当日の時点で有効なパスポートが必要なのでご注意ください。ここではIDPの例を紹介します。

> パスポートを準備してhttps://ieltsjp.com/japan/test-datesにアクセス。試験日の3日前まで受け付け（定員に達した時点で締め切られる）。

> テスト日程、会場、モジュールなどを選択。ユーザー登録後、パスポートの顔写真画像をアップロードする。

> 受験料の支払い（クレジットカードかコンビニ支払い）

> 試験1週間前に受験確認書がメールで届く

当日の持ち物
実施団体によって会場や集合時間、持ち物なども異なります。必ず受験確認書を見直して、間違えないようにしましょう。

当日の持ち物の例
- パスポート（有効期限が切れていない原本）
- 18歳未満の受験者は、IELTS未成年者承認と同意書（各実施団体の規定に従う）
- 水を持ち込む場合は、透明でラベルがついていないボトルに入ったもの
- 黒鉛筆（シャープペンシル、キャップ不可）
- 消しゴム（カバーを外したもの）

※IDP運営のテストセンターでは、会場で用意された鉛筆と消しゴムを使用します。

試験の流れ（IDP の例）

当日の試験の流れも実施団体によって異なります。ここでは IDP の例を紹介します。

荷物を預ける。会場に持ち込めるのはパスポートと水のみ。

パスポートの確認。写真撮影と Finger Scan を行う。

試験の流れの例（ペーパー版）
開始：9：00　**終了：**12：20（目安）
　・ライティング（60 分）
　・リーディング（60 分）
　・リスニング（30 分＋転記 10 分）
※実際に受けられる場合の集合時間などは、各実施団体の規定をご確認ください。

・スピーキング（11 ～ 14 分）
試験官との対面式で、指定時間に個室で受験。本人確認用のパスポートが必要。

結果

ペーパー版は試験後 13 日後、コンピューター版は試験後 3 ～ 5 営業日後に、オンライン上で成績が開示されます。同時に成績証明書が郵送され、通常オンラインでの公開から 5 日以内にご自宅に届きます。

※上記は 2024 年 1 月現在の情報です。受験される際には、申込団体から提示された最新情報をご確認ください。

受験者に役立つ情報

試験勉強に役立つ情報を提供しているサイトをご紹介します。サンプル問題などを入手できる場合もあるので、ぜひ有効にお使いください。

IELTS の公式ホームページ　**https://www.ielts.org/**（英語）
IDP　**https://ieltsjp.com**
JSAF　**https://jsaf-ieltsjapan.com/**
British Council　**https://www.britishcouncil.jp/exam/ielts**
公益財団法人 日本英語検定協会　**https://www.eiken.or.jp/ielts/**
バークレーハウス　**https://berkeleyhouse.co.jp/ieltstestcentre/**

■ コンピューター版、ペーパー版の違い

コンピューター版とペーパー版の違いを表にまとめています。違いを理解してご自身に合う形式を選びましょう。

	コンピューター版	ペーパー版
受験日	平日・土日祝日	月 4 日程度
試験結果	3 ～ 5 日後	13 日後
試験時間・順番	午前または午後 リスニング（30 分） ↓ リーディング（60 分） ↓ ライティング（60 分） 午前または午後 スピーキング（11 ～ 14 分） （コンピューター版であっても、試験官との対面形式にて実施。申し込み時に時間の指定ができる場合もある）	午前 ライティング（60 分） ↓ リーディング（60 分） ↓ リスニング(30 分＋転記時間 10 分) ↓ 午後 スピーキング（11 ～ 14 分）
試験会場	東京・名古屋・大阪・京都	全国主要都市
受験料	25380 円～	25380 円～

IELTS Online とは

上記の形式に加え、2022 年には自宅などからご自身のパソコンを使用して受けられる IELTS Online が開始されました。指定の条件などの詳細は各団体のホームページをご覧ください。申し込む前に、提出先機関が IELTS Online の受験による証明書を成績として認めているか必ずご確認ください。なお、IELTS Online では紙の成績証明書を発行していません。

※実施団体によって試験会場や受験料が異なります。また今後情報が変更されることもありますので、最新の詳細は各実施団体のサイトをご覧ください。

LISTENING

完全対策

LISTENING

READING

WRITING

SPEAKING

01 リスニングテストの概要

■ リスニングテストとは

聴解力を測るテスト

リスニングテストは音声を聞いて答える形式で行われます。語彙、文法、音韻体系の理解度や、会話や講義などの流れを論理的に追う能力を測るテストです。音声にはイギリス英語だけでなく、ニュージーランド、オーストラリア、カナダ、アメリカなど、さまざまな地域固有のアクセントが使われています。

４つのパートから成る全４０問

異なる話題の４つのパートで構成されています。問題は各パート１０問、全部で４０問です。難易度はパート１〜４へと順に上がっていくように作られています。

リスニング音声は、最初の２パート（パート１と２）は飛行機や電車などの交通チケットの手配、ホテルの宿泊予約、旅行ガイドの説明などといった一般的な内容になっています。後半の２パート（パート３と４）は授業についての会話、チュートリアル、講義、講演など、勉強や学問的な内容が中心となります。

テスト時間は約４０分（ペーパー版の場合）

テスト時間は約４０分です。そのうち３０分は音声を聞いて、問題用紙にメモを取りながら問題を解く時間で、残りの１０分はメモしておいた答えを解答用紙に転記する時間です。音声は１回しか流れません。そのため、答えをメモするときに慌ててしまいがちですが、後で読んでも認識できる字で書くようにしましょう。答えを解答用紙に転記する際には最大限の注意を払い、綴りやパンクチュエーション（句読点）、文法を正確に書くことはもちろん、試験官が採点する際に判読できるよう明瞭に書きましょう。

なお、コンピューター版の場合は転記する時間はありません。メモ用紙が配られるので、リスニング中にメモを取ることはできます。

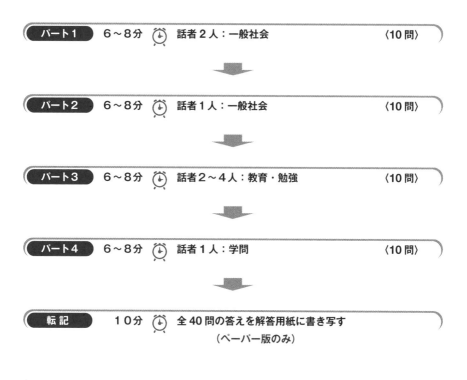

INTRODUCTION

IELTSの概要

LISTENING 完全対策

READING 完全対策

WRITING 完全対策

SPEAKING 完全対策

◢ 評価の基準

バンドスコアでの評価

すべての問題に各1点の配点で、40点満点です。正解した数×1点が合計得点となり、合計得点は変換表に基づいて、1から9まで0.5刻みのバンドスコアに換算されます。そのバンドスコアがリスニングの評価となります。

■ 問題のタイプ

リスニングテストの問題タイプは6つに分けることができます。1回のテストにすべてのタイプが出題されるというわけではなく、また、パートごとに出題される問題タイプが決まっているわけでもありません。組み合わせはテストによって異なります。問題を解く際には指示文をしっかり読むことが大事です。

① 用紙・表・フローチャートを完成させる問題

申し込み用紙や、料金表、フローチャートの空欄を、音声で与えられる情報で埋めます。

指示文の例：

Complete the table below.

下の表を完成させなさい。

*Write **ONE WORD AND/OR A NUMBER** for each answer.*

それぞれ1語と数字ひとつ、または1語か数字ひとつで答えを書きなさい。

② 文・メモ・要約を完成させる問題

音声の主要情報をまとめた文・メモ・要約の空欄を、音声で与えられる情報で埋めます。

指示文の例：

Complete the sentences below.

下の文を完成させなさい。

*Write **ONE WORD AND/OR A NUMBER** for each answer.*

それぞれ1語と数字ひとつ、または1語か数字ひとつで答えを書きなさい。

③ 工程・地図・図解に名称をつける問題

工業処理などの工程表、公園や施設の案内図、地理を示す地図、機械の仕組みの図解などの空欄を、音声で与えられる情報で埋めます。空欄を埋める答えを選択肢から選ぶタイプの問題もあります。

指示文の例：

Label the diagram below.

下の図解の空欄を埋めなさい。

*Write **NO MORE THAN TWO WORDS** for each answer.*

それぞれ2語以内で答えを書きなさい。

④ 短く答える問題

質問に対し、音声で与えられる情報を使って短い答えを書きます。

指示文の例：

Answer the questions below.
下の問題に答えなさい。

*Write **NO MORE THAN THREE WORDS AND/OR A NUMBER** for each answer.*
それぞれ3語以内と数字ひとつ、または3語以内か数字ひとつで答えを書きなさい。

⑤ 適合させる問題

音声で与えられる情報を基に、問題文の内容に適合する選択肢を選びます。

指示文の例：

*Choose the correct letter, **A, B** or **C**, next to questions 27-30.*
A、B、Cのうち正しい文字を、問題27～30の横に選びなさい。

⑥ 多項選択式問題

音声で与えられる情報を基に、問題文に対する答えを選択肢から選びます。未完成の文を完成させる問題と、質問に対する正答を選ぶ問題があります。複数の解答を選ぶ問題もあります。

*Choose the correct letter, **A, B** or **C**.*
A、B、Cのうち正しい文字を選びなさい。

本書では、以上6つの問題タイプの対策を、パート1～4の練習問題を実際に解きながら学んでいきます。各タイプの初出箇所に、対策についてのより詳細な解説があります。

問題タイプと対策の掲載パート

① 用紙・表・フローチャートを完成させる問題 → パート1
② 文・メモ・要約を完成させる問題 → パート1、3、4
③ 工程・地図・図解に名称をつける問題 → パート2
④ 短く答える問題 → パート2
⑤ 適合させる問題 → パート3
⑥ 多項選択式問題 → パート4

■ 基本的な対策

あらかじめ問題に目を通す

リスニングテストを実際に解く前に、案内音声によって問題をチェックする時間
が与えられますが、この時間にしっかり問題を読み、音声を聞く際に注意すべき
キーワードに下線を引いておきましょう。パート1、2、3は音声が前半と後半
に分かれているため、後半の音声を聞く前にも問題をチェックする時間が与えら
れますが、パート4には中盤に区切りがありませんので、聞き始める前にすべて
の問題に目を通しておかなければなりません。問題を読みながら話される話題や
状況を予測しておきましょう。話しているのはどういう人か、どこで話している
のか、なぜ話しているのかなどを考えることにより、音声に出てくる語彙や考え
が念頭に浮かび、より楽に内容を追うことができるようになります。また、各パ
ートの終わりには30秒から1分間の確認時間が設けられています。答えに自信
がある場合は、この時間は次のパートの問題に目を通して内容を予測し始めて構
いません。

聞き逃しても慌てないために

各パート内では、問題は音声の流れる順に配置されています。聞く際には、ひと
つの問題に集中するのではなく、一度に数問を見るようにしましょう。そうする
ことにより、ある問題の情報を聞き逃してしまっても、すぐに気がつくことができ、
迷わずそのまま次の問題へ進むことができます。

メモを取りながら能動的に聞く

音声を聞く際には、次々と流れてくる情報に遅れずについていくために、メモを
取りましょう。問題を見ながら、重要な点を書き留めていくことで、内容により
集中することができます。メモ取りは重要なアカデミックスキルであり、IELTS
試験対策中に身に付けるべきことです。ただ音声を聞くのではなく、聞いたこと
を理解して自分がより理解しやすい言葉に言い換えたり、短くまとめたりするこ
とで、能動的な聞き手になることができます。

メモをきれいに書く必要はない

メモを必要以上にきれいに書こうとして時間を取られると、音声についていけな
くなることがあります。ペーパー版の場合、後で答えを転記する時間があるので、
メモの段階では文法は厳密に正確でなくても構いません。また、綴りについては、

人の名前や地名など、音声の中で特に確認しているものについては正しくメモする必要がありますが、それ以外は略して書くこともできます。メモを書き損じたら、消しゴムで消すと時間のロスになるので、二重線で消すなどして、すぐに書き直しましょう。ただし、後で転記しようとした際に自分の文字が読めないということのないよう、あくまで「判読可能な」範囲でスピーディに書くようにしましょう。

自分に合ったメモの取り方を見つける

メモの取り方は自分のやりやすい方法を編み出すのが一番です。参考までに、以下にメモの取り方の一例を挙げておきます。

1）is, are, was, were, a, an, the, would, this, of などの、短く、重要な意味を持たない単語は書き留めない
2）they, these, his, that, them などの代名詞は書き留めない
3）数字は綴らずにアラビア数字で書く。fourteen → 14
4）長い単語は略して書く。例えば単語の語尾部分は書かない
   definition = def, education = edu
5）母音を抜かして書く
   large = lrg, homework = hmwk
6）聞いたときにすぐには意味がわからない語でも、カタカナ・ひらがなで聞こえた音声をそのまま書き留めておく。後で一般常識や文法知識、論旨の流れなどから答えを導き出す手がかりとなる。
7）可能であれば、単語ではなく記号で書く
   + : and, plus, positive, advantages
   = : equals
   − : minus, negative, disadvantage
   # : number
   × : times, multiplied by
   > : greater than, more, larger
   ◟ : less than, smaller, fewer than
   w/ : with
   a/b : about
   ----> : leads to, produces, results in
   <---- : comes from
   K : thousand, **M** : million, **B** : billion
   % : percentage

問題に関係のない部分も集中して聞く

問題とはまったく関係ない音声がかなり続くことがありますが、その際でもずっと集中していてください。とくに話の展開の「道しるべ」となる表現（詳しくは「弱点補強のリスニング練習」の「パート4」参照）に注意していれば、いつ次の問題に関する部分に話が移ったのかがわかります。またこれにより、ページをめくるタイミングもつかむことができます。

解答する際にはケアレスミスに注意

答えを解答用紙に書き写す際、あるいはコンピューター版でタイピングする際には、綴りや文法のミスをしないように十分に注意を払ってください。与えられている問題の答え方として適切かどうかも確認するようにしてください。

言い換え問題に注意

リスニングテストでは、同じ内容を違う表現で言い換えたものを理解できるかも試されます。この言い換え問題には十分に注意してください。言い換え問題に強くなるためには、語彙力の強化が必須です。IELTSのリスニング問題集などで勉強する場合、問題を終えた後は、スクリプトをじっくり見て、知らない単語や言い換えの例を書き出してください。個々の単語だけを見るのではなく、いくつかの単語が集まって（連語となって）句を作っている部分にも注意を払いましょう。例えば、influenceなら、名詞1語のinfluence「影響」だけを覚えておくのではなく、have an influence on . . .「……に影響を与える」という連語で理解します。

02 パート１対策

■ パート１の概要

パート１では、話者２人による会話を聞きながら、問題１〜１０の全１０問に答えます。話題は日常生活のごく一般的なもので、例えば、友人や店員との会話、チケット予約、電話による問い合わせ、依頼といったやり取りなどです。

本項では、実際にパート１の練習問題を１本解き、パート１の傾向と特徴に慣れながら、下記の６つの問題タイプのうち①と②についての対策を学んでいきます※。

① 用紙・表・フローチャートを完成させる問題 → 　　　　　パート１
② 文・メモ・要約を完成させる問題 → 　　　　　パート１、３、４
③ 工程・地図・図解に名称をつける問題 → 　　　　　パート２
④ 短く答える問題 → 　　　　　パート２
⑤ 適合させる問題 → 　　　　　パート３
⑥ 多項選択式問題 → 　　　　　パート４

※ IELTS のリスニングテストでは、パートごとに出題される問題タイプが決まっているわけではなく、どのパートにどの問題タイプが出題されるかはテストごとに異なります。

本項の目次
■ パート１の流れ
■ 問題タイプ別対策：パート１を解きながら問題タイプ別の対策を学ぶ
　①用紙・表・フローチャートを完成させる問題
　②文・メモ・要約を完成させる問顕
　①用紙・表・フローチャートを完成させる問題

■ パート1の流れ

パート1は1本の会話が前半と後半に分かれています。冒頭に案内音声があり、会話のテーマが伝えられ、前半の問題を先にチェックする時間が与えられます。チェック時間が終わると、冒頭の会話は例題としてあらかじめ答えが問題用紙に書かれていることが告げられ、会話の例題部分が放送されます。例題部分が終わると案内音声が入り、その後で会話音声がもう一度冒頭から始まり、前半の終わりまで流れます。その後、案内音声が入り、後半の問題をチェックする時間が与えられます。チェック時間が終わると、後半が流れます。後半が終了すると、案内音声がパート1の終わりを告げ、解答を確認する時間が1分間与えられます。この1分間は、解答に自信がある場合にはパート2の問題チェックに当てます。その後、パート2へと移ります。実際の音声の流れは下記を参考にしてください。

☞ *Part 1. You will hear a phone conversation between a football club employee and a customer. First, you have some time to look at questions 1 to 6.*
  パート1。これからサッカークラブの従業員と客の電話での会話を聞きます。今から問題1～6に目を通す時間が与えられます。

↓

ポーズ（問題1～6に目を通す時間）

↓

☞ *An example has been done for you, and the conversation relating to this will be played first.*
  例題にはあらかじめ解答が掲載されています。まず例題に関する会話音声が流れます。

↓

会話の例題部分までの音声が流れる

↓

☞ *The customer said that he is an adult, so 'adult' has been written in the space. Now let's begin. You should answer the questions as you listen because you will not hear the recording again. Now listen carefully and answer questions 1 to 6.*
  客は大人であると答えています。そのため空欄には「大人」と記されています。では始めます。音声をもう一度聞くことはできないので、聞きながら問題に答えるようにしましょう。よく聞いて問題1～6に答えてください。

↓

冒頭から問題1～6までの会話音声が流れる

↓

☞ *Before you hear the rest of the conversation, you have some time to look at questions 7 to 10.*

残りの会話を聞く前に、今から問題7～10に目を通す時間が与えられます。

↓

ポーズ（問題7～10に目を通す時間）

↓

☞ *Now listen and answer questions 7 to 10.*

では音声を聞いて問題7～10に答えてください。

↓

問題7～10までの会話音声が流れる

↓

☞ *That is the end of Part 1. You now have one minute to check your answers to Part 1.*

これでパート1は終了です。今から1分間、解答を確認する時間が与えられます。

↓

ポーズ（解答を確認する時間）1分

❶ 用紙・表・フローチャートを完成させる問題

PART 1　　Questions 1-10

Questions 1-3　　　　　　　　　　　　🔊 02

Complete the table below. Write **ONE WORD AND/OR A NUMBER** for each answer.

	Example Answer __Adult__	Age 16-17
1 _____ Stand	£665	**2** £ _____
Centre Stand	**3** £ _____	£380

➡ Questions 4-6 は p.32 へ

📖 **解説**

問題タイプ①**用紙・表・フローチャートを完成させる問題**です。ここでは「表」の空欄を、音声で与えられる情報で埋めます。まずは問題をチェックする時間に、指示文をよく読みましょう。何語以内で答える必要がありますか？　指示文には **ONE WORD AND/OR A NUMBER** for each answer「それぞれ1語と数字ひとつ、または1語か数字ひとつ」とありますので、ここでさっと「1W＋1N／1W／1N」とメモしておけば、指示文について問題を解くたびに考えなくてすみます。

続いて表をざっと見てください。表を完成させる問題では、問題は左から右へと並び、音声で提供される情報と同じ順番に配置されています。ですから、音声を聞きながら、左から右へと目線を移動させながら、メモを取ればいいでしょう。

次に、どのような種類の情報が答えとして必要かを予測します。冒頭の案内音声で You will hear a phone conversation between a football club employee and a customer.「サッカークラブの従業員と客の電話での会話を聞きます」と言っていることと、表の空

欄以外の情報から、サッカーのチケットの種類と料金が入ると予測できますので、特に
チケットの種類を指していると思われる言葉と数字に注意しようと目途をつけることが
できます。

会話の音声が始まったら、最初に耳に入ったモノやコトをそのまま書き留めるのではな
く、ある特定の話題について話されている部分が終わるのを待ってください。一度言っ
たことを途中で訂正することがよくあるからです。ただし、数字は後から思い出せない
ことが多いので、聞こえたらすぐにメモをし、話者が訂正したら自分のメモも訂正して
おけばいいでしょう。また、何度も繰り返されたり強く言われたりする語句にも注意し
ましょう。そうした語句が答えである可能性が高いからです。

Q.1
空欄は後ろに Stand 「（観覧）席」があり、下段には Centre Stand とあるので、答えは
Centre に対応する座席区分の名称です。また、料金は Adult が£665 です。ここまでは
あらかじめ確認しておきましょう。後は料金についての会話が出てくるのを待ちます。

Q.2
空欄には、Q.1 の答えである Family Stand の 16-17 歳料金が入ります。Family Stand
の料金は、£665 for an adult season ticket and £332.50 for anyone aged 16-17 と
紹介されていますので、ここから答えが 332.50 とわかります。

Q.3
空欄には、Centre Stand の大人料金が入ります。Or if you wanted a seat in the
Centre Stand, that's £836 and £380. からわかります。£380 は表に記載されていま
すので、もうひとつの金額 £836 を選びます。

スクリプト

*Part 1. You will hear a phone conversation between a football club employee and a
customer. First, you have some time to look at questions 1 to 6. An example has been
done for you, and the conversation relating to this will be played first.*

WORKER　：Hello, Escot United. Can I help you?
CUSTOMER ：Is this the membership department?
WORKER　：Yes, it is.
CUSTOMER ：Great. I just wanted to ask about the season tickets.
WORKER　：Oh, are you an adult or under 18?
CUSTOMER ：I'm an adult. 　　　　　　　　　　　　　　　　Ex.
WORKER　：Would that be for next season or this one?

The customer said that he is an adult, so 'adult' has been written in the space. Now let's begin. You should answer the questions as you listen because you will not hear the recording again. Now listen carefully and answer questions 1 to 6.

WORKER   : Hello, Escot United. Can I help you?

CUSTOMER : Is this the membership department?

WORKER   : Yes, it is.

CUSTOMER : Great. I just wanted to ask about the season tickets.

WORKER   : Oh, are you an adult or under 18?

CUSTOMER : <u>I'm an adult</u>.   Ex.

WORKER   : Would that be for next season or this one?

CUSTOMER : This one? But we are already half way through the season. I didn't know you could still get them for this season.

WORKER   : Yes, there are a few left. Of course, they're not the same price as the full season tickets.

CUSTOMER : So, how much are they?

WORKER   : Well, it depends. The price is on a pro-rata basis. So it depends how many matches are left in the season. Anyway, if you have a season ticket, it is two pounds cheaper per match than just having an official membership of the fan club. And you will save £7 per match compared to someone who isn't a member. Are you a member already?

CUSTOMER : Yes, but I have to renew my membership as well.

WORKER   : Oh, right. So that will be £32 for this coming year.

CUSTOMER : Yes. Well, I'll certainly think about this season's season ticket, but how much will the season tickets for next year be?

WORKER   : Well, it depends where you want to sit. Is it for an adult?

CUSTOMER : It's for me and my daughter. She's 17.

WORKER   : Oh right. Well, in the <u>Family</u> Stand, that's £665 for an adult season ticket and   Q.1
           <u>£332.50</u> for anyone aged 16-17. So that would be £997.50 all together. Or   Q.2
           if you wanted a seat in the Centre Stand, that's <u>£836</u> and £380.   Q.3

CUSTOMER : Goodness me. That's quite a lot.

WORKER   : Well, the Family Stand has quite a good view. And if you think that an ordinary member's ticket for each match is about £37 in that stand, you do make quite a saving.

訳

従業員：もしもし、エスコット・ユナイテッドです。ご用件をお伺いします。

客　　：こちらは会員部門ですか？

従業員：はい、そうです。

客　　：よかった。シーズンチケットについて伺いたいのですが。

従業員：お客様は成人でいらっしゃいますか、それとも18歳未満ですか？

客　　：成人です。

従業員：来シーズンのチケットですか、それとも今シーズンのものでしょうか？

客　　：今シーズン？　でもシーズンはもう半分終わっていますよね。まだ今シーズンのチケットが買えるとは知りませんでした。

従業員：大丈夫です、数枚残っています。もちろんフルシーズンチケットと同じ金額をお支払いいただくことはありません。

客　　：それではいくらなのですか？

従業員：条件によって変わります。価格は試合数に応じた計算になっておりますので、そのシーズンにあと何試合残っているかによって違うのです。いずれにしても、シーズンチケットをお持ちですと、単にファンクラブの公式会員である場合と比べ、一試合あたり2ポンドお安くなります。会員でない方と比べると、一試合あたり7ポンドお得になります。お客様はすでに会員でいらっしゃいますか？

客　　：はい、でも会員資格の更新もしないといけないんです。

従業員：そうですか、そうしますとこれから一年間有効で32ポンドになります。

客　　：わかりました。今期のシーズンチケットももちろん考えますが、来年のシーズンチケットはいくらになるでしょうか？

従業員：お席によって異なります。ご検討されているのは大人用のチケットですか？

客　　：私と娘の分です。娘は17歳です。

従業員：かしこまりました。ファミリー席ですと、大人のシーズンチケットは665ポンド、16歳または17歳の方は332ポンド50ペンスです。そうしますと合計で997ポンド50ペンスになります。または、もしセンター席をご希望でしたら、836ポンドと380ポンドになります。

客　　：わあ。それはかなりの値段ですね。

従業員：ファミリー席はかなりよく見えますよ。ファミリー席の一試合ごとの一般会員価格が37ポンドだということを考えると、かなりお得です。

解答

| **1** Family | **2** 332.50 | **3** 836 |

❷ 文・メモ・要約を完成させる問題

Questions 4-6 🔊 03

Complete the sentences below. Write **NO MORE THAN THREE WORDS AND/OR A NUMBER** *for each answer.*

4 The football season starts in ＿＿＿＿＿＿ .

5 The customer does not want to pay online because his ＿＿＿＿＿＿ .

6 The customer pays a total of £ ＿＿＿＿＿＿ .

📖 解説

問題タイプ②**文・メモ・要約を完成させる問題**です。音声全体またはその一部に出てくる主要な情報を含む文が与えられ、空欄を音声で与えられる情報で埋めます。基本的には問題タイプ①**用紙・表・フローチャートを完成させる問題**と似た問題タイプと言えますが、単に情報が並ぶことの多い①に対し、②は主要な情報をまとめた文の空欄を埋めるため、大事な情報は何なのかを常に考えながら聞く必要があります。

まずは問題をチェックする時間に、指示文をよく読みましょう。何語以内で答える必要がありますか？ 指示文には**NO MORE THAN THREE WORDS AND/OR A NUMBER** *for each answer*「それぞれ3語以内と数字ひとつ、または3語以内か数字ひとつ」とありますので、ここでさっと「3W内＋1N／3W内／1N」とメモしておけば、指示文について問題を解くたびに考えなくてすみます。

続いて、空欄のある問題文に目を通し、キーワードとなりそうな人名や場所、固有名詞に注目しておきましょう。音声では問題文のキーワードと同じ、あるいはよく似た意味の別の語句、表現、考えなどが出てくるはずです。同時に空欄に入る品詞も予測しておきます。

Q.4

空欄にどのような情報が入るかをあらかじめ確認しましょう。この空欄には日にちか月名が入ります。購入時期についてのアドバイスとして it's best to get it before the season starts in July と言っているので、シーズンは7月に始まることがわかります。

Q.5

支払い方法についての問題です。現金 (cash)、クレジットカード (credit card)、オンライン決済 (online)、個人用小切手 (personal check) などが考えられます。ここではオンラインで払いたくない理由が必要です。My computer is broken. の部分が答えになります。

Q.6

ここでは本人と娘のチケット代に年会費を含めた料金が必要です。so that'll be £1,029.50 all together とはっきり言っていますが、少し前の部分で客は Family を強く発音してどちらの席を選ぶかを伝えていますし、年会費が £32 であることも初めの方で出てきていますので、計算で求めることもできます。料金を聞かれる問題が多い場合は、直接答えとならない部分でも細かくメモを取るとよいでしょう。

スクリプト

CUSTOMER : Yes, I see. If I wanted a season ticket for next year, when would I have to book it by?
WORKER : Oh, any time is okay. But it's best to get it before the season starts in <u>July</u>.　Q.4
CUSTOMER : Right.
WORKER : So, what would you like to do?
CUSTOMER : I think I'll take the Family Stand tickets. One for me and one for my daughter.
WORKER : Right. Do you want to do the payment now or do it online?
CUSTOMER : Oh, now please. My <u>computer is broken</u>.　Q.5
WORKER : Okay. So that's £997.50 for the season tickets, and do you want to include your membership renewal?
CUSTOMER : Is that okay?
WORKER : Sure, so that'll be <u>£1,029.50</u> all together. How would you like to pay?　Q.6

訳

客	：ええ、そうですね。来年のシーズンチケットが欲しい場合、いつまでに予約する必要がありますか？
従業員	：いつでも大丈夫ですが、7 月のシーズン開始前に買われるのがベストです。
客	：わかりました。
従業員	：それで、どうされますか？
客	：ファミリー席のチケットにします。私の分と娘の分、一枚ずつお願いします。
従業員	：かしこまりました。今お支払いされますか、それともインターネットでされますか？
客	：今、お願いします。コンピューターが壊れているんです。
従業員	：承知しました。ではシーズンチケットは 997 ポンド 50 ペンスになりますが、会員資格の更新も一緒になさいますか？
客	：できるのですか？
従業員	：ええ、もちろん。すべて含めますと、合計で 1,029 ポンド 50 ペンスになります。お支払い方法はどうされますか？

解答

| **4** July | **5** computer is broken | **6** 1,029.50 |

❶ 用紙・表・フローチャートを完成させる問題

Questions 7–10 🔊04

*Complete the form below. Write **NO MORE THAN TWO WORDS
AND/OR A NUMBER** for each answer.*

Season Ticket Payment Form

Card type	MARRIT
Cardholder	Mr **7** ....
Card number	**8** ....
Security Code	Later
Expiry date	03/19
Address	**9** .... Avenue, Escot
Postcode	**10** ....

Ticket Clerk: <u>Caroline Withers</u>

📖 解説

問題1〜3と同じく、問題タイプ①**用紙・表・フローチャートを完成させる問題**です。
問題1〜3は「表」でしたが、今回は「用紙」の空欄を音声で与えられる情報で埋めます。
基本的な考え方は「表」と同じですので、そちらを参照してください。

Q. 7

Cardholder はカードの名義人ですので、Mr の後はフルネームが必要です。一般的な名前以外は、後でスペルを言う流れになることがほとんどですので、じっくり聞いてください。ここでは ll を double L と表現していることに注意が必要です。

Q. 8

求められているのが Card number ですから、かなりたくさんの数字の羅列が答えとなります。また名前のスペルを口頭で表現する場合と同じく、66 を double six、88 を double eight、そして 11 を double one と言っていることに注意してください。なお、0 を「オー」と発音することもあり、00 は「ダブルオー」となります。詳しくは「弱点補強のリスニング練習」を参照してください。

Q. 9

地名（通りの名前）も一般的なもの以外は後でスペルを言ってくれます。この問題の Leicester のように音と表記が一致しない場合、あるいは複数の表記方法がある場合などです。

Q. 10

Postcode はイギリスで郵便番号のことです。アメリカでは zip code となります。アルファベット大文字と数字の組み合わせで、M12 5BD のように前半と後半に分けて書きます。英語圏各国の郵便番号表記方法を確認しておきましょう。詳しくは「弱点補強のリスニング練習」を参照してください。

スクリプト

Before you hear the rest of the conversation, you have some time to look at questions 7 to 10. Now listen and answer questions 7 to 10.

CUSTOMER : Is a credit card okay?
WORKER　 : Yes, that's fine. What sort of card is it?
CUSTOMER : Oh, a Marrit Card.
WORKER　 : And what's the name on the card?
CUSTOMER : It's Mark Hollidge. 　　　　　　　　　　　　　　　　　　Q.7
WORKER　 : Could you spell your surname for me, please?
CUSTOMER : Sure. H-O-double L-I-D-G-E. 　　　　　　　　　　　　　Q.7
WORKER　 : Right. So could you just give me the number, please?
CUSTOMER : Sure, it's 5663 8897 7345 1121. 　　　　　　　　　　　Q.8
WORKER　 : Okay. And the security number?
CUSTOMER : The what? Sorry?

WORKER : The security number. The 3-digit number on the back of your card next to your signature.

CUSTOMER : Oh. I don't know. My card is actually at home. I just made a note of the card number and expiry date. Can I get back to you later?

WORKER : Okay. Please do that. What's the expiry date?

CUSTOMER : March, 2019.

WORKER : Lovely. Now, would you like me to send the season tickets, or would you like to come and pick them up?

CUSTOMER : Oh, could you send them, please?

WORKER : Sure, if you could just tell me your address.

CUSTOMER : Okay? It's 19 Leicester Avenue.   Q.9

WORKER : Is that L-E-S-T-E-R?

CUSTOMER : No, Leicester as in the city. L-E-I-C-E-S-T-E-R.   Q.9

WORKER : Ah, okay. 19 Leicester Avenue, Escot.   Q.9

CUSTOMER : Yes, that's right. And the postcode is M12 5BD.   Q.10

WORKER : Okay. As soon as you get back to me with your security number, I'll send your tickets. If they haven't arrived by the day after tomorrow, or if you have any questions about using the season tickets, give me a ring. My name is Caroline Withers.

CUSTOMER : All right. Thank you very much.

That is the end of Part 1. You now have one minute to check your answers to Part 1.

訳

客 ：クレジットカードは使えますか？
従業員：はい、お使いいただけます。どちらのカードでしょうか？
客 ：マリットカードです。
従業員：カードの名義人の方のお名前をお願いできますか？
客 ：マーク・ホリッジです。
従業員：名字の綴りを教えていただけますか？
客 ：はい。H、OにLが2つ、I、D、G、Eです。
従業員：かしこまりました。それではカード番号を教えていただけますか？
客 ：はい、5663 8897 7345 1121 です。
従業員：かしこまりました。セキュリティナンバーもお願いできますか？
客 ：すみません、何ですか？
従業員：セキュリティナンバーです。カード裏面の、お客様の署名の隣にある3桁の番号です。
客 ：あ、わかりません。実はカードは家にありまして。カード番号と有効期限をメモしてあるだけなんです。後で、あらためて連絡してもいいですか？
従業員：わかりました。そうしてください。有効期限はいつでしょうか？
客 ：2019年3月です。
従業員：ありがとうございます。それでは、シーズンチケットをお送りしましょうか、それともお受け取りにいらっしゃいますか？

客　　：では、送ってもらえますか？

従業員：かしこまりました。ご住所をお願いします。

客　　：いいですか？　レスター・アベニュー 19 です。

従業員：綴りは L-E-S-T-E-R ですか。

客　　：いいえ、市のレスターと同じです。L-E-I-C-E-S-T-E-R です。

従業員：ああ、わかりました。レスター・アベニュー 19 ですね。エスコットですね。

客　　：はい、そうです。郵便番号は M12 5BD です。

従業員：かしこまりました。後でセキュリティー番号を教えていただきましたら、すぐにチケットをお
　　　　送りします。明後日までにお手元に届かない場合や、シーズンチケットの使い方でご質問があ
　　　　るときはお電話ください。私はキャロライン・ウィザーズと申します。

客　　：わかりました。どうもありがとうございました。

(解答)

| **7** Mark Hollidge | **8** 5663 8897 7345 1121 | **9** 19 Leicester | **10** M12 5BD |

03 パート2対策

◢ パート2の概要

パート2では、大学などのアカデミックな場面ではなく、一般社会での1人の話者による語りを聞きながら、問題11～20の全10問に答えます。音声は、例えば旅行ガイドの説明、録音されたメッセージ、あるいはラジオ番組などのように、話し手が聞き手に直接語りかける形を取っています。

本項では、実際にパート2の練習問題を1本解き、パート2の傾向と特徴に慣れながら、下記の6つの問題タイプのうち③と④についての対策を学んでいきます※。

① 用紙・表・フローチャートを完成させる問題 → 　　　　　パート1
② 文・メモ・要約を完成させる問題 → 　　　　　　　　　パート1、3、4
③ **工程・地図・図解に名称をつける問題 →** 　　　　　　　**パート2**
④ **短く答える問題 →** 　　　　　　　　　　　　　　　　**パート2**
⑤ 適合させる問題 → 　　　　　　　　　　　　　　　　　パート3
⑥ 多項選択式問題 → 　　　　　　　　　　　　　　　　　パート4

※IELTSのリスニングテストでは、パートごとに出題される問題タイプが決まっているわけではなく、どのパートにどの問題タイプが出題されるかはテストごとに異なります。

本項の目次
■ パート2の流れ
■ 問題タイプ別対策：パート2を解きながら問題タイプ別の対策を学ぶ
　③工程・地図・図解に名称をつける問題
　④短く答える問題

パート２の流れはパート１とほぼ同じです。異なるのは、パート１で冒頭に設定されていた例題が、パート２には設けられていないという点です。パート２は１本の語りが前半と後半に分かれています。冒頭に案内音声があり、語りのテーマが伝えられ、前半の問題を先にチェックする時間が与えられます。チェック時間が終わると前半が流れます。その後、案内音声が入り、後半の問題をチェックする時間が与えられます。チェック時間が終わると、後半が流れます。後半が終了すると、案内音声がパート２の終わりを告げ、解答を確認する時間が３０秒間与えられます。この３０秒間は、解答に自信がある場合にはパート３の問題チェックに当てます。その後、パート３へと移ります。実際の音声の流れは下記を参考にしてください。

☞ *Part 2. You will hear a tour guide talking about Egypt to a group of tourists. First, you have some time to look at questions 11 to 14.*
パート２。これからツアーガイドが旅行者のグループに向けてエジプトについて話している音声を聞きます。今から問題１１〜１４に目を通す時間が与えられます。

↓

ポーズ（問題１１〜１４に目を通す時間）

↓

☞ *Now listen carefully and answer questions 11 to 14.*
では、よく聞いて問題１１〜１４に答えてください。

↓

冒頭から問題１４までの会話音声が流れる

↓

☞ *Before you hear the rest of the talk, you have some time to look at questions 15 to 20.*
残りの音声を聞く前に、今から問題１５〜２０に目を通す時間が与えられます。

↓

ポーズ（問題１５〜２０に目を通す時間）

↓

☞ *Now listen and answer questions 15 to 20.*
では音声を聞いて問題１５〜２０に答えてください。

↓

問題15～20までの会話音声が流れる

↓

☞ *That is the end of Part 2. You now have 30 seconds to check your answers to Part 2.*

これでパート2は終了です。今から30秒間、解答を確認する時間が与えられます。

↓

ポーズ（解答を確認する時間）30秒

❸ 工程・地図・図解に名称をつける問題

PART 2   Questions 11-20

Questions 11–14   ◀))05

*Label the map below. Write **NO MORE THAN TWO WORDS** for each answer.*

13 _____ area

North

West ◀——▶ East

South

12 _____
Egypt

Cairo

Memphis

14 _____
of Egypt

11 _____
Egypt

the Nile

Aswan

Lake Nasser

📖 解説

問題タイプ③**工程・地図・図解に名称をつける問題**です。ここでは「地図」の空欄を、音声で与えられる情報で埋めます。まずは問題をチェックする時間に、指示文をしっかり読みましょう。***NO MORE THAN TWO WORDS*** *for each answer*「それぞれ2語以内」とあるので、「2W内」という語数制限を忘れずにメモします。

次に、地図を見てください。問題が時計回りに配置されています。地図を完成させる問題では、問題は地図の時計回り・反時計周り、上から下、左から右、右から左、といった形で並べられ、音声で提供される情報と同じ順番に配置されます。ですから、問題の配置パターンを確認しておけば、音声を聞きながら、問題の順に地図を目で追うことができます。

次に、どのような種類の情報が答えとして必要かを予測します。地図に Egypt という語があり、冒頭の案内でも *You will hear a tour guide talking about Egypt*「これからツアーガイドがエジプトについて話している音声を聞きます」と言っていることとから、エジプトの地名などが入ると予測できます。次に、地図の位置関係もさっと確認しておきます。問題にもよりますが、東西南北の印が地図のそばに表示されていることもあります。また、見出しや特徴的な部分に目を向けましょう。例えば、今回のような地理を示す地図では川、都市、地方、建物、道などに目を向けます。また、施設などの図面の場合には、階（地下室、1階、2階など）や庭などを確認してください。

音声が始まったら、「左右、上下、東西南北、〜の角」などといった位置関係を表す表現に注意を払いましょう。方角を表す表現や、位置関係を表す前置詞（句）がキーワードになっていることが多いので、細心の注意を払って聞き取るようにします。例えば、east / west / south / north「東西南北」だけでなく、north-east「北東」、south-west「南西」、northern end「北端」といった表現も使われますし、next to . . .「……の隣に、……のそばに」、in front of . . .「……の前に」、behind . . .「……の背後に」、opposite . . .「……の向かいに」、across from . . .「……の向こう側に」、on the left / on the right「左側に／右側に」なども頻出です。

また、話し手が地図を使って道案内する際、進む方向をどのように示すかにも注意してください。例えば、turn right「右へ曲がる」、walk straight ahead「まっすぐ前方へ進む」、take the second left「2番目の角を左へ曲がる」などといった表現があります。苦手な人は、本項の「弱点補強のリスニング練習」で位置関係を示す表現について練習しておくといいでしょう。

Q.11

この問題は地図での上下と地名に含まれる上下の表現が異なっているので難しく感じます。音声でも Although confusing「混乱しやすいのですが」と言っていますので、注意が必要ですが、Upper Egypt is the southern part of the country「上エジプトは国の南部」という部分を素直にとらえればすぐに答えられるでしょう。その後の文では地名の由来について、ナイル川は地図の下方つまり南が上流で、地図の上方つまり北の海へ流れており、地名はナイル川の上流下流に基づいていると説明されています。ここからも、地図上の下方にある Q.11 の答えが Upper であるとわかります。

Q.12

whereas Lower Egypt is in the north「下エジプトは北部」と言っていることから、答えは Lower とわかります。また、ナイルの下流であることからも答えを導けるでしょう。さらに、少し後で Let me clear things up. と前置きしたうえで、説明を加えている部分からも答えを確認することができます。

Q.13

地図上でナイル川が多くの支流に分かれている部分です。音声では This is where the Nile splits into numerous branches, making a very fertile delta area. と説明されていますので、後半部分の very fertile delta area「肥沃な三角洲」から答えを選びます。ここで使えるのは 2 語までですので very を入れることはできません。

Q.14

空欄には直前の Memphis についての説明が入ります。しかし、音声では答えとなる ancient capital が Memphis より先に出てきますので、聞き逃しやすいかもしれません。対策としては、都市の話題で Cairo が出てきた時点で、地図上で近くに位置している Memphis が次に言及されると予測して聞くようにするといいでしょう。

スクリプト

Part 2. You will hear a tour guide talking about Egypt to a group of tourists. First, you have some time to look at questions 11 to 14. Now listen carefully and answer questions 11 to 14.

Hello and welcome to Egypt. I hope that you had a comfortable flight, but I'm sure that you're feeling tired. Soon you'll be able to relax in your own rooms, but before that, I just want to tell you a few things about this tour. I won't keep you for too long . . . I promise!

Now, you should all have a tourist map in your welcome packs. If you could take it out, that would be great.

Okay, so Egypt is divided into two distinct areas, each with its own cultural, social and geographic features. As you can see on the map, there are Upper and Lower Egypt. This division actually dates back to before 3100 BCE, when two kingdoms existed in the country. Although confusing, <u>Upper Egypt</u> is the southern part of the country, whereas <u>Lower Egypt</u> is in the north. This is because the Nile flows north, going down the river.

Q.11

Q.12

Yeah, I know, it's a bit confusing, isn't it? Let me clear things up. <u>Lower Egypt</u> refers to a region that stretches from the south of modern day Cairo to the northern part of the country. This is where the Nile splits into numerous branches, making a very <u>fertile delta</u> area. <u>Upper Egypt</u> is the region from the southern city of Aswan, near Lake Nasser, to the area south of Cairo. On this tour, you'll do a lot of sightseeing in the Lower Egypt area . . . yes, that means the north of Egypt.

Q.12

Q.13, 11

As you know, you're currently in Cairo, which I'm proud to say is one of the largest metropolitan areas in the world today. But historically, Cairo was not the capital of Egypt. The <u>ancient capital</u> of Egypt was actually located in Memphis, which is just south of here. You can see it marked on your map. However, over time Cairo grew and grew to become the huge modern city it is today, known to most of the world as the starting point for travel to the great sites of ancient Egypt.

Q.14

訳

こんにちは、ようこそエジプトへ。空の旅は快適でしたか、でもお疲れですよね。まもなく各自のお部屋でおくつろぎいただけますが、その前に、このツアーについていくつかお伝えしたいことがございます。なるべく短く終わらせますので……約束します！

さて、皆さんのウェルカム・パックの中に、観光マップが入っているはずです。それを取り出していただけますか？

はい、エジプトは、それぞれ独自の文化的・社会的・地理的特徴を持った2つの異なる地域に分かれています。地図でご覧いただけるように、上エジプトと下エジプトがあります。この区切りは実際のところ、2つの王国がこの国に存在していた西暦紀元前3100年より以前まで遡ります。混乱しやすいのですが、上エジプトは国の南部を指し、下エジプトは北部を指します。これは、ナイル川が北に向かって、下流の方へ流れているためです。

ええ、そうです、ちょっとややこしいですよね。説明させてください。下エジプトは現代のカイロ南部からエジプト北部に広がる地域を指します。そこでは、ナイル川がいくつもの支流に分かれ、非常に肥沃な三角洲を形成しています。上エジプトはナセル湖の近くにある南部の都市アスワンからカイロ南までの地域です。このツアーでは、下エジプト地域……そう、エジプトの北部をたくさん観光してまわります。

ご存じのように、皆さんは今、カイロにいます。誇らしいことに、カイロは現在世界で最も大きな都市圏のひとつです。しかし、歴史的には、カイロはエジプトの首都ではなかったのです。実は、エジプトの古代の首都は、メンフィスに置かれていて、ここより少し南にありました。お手元の地図に印がつけてあります。しかしながら、時を経て、カイロはどんどん大きくなり、今日のような巨大な現代都市になりました。古代エジプトの素晴らしい遺跡を巡るための出発点としても世界の多くの人に知られています。

解答

| **11** Upper | **12** Lower | **13** (fertile) delta | **14** ancient capital |

❹ 短く答える問題

Questions 15-20 🔊 06

Answer the questions below. Write **NO MORE THAN THREE WORDS AND/OR A NUMBER** *for each answer.*

15 How long will the tour group be staying in Egypt?

....

16 Where are the Great Sphinx and the Great Pyramid located?

....

17 About how far is it from Cairo to Giza?

....

18 About when was the Fourth Dynasty of Egypt?

....

19 For what product is the city of Banha famous?

....

20 What can the tour group see in Alexandria?

....

📖 解説

問題タイプ④**短く答える問題**です。質問に対し、音声で与えられる情報を使って短い答えを書きます。まずは問題をチェックする時間に、指示文をしっかり読みましょう。**NO MORE THAN THREE WORDS AND/OR A NUMBER** *for each answer*「それぞれ３語以内と数字ひとつ、または３語以内か数字ひとつ」とありますので、「3W 内＋１N ／ 3W 内／１N」とメモしておきます。タイプ④の問題の多くがこの語数制限になっています。

次に問題文をチェックします。このタイプの問題は、いかに問題文をすばやく理解し、求められる情報を推測できるかが鍵となります。問題文中のキーワードと思われる語には下線を引いてください。音声ではキーワードが異なる語で言い換えられていたり、同意語が使われていたりすることがよくあり、それに気がつくことができれば答えを導き出せるものが大半です。

Q.15

この問題では、エジプト全体での滞在日数を答えます。So, what's going to happen over the next 7 days? から、７日間に渡るツアーであることがわかります。

Q.16

スフィンクスとピラミッドのある場所が答えなので、地名または位置関係を表す表現を期待して待ちます。音声では Giza という地名と south of Cairo on the west bank of the Nile がありますが、３語までで答えるので Giza が適切な答えです。

Q.17

カイロ～ギザ間の距離は、it's only about 6 kilometres away と説明されています。6キロなので距離の単位も複数形 kilometres/kilometers にしますが、単位記号は km のまま使います。

Q.18

第４王朝の年代は、the majority of construction took place in the Fourth Dynasty, that's around 2600 BCE からわかります。BCE (Before Common Era) は年数の後に置き「西暦紀元前」を意味します。ちなみに「西暦紀元（後）」は CE (Common Era) と言います。キリスト教徒以外の人々に、BC (Before Christ) / AD (Anno Domini) の代わりとして用いられます。

Q.19

都市 Banha の特産物が質問内容です。音声の the city of Banha, which is known for its production of rose oil が対応しています。be known for と be famous for がほぼ同じ意味で、答えは rose oil となります。

Q.20

アレキサンドリア観光での見所を答えます。think about heading to Alexandria とアレ
キサンドリアへ話題が移った後で、Where there are great minds, you'll find great
architecture. と言っています。よって、答えは great architecture となります。

スクリプト

Before you hear the rest of the talk, you have some time to look at questions 15 to 20. Now
listen and answer questions 15 to 20.

All right, that's enough of the history and geography lesson. I'm sure you'll learn
much more from the people you meet over the next 2 weeks. Oh, hang on! That
was last Monday's group. Let me see . . . Ah yes, here you are, this is your group.
So, what's going to happen over the next 7 days? A lot . . . I can assure you of that! Q.15

Cairo is packed full of things to see and do, but for now, just let me focus on some
of the day trips from Cairo. By far the most popular site is Giza. You know, the most Q.16
recognisable archaeological monuments in the world are located here . . . the Great
Sphinx and the Great Pyramid. Now Giza is located just south of Cairo on the west
bank of the Nile, so not too far from here. In fact, it's only about 6 kilometres away. Q.17
Not only will you be able to see the Sphinx and the Great Pyramid, but it is well
worth making the effort to explore several lesser pyramids, as well as cemeteries.
There are a few surprises to be found there. Some of the tombs date to the First
Dynasty, but the majority of construction took place in the Fourth Dynasty, that's
around 2600 BCE. A long time ago, ey? So there's much to see and do around Q.18
Giza. I'll let you find out for yourself.

For something a bit different, you can also check out the city of Banha, which is
known for its production of rose oil. Archaeologically, the only aspect of interest is Q.19
the nearby remains of the ancient city of Athribis, which contain part of a temple
dedicated to a goddess. Or, if you like, there is a great half-day trip to Saqqara,
where you can see the famous Step Pyramid, also called the Pyramid of Djoser. This
was made for the burial of Pharaoh Djoser, and is thought to be the first Egyptian
pyramid.

While you are on this tour, you may want to have a break from Cairo. For life on the
quieter side, think about heading to Alexandria. It was once considered the
intellectual capital of the world. Where there are great minds, you'll find great Q.20
architecture. So make sure to bring your cameras or video recorders.

Now, I can see the jet lag is starting to take effect. I'll let you head off to your rooms. But just remember, . . .

That is the end of Part 2. You now have 30 seconds to check your answers to Part 2.

訳

はい、歴史と地理の授業はもう十分ですね。これからの２週間で出会う人たちからもっとたくさんのことが学べるはずです。あ、ちょっと待ってください！　これは先週の月曜日のグループでした。ええと……あ、はい、これです、こちらがあなたのグループです。ですから、これから７日間の間に何が起こるでしょう？　たくさんのこと……それは間違いありません！

カイロには見るものもすることもたくさんありますが、今はカイロからの日帰り旅行について少しお話させてください。断然一番人気なのはギザです。世界で最も有名な古代遺跡がここにあります……大スフィンクスに大ピラミッドです。現在、ギザはカイロの少し南、ナイル川西岸に位置していますので、ここからそれほど遠くありません。実際、６キロ程度しか離れていないのです。スフィンクスや大ピラミッドを見るだけでなく、少しがんばって、いくつかある小さめのピラミッドや墓地を巡ってみる価値も十分あるでしょう。そこにはいくつか驚きの発見もあるはずです。そこにある墓地のいくつかは第１王朝時代まで遡りますが、大半は第４王朝時代、つまり紀元前2600年頃に建設されました。すごい昔ですよね？　ですから、ギザ周辺には見るものもすることもたくさんあります。ぜひご自分で探してみてください。

ちょっと違ったものが見たいという方は、ローズオイルの産地として知られるバンハ市もぜひチェックしてみてください。考古学的に、唯一興味深い場所は、その近郊にある、女神に捧げられた神殿の一部がある古代都市アスリビスの遺跡です。また、よろしかったら、サッカラへの素敵な半日旅行もあります。サッカラではジェゼル王のピラミッドとも呼ばれる、有名な階段ピラミッドを見ることができます。これはジェゼル王を埋葬するために建てられ、エジプト初のピラミッドと考えられています。

このツアー中、カイロからちょっと離れてみたくなるかもしれません。より静かな場所をお好みの方は、アレキサンドリアに行ってみるのもよいでしょう。アレキサンドリアはかつて世界の知性の中心と考えられていました。偉人たちの集まる場所には、偉大な建築があります。ですから、カメラやビデオカメラは忘れずに持って行ってくださいね。

そろそろ時差ぼけの影響が出てきたようにみえますので、皆さん、どうぞお部屋にお向かいください。でも覚えておいてください……

解答

| **15** 7 days | **16** Giza | **17** 6 kilometres / kilometers / km |
| **18** 2600 BCE | **19** rose oil | **20** great architecture |

パート３対策

■ パート３の概要

パート３では、教育や勉強の場における２～４人の会話を聞きながら、問題２１
～３０の全１０問に答えます。話し手は学生のみの場合もあれば、先生と学生の
こともあり、話題は授業や課題、プロジェクトワーク、調査など、教育・勉強に
関するものです。

本項では、実際にパート３の練習問題を１本解き、パート３の傾向と特徴に慣れ
ながら、下記の６つの問題タイプのうち⑤についての対策を学びます。併せて、
問題タイプ②も復習します※。

① 用紙・表・フローチャートを完成させる問題 →　　　　　　　パート１
② **文・メモ・要約を完成させる問題 →　　　　　　　パート１、３、４**
③ 工程・地図・図解に名称をつける問題 →　　　　　　　パート２
④ 短く答える問題 →　　　　　　　パート２
⑤ **適合させる問題 →　　　　　　　パート３**
⑥ 多項選択式問題 →　　　　　　　パート４

※ IELTS のリスニングテストでは、パートごとに出題される問題タイプが決まっているわけではなく、どのパー
トにどの問題タイプが出題されるかはテストごとに異なります。

本項の目次
■ パート３の流れ
■ 問題タイプ別対策：パート３を解きながら問題タイプ別の対策を学ぶ
　②文・メモ・要約を完成させる問題
　⑤適合させる問題

■ パート３の流れ

パート３の流れはパート２とほぼ同じです。パート３は１本の会話が前半と後半
に分かれています。冒頭に案内音声があり、会話のテーマが伝えられ、前半の問
題を先にチェックする時間が与えられます。チェック時間が終わると前半が流れ
ます。その後、案内音声が入り、後半の問題をチェックする時間が与えられます。
チェック時間が終わると、後半が流れます。後半が終了すると、案内音声がパー
ト３の終わりを告げ、解答を確認する時間が３０秒間与えられます。この３０秒
間は、解答に自信がある場合にはパート４の問題チェックに当てます。その後、
パート４へと移ります。実際の音声の流れは下記を参考にしてください。

☞ *Part 3. You will hear a student talking to her professor about an assignment.
First, you have some time to look at questions 21 to 26.*
　パート３。これから学生が担当教授に課題について話している音声を聞きます。今から問題２１～
　２６に目を通す時間が与えられます。

↓

ポーズ（問題２１～２６に目を通す時間）

↓

☞ *Now listen carefully and answer questions 21 to 26.*
　では、よく聞いて問題２１～２６に答えてください。

↓

冒頭から問題２６までの会話音声が流れる

↓

☞ *Before you hear the rest of the conversation, you have some time to look at
questions 27 to 30.*
　残りの会話を聞く前に、今から問題２７～３０に目を通す時間が与えられます。

↓

ポーズ（問題２７～３０に目を通す時間）

↓

☞ *Now listen and answer questions 27 to 30.*
　では音声を聞いて問題２７～３０に答えてください。

↓

問題２７～３０までの会話音声が流れる

↓

☞ *That is the end of Part 3. You now have 30 seconds to check your answers to Part 3.*

これでパート 3 は終了です。今から 30 秒間、解答を確認する時間が与えられます。

↓

ポーズ（解答を確認する時間）30 秒

PART 3 　　Questions 21-30

Questions 21–26 　　　　　　　　　　　　🔊 07

Complete the notes below. Write **NO MORE THAN TWO WORDS
AND/OR A NUMBER** *for each answer.*

Overview:

- submission date: **21** _____

- main area of interest: **22** _____

Points:

- basic rules for movies, music & books are **23** _____

  ▸ movie / music companies – worried about **24** _____
  of music

  ▸ publishers of books – worried about reproduction in
  other books

- area to cover: the effect of the Internet and **25** _____
  on copyright laws

- **26** _____ is a big concern for the movie companies

📖 解説

パート1で取り上げた、問題タイプ②**文・メモ・要約を完成させる問題**です。ここでは「メモ」の空欄を音声で与えられる情報で埋めます。基本的な考え方はパート1を参照してください。

まず、冒頭の案内音声から、どのような場面の会話なのかを聞き取ってください。ここでは student と professor の assignment についての会話です。assignment は課題のことで、日本語では大学などで提出する「レポート」のことです。ほかには（research / term）paper や course work（授業内活動のまとめとして提出する場合）などが使われますが、この意味では英語の report は使いません。

Q.21

submission date は「提出日」です。会話では deadline「締め切り」と表現されています。date ですので日付が入ることが予測されます。会話では、学生が the 13th と言っていますが、その時点ですぐに答えを確定せず、その後で先生が It's actually due on the 16th と訂正しているところまで注意深く聞いて答えてください。この due も「提出（返却・支払い）する予定で」という意味です。

Q.22

main area of interest は「レポートのテーマ」のことです。会話では学生がまず my topic と言い、その後 I'm writing about the troubles experienced by documentary filmmakers, especially focusing on copyright problems. と詳しく説明しています。問題のメモで main となっているのを、会話では focus on と表現していますので、答えは copyright (problems) となります。

Q.23

basic rules が問題にも会話にありますので、the same を選ぶことは難しくないでしょう。

Q.24

movie / music と books に分けて考えている部分です。会話でも both music and movie companies と言っているので、その後の have been very concerned about the distribution of music から、答えが distribution であることがわかります。メモの worried about「心配している」は会話中の concerned about「懸念を抱いている」とほぼ同じ意味です。

Q.25

空欄前の the effect が会話の the influence の言い換えであることに気がつけば、次に出てくる the Internet and illegal downloading の illegal downloading が答えであることがわかります。

Q.26

映画会社が特に懸念していることが答えになります。メモでは a big concern、会話では a lot more concerned about piracy と表現されていますので、答えとして piracy を選ぶことができます。

スクリプト

Part 3. You will hear a student talking to her professor about an assignment. First, you have some time to look at questions 21 to 26. Now listen carefully and answer questions 21 to 26.

Professor : Now, you have come to see me about the assignment, right?

Student : Yeah, I'm having a few problems with it.

Professor : This is not about the deadline, is it?

Student : No, not at all. I know I've got to hand it in on the 13th.

Professor : Are you sure about that? It's actually due on the 16th, so you've got a few   Q.21
more days up your sleeve.

Student : That should come in handy. Well, the problems relate to the content of my topic.

Professor : Well, what are you doing it on?

Student : I'm writing about the troubles experienced by documentary filmmakers, especially focusing on copyright problems.   Q.22

Professor : Sounds good! Since you want to be a documentary filmmaker in the future, it's a good idea to get an understanding of this. Copyright is quite a complicated   Q.22 issue, isn't it?

Student : That's for sure. I'm just hoping that you can clear up a few things for me. Firstly, I've heard that copyright is completely different for movies than for other things like books or music. Is that true?

Professor : No, it's not true. The basic rules of copyright stay the same, and apply to   Q.23 all types of creativity. But different copyright concerns are stronger in each genre. As an example, both music and movie companies have been very concerned about the distribution of music. Book publishers, however, are   Q.24 more concerned about significant portions of their books being re-produced in other books. What you've got to understand is that every form of creativity has its own concerns.

Student : Okay, got it! I've also been doing some research on the influence the Internet and illegal downloading has had on copyright laws. In my assignment, can I   Q.25

claim that the Internet and downloading has changed copyright?

Professor : Ah, that's a tough one! My answer is no, but yes.

Student : Huh? What do you mean?

Professor : If you look at how movie producers viewed potential movie pirating activities in 1985 in comparison with today, then the answer is yes. Nowadays, movie distribution companies are a lot more concerned about <u>piracy</u> than they used to be.   Q.26

Student : Okay . . . .

訳

教授：さて、課題のことで会いに来たんだね？

学生：はい、いくつか問題がありまして。

教授：締め切りのことではないだろうね？

学生：いえ、それは違います。13日に提出しなくてはならないことはわかっています。

教授：それは確かい？　実際は16日だよ。だから数日は余裕がある。

学生：それは助かります。ええと、問題は私のトピックの内容に関係するものなのですが。

教授：ええと、何について書いているのかね？

学生：ドキュメンタリー映画の製作者が経験する問題、特に著作権問題について書いています。

教授：いいじゃないか！　君は将来ドキュメンタリー映画を作りたいのだから、この分野について理解しておくのはいいことだ。著作権はなかなか複雑な問題だろう？

学生：はい、本当に。ただ、いくつか私の疑問を解消していただけたらと思いまして。まず、映画の著作権は書籍や音楽など、ほかのものとはまったく異なると聞きました。それは本当ですか？

教授：いや、それは本当ではない。著作権の基本ルールは同じで、あらゆる種類の創造性に当てはまる。しかし、ジャンルによって懸案が大きい著作権事項は異なるのだよ。例えば、音楽会社も映画会社も、音楽の流通に関して大変懸念を抱いている。しかし、書籍の出版社は、自社の書籍の重要な部分がほかの書籍で複製されることをより懸念している。君が理解しておかなければいけないのは、いかなる種類の創造性にも独自の懸案事項があるということだ。

学生：わかりました！　インターネットや違法ダウンロードが著作権法に与えてきた影響についても少し調べています。私の課題の中で、インターネットやダウンロードが著作権を変えたと主張することはできますか？

教授：ああ、それは難しい質問だ！　私の答えは、ノーだけどイエスだ。

学生：え？　どういうことですか？

教授：もし現在と比べて1985年当時、映画製作者が映画の著作権侵害行為の可能性をどう見ていたかに焦点を当てるなら、答えはイエスだ。現在、映画配給会社は著作権侵害行為について以前よりずっと大きな懸念を抱いている。

学生：なるほど……

解答

| **21** (the)16th | **22** copyright (problems) | **23** the same | **24** (the) distribution |
| **25** illegal downloading | **26** piracy |

❺ 適合させる問題

Which function from the list **A-D** applies to each of the following items (Questions 27-30) that have influenced the way people use digital data?

Functions

A prevents a movie from being copied

B describes allowed use of copyright materials

C makes it okay to cut out parts of a movie

D protects software that prevents copying

---

27 Digital Millennium Copyright Act ....

28 Documentary Filmmakers' Statement of Best Practices in Fair Use ....

29 DRM software ....

30 Family Movie Act ....

📖 解説

問題タイプ❺**適合させる問題**です。まずは問題をチェックする時間に、指示文をしっかり読みましょう。「リストＡ～Ｄのどの機能が、人々のデジタルデータの使用法に影響をもたらした次の項目（item）に当てはまりますか？」とありますので、音声を聞きながらＡからＤの各 function と結びつく item をそれぞれ見つけていきます。

次に枠内の選択肢と問題を見ます。問題は音声の流れる順に沿っており、枠内の選択肢はランダムに並んでいます。次に選択肢の数と問題数に注目してください。ここでは同じ数なので、問題ひとつに選択肢ひとつを適合させるとわかります。ただし、注意したいのが、このタイプの問題では必ずしも問題数＝選択肢数ではないことです。選択肢の

数が問題数よりも多く、すべての選択肢を使う必要がない場合もあります。

音声を聞く際は、問題の項目と機能の説明（選択肢の内容）の話される順番に注意してください。項目に言及されてから説明があると答えを聞き取りやすいのですが、答えとなる部分が直後に続く場合と、少しほかのことを言ってから説明が出てくる場合がありますので、じっくり聞くようにしてください。また、説明が先に出てくる場合や説明の途中に項目の名称が言われる場合もありますので、キーワードの項目の名称だけに頼らずに、全体の話の展開を追うようにする（次の話題に移ったら、そこで何か新しい項目が紹介される可能性があると考える）ことが大切です。

Q.27
会話では問題の項目 Digital Millennium Copyright Act への言及が先にあり、その少し後に機能の説明があります。説明部分は This law から始まり、その後に続く added protection for software that prevents excess copying of a DVD と合致する選択肢 D を選びます。

Q.28
この問題では、問題の項目 Documentary Filmmakers' Statement of Best Practices in Fair Use が出てきて、ほぼ直後に説明が続きます。説明内の could be considered fair use「公正使用と見なされる」が選択肢 B の allowed use「許されている使用」とほぼ同じ意味となることに気がつけば、答えが選べるでしょう。

Q.29
会話中で、問題の項目 DRM software の説明が、項目の名称が言及される前から始まっています。しかし、その部分 protected by digital rights management を聞き逃したとしても、後の you may not bypass that software even if you want to copy the DVD からのみでも、コピー防止ソフトであることはわかり、答えは選択肢 A となります。

Q.30
この問題は項目 Family Movie Act に言及した少し後に答えが出てくるタイプです。In other words「言い換えれば」と言ってから、かみ砕いた説明 it's okay to remove small parts of a movie to avoid offense があるので、答えが選択肢 C であることがわかります。

スクリプト

Before you hear the rest of the conversation, you have some time to look at questions 27 to 30. Now listen and answer questions 27 to 30.

Professor : But the law of copyright hasn't changed. An infringing copy was just as infringing in 1985 as it is now. Have you read about the <u>Digital Millennium</u> Q.27 <u>Copyright Act</u> of 1998?

Student : Umm . . . no! Sorry about that.

Professor : Well, I think you should read it; you'll find it of great interest. <u>This law added</u> Q.27 <u>protection for software that prevents excess copying of a DVD.</u> It made it illegal to bypass this software, or share information on how to bypass it.

Student : Okay. I've got another question. In your documentary film class last week, you told us that we had to film scenes without any music, advertising or brand names.

Professor : Yes, I remember. What's troubling you about it?

Student : Well, I read in an article that a documentary filmmaker was interviewing a person on camera when the person's cell phone ringer went off, playing a popular music riff. Then, the filmmaker's legal office insisted that the music from the cell phone be cleared. In order to clear it, a permission fee of $10,000 was paid. Is this true?

Professor : That's correct. In the past, such events took place quite frequently. Often, the filmmakers would try to edit out such interruptions. But actually, these days, you can document life with incidental bits of copyright content included. A few years ago, a document titled <u>Documentary Filmmakers' Statement of</u> Q.28 <u>Best Practices in Fair Use was created. This helped to describe what sorts of uses of copyright materials could be considered fair use.</u> So if a filmmaker asserts that he or she is using the Best Practices, she can work around such little bits of copyright content.

Student : Ah . . . I see! Now, just one more thing. It's also about copyright, and the class presentation we have to give for this assignment.

Professor : Go on.

Student : I would like to include a short clip from a documentary movie as part of my class presentation. Can I copy that clip onto the flash drive that holds the entire presentation? Is that breaking copyright?

Professor : No, that'll be fine. For a class assignment, in a registered class at an accredited school or university, you may make a copy of nearly anything. However, the copy you make should not be used in any other way. If the movie is on a DVD <u>protected by digital rights management, that's DRM software, you may not</u> Q.29 <u>bypass that software even if you want to copy the DVD for a legal use.</u>

Student : What? We can make a copy of nearly anything for academic purposes?

Professor : Yeah.

Student : Okay. But I have a bit of a problem. The documentary part that I want to show has just one or two words of really bad language, and I didn't think it was appropriate. Is it okay to change or bleep those parts out?

Professor : Oh, right. Well, it used to be difficult, but in 2005, the Family Movie Act was passed, which made it possible to show movies with limited portions of audio or video content made imperceptible. In other words, it's okay to remove small parts of a movie to avoid offense. So, you should be okay if you want to just edit out the strong language.

Q.30

Q.30

Student : Really? Oh that's a relief. I was a bit worried about people's reactions. Well, that's all for now. I really appreciate . . . .

That is the end of Part 3. You now have 30 seconds to check your answers to Part 3.

This work is a derivative of Keyser, M. (2011, December 14). *Movies and Film.* Retrieved from the OpenStax-CNX Web site: http://cnx.org/content/m41557/1.2/ (CC-BY 3.0)

訳

教授：だが、著作権法は変わっていない。著作権を侵害するコピーは、現在同様、1985年当時も著作権侵害だった。1998年のデジタルミレニアム著作権法については読んだかね？

学生：あ……いいえ！　すみません。

教授：そうか、読んでおいたほうがいいと思うよ。君にとって大変興味深いはずだ。この法律はDVDの過剰なコピーを防ぐソフトウェアの保護についての規定を追加したんだ。それによってこのソフトを回避したり、回避の方法についての情報を公開したりすることも違法になった。

学生：わかりました。もうひとつ質問があるのですが。先週、ドキュメンタリー映画の授業で、先生は音楽や広告、ブランド名が入らないようにシーンを撮影するようおっしゃいましたね。

教授：ああ、覚えているよ。それが何か問題かね？

学生：ええと、私が読んだある記事に、ドキュメンタリー映画の製作者がカメラの前である人にインタビューしていた時、その人の携帯電話の着信音が鳴って、人気の音楽のフレーズが鳴ったとありました。それでその製作者の法律事務所が、その携帯電話の音楽のために著作権使用許可を得るよう主張したそうです。そしてそのために1万ドルの著作権使用料が支払われたと。これは本当の話ですか？

教授：本当だよ。過去には、そのようなことが非常によく起こっていたんだ。しばしば、映画製作者はそういった邪魔なものを編集で消そうとしたものだ。しかし、実際のところ、今日では、偶発的な著作権コンテンツが多少混じっていても実生活のドキュメンタリーを撮影してよいことになっている。数年前、「ドキュメンタリー映画製作者による公正使用におけるベストプラクティス・ステイトメント」というタイトルの文書が作成された。これは、著作権コンテンツをどのように使用すれば公正使用と見なされるかを説明する助けとなったんだ。だから、もし映画製作者がこのベストプラクティスに則っていると主張すれば、著作権のあるコンテンツを少々使用しても責めを免れることができるんだ。

学生：ああ……なるほど！　あとひとつだけいいですか。これも著作権と、この課題のためにやらなければならないクラスプレゼンについてなのですが。

教授：どうぞ。

学生：クラスプレゼンの一部としてドキュメンタリー映画の短いクリップを入れたいのですが。そのクリップをプレゼン全体が入っているフラッシュドライブにコピーしてもいいですか？　それは著作権侵害に当たるのでしょうか？

教授：いや、それは大丈夫だよ。正式な認可を受けた学校や大学の正規の授業の課題のためなら、ほとんど何でもコピーしていいんだ。しかし、そのコピーはほかの用途で使ってはいけない。もしその映画がデジタル著作権管理（DRM）ソフトで保護されたDVDに入っている場合は、合法的な使用のためにそのDVDをコピーしたいと思ってもそのソフトを回避してはいけない。

学生：え？　学業使用のためならほとんど何でもコピーしてよいのですか？

教授：ああ。

学生：わかりました。でも、ちょっとした問題があるんです。私が見せようとしているドキュメンタリーの部分には、1、2語だけ、本当にひどい言葉が含まれていて、適切じゃないと思ったんです。その部分を修正するかピーという音で消していいですか？

教授：大丈夫だよ。以前は難しかったんだが、2005年にファミリー映画法が可決され、音声や映像の一部を見たり聞いたりできないよう加工した映画を公開することができるようになった。言い換えれば、不快感を与えないよう、映画のわずかな部分を削除してもよいということだ。だからその乱暴な言葉を編集で削除したかったらやってもいいんだよ。

学生：本当ですか？　それを聞いて安心しました。見た人がどういう反応をするか、少し心配していたんです。ええと、今のところは以上です。本当にありがとうございました……

解答

| **27** D | **28** B | **29** A | **30** C |

05 パート4対策

◤ パート4の概要

パート4では、学問的な場での話者1人による講義や講演を聞きながら、問題31～40の全10問に答えます。広く興味を持たれるような一般的なテーマを取り上げ、内容は論理的できちんと計画された構成になっています。パート1～3とは違い、音声の途中で案内音声を挟まず、最初から最後まで中断なく流れます。そのため、聞き始める前に10問すべてに目を通しておく必要があります。

本項では、実際にパート4の練習問題を1本解き、パート4の傾向と特徴に慣れながら、下記の6つの問題タイプのうち⑥についての対策を学びます。併せて、問題タイプ②も復習します※。

① 用紙・表・フローチャートを完成させる問題 →　　　　　　　パート1
② **文・メモ・要約を完成させる問題** →　　　　　　　**パート1、3、4**
③ 工程・地図・図解に名称をつける問題 →　　　　　　　パート2
④ 短く答える問題 →　　　　　　　パート2
⑤ 適合させる問題 →　　　　　　　パート3
⑥ **多項選択式問題** →　　　　　　　**パート4**

※IELTSのリスニングテストでは、パートごとに出題される問題タイプが決まっているわけではなく、どのパートにどの問題タイプが出題されるかはテストごとに異なります。

本項の目次
■ パート4の流れ
■ 問題タイプ別対策：パート4を解きながら問題タイプ別の対策を学ぶ
　②文・メモ・要約を完成させる問題
　⑥多項選択式問題

■ パート４の流れ

パート４は１本の講義（あるいは講演）が最後まで中断なく流れます。冒頭に案内音声があり、講義のテーマが伝えられ、すべての問題（１０問）を先にチェックする時間が与えられます。その後、講義の最初から最後までが一気に流れます。パート１～３のように前半と後半に分かれているわけではないので注意しましょう。講義の音声が終了すると、パート４の終わりが告げられ、解答を確認する時間が１分間与えられます。その後、リスニングテストの終了が告げられ、ペーパー版の場合は、解答用紙に解答を転記するための時間が１０分間与えられます。実際の音声の流れは下記を参考にしてください。

☞ *Part 4. You will hear part of a lecture on the precious metal gold. First, you have some time to look at questions 31 to 40.*
　パート４。これから貴金属である金に関する講義の一部を聞きます。今から問題３１～４０に目を通す時間が与えられます。

↓

ポーズ（問題３１～４０に目を通す時間）

↓

☞ *Now listen carefully and answer questions 31 to 40.*
　では、よく聞いて問題３１～４０に答えてください。

↓

冒頭から最後までの講義音声が流れる

↓

☞ *That is the end of Part 4. You now have one minute to check your answers to Part 4.*
　これでパート４は終了です。今から１分間、解答を確認する時間が与えられます。

↓

ポーズ（解答を確認する時間）１分

↓

☞ *That is the end of the listening test. You now have 10 minutes to transfer your answers to the answer sheet.*
　これでリスニングテストは終了です。今から１０分間で解答を解答用紙に転記してください。

▌ 問題タイプ別対策

❷ 文・メモ・要約を完成させる問題

PART 4   Questions 31-40

Questions 31–36   🔊 09

*Complete the summary below. Write **ONE WORD ONLY** for each answer.*

Gold is used for a wide range of purposes, such as for jewellery and in electronic products like **31** .... In the past, gold was used as a currency **32** .... but not today; however, it is important in international trade. One of the reasons people utilise gold is that it is highly resistant to corrosion and **33** .... attack. Gold is found in **34** .... fractures or in rivers, but is difficult to **35** .... from rock because of its indestructible nature. Therefore, gold extraction techniques such as heap leaching, which is the most **36** .... method of gold mining, often have a huge impact on the environment.

➡ Questions 37-40 は p.69 へ

📖 解説

パート1で取り上げた、問題タイプ②**文・メモ・要約を完成させる問題**です。音声全体もしくは一部の summary「要約」の空欄を、音声で与えられる情報で埋めます。基本的な考え方はパート1を参照してください。

要約問題では、問題をチェックする時間に要約文を読みます。その際、キーワードに注目しながら要約全体の内容を理解しておくことが重要です。そうすることで、空欄にど

のような答えが入るのかを論理的に推測しやすくなります。また、数量や時刻を表す表現などは音声にそのまま出てくることもありますが、数字を覚えておくことは難しいため、音声を聞いたらすぐに書き留めておく必要があります。ただし、話し手が途中で訂正などをした場合には、前にメモした数字を訂正して、正しい方の数字を新たにメモしておくことを忘れないでください。

Q.31

electronic products like の後が空欄です。like . . .「……のような」は具体的に例を示す場合に使いますので、例としてどのような電子製品が挙げられるかに注意して聞きます。要約文にも出てくる jewellery の後に言及される laptops が答えです。

Q.32

空欄には a currency に続く名詞が入ることを念頭に置いて音声を聞きましょう。音声の its value was used as a currency standard から、答えは standard とわかります。

Q.33

要約文と答えのある部分の音声はほぼ同文です。resistant to corrosion and chemical attack から、答えの chemical を聞き取りましょう。

Q.34

この問題は、要約文と音声では使われている語彙がかなり異なるので難しいと感じるかもしれません。まず、要約文の空欄が含まれるセンテンス Gold is found in . . . . fractures or in rivers を読み、答えは金が見つかるところで、rivers と並んで挙げられている場所であること、および fractures「割れ目」の前に置くことができる語（形容詞、分詞、名詞）であることを確認します。次に音声を聞く際に、内容の流れを追って説明を理解するようにしましょう。具体的には、So, where does it all come from? の部分で、金が見つかる場所の話に移ります。その後、there are actually two types of gold ore deposits「実際は2種類の金鉱床がある」と紹介され、続いて First of all / Secondly と2つが順に説明されています。この2種類の金鉱床の場所についての音声では、river が2番目に出てくるので、最初の説明に出てくる in rock fractures の rock がもうひとつの金鉱床の場所として空欄に入ります。

Q.35

最初に、「（金の）採取は難しい」という意味になる語（動詞の原形）が答えだと見当をつけます。音声では makes gold mining very difficult で、キーワードの difficult が出てきます。その後、説明を加えている部分 it's not easy to extract gold from rock から、extract を答えとして選びます。

Q.36

まず、空欄が heap leaching の説明部分にあること、method を修飾する形容詞の原級となることを確認します。音声では、ほぼ要約文と同文で heap leaching, which is the most popular form of gold mining nowadays と出てきますので、popular を選ぶことができます。なお、method は音声の form を言い換えています。

スクリプト

Part 4. You will hear part of a lecture on the precious metal gold. First, you have some time to look at questions 31 to 40. Now listen carefully and answer questions 31 to 40.

So now, I want to move on and have a look at the precious metal gold. We'll look at many features of this metal, and also the different ways it's extracted from the earth. As you all know, gold is a symbol of wealth, prestige, and royalty, and it's quite understandable why it's attracted and fascinated people for many thousands of years. I'm sure there are a few people here today wearing some gold jewellery, and those <u>laptops</u> on your desks also contain the metal.   Q.31

It is considered by many to be the most desirable precious metal and has been sought after for coins, jewellery, and other arts since long before the beginning of recorded history. Historically, its value was used as a currency <u>standard</u>, although   Q.32 not anymore. However, given the current financial times, there's talk of the renewed importance of gold in international trade and currency. Today, the primary uses of gold are jewellery and the arts, electronics, and dentistry. This is because it's a very dense metal and is extremely resistant to corrosion and <u>chemical</u> attack, making it   Q.33 almost indestructible. That's why it's desired by so many different people: it's strong, and also looks nice. However, as a result of this indestructible quality of gold and people's thirst for it, about half of the world's gold ever produced has been produced since 1965, and at the current consumption rate, today's gold reserves are expected to last only 20 more years.

So, where does it all come from? Well, you are correct to assume from the ground, but there are actually two types of gold ore deposits. First of all, there are hydrothermal deposits. This is where magma-heated groundwater dissolves gold from a large volume of rock and deposits it in <u>rock</u> fractures. Secondly, we have   Q.34 placer gold ore deposits, where rivers erode a gold ore deposit of hydrothermal origin and deposit the heavy gold grains at the bottom of river channels.

Now here is an interesting fact: although gold's resistance to chemical attack makes it extremely durable and reusable, that same property also makes gold mining very difficult. What I mean by this is that it's not easy to <u>extract</u> gold from rock. As a   Q.35 result, some mining methods can have an enormous environmental impact. Let's take as an example the practice of heap leaching, which is the most <u>popular</u> form of   Q.36

gold mining nowadays.

訳

それでは次に、貴金属である金を見てみたいと思います。この金属の数多くある特徴と、また地中から採掘されるさまざまな方法に目を向けたいと思います。皆さんご存じのように、金は富・名声・高貴さの象徴であり、何千年もの間、人々を魅了し虜にしてきた理由は理解に難くありません。今日ここにいる方々の中にも金の宝飾品を身につけている人が何人かはいると思いますし、皆さんの机の上にあるそのノートパソコンにもこの金属は使われています。

金は多くの人に最も好ましい貴金属と見なされ、有史時代が始まるずっと前から硬貨や宝飾品、その他の美術品として需要がありました。今ではもう違いますが、歴史上、その価値は通貨基準として使われていました。しかしながら、現在の金融情勢下で、国際貿易や通貨における金の重要性の再認識が取りざたされています。現在、金は主に宝飾品や美術品、電子機器、歯科治療に利用されています。なぜなら金は非常に密度の高い金属で、腐食や化学的破壊作用に非常に強く、ほとんど破壊不能なほどです。そういうわけで、これほど多くのさまざまな人々から求められているのです——強くて、しかも美しいという理由で。しかし、金が持つこの破壊不能な性質とそれを求める人間の強い欲望の結果、世界でこれまで産出されてきた金の約半分は1965年以降に産出され、今のスピードで消費していくと、現在の金の埋蔵量はあと20年しか持たないと予測されています。

では、そのすべてはどこから来るのでしょうか？　地中からと推測した方は正しいのですが、実際は2種類の金鉱床があります。まず、熱水鉱床がありますが、これはマグマによって熱せられた地下水が大量の岩石から金を溶かし、それが岩盤の割れ目に沈殿したものです。もうひとつは砂金鉱床です。これは川が熱水効果によってできた金鉱床を侵食し、重い金粒子を川の水路の底に堆積させたものです。

さて、ここで興味深い事実があります。化学的破壊作用に対する耐性により、金は非常に耐久性があり再利用が可能なのですが、この同じ特性によって金鉱採掘が大変困難になってもいるのです。私が言いたいのは、岩石から金を採取するのは容易ではないということです。結果として、いくつかの採掘法は環境に莫大な影響を与えかねないものになっています。例として、現在の金鉱採掘で最も使われているヒープリーチングという方法を見てみましょう。

解答

| **31** laptops | **32** standard | **33** chemical | **34** rock | **35** extract | **36** popular |

❻ 多項選択式問題

Questions 37–40　◀)) 10

Choose the correct letter, A, B or C.

37 Heap leaching is used by the gold mining industry because it
   A takes a short amount of time.
   B is the most cost effective.
   C can take gold from low quality sources.

38 Heap leaching extraction causes environmental damage because of
   A the use of chemicals.
   B the use of traditional mining techniques.
   C the amount of energy used.

39 The speaker refers to gold mining in northern Romania to
   A show how a dam can contaminate a gold tailings pond.
   B show how gold mining can devastate the environment.
   C show how much cyanide is in the river Danube.

40 Environmental groups have responded to modern mining practices by
   A calling for a halt to all mining using heap leaching practices.
   B commending the mining companies for their new regulations.
   C arguing that mines should be far from regulated areas.

📖 解説

問題タイプ❻**多項選択式問題**です。音声についての問題文に対し、選択肢が３つ与えられ、正しいものを選びます。未完成の問題文を完成させる問題と、質問に対する正しい答えを選ぶ問題があります。まず、問題をチェックする時間に、問題文と選択肢のキーワードを確認します。音声を聞く際には、選択肢のキーワードと同じ、あるいは似ている単語が聞こえても、すぐには答えとして選ばないようにしてください。単独の語句や表現

だけに頼らず、話されている全体的な内容から答えを判断する必要があります。また、正しい選択肢は音声の内容を言い換えたものであることが多いので、言い換えにも注意してください。聞き終わった後に答えられなかった問題があった場合は、論理的に正しいと思われる選択肢を選びましょう。それでも答えがわからなかったら、何も選択しないのではなく、推測から解答するようにしてください。

Q.37

heap leaching がキーワードで、その方法が使われる理由が答えです。音声では、because it allowed economic recovery of gold from very low-grade ore and even from gold ore tailings の部分で、ここから選択肢Cを選びます。選択肢Cの low quality sources は、音声の very low-grade ore と gold ore tailings を言い換えています。

Q.38

heap leaching と environmental damage がキーワードです。音声では a major environmental concern という表現が使われています。その原因が答えです。音声では it has to do with the highly toxic nature of cyanide. Remember, this chemical is . . .という部分が該当します。has to do with. . .「……と関係がある」という表現、および cyanide が this chemical であることがわかれば、選択肢Aを選ぶことができます。

Q.39

refers to と northern Romania がキーワードです。refer to. . . は「……を引き合いに出す」という意味で、音声の As an example と対応しています。その直前部分 the impact of this extraction process on the surrounding environment と、その後の説明で千トン以上の魚が死んだと言っていることから、northern Romania の例は選択肢Bを言うために使われていることがわかります。devastate には「荒らす、荒廃させる」という意味があります。

Q.40

environmental groups がキーワードです。彼らがどのような対応をしているかが答えです。音声の there should be a ban on mining technologies that use the dangerous technique of cyanide heap leaching の部分から、選択肢Aを選びます。音声の ban「禁止」を、問題文では halt「停止」と言い換えています。

スクリプト

In the heap leaching extraction process, cyanide-rich water is passed through finely ground gold ore and dissolves the gold over a period of months; eventually, the water is collected and treated to remove the gold. On the one hand, this process revolutionised gold mining because it allowed economic recovery of gold from very Q.37 low-grade ore and even from gold ore tailings that previously were considered waste. On the other hand, it leads to a significant amount of damage to the area where it is being used. While the industry argues that this process is less harmful than traditional mining techniques due to it using less energy and heavy machinery in the process, the fact remains that heap leaching is a major environmental concern. And why is this? Well, it has to do with the highly toxic nature of cyanide. Q.38 Remember, this chemical is mixed with water during the process because it helps with the extraction of the gold from the ore.

Okay, so let's have a quick look at the impact of this extraction process on the Q.39 surrounding environment. As an example, I'd like to briefly tell you about the events of January 2000 at a gold mine in northern Romania. After a period of heavy rain and snowmelt, a dam surrounding a gold tailings pond collapsed and sent 100 million litres of cyanide-contaminated water into the Danube River, killing more than Q.39 a thousand tons of fish. To date, this has been the world's largest cyanide spill, and it illustrated not only the toxic nature of cyanide, but also problems facing the gold mining industry. As a result of this event, large gold mining companies implemented regulations and procedures in order to minimise the impact of the chemicals used in heap leaching. However, environmental groups, such as Greenpeace, continue to argue that these do not go far enough, and that there should be a ban on mining Q.40 technologies that use the dangerous technique of cyanide heap leaching.

So, while gold has been held in high regard for thousands of years, there is no escaping the fact that an environmental price is paid for its extraction. Considering the large environmental impact of gold mining, this may take some of the glitter from gold . . . .

That is the end of Part 4. You now have one minute to check your answers to Part 4.

訳

ヒープリーチング抽出法では、シアン化物を多く含む溶液が細かく粉砕された金鉱を通過し、数か月という期間をかけてその金を溶かします。最終的にその溶液が回収され金を抽出する処理が行われます。一方では、この方法は金鉱採掘に革命をもたらしました。というのも、非常に質の良くない鉱石やそれまで廃棄物とみなされていた金の選鉱くずからさえも金を抽出し、利益が上がるように再生させることを可能にしたからです。他方で、この方法はそれが行われる地域に相当な被害をもたらします。業界は、この方法は従来の採鉱技術と比べ、その工程でエネルギーや重機をあまり使わないので害が少ないと主張していますが、実際は、ヒープリーチングは環境に対する大きな懸案事項なのです。なぜそうなのでしょうか？　それはシアン化物の高い毒性に関係があります。覚えておいてください、この化学物質は、金鉱から金を抽出するのに役立つので、その工程で水と混ぜられるのです。

それでは、この抽出工程が周辺環境に与える影響についてちょっと見てみましょう。例として、2000年1月に北ルーマニアのある金鉱で起きた出来事について簡単に説明したいと思います。大雨や雪解けが一定期間続いた後、選鉱くずの溜め池を囲むダムが崩壊し、1億リットルのシアン化物の汚染水がドナウ川に流れ出て、1000トン以上の魚を殺しました。今日まで、これは世界で最大のシアン化物流出で、それはシアン化物の毒性だけでなく、金鉱業が直面する問題をも浮き彫りにしました。この事件の結果、大手の金鉱会社はヒープリーチングで使用される化学物質の影響を最小限にするための規定や手続きを設けました。しかし、グリーンピースなどの環境団体は、これらは十分な対処になっておらず、シアン化物を使ったヒープリーチングという危険な方法を用いた採鉱技術を禁止するべきだと主張し続けています。

ですので、金は何千年にもわたって高く評価されてきた一方で、その抽出のために環境が代償を支払っているという事実を無視することはできません。金鉱採掘が環境に与える甚大な影響を考えると、金の輝きも少し失われてしまうかもしれません……

解答

| 37　C | 38　A | 39　B | 40　A |

◢ パート1

PART 1   *Questions 1-10* 11

Questions 1-6

Complete the notes below. Write **NO MORE THAN THREE WORDS AND/OR A NUMBER** *for each answer.*

	Example	*Answer*
	Type of job:	*part-time*

| 1 _____
 Restaurant

 kitchen assistant | • washing dishes

 • 2 _____ | Hours: 7 pm to midnight
 Days: 3 _____
     weekend lunches

 Salary (per hour) :
     $12.15 weekdays
     4 $ _____
     weekends |
| 5 _____ | • teaching children /
   teenagers | Hours & Days: to be negotiated

 Salary (per hour): $15.00
 Includes: lesson planning
     6 _____ |

Complete in the form below. Write **NO MORE THAN THREE WORDS AND/OR A NUMBER** *for each answer.*

Student Details

Type of job: part-time

Name: **7** _____

Student Number: 12L7009

Department: **8** _____

Year: 2nd

Address: **9** _____ , room 214

Contact Details

Phone: 0412 770 847

Email: **10** _____

📖 解説

アルバイトを探している学生と大学の仕事紹介担当者との会話です。試験部分の音声が始まる前に問題のメモと用紙をざっと見ましょう。この問題は、数字（金額や時間など）は少ないですが、曜日や名前、住所、メールアドレスなどの情報を聞き取る必要があることを確認し、それらの情報はできるだけ多く正確に聞き取り、書き留めるようにしてください。

Q1-6 は②**文・メモ・要約を完成させる問題**です。メモは、紹介された２種類のアルバイトについて書かれています。左から、仕事先や職種、仕事内容、雇用条件が入ります。**Q1** はレストランの名前、**Q2** は仕事内容（記載のある皿洗い以外）を入れましょう。**Q3** の Days は「曜日」のことです。「日付」の Date と紛らわしいので気をつけてください。**Q4** は時給です。記載のある weekdays の時給と空欄の weekends の時給をしっ

かり聞き分けましょう。**Q5** は **Q1** と違って会社や店の名称ではありませんので注意が必要です。また、仕事内容と混同しないようにしましょう。**Q6** は空欄前の Includes: lesson planning の Includes が会話中の extra (work) と対応していることがわかれば、答えが homework correction であることがわかります。

Q7-10 は①用紙・表・フローチャートを完成させる問題です。用紙には学生の個人情報が記されています。**Q7** の名前は、姓の Wattle のスペルが説明されています。double T と言っているのを聞き逃さないようにしてください。**Q8** の Department は大学では学部または学科のことです。会話では I'm actually studying law と言っていますが、その前に you are in the Linguistics department? とあるので、department の意味を知らなくても推測できるのではないでしょうか。また、linguistics と聞いてすぐに答えを書きたくなるかもしれませんが、学生が No. と否定して、law と答えているところまできちんと聞いてから解答しましょう。**Q9** は住所を聞いているのですが、この学生は学生寮に住んでいるので、寮の名称が入ります。各寮には「. . . Hall」という名前がついていることが多くなっています。**Q10** はメールアドレスです。この問題のように、全部ではなく、わかりにくい部分のみスペルを言うことが多いので注意してください。

スクリプト

Part 1. You will hear a conversation between a student and a university job centre worker. First, you have some time to look at questions 1 to 6. An example has been done for you, and the conversation relating to this will be played first.

WORKER : Good afternoon. How can I help you?

STUDENT : This is the place for finding jobs, isn't it?

WORKER : Yes, this is the Student Union Job Centre. So, are you looking for a job?

STUDENT : Yeah, a <u>part-time</u> job, if possible. But my schedule is quite busy, so I'm not sure what I can do.   Ex.

The student is looking for a part-time job, so 'part-time' has been written in the space. Now let's begin. You should answer the questions as you listen because you will not hear the recording again. Listen carefully and answer questions 1 to 6.

WORKER : Good afternoon. How can I help you?

STUDENT : This is the place for finding jobs, isn't it?

WORKER : Yes, this is the Student Union Job Centre. So, are you looking for a job?

STUDENT : Yeah, a <u>part-time</u> job, if possible. But my schedule is quite busy, so I'm not sure what I can do.   Ex.

WORKER : Well, just let me have a look at what's available, and we'll see what we can work out for you. Any ideas about what kind of work you want?

STUDENT : Nah, not really. This will be my first part-time job.

WORKER	: That's okay! I get a lot of students coming here in the same position as you. So let's see what we have . . . All right, there's a part-time position available at a restaurant. Do you know <u>Green Hill</u> restaurant?	Q.1
STUDENT	: Umm, no sorry!	
WORKER	: It's about a 10-minute bike ride from the campus, so quite a good location.	
STUDENT	: What kind of work is it?	
WORKER	: It's for a kitchen assistant.	
STUDENT	: A kitchen assistant! What's that?	
WORKER	: Well, it's a nice way of saying that you'll be washing dishes and <u>cleaning the kitchen</u>.	Q.2
STUDENT	: Okay . . . How about the conditions?	
WORKER	: It says here that the shifts are from 7 pm to midnight. You can choose any nights from <u>Tuesday to Saturday</u>. There is also some weekend day work, probably lunchtime kind of stuff.	Q.3
STUDENT	: And how about the pay?	
WORKER	: Ah yes . . . The most important part, isn't it? Well, you'll get $12.15 an hour on weeknights, and <u>$14.60</u> for weekend work.	Q.4
STUDENT	: That sounds all right. Have you got anything else available? I'm not sure if washing dishes is my kind of thing. I'm sure my mum would be surprised if I had this job!	
WORKER	: I see. How about doing something in the field of education?	
STUDENT	: Teaching! But I'm only a student.	
WORKER	: Don't worry! There's a job available as a <u>home tutor</u>. You know, teaching young kids or teenagers stuff, like helping them with schoolwork or exam preparation.	Q.5
STUDENT	: That sounds more like it. When would I have to do it?	
WORKER	: This work is quite flexible. You'll need to negotiate with your students or their parents.	
STUDENT	: Nice, and how much do I get for it?	
WORKER	: This one is $15.00 an hour . . . However, it says that you're expected to do extra work, such as lesson planning and <u>homework correction</u>.	Q.6
STUDENT	: Sounds much better than washing dishes.	

Before you hear the rest of the conversation, you have some time to look at questions 7 to 10. Now listen and answer questions 7 to 10.

WORKER	: So, which job would you like to apply for?	
STUDENT	: I'll go for the home tutor one. It sounds a lot more interesting.	
WORKER	: Okay. Now, I'll have to get some personal information from you, then I'll be able to submit your application. First of all, what's your name?	
STUDENT	: Helen.	Q.7
WORKER	: And your surname?	
STUDENT	: Wattle, that's W-A-double T-L-E.	Q.7
WORKER	: Student number?	
STUDENT	: 12L7009.	
WORKER	: And now I just need to know what department you are studying in. Since your number starts with 12L, does that mean you are in the Linguistics department?	
STUDENT	: Umm . . . No. I'm actually studying law, and I'm a second year student.	Q.8
WORKER	: Of course, L for law. Now, what's your home address?	Q.8
STUDENT	: Actually, I live on campus in one of the student residences.	
WORKER	: And which one is that?	
STUDENT	: It's Harris Hall.	Q.9
WORKER	: Okay, that's Harris with a double R, isn't it?	Q.9
STUDENT	: Yeah, that's right.	
WORKER	: Nice place to live?	
STUDENT	: Not really, to be honest. It's a bit noisy.	
WORKER	: Ah, sorry to hear that. Now, what's your room number?	
STUDENT	: 214.	
WORKER	: Right, so we'll need to contact you directly if you are accepted for an interview, so how about some contact details?	
STUDENT	: Like phone and email?	
WORKER	: Yes.	
STUDENT	: Well, my number is 0412 770 874, and my email is . . . Oops, just a second, it's 847.	
WORKER	: Just let me check that. It's 0412 770 847?	
STUDENT	: Yes, sorry about that.	
WORKER	: No problem. And how about your email?	
STUDENT	: Okay, it's helen.wf@penny.com.au.	Q.10
WORKER	: @ what?	
STUDENT	: @penny.com.au. That's P-E-double N-Y.	Q.10
WORKER	: Thanks. Just a few more things, and then you're ready to go. The application form asks for your availability; when you're able to work. So, what shifts suit you best	

That is the end of Part 1. You now have one minute to check your answers to Part 1.

訳

従業員：こんにちは。ご用件は何でしょうか？

学生　：ここは仕事を探す場所ですよね？

従業員：はい、ここはステューデント・ユニオン・ジョブセンターです。仕事を探しているのですか？

学生　：はい、できればアルバイトを。でもスケジュールがかなり詰まっているので、何ができるのか
　　　　わからないんです。

従業員：では、何があるかちょっと見てみますね。そうすればあなたに合うものがあるかわかるので。
　　　　どんな仕事がやりたいとか、希望はありますか？

学生　：いえ、特に。これが初めてのアルバイトなので。

従業員：大丈夫ですよ！　あなたと同じ状態でここに来る学生はたくさんいます。何があるか調べてみ
　　　　ましょう……ああ、レストランでバイトの空きがありますよ。グリーンヒルレストランを知っ
　　　　ていますか？

学生　：うーん、知らないです、すみません！

従業員：キャンパスから自転車で 10 分くらいなので、場所的にはとてもいいですよ。

学生　：どんな種類の仕事ですか？

従業員：厨房の補助です。

学生　：厨房の補助！　それって何ですか？

従業員：まあ、皿洗いと厨房の掃除を格好よく言った感じですかね。

学生　：そうですか……条件はどうですか？

従業員：シフトは夜 7 時から 12 時までと、ここに書いてあります。火曜から土曜までの好きな夜を選
　　　　んでよいそうです。週末の昼間も少し仕事があるみたいです。おそらくランチタイムでしょう
　　　　ね。

学生　：給料はどうですか？

従業員：あ、そうですよね……一番大事なところですよね。ええと、平日の夜は時給 12 ドル 15 セント、
　　　　週末は 14 ドル 60 セントです。

学生　：まあまあかな。ほかに求人はありますか？　私は皿洗いというタイプではないような気がしま
　　　　す。その仕事をしたら母はびっくりすると思います！

従業員：なるほどね。教育関係の仕事はどうですか？

学生　：教えるとか！　でもまだ学生だし。

従業員：心配しないで！　家庭教師の仕事がありますよ。ほら、小さい子供やティーンエイジャーなん
　　　　かに教えるんです。学校の課題や試験勉強を手伝ったりして。

学生　：それの方がよさそうかな。時間帯はいつですか？

従業員：この仕事はかなり自由が利きます。生徒やその親との交渉が必要になりますね。

学生　：いいですね、それでいくらもらえるんですか？

従業員：これは時給 15 ドルです……でも、授業の準備をしたり、宿題を見たり、時間外の作業もある
　　　　と書いてあります。

学生　：皿洗いに比べたらずっといいです。

* * *

従業員：それで、どちらの仕事に応募しますか？
学生　：家庭教師にします。そちらの方がずっと面白そうなので。
従業員：わかりました。あなたの個人情報を少し教えてもらう必要がありますが、そうしたらあなたの応募書類を提出できます。まず、名前を教えてください。
学生　：ヘレン。
従業員：名字は？
学生　：ワトル、綴りは W、A、T が 2 つに、L、E です。
従業員：学生番号は？
学生　：12L7009。
従業員：それでは、あなたがどこの学科で勉強しているのかを知る必要があるのですが、学生番号が 12L から始まるということは、言語学科ですか？
学生　：うーん、違います。実は法律を勉強していまして、2 年生です。
従業員：あっそうか、law の L ですね。では、自宅の住所は？
学生　：実は、キャンパス内の学生寮に住んでいます。
従業員：どの寮？
学生　：ハリスホールです。
従業員：わかりました。Harris の R は 2 つですよね？
学生　：そうです。
従業員：住みやすいですか？
学生　：正直、あんまり。ちょっと騒々しいんです。
従業員：ああ、それはお気の毒です。では、部屋番号は？
学生　：214 です。
従業員：わかりました。では、もし面接に進んだら、あなたに直接連絡を取る必要があるので、連絡先を教えてくれますか？
学生　：電話とか E メールのことですか？
従業員：はい。
学生　：電話番号は 0412 770 874 で、メールアドレスは……あれ、ちょっと待ってください、847 です。
従業員：確認させてください、0412 770 847 ですか？
学生　：はい、すみません。
従業員：大丈夫ですよ。それと、メールアドレスは？
学生　：ええ、helen.wf@penny.com.au です。
従業員：@マークの後は？
学生　：@penny.com.au、P、E、N2 つ、Y です。
従業員：ありがとう。あと 2、3 質問したら終わりです。応募用紙にあなたの空いている時間、つまりいつ働けるかを書く必要があります。どのシフトが一番よさそうですか……

解答

| **1** Green Hill | **2** cleaning the kitchen | **3** Tuesday to Saturday | **4** 14.60 |
| **5** home tutor | **6** homework correction | **7** Helen Wattle | **8** law | **9** Harris Hall |
| **10** helen.wf@penny.com.au |

PART 2   Questions 11-20   ◀)) 12

*Complete the map and notes below. Write **NO MORE THAN THREE WORDS AND/OR NUMBERS** for each answer.*

KT Tours

West River and Mount Rose National Park Tour

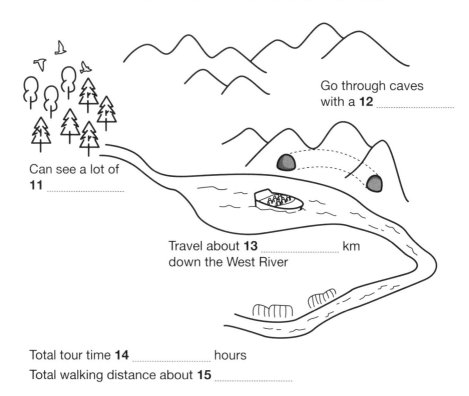

Go through caves
with a **12** ....

Can see a lot of
11 ....

Travel about **13** .... km
down the West River

Total tour time **14** .... hours
Total walking distance about **15** ....

Questions 16-20

Answer the questions, below. Write **NO MORE THAN THREE WORDS AND/OR A NUMBER** *for each answer.*

16 After lunch, about how long is the walk to the river?

....

17 What does the speaker say about the boat drivers?

....

18 What do the tourists visit in Glenray?

....

19 How much is the regular price for children?

....

20 Who is the trip not suitable for?

....

📖 解説

Q11-15 は③**工程・地図・図解に名称をつける問題**です。地図上の絵とすでに記載されている説明をよく見て、必要な情報の種類に見当をつけます。**Q11** はその場所で見ることができるものです。The walk takes you through native forests rich in local wildlife, especially birdlife から、(local) wildlife または birdlife を選びます。絵を見て native forests を選ばないようにしましょう。空欄前の a lot of が音声の rich in の言い換えとなっていますので、native forests では答えとして不適切です。**Q12** で聞かれているのは、洞窟探検に持って行く道具または一緒に行く人です。through caves that you can explore with a guide からガイドと一緒に行くことがわかります。**Q13** は川下りの距離です。単位はすでに記載されているので、数字だけ書きます。**Q14** はツアー全体の所要時間です。こちらも単位は記載されているので不要です。**Q15** はツアー全体で歩く距離です。単位を忘れないようにしましょう。

Q16-20 は④**短く答える問題**です。**Q16** は about how long ... と聞かれていますので、昼食後に川まで歩く時間を答えます。35 minutes と時間の単位「分」も複数形にします。

Q17 は、川下りボートの操縦士の紹介 our drivers are professional and have an excellent knowledge of the river から、3語以内で納まる表現である professional を選びます。**Q18** は Glenray（地名）で訪れる予定の場所を答えます。go to the local café and bakery から、3語以内で答えとして適切な部分を選びます。**Q19** は regular price「ツアー通常価格」の子供料金です。private guided tour と混同しないようにしましょう。**Q20** はこのツアーに向かない人（参加できない人）については、it's definitely not a good idea for pregnant women to do this trip という婉曲な表現で、pregnant women は参加できないことを告げています。

スクリプト

Part 2. You will hear a man talking about an adventure tour in Kingstown, New Zealand. First, you have some time to look at questions 11 to 15. Now listen carefully and answer questions 11 to 15.

Thank you very much for joining this information session about KT Tours. We offer a huge selection of tours in and around Kingstown. The tours available include day trips to the countryside, overnight stays in local towns and even extended tours of up to a few nights around the surrounding countryside.

Recently, our most popular tour has been a walking tour up the West River in the Mount Rose National Park. The walk takes you through native forests rich in <u>local</u> <u>wildlife, especially birdlife</u>, along a mountain lake where you can see the reflection of beautiful snow-capped mountains in the lake, and through caves that you can explore with a <u>guide</u>. But the best part of this tour is, of course, a jet boat trip for around <u>22 kilometres</u> down the West River, something to be seen to be believed.   Q.11 Q.12 Q.13

Since there's a lot to do and see on this tour, there'll be an early start to the day. It's actually a <u>9 to 10 hour</u> tour, so the earlier we get away the better. Our bus will pick you up from all the major accommodation areas around Kingstown starting from 7:30 in the morning. And we hope to be on the road and heading out of the city by 10 past 8. However, this will all depend on the traffic conditions. Once out of the city, it's about 90 minutes to the start of the walking track.   Q.14

We classify the walking trail as an easy to moderate walk, so it's suitable for most people. You will in fact be walking for about 4 hours covering a total distance of just over <u>13 kilometres</u>. It's not a difficult walk, but it's not a walk in the park either. So be prepared for some ups and downs, and at this time of year, the trail can be wet and a bit slippery. However, our guides pay great attention to your health and safety, so everything will be fine.   Q.15

Before you hear the rest of the talk, you have some time to look at questions 16 to 20. Now listen and answer questions 16 to 20.

During the day, you'll encounter stunning natural beauty, so it's a great idea to bring a camera, or even a video recorder. For lunch, we'll stop at Lake Brightwater. A delicious picnic lunch will be provided, and you'll have time to walk along the lake, or you can just sit back, relax and appreciate the great views. After lunch, it's just a short walk, about <u>35 minutes</u>, to the West River. And this is where your adrenalin starts pumping. For the next 2 hours, you can sit back and enjoy a thrilling jet boat ride down the river. It's fast, exciting, sometimes a bit scary, but please remember, our drivers are <u>professional</u> and have an excellent knowledge of the river.

Q.16

Q.17

At the end of the jet boat trip, the tour bus will meet you, and then it's back to Kingstown. However, on the way back, we'll make a stop at a beautiful country town called Glenray. In Glenray, you'll have some free time to go to the local <u>café and bakery</u> to get some refreshments. We hope to be back in Kingstown and dropping you off at your hotels sometime around 6 pm.

Q.18

In regards to the price of this tour, there are actually two options. First of all, the regular price . . . that's $440 for adults and <u>$250</u> for children. The other option is a private guided tour. For this, the price for an adult is $540 and $350 for a child. One thing to note, the jet boat trip is not private; however, if you make a special request, we can organise it for an extra cost. And another thing, due to the nature of this tour, there are some restrictions on who can and cannot go, and it's definitely not a good idea for <u>pregnant women</u> to do this trip. I'm sorry for that, but it's the company rule . . . .

Q.19

Q.20

That is the end of Part 2. You now have 30 seconds to check your answers to Part 2.

訳

このたびは KT ツアーズの説明会にお越しいただきありがとうございます。当社はキングスタウンとその周辺のツアーを数多く取り扱っております。カントリーサイドへの日帰り旅行、近郊の町に宿泊する一泊旅行、さらには数日かけて周辺のカントリーサイドを巡る旅からお選びいただけます。

最近、当社で最も人気があるのは、マウント・ローズ国立公園にあるウエストリバーのウォーキングツアーです。このウォーキングツアーでは、その土地の野生動物、特に野鳥が多く生息する原生林の中を通ったり、雪を頂いた美しい山々が湖面に映る湖の畔を歩いたり、ガイドと一緒に洞窟の中を探検したりできます。ですが、このツアーのハイライトはもちろんウエストリバーを約 22 キロ下るジェットボートでの川下りで、これは想像を絶する体験です。

このツアーはすることも見るものも満載ですから、早朝にスタートします。実際 9 時間から 10 時間のツアーなので、出発は早ければ早いほどいいのです。当社のバスが、朝 7 時半から、キングスタウン周辺のすべての主要な宿泊エリアに皆さんを迎えに上がります。そして、8 時 10 分までには一路郊外に向かいたいと思います。しかし、これはすべて道路状況次第です。いったんキングスタウンを出ると、ウォーキングコースの出発地点には約 90 分で到着します。

今回のウォーキングコースは、初級から中級のレベルに分類されますので、たいていの人に適しています。実際、約4時間で、計13キロ強の距離を歩くことになります。難しいものではありませんが、公園の散歩とも違います。ですから、多少の上り坂や下り坂に備えておいてください。そしてこの時期、道が濡れて少し滑りやすくなることがあります。ですが、私どものガイドがあなたの体調や安全に十分注意を払いますので、すべてうまくいくでしょう。

＊　＊　＊

日中は、すばらしい自然の美を堪能できますので、カメラや、ビデオカメラを持って行くとよいでしょう。昼食にはブライトウォーター湖で休憩します。おいしいピクニックランチをご用意しておりますので、湖の周りを散歩して過ごすもよし、ただ座ってくつろぎ、素晴らしい眺めを満喫するのもよいでしょう。昼食の後はウエストリバーまで、ほんの短い距離、35分間ほどのウォーキングです。そしてここがアドレナリンの出始めるところです。次の2時間、スリル満点のジェットボートによる川下りをごゆっくりお楽しみください。スピードは速く、エキサイティングで、少し怖いこともありますが、当社の操縦士はプロフェッショナルで、川のことも熟知しておりますのでどうぞ安心ください。

ジェットボートでの川下りが終わる地点でツアーバスが皆さんをお迎えし、キングスタウンへ戻ります。しかし、途中で、グレンレイという美しい田舎町に寄ります。グレンレイでは地元のカフェ・ベーカリーに行って飲み物や軽食を買う自由時間があります。午後6時頃にはキングスタウンに戻り、皆さんをホテルへお送りしたいと思います。

このツアーの参加費については、実は2つのオプションがございます。まず、通常価格ですが……大人は440ドル、お子様は250ドルです。もうひとつは、個人ガイド付きツアーです。こちらですと、大人は540ドル、子供は350ドルになります。一点ご注意いただきたいのは、ジェットボート川下りは個人ガイドツアーにはなりません。ですが、特別にお申し込みいただければ、追加料金をいただいてご手配することもできます。もう一点、このツアーの性質上、参加できる方に制限があり、妊娠中の女性にはご参加いただけません。申し訳ありませんが、これは当社の規定となっており……

解答

11 (local) wildlife / birdlife	**12** guide	**13** 22	**14** 9 to 10
15 13 kilometres / kilometers / km	**16** 35 minutes / min
17 professional	**18** café and bakery	**19** $250	**20** pregnant women

■パート3

PART 3 *Questions 21-30* ◀)) 13

Questions 21-25

*Complete the notes below. Write **NO MORE THAN THREE WORDS AND/OR A NUMBER** for each answer.*

Intro:

Nobel prize winners ▸ eat a lot of chocolate

Healthy food ▸ limited amount and exercise

Benefits:

Antioxidants ▸ get rid of **21** _____ radicals

▸ less risk of **22** _____, cancer and asthma

Possible Problems:

1. Fat   *BUT* ▸ cocoa butter ▸ **23** _____ cholesterol levels

2. Sugar   *BUT* ▸ DARK choc ▸ not as much as in **24** _____

3. Caffeine *BUT* ▸ DARK choc ▸ fewer **25** _____

Which detail from the list **A-E** applies to each of the following items (Questions 26-30) from the chocolate-making process?

> **A** roasted and ground seeds
> **B** weigh half a kilogramme
> **C** 10 to 15% fat content
> **D** raked and mixed
> **E** mixed with cocoa butter

Items from the chocolate-making process
26 ripe cocoa pods ....
27 fermented, drying seeds (pods) ....
28 nibs ....
29 cocoa solids ....
30 cocoa mass ....

📖 解説

案内音声で説明されているとおり、学生2人が準備中のプレゼンについて話しています。聞き慣れない語彙が出てきますが、訳語にとらわれず英語のまま単なる名称として聞いていれば内容は理解できるはずです。問題のメモや選択肢に記載されているものも多いので、音声が始まる前に下線を引いておきましょう。

Q21-25 は②文・メモ・要約を完成させる問題です。**Q21** と **Q22** は antioxidant「抗酸化物質」についての問題です。**Q21** は、会話で one of the effects of antioxidants is that . . . と話題が導入されますので、その後の they get rid of free radicals を注意して聞いてください。その後、antioxidant の説明が続きますので、チョコレートの話題に戻るところを聞き逃さないようにしましょう。ここでは、But chocolate is even better than them. と、話が展開していくことが予測される表現があり、次に less risk of heart attacks と **Q22** の答えが出てきます。

Q23-25 はメモの *BUT* に注意しましょう。*BUT* は前後で話が逆の意味になることを念頭に置いて音声を聞いてください。**Q23** はコレステロールについてです。会話で fat、cocoa butter と出てきた後に they lower your cholesterol levels と言われている部分から答えとして lower を選択します。ちなみに会話中の lower は動詞「〜を下げる」です。答えは動詞・形容詞ともに文法的に可能ですが、動詞の場合は主語が cocoa butter と単数なので lowers となります。**Q24** は砂糖についてです。問題のメモの not as much as . . . から、チョコレートの砂糖含有量はそれほど多くないという話の流れであることを、あらかじめ確認しておきましょう。会話で bitter chocolate に含まれる砂糖の量は 10-15 g であり、average glass of orange juice has got about 22 g of sugar と言っていますので、orange juice が答えとなります。**Q25** は、ダークチョコレートには caffeine が多く含まれていて体に悪いという話をした後の But . . . を聞き逃さないようにしましょう。この後に **Q25** の答え additives が含まれる More caffeine for fewer additives.「カフェインが多い代わりに、添加物が少ない」が出てきます。

Q26-30 は⑤適合させる問題です。**Q26-30** の項目と A-E の説明を適合させます。項目は順番に出てきますので、聞き逃さないようにしましょう。**Q26** は、会話中では cocoa pods / which are about 500 g / when they are ripe. と3つの部分に分かれて説明されていますが、「500 g（＝ half a kilogramme）の重さである」の選択肢 B が答えであることは中間部分からわかります。**Q27** は、問題文の fermented, drying seeds が会話の after fermentation they are dried の言い換えとなっており、その少し後の While they are drying, the people have to rake them and mix them の部分が選択肢 D に当たります。**Q28** は問題の項目の nibs が説明の後で出てきます。What you've got then is called the nibs. の直前の部分 roast and roughly grind the dried seeds から選択肢 A を選びます。**Q29** と **Q30** は cocoa mass の説明部分を注意深く聞いて答えましょう。**Q29** は cocoa solids, which still contain about 10-15% fat の部分に項目と説明の両方があります。**Q30** も、cocoa mass is combined with more cocoa butter の部分を聞いて、combined with と mixed with がほぼ同じ意味を表すとわかれば答えが選べるでしょう。

スクリプト

Part 3. You will hear two students, Emily and Anthony, talking about their university class presentation. First, you have some time to look at questions 21 to 25. Now listen carefully and answer questions 21 to 25.

EMILY : What are you doing for your homework?

ANTHONY : Which homework?

EMILY : The presentation about food. We're supposed to focus on healthy food, aren't we?

ANTHONY : Oh, that. I've decided to do chocolate.

EMILY : You're kidding! Chocolate? That's not healthy!

ANTHONY : You'd be surprised.

EMILY : What do you mean?

ANTHONY : Well, do you know what an antioxidant is?

EMILY : Not really.

ANTHONY : Well, one of the effects of antioxidants is that they get rid of <u>free</u> radicals.　Q.21

EMILY : I don't know what a <u>free</u> radical is either.　Q.21

ANTHONY : Oh, that's like molecules that cause aging and disease and stuff like that.

EMILY : Oh, okay. And these antioxidants have lots of those in them, do they?

ANTHONY : No. Antioxidants get rid of free radicals. And the fewer free radicals you have, the less likely you are to get diseases.

EMILY : Right. I think I've heard of antioxidants somewhere. I thought things like green tea and blueberries were supposed to be good antioxidants.

ANTHONY : Yeah, that's right. But chocolate is even better than them. This study here says that if you have a lot of antioxidants, you've got less risk of <u>heart attacks</u>,　Q.22 cancer and things like asthma.

EMILY : So, why does everyone think chocolate is bad for you then?

ANTHONY : Okay. So it's got fat and sugar and caffeine. But I bet you didn't know that a lot of the fat in chocolate is from cocoa butter and milk, and especially cocoa butter has a lot of oleic and stearic acids and they <u>lower</u> your cholesterol　Q.23 levels.

EMILY : Really? I don't know about acids, but what about the sugar?

ANTHONY : Okay. But how much sugar do you think a bar of strong dark chocolate has got in it?

EMILY : You mean like that bitter chocolate?

ANTHONY : Yeah.

EMILY : I don't know. Maybe 30 g?

ANTHONY : No. It's about 10-15 g. And if you think your average glass of <u>orange juice</u> has　Q.24 got about 22 g of sugar in it, you can't really say that chocolate is unhealthy.

EMILY : Maybe. Has orange juice really got that much sugar?

ANTHONY : Apparently so, according to this study.

EMILY : And the caffeine?

ANTHONY : Yes, especially dark and relatively pure chocolate has quite a lot of caffeine.

EMILY : That's not good if you eat a lot of chocolate. Too much caffeine is bad for your health, isn't it?

ANTHONY : Yes. But that kind of dark chocolate doesn't have loads of additives in it like sweet chocolate bars and stuff like that in the sweet shops. So it's kind of a trade-off. More caffeine for fewer <u>additives</u>. And of course, even if cocoa　Q.25 butter is good for you, it's only in small quantities like anything else. If you eat a lot of any kind of fat, you're going to put on weight, especially if you don't burn it off with exercise.

EMILY　　: Oh. Well, I think you should say that at the beginning, otherwise people will get the wrong idea.

ANTHONY : Maybe you're right. What do you think I should do right at the beginning? I need to make it interesting and get people's attention.

EMILY　　: Well, you could talk about that recent survey that said a lot of Nobel prize winners eat a lot of chocolate. I can show you later if you want.

ANTHONY : Yeah, great. Thanks.

Before you hear the rest of the conversation, you have some time to look at questions 26 to 30. Now listen and answer questions 26 to 30.

ANTHONY : Do you think that'll be enough?

EMILY　　: Not really. Maybe you could say how chocolate is made or you could have a map or something to show people where the main production areas are.

ANTHONY : Good idea. I was thinking a kind of flow chart or something could show the process. Do you think I ought to bring in things like child labour and slavery?

EMILY　　: No, I'd leave that out if I were you. You are supposed to be just talking about food.

ANTHONY : Yeah, you're right. So just the production process then. This is what I've found out so far. The cocoa tree produces <u>cocoa pods, which are about</u> Q.26 <u>500 g when they are ripe</u>. They are ripe when they turn yellow or orange and then they are harvested by hand, with people cutting them off the tree with machetes.

EMILY　　: Right. Sounds a bit old-fashioned.

ANTHONY : Apparently, machines would damage the crop. Anyway, each pod might have about 30 to 50 seeds, and they are left to ferment for about 7 days. This website says if they don't ferment, they are really bitter. Then <u>after</u> Q.27 <u>fermentation they are dried for about 5 to 7 days.</u>

EMILY　　: How do they do that?

ANTHONY : Oh, they just leave them in the sun. If they dry them by other means, they might get other tastes creeping in, like smoke or an oily taste. <u>While they</u> Q.27 <u>are drying, the people have to rake them and mix them every couple of</u> <u>days</u>. Then after the time is up, the dried seeds are shipped off to chocolate manufacturers. Then they <u>clean up, shell, roast and roughly grind the dried</u> Q.28 <u>seeds. What you've got then is called the nibs</u>.

EMILY　　: The what?

ANTHONY : Nibs. N-I-B-S.

EMILY　　: Okay. So, is that like the actual bit of the cocoa that gets turned into chocolate?

ANTHONY : Kind of. The nibs are further ground into a cocoa mass. Then it's processed into cocoa butter and cocoa solids. You get about 50% of each of these from the cocoa mass. The cocoa butter is used for adding melting properties to cocoa mass to make chocolate, and the <u>cocoa solids, which still contain</u> Q.29 <u>about 10-15% fat</u>, are used to make cocoa powder.

EMILY : Okay. What happens next?

ANTHONY : Right, so next, the <u>cocoa mass is combined with more cocoa butter</u>, sugar Q.30 and other ingredients to make different sorts of chocolate. Then it's molded into different shapes, for example, Easter bunnies or chocolate bars or anything else you can think of that's made of chocolate. If you have a really good quality dark chocolate, it's got about 70% cocoa or more in it, but some of the low quality, mass-produced, so-called chocolate has only about 7%.

EMILY : Really? Urgh. Well, I definitely think you've got enough information. You just need to do a few slides to show the map and the process.

ANTHONY : Yeah. Thanks for your help. Have you finished yours . . . .

That is the end of Part 3. You now have 30 seconds to check your answers to Part 3.

訳

EMILY ：課題は何をやるの？

ANTHONY：何の課題？

EMILY ：食品についてのプレゼンよ。健康によい食べ物に焦点を当てることになっているわよね。

ANTHONY：ああ、あれね。僕はチョコレートを取り上げることに決めたよ。

EMILY ：嘘でしょ！　チョコレート？　健康によくないわよ！

ANTHONY：驚くよ。

EMILY ：どういう意味？

ANTHONY：抗酸化物質が何か知っている？

EMILY ：よく知らない。

ANTHONY：ええと、抗酸化物質の効果のひとつは遊離基を取り除いてくれることなんだ。

EMILY ：遊離基が何かもわからないわ。

ANTHONY：ああ、それは老化とか病気やなんかを引き起こす分子みたいなもの。

EMILY ：ああ、わかったわ。で、その抗酸化物質にはそれがたくさん入っているってことね？

ANTHONY：違うんだ。抗酸化物質は遊離基を取り除いてくれる。遊離基が少なければ少ないほど、病気にかかる可能性が低くなる。

EMILY ：わかったわ。抗酸化物質のことはどこかで聞いたことがある気がする。たしか緑茶やブルーベリーなんかは、良質な抗酸化物質だったはず。

ANTHONY：うん、そのとおり。でもチョコレートはそれよりさらにいい。この研究によると、抗酸化物質がたくさんあると、心臓発作やがん、ぜんそくみたいなものにかかるリスクも減る。

EMILY ：じゃあ、なぜみんなチョコレートは体に悪いと思っているの？

ANTHONY：あのね、それは脂肪や糖やカフェインを含んでいるからなんだ。でもチョコレートに含まれる脂肪分の多くはココアバターや牛乳からきているんだけど、特にココアバターはオレイン酸やステアリン酸が多く含まれていて、コレステロール値を下げてくれるのは知らなかったでしょ。

EMILY ：本当に？　酸については知らなかったけど、糖についてはどうなの？

ANTHONY：そうだね。でも純度の高いダークチョコレートの板チョコ一枚には、どれくらいの糖分が含まれていると思う？

EMILY　：ビターチョコレートみたいなもの？

ANTHONY：うん。

EMILY　：わからない。30グラムくらい？

ANTHONY：いや、10グラムから15グラムくらいなんだ。平均的な一杯のオレンジジュースに含まれる糖が22グラム程度だということを考えると、チョコレートが健康によくないとは言えないよ。

EMILY　：そうかもしれないわね。オレンジジュースには本当にそんなにたくさんの糖が含まれているの？

ANTHONY：この研究によると、そのようだね。

EMILY　：で、カフェインは？

ANTHONY：うん、特にダークチョコレートや比較的に純度の高いチョコレートには、かなり多くのカフェインが含まれる。

EMILY　：それなら、チョコレートをたくさん食べると、よくないわね。カフェインをあまり多く摂ると体に悪いでしょ？

ANTHONY：うん。でも、ああいうダークチョコレートには、菓子屋にある甘いチョコレートバーやなんかみたいに添加物がたくさん入っているわけじゃない。だから、いわば交換条件なんだ。カフェインが多い代わりに、添加物が少ない。それにもちろん、ココアバターが体によいと言っても、ほかのものと同じで、少量摂れば、という話。どんな種類の脂肪でもたくさん摂れば太る、特に運動でそれを燃焼させなければね。

EMILY　：そう。それを最初に言うべきだと思うわ。そうじゃなきゃ、みんな誤解するわ。

ANTHONY：そうだね。冒頭で何をするべきだと思う？　面白くして聞く人の注意を引き付けなきゃ。

EMILY　：ええと、ノーベル賞受賞者の多くはチョコレートをたくさん食べているという最近の調査について話したら？　よければ後で教えるけど。

ANTHONY：それはいいね。ありがとう。

＊　＊　＊

ANTHONY：これで十分だと思う？

EMILY　：まだ十分ではないんじゃない。どうやってチョコレートが作られるかとか、主な生産地を示す地図か何かを付けたらいいんじゃないかな。

ANTHONY：いい案だね。製造工程を示す一種のフローチャートや何かを考えていたんだけど。児童労働とか奴隷制みたいなことを入れるべきだと思う？

EMILY　：いや、私だったらそれは外すな。単に食品について話すことになっているわけだから。

ANTHONY：うん、そうだね。じゃあ、製造工程だけを入れよう。今のところわかったのはこれ。カカオの木は熟すと約500グラムになるカカオポッド（カカオの実）を付ける。実が黄色かオレンジ色に変わったら熟しているということだから、人がマチェーテ（なた）で木から実を切り離して、手で収穫する。

EMILY　：そうなんだ。少し古臭いやり方ね。

ANTHONY：機械だと収穫物を傷つけてしまうみたい。とにかく、ひとつの実におそらく約30から50粒の種子が入っているのだけど、それを約7日間発酵させておく。このウェブサイトには、発酵しないとすごく苦いって書いてある。そして発酵の後、5日から7日間くらい乾燥させる。

EMILY　：どうやって？

ANTHONY：ただ天日にさらすんだよ。ほかの方法で乾燥させると、煙とか油とか、ほかの味が入り込んでしまうかもしれないから。乾燥させている間、人々が2、3日ごとに平らにならしたり混ぜたりしないといけないんだ。規定の時間が過ぎたら、乾燥した種子はチョコレート製造業者に送られる。それから乾燥した種子をきれいにして、皮をむいて、焙煎し、粗く粉砕して、出来たものがカカオニブと呼ばれる。

EMILY　：何て呼ばれているって？

ANTHONY：ニブ。綴りはN-I-B-Sだよ。

EMILY　：わかった。じゃあ、それって実際にチョコレートになるカカオの部分ってこと？

ANTHONY：そんな感じだね。ニブはさらに磨り潰されてカカオマスになる。それから、カカオマスはココアバターとココアの固まりに加工される。カカオマスからそれぞれ50パーセントくらいずつ取れるんだ。ココアバターはチョコレートを作るために、カカオマスに溶ける性質を加える用途で使用される。それと、ココアの固まりはまだ約10から15パーセントの脂肪分を含んでいて、ココアパウダーを作るのに使われる。

EMILY　：わかったわ。次はどうなるの？

ANTHONY：うん、次に、カカオマスがさらにココアバターや、砂糖やほかの食材と混ぜられて、いろんな種類のチョコレートになる。それからいろいろな形になる。例えば、復活祭のウサギとか板チョコとか、チョコレートでできている思いつく限りすべてのものに。もし本当に品質のよいダークチョコレートなら、カカオを約70パーセントかそれ以上含んでいるけど、一部の低品質で大量生産のいわゆるチョコレートには約7パーセントしか入っていないんだ。

EMILY　：本当に？　うわぁ。もう十分な情報がそろったじゃない。あとは地図と工程を示すスライドを2、3作るだけでいいんじゃない。

ANTHONY：そうだね。手伝ってくれてありがとう。君の準備は終わった……

解答

| **21** free | **22** heart attacks | **23** lower(s) | **24** orange juice | **25** additives |
| **26** B | **27** D | **28** A | **29** C | **30** E |

パート4

PART 4　　Questions 31-40　　◀)) 14

Questions 31-33

*Complete the sentences below. Write **NO MORE THAN THREE WORDS AND/OR A NUMBER** for each answer.*

31 While accounting for 97 percent of the earth's water supply, ocean water is unsuitable for most human uses because it is _____ .

32 Polar regions such as _____ and _____ contain the largest reservoirs of fresh water.

33 _____ provide humans with most of their fresh water.

Questions 34-37

*Complete the summary below. Write **NO MORE THAN THREE WORDS** for each answer.*

> Humans need only 4 litres of water per day on a per capita basis, but in the United States, consumption is much higher. **34** _____ on reservoirs are increasing and many people lack water or do not have enough **35** _____ . This problem is called the **36** _____ . One of the contributing factors, water shortage, is expected to get worse partly because of **37** _____ .

Choose the correct letter, **A**, **B** or **C**.

38 How will poor people be affected by a future water crisis?
   A They will not be able to pay for their water.
   B Water will be harder to get and more expensive.
   C They will not be able to find clean water.

39 What is a problem caused by conventional approaches to water sustainability?
   A They provide less water to the surrounding environment.
   B They are detrimental to the environment.
   C They are excessively expensive.

40 What does the professor say about the concept of water conservation?
   A It tries to protect the remaining water supply.
   B It can only be done by using efficient machines.
   C It is an effort to change water consumption behaviour.

📖 解説

音声中に答えと関係ない部分がかなり長く続きます。途中で不安にならないように、事前にキーワードや質問内容をよくチェックしておきましょう。

Q31-37 は②文・メモ・要約を完成させる問題です。**Q31** は 97 percent や ocean water がキーワードです。答えは too saline または too salty で、どちらも「塩辛い」を意味します。**Q32** は Polar regions such as . . . and . . . を見て、空欄には具体例が入ることを確認しましょう。the largest reservoirs が音声で出てきたら気をつけて聞きます。located in Antarctica and Greenland という説明が続きますので、答えは Antarctica と Greenland になります。**Q33** は単純なキーワードはありません。内容から判断します。また答えが内容説明の前に出てきますので注意が必要です。具体的には the most heavily used resources の部分が該当しますが、この直前の rivers and lakes が答えとなります。**Q34** は、水源に関して増えているものとして、the demands on the water reservoirs are growing から demands を選びます。**Q35** は lack water or do not have enough の後が空欄になっており、音声では people lack access to sufficient water or clean water の部分が対応しているので、clean water が答えとなります。**Q36** は、This problem が何と呼ばれているかが<u>空欄</u>になっており、音声では This is known as the water crisis が対応していることから、water crisis が答えとなります。**Q37** は、partly because of の後なので、water shortage「水不足」の原因が入ります。音声では partly due to population growth と説明されています。due to. . . も「……のせいで」と原因を表しますので population growth が答えとなります。

Q38-40 は⑥**多項選択式問題**です。**Q38** は poor people を手がかりにします。音声の poor people generally get less access to clean water and commonly pay more for water の部分から選択肢 B を選びます。**Q39** は conventional approaches をキーワードにし、音声でほぼ同じ意味を表す traditional approaches 以下を注意深く聞いていくと、are not exactly environmentally- or socially-friendly という表現が出てきます。この時点で選択肢 B の They are detrimental to the environment.「それらは環境に有害である」を選ぶことができますが、その直後の Large dams always have a severe environmental impact からも答えは導き出せます。**Q40** は water conservation がキーワードです。音声では we have conservation という表現で紹介されています。この内容について、少し後に This means using less water and using it more efficiently. と説明されています。その後しばらく機械の説明が続きますが、やがて behavioural decisions と出てくるので、選択肢 C が答えとなります。

スクリプト

Part 4. You will hear a professor talking about water and its usage. First, you have some time to look at questions 31 to 40. Now listen carefully and answer questions 31 to 40.

Okay, today we're looking at the water on earth and why we might be facing problems in the future.

Let's start with the availability of water. Water is the only substance on earth that occurs in three different forms: solid, liquid and gas. Also, it is found in various locations, called water reservoirs. The oceans are by far the largest of the reservoirs with about 97% of all the water on earth, but as you know, that water is <u>too saline</u>; Q.31 it's <u>too salty</u> for most human uses. You wouldn't put salty water on your crops or in Q.31 your washing machine, would you?

How about fresh water? The largest reservoirs are solid ice caps and glaciers, mostly rather inconveniently located in <u>Antarctica and Greenland.</u> If you're taking Q.32 notes, remember there are two Cs in Antarctica. The largest usable fresh water reservoirs are held in shallow groundwater and of course there are <u>rivers and lakes,</u> Q.33 which are the most heavily used resources. But these locations represent only a tiny fraction of the world's water.

So what do we need water for? An obvious question you might think. But do you realise how much water you use? Consider, for example, these approximate water requirements for some things people in developed countries use every day: one tomato = about 11 litres; one kilowatt-hour of electricity from a thermoelectric power plant = about 80 litres; one loaf of bread = 570 litres; one pound of beef = 6,080 litres; and one tonne of steel, about 240,000 litres. Human beings only need about 4 litres per person a day to survive. But per capita water use, just domestic water use mind you, in the USA, is approximately 380 litres a day!

So as I've said, water consumption is considerable, and the <u>demands</u> on the water   Q.34
reservoirs are growing. In many areas in the world, people lack access to sufficient
water or <u>clean water</u> or both. This is known as the <u>water crisis</u>, and recently the   Q.35,
phrase <u>water crisis</u> has become more prevalent. Among the various factors   Q.36
contributing to the water crisis, water shortage, also called water stress, has been
getting more serious. The 2025 projection for global water stress is significantly
worse than levels in 1995, partly due to <u>population growth</u>. In general, water stress   Q.37
is greatest in areas with very low rainfall, such as major deserts, or large population
density, for example India, or both. Future climate change could worsen the water
crisis by shifting rainfall patterns away from humid areas and by melting mountain
glaciers that recharge rivers downstream.

So, how will these conditions affect people? Let's take a look at those people living
in poverty, often the most vulnerable people. For such people, connected to the
water crisis is the issue of social injustice; poor people generally <u>get less access to</u>   Q.38
<u>clean water and commonly pay more for water</u> than wealthy people.

It's a bit of a negative future, isn't it? So what can be done? If we are to have any
hope of moving towards sustainability, we're going to need lots of different
approaches to the current and future water crises that I've been describing. Some
of the longstanding traditional approaches include dams and aqueducts. These can
provide water supplies and electricity but <u>are not exactly environmentally- or socially-</u>   Q.39
<u>friendly</u>. Large dams always have a <u>severe environmental impact</u>, and many people   Q.39
are displaced from their homes in order for the dam to be built. One way to actually
increase the supply of fresh water is desalination, a recent innovation, which involves
removing the salt from seawater or saline groundwater. However, this is rather
expensive and requires considerable energy input, making the water produced
much more expensive than water from the usual sources.

On the other hand, we have conservation, which tackles the problem from the other
end – the consumption rather than production of water. <u>This means using less water</u>   Q.40
<u>and using it more efficiently</u>. Around the home, conservation can involve both

engineered features such as high-efficiency washing machines and low-flow showers, as well as <u>behavioural decisions</u> such as growing native vegetation that requires little irrigation in desert climates. It could also include something as simple as turning off the water while you are brushing your teeth. There are a great many other specific water conservation strategies . . . .

That is the end of Part 4. You now have one minute to check your answers to Part 4.

Q.40

訳

それでは、今日は地球上に存在する水について、そしてなぜ私たちは将来的に問題に直面するかもしれないのかについて考えてみましょう。

まず、水の入手の問題から始めましょう。水は、固体、液体、気体という、3つの異なる形態で存在する、地球上で唯一の物質です。また、水源地と呼ばれるさまざまな場所に存在しています。海は地球上のすべての水の約97パーセントを蓄える、間違いなく最大の水源地ですが、皆さんご存じのように海水は塩辛すぎる、つまり人が水を使うほとんどの用途にとって塩分が高すぎるのです。農作物に塩水をかけたり、洗濯機に塩水を入れたりはしませんよね？

淡水はどうでしょう？　最大の水源は固体の氷冠や氷河で、そのほとんどは南極やグリーンランドといったかなり不便な場所にあります。ノートを取っている人は、南極（Antarctica）の綴りにはCが2つあることを覚えておいてください。最大の利用可能な淡水の水源は浅いところにある地下水で、もちろん、最もよく使われる水資源である川や湖もあります。しかしこれらの場所は世界の水のほんのわずかな部分を表しているにすぎません。

では、私たちは何のために水を必要とするのでしょうか？　わかりきった質問だと思うかもしれませんね。しかし自分たちがどれくらいの水を使っているかわかっていますか？　例えば、先進国の人々が毎日使うもののために、おおよそどれだけの水が必要か考えてみてください。トマト1個――約11リットル、火力発電所で作られた1キロワット時の電気――約80リットル、パン1斤――570リットル、牛肉1ポンド――6,080リットル、鉄鋼1トン――約240,000リットル必要です。人間は生き延びるのに1人1日当たり約4リットルの水しか必要ありません。しかしアメリカの1人当たりの水の使用量は、いいですか、家庭内の水使用だけですよ、1日当たり約380リットルです！

ですから、すでに述べたように、水の消費量は相当なものであり、水源の需要はますます大きくなっています。世界の多くの地域で、人々は十分な量の水、または清潔な水、あるいはその両方を使うことができない環境にいます。これは水危機と呼ばれ、最近はこの水危機という言葉はより広く使われるようになりました。水危機のさまざまな要因の中でも、水ストレスとも呼ばれる水不足は深刻さを増しています。2025年の世界的な水ストレスは、人口増加の影響もあり、1995年のレベルよりずっと悪くなると予測されています。一般的には、水ストレスが最も深刻なのは、大きな砂漠のように降水量が非常に低い地域や、インドのように人口密度の高い地域、またその両方の要素を備えた地域です。

今後の気候変動によって、降雨パターンが湿潤地域から移ることで、また山岳氷河が溶けて川を満たし川下に流れることで、水危機が悪化する可能性があります。

＊　＊　＊

それでは、これらの状況は人々にどんな影響を与えるのでしょうか？　しばしば最も影響を受けやすい、貧困に生きる人々について考えてみましょう。そのような人たちにとって、水危機と切っても切り離せないのは社会的不公平の問題なのです。貧しい人々は概して清潔な水の入手がより困難で、一般的に裕福な人々よりも多くのお金を水に対して支払うことになるのです。

少し悲観的な将来ですよね？　では何ができるのでしょうか？　もし私たちが持続可能性のある方向に向かう望みがあるとすれば、これまで説明してきた、現在と未来の水危機に対する多くのさまざまな対処法が必要になるでしょう。昔からある従来の方法としては、ダムや水路があります。これらは上水や電気を供給することができますが、必ずしも環境や社会に優しいとは言えません。大きなダムは必ず環境に重大な影響を与えますし、ダムが建設されるために、多くの人は自宅からの立ち退きを迫られます。実際に淡水の供給を増やす方法のひとつは脱塩（淡水化）という、海水や塩分を含んだ地下水から塩分を除去する最近の革新的な方法です。しかし、これはかなり費用がかかり、相当なエネルギーの投入が必要なので、こうして生み出された水は一般的な水源からの水よりもずっと価格が高くなります。

その一方で、節水という方法もあり、この問題に対して逆の方向——水の生産よりもむしろ消費——から取り組むものです。これは、より少ない水をより効率的に使うことを意味します。家庭における節水は、高効率洗濯機や低水量シャワーといった技術的なことだけでなく、砂漠気候でほとんど水やりを必要せずに育つ原生植物を栽培するといった、行動決定をも含めることができます。また、歯磨きの時に水を止めるといった簡単なことも含まれるでしょう。ほかにも具体的な節水方法は非常にたくさんあります……

解答

31 (too) saline / salty	**32** Antarctica, Greenland（順不同）	**33** Rivers and lakes
34 Demands	**35** clean water	**36** water crisis	**37** population growth	**38** B
39 B	**40** C

弱点補強のリスニング練習

◢ パート1

パート1では、数字や値段、日付、時刻、電話番号、名前、住所などと関係した問題が出されます。知らない表現を聞き取るのは困難ですし、知っている単語でも綴りを正しく覚えておかないと正しい答えを書くことはできません。単なる聞き取り問題でミスをしないためにも、ここで関連表現の聞き取り練習を通じて、ひと通り見直しておきましょう。

1. 数字

音声を聞いて、聞き取れた数字を書いてください。　　　　　　　　◀)) 15

1	2	3	4	5
6	7	8	9	10

2. 値段

解答用紙に値段を記入するとき、通貨を示す記号が問題冊子に記載されている場合は、解答用紙にあらためて書き入れる必要はありません。問題冊子に記号の記載がない場合は、答えとして記号も書く必要があります。

音声を聞いて、聞き取れた金額を書いてください。　　　　　　　　◀)) 16

1 $	2 £	3 €	4 £	5 $
6 €	7 ¥	8 $	9 £	10 €

3. 日付

解答用紙に日付を記入するとき、the や of は必要はありませんが、書いても構いません。つまり、以下2例はどちらも答えとして適切です。

○ the 24th of August / 24th August
○ Monday the 24th / Monday 24th

音声を聞いて、聞き取れた日付と曜日を書いてください。　🔊17

1	2	3	4	5
6	7	8	9	10

4．時刻

解答用紙に時刻を記入する場合、問題冊子に am (a.m.) / pm (p.m.) の部分は記載されているはずですので、解答用紙には時刻の部分だけ書き入れます。時刻の言い方はいくつかあります。ひと通り見ておきましょう。

12:00	twelve o'clock / noon / twelve exactly
12:15	twelve fifteen / fifteen minutes past twelve / quarter past twelve
12:20	twelve twenty / twenty past twelve / twenty minutes past twelve
12:30	twelve thirty / half past twelve
12:40	twelve forty / twenty to one
12:45	twelve forty-five / quarter to one

下記はある学校の校長のスケジュール表です。音声を聞いて空欄を　🔊18
埋めてください。

1	.... a.m.	Staff meeting
2	.... a.m.	Board of Education meeting
3	.... a.m.	Mr Barry's class
4	.... p.m.	Lunch (Ms Weston)
5	.... p.m.	Governors' meeting
6	.... p.m.	PTA meeting

5．電話番号とメールアドレス

数字の「０（ゼロ）」の言い方は「オー」または「ゼロ」となります。同じ数字が続く場合、例えば５５は double five、３３は double three と言うことがあります。

音声を聞いて、聞こえた電話番号またはメールアドレスを書いて
ください。　　　　　　　　　　　　　　　　　　　　　　🔊 19-20

1	2
3	4
5	6
7	8

6. 名前と綴り

一般的ではない名前を初めて聞く場合、音声だけを頼りに正しく綴ることは難し
く、ネイティブスピーカーであっても相手に綴りを確認します。実際、リスニン
グテストの会話でも、相手に対して名前の綴りを教えてほしいと尋ねる場面がよ
くあります。逆に、会話の中で綴りについての確認がない場合は、その名前が一
般的なものであり、正確に綴ることができると期待されています。

英語の綴りでは bb や tt のように同じアルファベットが続く場合もありますが、
以下のアルファベットの連続は英語では一般的ではありません。注意してくださ
い。

aa	hh	ii	jj	kk	qq
uu	vv	ww	xx	yy	

また、名前の綴りについて、誤解を避けるために A for apple や B for ball、N for
never などと言って、どのアルファベットかを伝えることがあります。さらに、
発音にも注意が必要です。アルファベットの m と n、b と v、w と double などは
混乱しやすいので注意して聞き取る必要があります。z はアメリカやカナダでは
zee（ジー）と発音し、オーストラリアや英国では z（ゼット）と発音します。また、
苗字 (surname / last name / family name) と名前のほかに、James Andrew
Taylor のようにミドル・ネームを持つ人もいます。

音声を聞いて、聞こえた名前を書いてください。綴りが言われてない　　　🔊 21
場合は、その名前が一般的で、確認せずに正確に綴ることが期待され
ています。

1	2
3	4
5	6
7	8
9	10

7. 住所

英語の住所は、日本語とは逆の順番で表記します。また、都市部では家屋番号が付いていることがよくあります。表記は、家屋番号、通りの名前、都市の名前、郵便番号という順になります。田舎や小さな町や村では、家屋には番号ではなく名前が付いていることがあります。最後の郵便番号は、オーストラリアでは4桁の数字（例：3144）、英国では数字とアルファベットが混ざったものを前半と後半に分けて書き（例：EX12 7RW）、アメリカでは5桁の数字（例：35877）です。

英語の住所には、通りの名前にさまざまな表記方法があります。また、略号もよく使われます。以下の略号は何を示しているかわかりますか？ 音声を聞いて確認してみましょう。

🔊 22

1	Rd	2	Sq	3	St	4	Ave	5	Cres
6	Ln	7	Pl	8	Ct	9	Bld	10	Dr

以下の例は、略さないでそのまま使います。

| Hill | Way | Close | Mews |

また、一軒の家屋が小さな住まいに分割されて、flat「アパート」として使われていることがあります。その場合は、家屋番号の後にアルファベットを付けて区別します（例：40B Parton Street や 26A Sharp Rd. など）。ちなみに、人名の場合と同様に、地名も bb や ss など同じアルファベットが続くことがあります。では、音声を聞いて、聞こえた住所を書き留めてください。

🔊 23

11	12
13	14

解答

１．数字

| **1** 30 | **2** 19 | **3** 77 | **4** 821 | **5** 918 | **6** 1,315 | **7** 6,490 | **8** 15,033 | **9** 60,212 |
| **10** 125,814 |

２．値段

| **1** 21.50 | **2** 2.78 | **3** 93.20 | **4** 8.60 | **5** 17 | **6** 230 | **7** 2,320 | **8** 20.40 | **9** 3,575 |
| **10** 1,243.50 |

３．日付

1 the 1st of August, 1963	**2** the 20th of July	**3** Thursday, December the 5th
4 Wednesday the 26th of November	**5** from April the 5th to April the 12th
6 Friday the 16th of February	**7** Sunday, March the 13th	**8** July the 21st, 1969
9 the 2nd of December, Tuesday	**10** the 23rd of December, Monday

４．時刻

| **1** 8:15 | **2** 9:00 | **3** 10:20-11:05 | **4** 12:10-1:30 | **5** 3:00 | **6** 6:00-7:00 |

５．電話番号とメールアドレス

| **1** 0010 4755 9811 | **2** 0207 521 7366 | **3** 040 6224 9813 | **4** 07851 665 739 |
| **5** xyz.ppr4@kahoo.jp | **6** x-act-LY@heatmail.com | **7** sharris22@batnet.com |
| **8** indra.0101-chips@octopus.com.au |

６．名前と綴り

1 Michael Johns	**2** Alexander Scott	**3** Oliver Hardy	**4** Dr. P. Walloughby
5 Sandra Winter	**6** Alicia May Ashton	**7** Simon Parks	**8** Erina Shostakovich
9 Heelan	**10** Jose Maria Alejandro Barrios

７．住所

| **1** Road | **2** Square | **3** Street | **4** Avenue | **5** Crescent | **6** Lane | **7** Place | **8** Court |
| **9** Boulevard | **10** Drive |

| **11** 62 Medical Drive, Birmingham, Alabama 35235 |
| **12** 311 Yellowstone Road, Sheffield S11 8DY |
| **13** Birkley Hotel, 1 Central Close, Sydney 2073 |
| **14** 92A Churchill Square, Easton, London NW9 2UH |

パート2に頻出する問題タイプ③の「地図」に名称をつける問題を解くには、位置関係を示す英語表現をいかに的確に聞き取り、理解できるかが鍵になってきます。こうした表現は初歩的な単語で構成されていますが、似通っている表現が多いうえに音声が一度しか流れないため、テスト中にひとたび位置を見失ってしまうと、音声が今どこを指しているのかがわからなくなり、少しずつずれた解答を書いてしまう事態にもなりかねません。とはいえ、位置関係を示す英語表現はほとんどが定型表現ですので、正確にきっちり押さえれば対応できます。ここでは、位置関係の表現の聞き取り練習を通じて、頻出の表現を覚えていきましょう。

🔊 24-25

1) 下記はある市街地とその周辺の地図です。問題1～20の音声を聞いて、それぞれ地図上のA～Zのうち、どこを指しているかを答えてください。

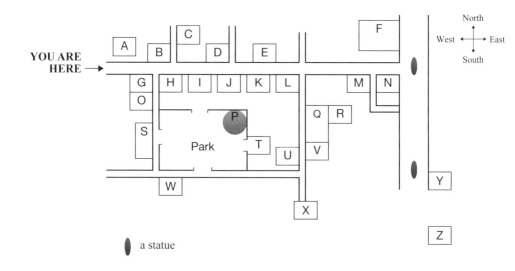

スクリプトと訳

1 It's right next to G.
Gのちょうど隣にあります。

2 It's located between J and L.
JとLの間に位置しています。

3 It's on the other side of the road from K.
Kから見て、道の反対側にあります。

4 It's just up from B.
Bから少し入ったところにあります。

5 It's behind Q, off the road.
Qの後ろ、道から離れたところにあります。

6 It's at a crossroads.
十字路にあります。

7 Go down the road as far as K, and it's across the road on your left.
道をKまで進むと、道の向かい側、左手にあります。

8 Take the first right, keep going to the end of the road, and it's over the road, a little to your left.
最初の角を右に曲がり、そのまま道の突き当たりまで進むと、道の向こう側の少し左にあります。

9 Walk along the road, and when you get to the second turning on the left, it's just before that street, on the corner.
道を歩き、2つ目の左の曲がり角まで行くと、その道のちょうど前、角にあります。

10 Walk down the road to the end. There's a statue there. Turn right. You'll see another statue. It's just past that one on the left.
道を突き当たりまで歩くと彫像があります。そこで右に曲がると、別の彫像が見えます。その彫像をちょうど過ぎたところ、左手にあります。

11 Take the first road on the right. Walk down, and you'll see a park on your left. Go through the park, and it's just outside the east entrance of the park.
最初の右に曲がる道に進み、歩いていくと左手に公園が見えます。公園を通り、公園の東の入口を出てすぐのところにあります。

12 Go right down to the bottom of the road. Just before the end of the road, there is a small road on the right. It's on the corner of that road, opposite N.
道の一番奥へと進んでいくと、突き当たりの少し手前のところで、小道が右手にあります。その小道の角、Nの反対側にあります。

13 It's diagonally across from I.

Iのはす向かいにあります。

14 Go along this road, then when you get to B, there's a road on the right. Go down that road, and you'll see it on the right, facing the park.

この道を進み、Bに着くと右手に道があります。その道を進むと、右手に、公園に面しているのが見えます。

15 Go all the way down this road and at the end of the road turn left onto the main road. It's a big building, just up the street a bit on your left.

この道をずっと向こうへ進み、突き当りで左に曲がって本道に出ます。道路をほんの少し入ったところ、左手にある大きなビルです。

16 It's the third shop along on the right after the first turning on the right.

最初の右の曲がり角の先で、右側に並ぶ3つ目の店です。

17 It's right over there, just up the road on your left, past B. It's on the other side of the road from B.

すぐそこです。左手の道を少し行って、Bを過ぎたところです。Bから見て道の反対側にあります。

18 It's a little out of the centre of town, to the south-east.

町の中心から少し外れた、南東の方にあります。

19 It's in the north-east corner of the park.

公園の北東の角にあります。

20 It's a dead end at the southern end of the road.

道の南端の行き止まりのところにあります。

解答

| 1 O | 2 K | 3 E | 4 C | 5 R | 6 L | 7 E | 8 W | 9 D | 10 Y | 11 T | 12 M | 13 D |
| 14 S | 15 F | 16 J | 17 C | 18 Z | 19 P | 20 X |

2）下記はある駅構内の地図です。音声を聞いて、地図上の空欄１〜５を埋めて
　　ください。

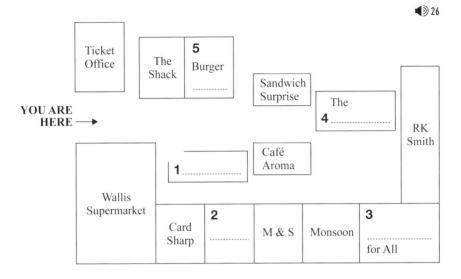

スクリプト

All right, so here we are at the London Station Ticket Office. I hope your journey here was comfortable. We've got about 30 minutes until the next train departs, so there's a bit of time to walk around and stretch your legs. But don't wander off too far; we have to be at platform 8 by 5.40. Now, if you look **straight ahead, on the left** you can see The Shack, which is a men's clothing shop. **On the right of** us is Wallis Supermarket, a great place to get some snacks before the next journey. **In front of** that is <u>Chocolate Bar</u>, and **to the right of** this shop is Card Sharp, quite an Q.1 interesting shop with all sorts of cards for all sorts of occasions. Next to Card Sharp is a shop called <u>Pink</u>. Yeah, the same name as the colour. But this is a phone shop, Q.2 maybe not of great interest to you. What you might find interesting is <u>Drugs</u> for All, Q.3 which is **a couple of shops along from** Pink. You'll be able to find all kinds of stuff in this drugstore. If you just want to relax, maybe get a drink or a snack, go to **the middle section of** the station. Here you'll see Café Aroma, which has great coffees, and **just beyond** it is a shot bar called <u>The Empty Glass</u>. Try not to drink too much; Q.4 we have a train to catch in about half an hour. If it's a snack you want, check out Sandwich Surprise, **just across** from the café. Or, you can get your fast food fix at <u>Burger Bin</u>, which is **located between** the sandwich shop and The Shack. Now Q.5 remember, we have a train to catch, so I'll see you at platform 8 at 5.40 . . . don't be late!

訳

さあ、ロンドン駅の切符売り場に着きました。ここまでの旅は快適でしたか。次の電車が出発するまで30分ほどありますので、少し歩き回って脚を伸ばす時間があります。でもあまり遠くまで行かないように気をつけてください。5時40分には8番ホームにいないといけませんので。さて、まっすぐ前を見ていただくと、左にザ・シャックという男性用の洋服店が見えます。右手にはウォリス・スーパーマーケットがあります。次の旅の前にスナックを買っておくにはよい場所です。その前にはチョコレート・バーがあり、その右にはカード・シャープがあります。いろいろな場面用のさまざまなカードを置いている、かなり面白いお店です。カード・シャープの隣にあるのはピンクというお店です。そう、色と同じ名前です。でもこちらは電話ショップなので、皆さんはあまり興味がないかもしれません。皆さんの興味を引くかもしれないのは、ドラッグス・フォー・オールという、ピンクから数店舗先に行ったところにあるお店です。そのドラッグストアでは実にさまざまなものが見つかるでしょう。もしただくつろぎたければ、駅の中央エリアに行って飲み物かスナックを買うとよいでしょう。こちらに見えるのはカフェ・アロマで、おいしいコーヒーが飲めます。そしてそのすぐ向こうにあるのはジ・エンプティ・グラスというショットバーですが、あまり飲みすぎないでくださいね。約30分後には電車に乗らなくてはいけませんので。もし軽食をお望みなら、サンドウィッチ・サプライズをチェックしてみてください。カフェのすぐ向かいです。または、ファストフードが食べたくて仕方がない人には、サンドウィッチ屋とザ・シャックの間にバーガー・ビンがあります。ただ忘れないでください、私たちは電車に乗らなくてはいけません。5時40分に8番ホームで会いましょう……遅れないでくださいね！

解答

| **1** Chocolate Bar | **2** Pink | **3** Drugs | **4** Empty Glass | **5** Bin |

■ パート3

パート3では2人〜4人の会話を聞くため、誰が何を話しているのかを聞き分けることが重要になってきます。音声を聞くときには、話し手は何人か、男性か女性か、先生か学生か、話す速さはどうかなど、それぞれの話し手についての特徴をつかんでおく必要があります。

また、会話の展開を追うためには、話し手の意見や態度をいかに的確に把握できるかが鍵になります。賛成しているのか、反対しているのか、あるいは興奮しているか、退屈しているかなどを常に感じ取る必要があります。そのため、実際に話されている言葉や表現だけでなく、その真意を理解するようにしましょう。話し手はある語句を強調したり、上がり調子または下がり調子のイントネーションを使ったり、言いよどんだり、発言を速めたり遅くしたり、苛立ってみせたり、皮肉っぽい口調になったり、関心を示さなかったりなど、さまざまなやり方で自分の意図を伝えようとします。

🔊 27-28

ここでは、実際に会話例を聞きながら、「賛成・反対」のニュアンスをくみ取る練習をしましょう。次のAとBの短い会話を聞いて、Bが賛成・反対（Agree or Disagree）のいずれを示しているかを判断してください。また、その意思がくみ取れる部分を書き取ってください。

スクリプトと解答

1   **A:** You feeling hungry? How about a pizza for dinner?
      お腹は空いている？　夕食にピザはどう？

   B: <u>Sounds good, but</u> I had some last night, so not tonight.
      いいね、でもピザは昨日の夜に食べたから、今夜は違うものがいい。

2   **A:** I'm a bit unsure about the deadline for our current assignment. It's this Friday, isn't it?
      今やっている課題の締め切りがちょっと不確かなのですが。今週の金曜日ですよね？

   B: <u>Right</u>, so no excuses for handing it in late.
      そうです、だから提出が遅れる言い訳は受け付けませんよ。

3 **A:** In our last meeting about the class presentation, you said I'd be doing research on the financial costs of our case study, right?

クラス発表についての前回の打ち合わせで、あなたは私がケーススタディの経費を調べることになっていると言っていたよね？

B: <u>Really</u>? I think you misunderstood me. That's going to be my area.

本当？　私の言ったことを誤解したんじゃないかな。それは私がやることになっているよ。

4 **A:** I reckon the best way to prepare for the talk is by writing everything out first.

講演のための最良の準備は、まず話したいことをすべて書き出すことだと思う。

B: <u>I see what you mean, but</u> by doing that, your talk will sound unnatural. It's best just to make notes and use them when you are talking. You'll sound more natural.

あなたの言っていることはわかるけど、そうすると、話が不自然な感じになる。メモだけ取って、それを参考にして話すのがベストだよ。その方が自然に聞こえる。

5 **A:** The government's new economic policies will have a negative effect on normal daily life; that's why I don't support them.

政府の新しい経済政策は、一般市民の日常生活によくない影響を与えるでしょう。だから私は支持しない。

B: <u>On the other hand</u>, this approach will stimulate the manufacturing industry, and that's a great thing.

別の見方をすれば、このやり方は製造業を活気づけるから、それは素晴らしいことだと思う。

6 **A:** Is it okay if I ask you a few questions about student life on campus?

大学内での学生生活についてちょっと質問してもいいですか？

B: Well . . . <u>I suppose so</u>, but I don't have much time as I have a class in 10 minutes.

えーと……いいですが、10 分後に授業があるからあまり時間がないんです。

7 **A:** The lecturer said it was fine for us to use any YouTube clip in our tutorials.

先生はユーチューブの動画はなんでも使っていいと個別指導で言っていたよ。

B: Umm . . . <u>I'm not sure about that</u>. You know, the area of copyright is very complicated. You might want to double check.

ふーん……それはどうかと思う。著作権の問題はすごく複雑だから。もう一度確認した方がいいかもよ。

8 **A:** During my summer vacation, I'm planning to do an internship at an online company.

夏休み中にネット企業でインターンシップをする予定なんだ。

B: <u>That sounds boring</u>. I'm going to be on the beach, just relaxing.

それってつまらなそう。私はビーチに行って、ただのんびりするわ。

9 **A:** The amount of homework we are getting from our biochemistry class is far too much.
生化学の授業で出る宿題の量はいくらなんでも多すぎる。

B: <u>Exactly!</u> I can't keep up with it. There's never enough time to do it all.
本当に！　遅れずにこなすのは無理。全部やる時間なんて絶対にない。

10 **A:** If we want to improve our profit margin, we're going to have to cut costs. In other words, reduce salaries.
利益幅を増やすためには、経費を削減しないといけません。つまり、給料を下げるということです。

B: <u>That's a good point, but</u> I think improving productivity is a better way to increase profits.
それはもっともですが、利益を増やすには生産性を向上させる方がよいと思います。

解答

| **1** Disagree | **2** Agree | **3** Disagree | **4** Disagree | **5** Disagree | **6** Agree ※しぶしぶの承諾 |
| **7** Disagree | **8** Disagree | **9** Agree | **10** Disagree |

パート4では、アカデミックな内容の講義や講演を中断なしで聞くことになるため、情報を整理して内容を理解しながら追っていく必要があります。そのため、話題が変わるときには最大限の注意を払ってください。講義や講演では、話し手はまず主要な論点を提示してから、それについての重要な情報や例を挙げていきます。その際、話し手は signpost「道しるべ」となる言葉を使って、聞き手の注意を喚起します。その行為を signposting「道しるべを置く」と呼んでいます。「道しるべ」は、これからどのような情報が提示されるのかを教えてくれます。講義や講演でどういった「道しるべ」の表現や手法が使われているのかを理解しておけば、話についていきやすくなりますし、途中で何が話されているのかわからなくなることも少なくなります。また、次にどのような情報が提示されるのかを予測する手がかりにもなります。以下に、「道しるべ」の表現として代表的な例を挙げます。

1) 新しい話題に移る

Now, let's move on to . . .
では、……に移りましょう。

Okay, let's turn to the question of . . .
それでは、次に……の問題を考えましょう。

2) 情報を追加する

Also, . . .
また……

In addition, . . .
さらに……

Another negative aspect is . . .
別のマイナスの側面は……

The other main benefit is . . .
もう一方の主な利点は……

There's something else you need to remember, . . .
ほかにも覚えておくべきことがあります……

3）差異や反対意見を提示する

But . . .
しかし……

On the other hand, . . .
他方では……

However, . . .
しかしながら……

Other people think . . .
……と考える人たちもいます。

4）例を挙げる

such as . . .
例えば……のような

For instance, . . .
例えば……

To give you an example, . . .
例をお見せしますと……

Take for instance . . .
……を例に取ります。

This is illustrated by . . .
これは……によって説明されます。

5）重要な情報を強調する

In fact, . . .
（ところが）実際は……

It's clear that . . .
……は明らかです。

There is no doubt that . . .
……には疑問の余地がありません。

You need to remember . . .
……を覚えておくべきです。

6）情報を列挙する

There are a few reasons why this occurs . . .
これが起こる理由はいくつかあります……

Three steps are involved in this process . . .
この過程には3つの段階があります……

The first thing is . . .
まず第一に……

上記のほかにも、質問をすることで次の話題や論点への移行を促すことができます。

例：

So, how about the use of GM food in the US?
では、米国における遺伝子組み換え食品の使用についてはどうでしょうか？

Why did the government increase its foreign aid budget?
なぜ政府は海外救援予算を増やしたのでしょうか？

Okay, what do we know about robots for personal use?
それでは、個人用途のロボットについて私たちが知っていることは？

 29

では、実際に講義音声を聞きながら、「道しるべ」の表現を聞き取る練習をしましょう。ハイチの健康問題対策に関する講義を聞き、「道しるべ」の表現をメモしてください。

スクリプトと解答

Recently, we've been looking at global health challenges. Any ideas about what countries we looked at? Well, we looked at the situations in countries such as Sudan, Indonesia and Samoa. However, today it's something new for you. We're going to look at the country of Haiti and take a closer look at the health challenges facing it.

To understand the health challenges in Haiti, you need to remember that Haiti is the poorest country in the western hemisphere. Another thing is that following years of political and economic strife in Haiti, basic public services have deteriorated due to a lack of infrastructure, funding and educated professionals. So, what do these circumstances result in? Well, Haiti has the hemisphere's highest rates of infant, under-five and maternal mortality. In addition, only 40% of people in the rural communities have access to any form of healthcare. This means that illnesses, including water-borne diseases, tuberculosis, and HIV/AIDS, have an especially high prevalence in the country.

Okay, so that was a very brief overview of the current health challenges facing the country. Now, let's turn to the question of what can be done to help prevent the situation from getting worse. To do this, I'd like to focus on a specific health programme that is currently underway in a primary school in Terrier Rouge, Haiti. This programme has created a health-science curriculum that covers a range of activities such as water purification, the importance of hand washing, and the general anatomy of the human body. The programme will culminate in a showcase where the students can present what they have learnt to their families. The most important aspect of this programme is that although these activities were designed for a specific group of students, the lessons could easily be adapted for a different community, and therefore, spread around the country . . . .

訳

ここ最近は世界の健康問題を見てきました。どの国について考えたかを覚えていますか？　ええと、スーダンやインドネシア、サモアといった国の状況を見てきました。でも今日は新しいところです。ハイチという国に目を向け、そこにある健康問題をもっと詳しく見てみましょう。

ハイチの健康問題を理解するために、この国は西半球で最も貧しい国であることを覚えておく必要があります。もうひとつは、ハイチの何年にもわたる政治的・経済的不和を受けて、インフラや資金、高等教育を受けた専門家が不足し、基本的な公共サービスが悪化してしまいました。それで、このような状況はどんな結果をもたらしたのでしょう？　ハイチでは、児童、5歳未満の幼児、妊産婦の死亡率が西半球で最も高くなっています。加えて、農村地域で何らかの医療を受けられる人はたった40パーセントしかいません。これは、水媒介性の病気、結核、HIV／エイズを含む病気の罹患率がこの国では特に高いことを意味します。

はい、以上が、現在ハイチが直面する健康問題の概略です。さて、その状況がさらに悪化するのを防ぐためにどんなことができるかという問題に目を向けましょう。そのために、ハイチのテリエ・ルージュにある小学校で現在進行中の、ある健康プログラムを具体的に取り上げたいと思います。このプログラムは、水の浄化、手洗いの重要性、人体の一般解剖学といったさまざまな活動を含む健康科学カリキュラムを作りました。このプログラムは、生徒がこれまで学んだことを自分の家族に見せられる披露の場となって、実を結ぶことになるでしょう。このプログラムの最も重要な側面は、これらの活動が特定の生徒グループのために作られたものではありますが、そこで学んだことは学校以外の社会グループにも容易に適応でき、したがって、国全体に広げることが可能だということです……

READING

完全対策

LISTENING

READING ▶

WRITING

SPEAKING

08 リーディングテストの概要

■ リーディングテストとは？

読解力を測るテスト

リーディングテストはパッセージを読んで答える形式で行われます。まとまった量の英文を速く読んで正確に理解する能力を測るテストです。

3つのパッセージから成る全40問

異なる話題の3本のパッセージで構成されています。パッセージの長さは3本合わせておよそ2,150語～2,750語です。問題数は全部で40問です。難易度はパッセージ1から3へと順に上がっていくように作られています。

パッセージは本、学会誌、雑誌、新聞などから引用され、一般教養の範囲であらゆるテーマを扱います。金融や自然科学など、専門用語が出てくるパッセージもありますが、英文を読んでいけば意味を推測できるようになっており、専門知識が求められるものではありません。

テスト時間は60分

テスト時間は60分です。パッセージ1本につき約20分を使って解くように指示されますが、あくまで目安時間なので、早めに終わったら次のパッセージに取り掛かるようにしてください。また、解答はすべてテスト時間内に記入します。その際は最大限の注意を払い、綴りやパンクチュエーション（句読点）、文法を正確に書くことはもちろん、ペーパー版の場合は試験官が採点する際に判読できるよう明瞭に書きましょう。また、リスニングテストのように答えを解答用紙に転記する時間が別に設けられているわけではないので注意してください。

パッセージ1	20分 🕐 （目安）

⬇

パッセージ2	20分 🕐 （目安）

⬇

パッセージ3	20分 🕐 （目安）

※答えの転記時間は設けられていないので、解きながら記入してください。

▰ 評価の基準

バンドスコアでの評価

すべての問題に各１点の配点で、４０点満点です。正解した数×１点が合計得点となり、合計得点は変換表に基づいて、１から９まで０.５刻みのバンドスコアに換算されます。そのバンドスコアがリーディングの評価となります。

▰ 問題のタイプ

リーディングテストの問題タイプは９つに分けることができます。１回のテストにすべてのタイプが出題されるというわけではなく、また、パッセージごとに出題される問題タイプが決まっているわけでもありません。組み合わせはテストによって異なります。問題を解く際には指示文をしっかり読むことが大切です。各問題のタイプと指示文の例を見ていきましょう。

① 図・メモ・表・フローチャートを完成させる問題

パッセージに関する図・メモ・表・フローチャートの空欄を、パッセージから選んだ語句で埋めます。

指示文の例：

Label the diagram below.
下の図を完成させなさい。

*Choose **NO MORE THAN TWO WORDS** from the passage for each answer.*
パッセージからそれぞれの答えに２語以内を選びなさい。

② 文を完成させる問題

パッセージに関する文の空欄をパッセージから語句を選んで埋めます。

指示文の例：

Complete the sentences below.
下の文を完成させなさい。

*Choose **NO MORE THAN TWO WORDS** from the passage for each answer.*
パッセージからそれぞれの答えに２語以内を選びなさい。

③ 要約を完成させる問題

パッセージの一部または全体を要約した文章の空欄を、パッセージから選んだ語句で埋める問題と、与えられた選択肢から選んで埋める問題があります。

指示文の例：

*Complete the summary using the list of words, **A-I**, below.*

下の選択肢 **A-I** を使って要約を完成させなさい。

④ 短く答える問題

パッセージについての質問に対し、パッセージから選んだ語句で答えます。

指示文の例：

Answer the questions below.

下の問題に答えなさい。

*Choose **NO MORE THAN THREE WORDS** from the passage for each answer.*

パッセージからそれぞれの答えに3語以内を選びなさい。

⑤ 文の終わりを組み合わせる問題

パッセージについての文の前半に続く適切な後半部分を、選択肢から選んで文を完成させます。

指示文の例：

*Complete each sentence with the correct ending, **A-I**, below.*

下の **A-I** から文の終わりとして正しいものを選び、それぞれの文を完成させなさい。

⑥ 情報・モノを組み合わせる問題

パッセージの情報を基に、問題文と合致する選択肢を選びます。パッセージのキーワードを組み合わせる問題と、パッセージのパラグラフを組み合わせる問題があります。

指示文の例：

Look at the following statements (Questions 1-4) and the list of projects below.

次の記述（問題1～4）と下のプロジェクトのリストを見なさい。

*Match each statement with the correct project, **A-E**.*

それぞれの記述内容を、**A-E** のうち正しいプロジェクトと組み合わせなさい。

指示文の例：

Reading Passage 1 has five paragraphs, **A-E**.

リーディングパッセージ1には **A-E** の5つのパラグラフがあります。

Which paragraph contains the following information?

次の情報が含まれるのはどのパラグラフですか？

⑦ 多項選択式問題

パッセージに関する問題文に対して選択肢から答えを選びます。質問への答えを選ぶ問題と、未完成の文を完成させる問題があります。複数の正答を選ぶ問題もあります。

指示文の例：

*Choose the correct letter, **A**, **B**, **C** or **D**.*

A、B、C、D のうち正しい文字を選びなさい。

指示文の例：

*Choose **TWO** letters, **A-G**.*

A-G のうち、2つの文字を選びなさい。

The list below includes items useful for class presentations.

下のリストはクラス発表に役立つ物を含みます。

Which **TWO** are mentioned by the writer of the passage?

パッセージの著者が述べている2つの物はどれですか？

⑧ 見出しを選ぶ問題

パッセージのパラグラフに適切な見出しを選択肢から選びます。

Reading Passage 2 has seven paragraphs, **A-G**.

リーディングパッセージ2には **A-G** の7つのパラグラフがあります。

*Choose the correct heading for each paragraph **B-G** from the list of headings below.*

パラグラフ **B-G** の見出しとして正しいものを下の見出しリストから選びなさい。

⑨ 識別する問題

パッセージの内容について述べた文を識別する問題です。パッセージの情報について TRUE / FALSE / NOT GIVEN を判断する問題と、著者の主張について YES / NO / NOT GIVEN を判断する問題があります。

指示文の例：

Do the following statements agree with the information given in Reading Passage 1?

次の記述内容はリーディングパッセージ1で与えられる情報に一致しますか？

In boxes 1-5 on your answer sheet, write

答案用紙の1〜5の枠内に下記のいずれかを書きなさい。

TRUE   *if the statement agrees with the information*
                  記述内容が情報と一致する場合

FALSE   *if the statement contradicts the information*
                  記述内容が情報と矛盾する場合

NOT GIVEN   *if there is no information on this*
                  その点について情報がない場合

指示文の例：

Do the following statements agree with the claims of the writer in Reading Passage 1?

次の記述内容はリーディングパッセージ1の著者の主張と一致しますか？

In boxes 1-5 on your answer sheet, write

答案用紙の1〜5の枠内に下記のいずれかを書きなさい。

YES   *if the statement agrees with the claims of the writer*
                  記述内容が著者の主張と一致する場合

NO   *if the statement contradicts the claims of the writer*
                  記述内容が著者の主張と矛盾する場合

NOT GIVEN   *if it is impossible to say what the writer thinks about this*
                  その点について著者の考えがわからない場合

本書では、以上9つの問題タイプについての対策を、練習問題を解きながら学んでいきます。

■ 基本的な対策

あらかじめ内容を予測しておく

パッセージを読む前に、何が書かれているかをあらかじめ予測しておくことで、問題を解く効率を飛躍的にアップさせることができます。まず、パッセージのタイトルや小見出し、添付されている写真や図があれば内容を見て、それらの情報から、全体の内容についてある程度の当たりをつけておきます。また、問題文にもざっと目を通し、どういった内容が問われているのかを把握しておきます。これらの作業によって、パッセージを実際に読む際にずっとすばやく内容を理解することができ、問題に対応している箇所も見つけやすくなります。

パッセージの流れを頭に入れる

ひとつの問題タイプ内における各問題の配置は、パッセージの記述順に沿っているとは限りません。また、パッセージ内の問題タイプごとの配置も、必ずしもパッセージの記述順に沿っているわけではありません。例えば、ひとつ目の問題タイプがパッセージのある部分について問うものであっても、次の問題タイプがパッセージのその後の部分について問うものとは限らず、パッセージの前の部分に遡っていたり、あるいはパッセージ全体であったりします。そのため、常にパッセージ全体の流れを頭に入れながら読むことが重要です。

タイムマネジメントをしっかりする

受験者からは、６０分間でリーディングパートを終えることは難しく、すべての問題にじっくり取り組む時間がなかったという声がよく上がります。パッセージ３本で６０分なので、単純計算すると各２０分の配分になりますが、パッセージ１、２、３と難易度が上がっていくことを考えてタイムマネジメントする必要があります。また、すべてに正解する必要はないと割り切り、できそうな問題から取り組む、時間だけかかって正解にたどり着けそうもない問題は諦めるなどのメリハリも必要となります。

リーディング速度を上げる

パッセージ３本の英文をすべて熟読している時間はありませんので、skimming「斜め読み」や scanning「情報探し」の技術を身につけて、リーディングの速度を上げていくことが必要です。

1）スキミング

まとまった文章の要点をすくいながら（skim）読む方法です。例えば、新聞を読むときに何もかもをじっくり読まずに、重要な記事だけをざっと追っていくことがありますが、それがスキミング（斜め読み）です。スキミングによってパッセージの概要をつかむと同時に、重要部分に当たりをつけ、そこにリーディングの焦点を当てることができます。

2）スキャニング

パッセージの中から、特定の人名や地名、事実や数字をすばやく探し出すことです。例えば、テレビの番組表を見るときには、番組名や放送時間の情報を探しますが、それがスキャニング（情報探し）です。

言い換え問題に注意

IELTS ではどのパートでも語彙は大変重要ですが、リーディングパートでは特にそうであると言えます。リスニング同様、同じ内容を違う表現で言い換えたものを理解できるかどうかを試す問題も多く、同意語や反意語などの知識が問われ、語彙力が試されます。下記は言い換えの例です。左右の文で異なる表現を用いて、ほぼ同じ内容を表しています。

The impact that computer games might have on youths has been the subject of numerous studies recently.	Over the last few years, there has been a lot of research focusing on the effects that video games may have on the children who play them.
It is argued by some that a child's ability to do well academically is adversely affected by playing such games.	There is now a concern that children who play these games have poorer grades in school.

- recently	- Over the last few years,
- the subject of numerous studies	- a lot of research focusing on
- The impact that computer games might have on youths	- the effects that video games may have on the children who play them
- It is argued by some	- There is now a concern
- a child's ability to do well academically is adversely affected	- children … have poorer grades in school
- such games	- these games

---

09 問題タイプ別対策

◢ ① 図・メモ・表・フローチャートを完成させる問題

問題タイプ①**図・メモ・表・フローチャートを完成させる問題**は、パッセージの一部もしくは全体の情報から作成された図・メモ・表・フローチャートの空欄をパッセージから選んだ語句で埋める問題です。解答に使用できる語数や数字の数は、問題の指示文に明記されています。ここでは、練習として（1）図を完成させる問題、（2）メモを完成させる問題を解きながら、対策を学んでいきましょう。

練習1 The Composition of Soils

Soil is a complex mixture of inorganic materials, organic materials, micro-organisms, water and air, and its formation begins with the weathering of bedrock or the transportation of sediments from another area. These small grains of rock accumulate on the surface of the earth where they are mixed with organic matter called humus, which results from the decomposition of the waste and dead tissue of organisms. Rainwater and air also contribute to the mixture and become trapped in pore spaces.

Mature soils are layered, and these layers are known as soil horizons, with each having a distinct texture and composition. A typical soil has a soil profile consisting of four horizons, which are designated as O, A, B and C. The O horizon is the top layer at the earth's surface. It consists of surface litter, such as fallen leaves, sticks and other plant material, animal waste and dead organisms. A distinct O horizon may not exist in all soil environments, for example desert soil. Below the O horizon is the A horizon, which is also known as topsoil. This layer contains organic humus, which usually gives it a distinctive dark colour. The B horizon, or sub-soil is the next layer down from the surface. It consists mostly of inorganic rock materials such as sand, silt and clay. The C horizon sits atop bedrock and therefore is made up of weathered rock fragments. The bedrock is the source of the parent inorganic materials found in the soil.

Label the diagram below. Choose **NO MORE THAN THREE WORDS AND/OR A NUMBER** from the passage for each answer.

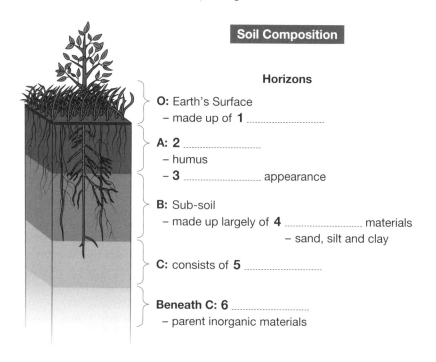

Soil Composition

Horizons

O: Earth's Surface
– made up of **1** ....

A: 2 ....
– humus
– **3** .... appearance

B: Sub-soil
– made up largely of **4** .... materials
– sand, silt and clay

C: consists of **5** ....

Beneath C: 6 ....
– parent inorganic materials

📖 **解説**

パッセージに関する図を完成させる問題です。まず、指示文をしっかり読みましょう。何語以内で答える必要がありますか？ 指示文には **NO MORE THAN THREE WORDS AND/OR A NUMBER**「それぞれ3語以内と数字ひとつ、または3語以内か数字ひとつ」とありますので、ここでさっと「3W内＋N1／3W内／N1」とメモしておけば、指示文について問題を解くたびに考えなくてすみます。また、図やメモを見て、タイトルと小見出し、あれば箇条書き部分などから、何についての情報が書かれているかをだいたい想像しておきます。それから問題文を読み、どのような情報が必要かを考えます。例えば、品詞は何が必要（名詞、動詞、形容詞、副詞など）か、数字が入るのか人名が入るのかなどを予測します。その際、問題文中のキーワード（特に人名、地名、固有名詞、数字など）に注目します。

問題を解く際には、パッセージをスキャンして、どの部分に求める情報があるのかを見つけ出していってください。該当部分が見つかったら、その部分をしっかり読み、その周囲の情報にも注意を払ってください。キーワードを含む文の前後からも解答を導けることが多くあります。空欄に入れる答えは文法的に正しい必要があります。空欄の前後から、動詞（時制、三単現の s、受動態の -ed や進行形の〜 ing など）や名詞（単数か複数か）の形が適切かをよく確かめてください。

Q.1
パッセージで O horizon について記述しているのは第2パラグラフです。地層 O についての問題なので、The O horizon is から先を見ていきます。It (= O horizon) consists of surface litter の consists of を図中では made up of と言い換えていることに気づけば、答えを導くことができます。fallen leaves, sticks and other plant material, animal waste and dead organisms は、surface litter の説明として挙げられている具体例ですが、答えは「3語以内」という制限があるため不適切です。

Q.2
地層 A の名称を答えます。第2パラグラフ中程に Below the O horizon is the A horizon, which is also known as topsoil. とあることから、topsoil とわかります。

Q.3
A の地層の appearance を表す語句をパッセージに探すと usually gives it a distinctive dark colour が対応しているとがわかります。空欄には appearance を修飾する語句が入るので、distinctive dark colour とそのまま入れてしまうと、colour と appearance が重複してしまいます。よって distinctive dark までを解答とします。

Q.4
第2パラグラフ後半の The B horizon, or sub-soil is .... It consists mostly of inorganic rock materials から答えを導くことができます。Q.1 と同じく図中の made up largely of がパッセージの consists mostly of の言い換えになっています。

Q.5
C horizon と consists of をキーワードにパッセージを探し、第2パラグラフの最後の方にある made up of weathered rock fragments が対応しているとわかれば答えられます。

Q.6

図中に Beneath C とあるので地層 C の下に広がる層の名称を答えます。第2パラグラフ後半の地層 C の記述に The C horizon sits atop bedrock とあることから、答えを導くことができます。このようにパッセージを前に戻って解答する場合もあるので注意しましょう。また、図中に parent inorganic materials とあることから、パッセージの最終文 The bedrock is the source of the parent inorganic materials からも解答できます。

訳

土壌の組成

土壌は無機物、有機物、微生物、水、空気が複雑に混じり合ったものであり、その形成は、基岩の風化や、他の地域からの堆積物の移動によって始まる。岩のこうした小さな粒子が地表に堆積し、生物の排泄物や死んだ組織が分解されてできる腐葉土と呼ばれる有機物と混ざり合う。雨水や空気もこの混合物に加わり、粒子の隙間に入り込む。

成熟土壌は層を成しており、これらの層は土壌層位と呼ばれ、それぞれ固有の質感と組成を持つ。典型的な土壌は、O層、A層、B層、C層と呼ばれる4つの層位から成る土層断面を持つ。O層は地表最上部の層である。落葉や落枝、他の植物部位、動物の糞尿、生物の死骸などの地表リターで形成されている。明確なO層はすべての土壌環境に存在するとは限らず、砂漠土壌などにはない。O層の下にあるのはA層であり、表土としても知られている。この層は有機腐植土を含むため、特有の暗い色をしていることが多い。B層は底土とも呼ばれ、表土から見てひとつ下の層である。この層の大部分は砂やシルト、粘土といった無機鉱物で構成される。C層は基岩の上に位置し、そのため風化した岩石の破片で構成される。基岩は、土壌に見られる無機母材の供給源である。

解答

| **1** surface litter | **2** Topsoil | **3** (distinctive) dark | **4** inorganic rock |
| **5** weathered rock fragments | **6** Bedrock |

練習2 Soil Degradation

Soil degradation refers to deterioration in the quality of the soil and the concomitant reduction in its capacity to produce. Such a situation often arises from poor soil management during agricultural activities. In extreme cases, it can lead to desertification of croplands and rangelands in semi-arid regions. Erosion is the biggest cause of soil degradation, and the two agents of this process are wind and water, which act to remove the finer particles from the soil. Human activities, such as construction, logging, and off-road vehicle use, promote erosion by taking away the natural vegetation cover protecting the soil. Agricultural practices, such as overgrazing and leaving plowed fields bare for extended periods, also contribute to erosion. The soil transported by the erosion processes can also create problems elsewhere by clogging waterways and filling ditches.

Questions 1-4

*Complete the notes below. Choose **NO MORE THAN TWO WORDS AND/OR A NUMBER** from the passage for each answer.*

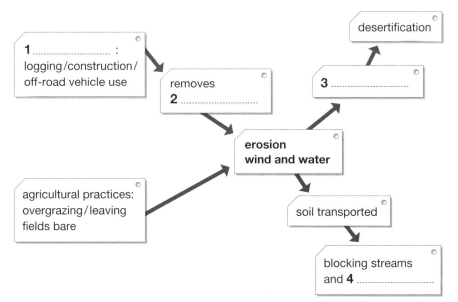

📖 解説

パッセージに関するメモを完成させる問題です。まず問題の配置がパッセージの記述順と異なっていることに注意してください。概要をまとめたこのようなメモでは、メモのボックスが互いにどう関係しているのかを読み取りながら、パッセージの広範囲を前後しながら見ていく必要があります。

Q.1

空欄とその後のコロン以下の部分がパッセージ中程の Human activities, such as construction, logging, and off-road vehicle use, promote erosion に対応しています。

Q.2

メモの位置関係から、Q.2 のボックスに入る要素は Q.1 から導かれ、結果として erosion へとつながっていくことが読み取れますので、パッセージの対応箇所は中程の Human activities . . . promote erosion by taking away the natural vegetation cover であると推測できます。メモの removes がパッセージの taking away の言い換えとわかれば解答できるでしょう。

Q.3

Q.3 のボックスが desertification につながっているので、パッセージ前半の it can lead to desertification を手がかりに it に当たる部分を探します。

Q.4

Q.4 のボックスを導く soil transported をパッセージ最終文に見つけて読み進めると、clogging waterways and filling ditches が対応しているとわかります。ボックスの blocking streams「水の流れをさえぎる」が clogging waterways「水路を塞ぐ」を言い換えていることから、もうひとつの結果として述べられている filling ditches が答えとなります。

訳

土壌の劣化

土壌劣化とは、土壌の質の悪化やそれに伴う生産力の低下を指す。このような状況は、農業活動時に土壌管理が不十分なために生じることが多い。極端な例では、半乾燥地域の農耕地や放牧地が砂漠化する事態も起こりうる。浸食は土壌劣化の最大の原因だが、この作用を引き起こす二つのものは、土壌の微粒子を取り去る働きをする風と水である。建設、伐木、道路以外での乗物の使用といった人間の活動は、土壌を保護している自然の植被を取り去ってしまい、浸食を進める。過放牧や、耕した土地を長期間放置するといった農業行為も浸食につながる。浸食作用により移動した土壌は、水路を塞いだり、排水溝を詰まらせたりするといった問題をほかの場所で引き起こすこともある。

解答

| 1 human activities | 2 natural vegetation / vegetation cover | 3 soil degradation |
| 4 filling ditches |

■ ② 文を完成させる問題

問題タイプ②**文を完成させる**問題は、パッセージの一部の情報から作成された文の空欄をパッセージから選んだ語句で埋めて、文を完成させる問題です。解答に使用できる語数や数字の数は、問題の指示文に明記されています。では、練習問題を解きながら、対策を学んでいきましょう。

練習1 The Telescope (1)

The telescope was one of the central instruments of what has been called the Scientific Revolution of the seventeenth century. It revealed hitherto unsuspected phenomena in the heavens and had a profound influence on the controversy between followers of the traditional geocentric astronomy and cosmology and those who favoured the heliocentric system of Copernicus. It was the first extension of one of man's senses, and demonstrated that ordinary observers could see things that the great Aristotle had not dreamed of. It therefore helped shift authority in the observation of nature from men to instruments. In short, it was the prototype of modern scientific instruments. However, the telescope was not the invention of scientists; rather, it was the product of craftsmen. For that reason, much of its origin is inaccessible to us since craftsmen were by and large illiterate and therefore historically often invisible.

Questions 1-4

*Complete the sentences below. Choose **ONE WORD ONLY** from the passage for each answer.*

1 Before the seventeenth century, some people had a geocentric view of astronomy while others had a _____ one.

2 The use of the telescope was the first time that any one of our human _____ could be extended beyond the ordinary.

3 Early telescopes were devised by _____ .

4 Information about early telescopes is largely unobtainable because the artisans who made them were usually _____ .

📖 解説

指示文には **ONE WORD ONLY** とあるので、語数は 1 語のみとします。次に問題文を読みます。特にキーワードとなりそうな人名、地名、固有名詞、数字などに注意してください。同じもしくは類似した意味の語句、表現、考えがパッセージにあるはずです。また、空欄に入るべき語句について、どの品詞が入るのかなどを予測します。

問題を解く際にはキーワードを探しながらパッセージをスキャンし、どの部分に求める情報があるのかを探します。該当部分が見つかったら、その部分を詳細に読んで空欄に必要な情報を探します。正しい情報を見つけるためには、前後の文も忘れずに読みましょう。

Q.1
問題文のキーワードは seventeenth century と geocentric です。パッセージに seventeenth century が出てくる第 1 文以降をよく読みます。第 2 文では、controversy between followers of the traditional geocentric astronomy . . . and those who favoured the heliocentric system of Copernicus とあり、ここで geocentric と対照されているのは heliocentric です。文法的にも空欄には形容詞が入るとわかります。

Q.2
問題文のキーワードは first time, human, extended です。パッセージ中程に It was the first extension of one of man's senses とあることから、問題文の our human . . . は man's senses の言い換えであると考えられます。文法的にも空欄には名詞が入るとわかります。

Q.3
問題文の devised by . . .「……によって発明された」から、この問題はパッセージ最後から 2 番目の文にある it was the product of craftsmen を言い換えたものと推測できます。空欄は前置詞 by の後なので名詞が入ります。

Q.4
問題文の artisans「職人」が craftsmen の言い換えとわかれば、パッセージ最後の 2 つの文に照らして、空欄には illiterate「読み書きができない」が入るとわかります。なお、解答の語数が 2 語でも可であれば、historically invisible も正解となりますが、ここでは「1 語のみ」という制限があるため不適切です。

訳

望遠鏡（1）

望遠鏡は、17世紀のいわゆる科学革命において中心的役割を果たした器具のひとつだった。望遠鏡により天空におけるそれまで知られていなかった現象が明らかになり、従来の地球中心の天文学と宇宙論を信奉した人々と、コペルニクスの太陽中心説を支持した人々の論争に重大な影響を与えた。それは人間の感覚のひとつが初めて拡張したということであり、一般の観察者でも、かの偉大なアリストテレスが夢にも描かなかったものを見ることができることを証明した。その結果、それは自然観察における権威が人間から器具へと移行するのに一役買ったのである。要するに、望遠鏡は現代科学機器の原型であった。しかし、それは科学者の手による発明品ではなかった。むしろ職人が作った製品であった。そのため、その起源のほとんどを私たちは知ることができない。なぜなら、職人は概して読み書きができず、それゆえほとんど歴史上には現れてこないのだ。

解答

| **1** heliocentric | **2** senses | **3** craftsmen | **4** illiterate |

練習2 The Telescope（2）

A typical Galilean telescope, with which Jupiter's moons could be observed, was configured as follows. It had a plano-convex objective (the lens toward the object) with a focal length of about 30-40 inches, and a plano-concave ocular with a focal length of about 2 inches. The ocular was in a little tube that could be adjusted for focusing. The objective lens was stopped down to an aperture of 0.5 to 1 inch, and the field of view was about 15 arc-minutes (about 15 inches in 100 yards). The instrument's magnification was 20. The glass was full of little bubbles and had a greenish tinge; the shape of the lenses was reasonably good near their centres but poor near the periphery, and the polish was rather poor. The flaw of this type of instrument was its small field of view, which meant that only a quarter of the full moon could be accommodated in the field. Over the next several decades, lens-grinding and polishing techniques improved gradually as a specialised field of telescope making slowly developed. However, although Galilean telescopes of higher magnifications were certainly made, they were almost useless because of the concomitant shrinking of the field.

Since it was known that the telescopic effect could be achieved using a variety of combinations of lenses and mirrors, a number of scientists speculated on combinations involving mirrors. A second theoretical development came in 1672, when Isaac Newton published his celebrated paper on light and colours. After experimenting with different mirrors, Newton sent his instrument to the Royal Society, where it caused a sensation; it was the first working reflecting telescope. However, there were still problems with the functionality of this telescope. It was not until the second half of the eighteenth century, in the hands of James Short and then William Herschel, that the reflecting telescope came into its own.

Questions 1-5

*Complete the sentences below. Choose **NO MORE THAN THREE WORDS AND/OR A NUMBER** from the passage for each answer.*

1　A typical Galilean telescope magnified objects by .... times.

2　Galilean telescopes were limited because the .... was inadequate.

3　High magnification Galilean telescopes were made, but they were not very useful despite the improvements in grinding and ....

4　Newton's telescope was the result of research using ....

5　Short and Herschel enhanced the .... first developed by Newton.

📖 解説

Q. 1
問題文のキーワードは magnified「拡大した」です。パッセージの第 1 パラグラフ中程に The instrument's magnification was 20. とあり、magnified が名詞形 magnification「倍率」の言い換えということに気づけば答えられるでしょう。

Q. 2
問題文は「何か」が inadequate「不十分」だから、望遠鏡は limited「制約がある」と述べています。パッセージでは第 1 パラグラフ中程の The flaw of this type of instrument was its small field of view の部分で望遠鏡の flaw「欠点」に言及していることから、「不十分な何か」とは field of view であることがわかります。

Q.3

問題文の High magnification Galilean telescopes をひとつめのキーワードとしてパッセージをスキャンし、第1パラグラフ最後の However, although Galilean telescopes of higher magnifications 以下に対応箇所を見つけます。次に問題文の improvements「改良」や grinding「研削」に関わる部分を探します。前の文を見れば lens-grinding and polishing techniques improved の言い換えであることがわかります。このように時には前の文にさかのぼって答えを探す必要があることも常に頭に入れておきましょう。

Q.4

問題文では「ニュートンの望遠鏡は……を使った研究の成果であった」としていますので、Newton を手がかりにして第2パラグラフ中程以降を読んでいくと、After experimenting with different mirrors, Newton sent his instrument . . . it was the first working reflecting telescope の部分が対応していることがわかります。よって答えは different mirrors となります。

Q.5

問題文の Short and Herschel を手がかりにパッセージを探すと、第2パラグラフ最終文の in the hands of James Short and then William Herschel, that the reflecting telescope came into its own が対応箇所であると見当がつきます。問題文の enhanced は in the hands of . . . came into its own「……の手によって真価を発揮することとなった（＝能力を向上させた）」を言い換えています。

訳

望遠鏡（2）

典型的なガリレイ式望遠鏡は木星の衛星を観測できたが、それは次のように作られていた。約30から40インチの焦点距離がある平凸の対物レンズ（物体側のレンズ）と、約2インチの焦点距離がある平凹の接眼レンズがあり、接眼レンズはピントを調節できるよう小さい管に入っていた。対物レンズは0.5から1インチの口径に絞られており、視界は約15分角（100ヤードで約15インチ）であった。この器具の倍率は20倍であった。レンズにはたくさんの小さな気泡があり、緑がかっていた。また、レンズの中心部付近の形はほどほどには整っていたが、周縁部は粗く、仕上げの磨きはかなり雑だった。このタイプの望遠鏡の欠点は視野の狭さで、視野に満月の4分の1しか入らないことだった。それから数十年間かけて、望遠鏡製作の専門分野がゆっくりと発展するにしたがって、レンズの研削・研磨技術は徐々に改良された。しかし、より倍率の高いガリレイ式望遠鏡も作られたものの、それに伴い視野が小さくなったため、ほとんど使いものにはならなかった。

望遠効果はレンズと鏡のさまざまな組み合わせによって得られることが知られていたため、多くの科学者は鏡を使った組み合わせについて考えをめぐらせた。第二の理論的な進展があったのは1672年、アイザック・ニュートンが光と色に関する有名な論文を発表した時だった。さまざまな鏡で実験した後、ニュートンは自分の作った望遠鏡を王立協会に送り、そこで大評判になった。それは最初の実用的な反射望遠鏡だった。しかしながら、この望遠鏡の機能性にはまだなお問題があった。18世紀の後半に

なって初めて、ジェームズ・ショートとその後のウィリアム・ハーシェルの手によって、この反射望遠鏡が真価を発揮することとなった。

解答

| **1** 20 | **2** field of view | **3** polishing (techniques) | **4** (different) mirrors |
| **5** reflecting telescope |

■ ③ 要約を完成させる問題

問題タイプ③**要約を完成させる問題**は、パッセージの一部もしくは全体を要約した文章の空欄を埋める問題です。パッセージ中から空欄に該当する語句や数字を引いてきて解答として書く問題と、選択肢（語句や数字）から記号を選ぶ問題があります。通常、選択肢には答えとはならない余分な語句も含まれています。解答に使用できる語数や数字の数は、問題の指示文に明記されています。では、練習問題を解きながら、対策を学んでいきましょう。

練習 1 　Sustainable Cities

Most agree that walkability is a key component of any sustainable neighbourhood. It not only reduces energy use, but also increases public health. Sustainable cities could consist of walkable neighbourhoods that separate pedestrian, bike and vehicular traffic and are connected to each other through multiple transportation modes, with biking and mass transit choices in addition to the automobile. Currently, most people average ten (auto) trips per day; however, in a more sustainable city, most residents would not use an automobile daily but instead would walk or bike or order the things they want or need online. Trip generation would be reduced through telework, which would enable many people to only visit their office to attend meetings once or twice a week. Another traffic reduction technique would involve e-commerce, with goods being brought to residents in bulk delivery trucks using services like UPS and Fedex. Most trips to other parts of the city would be made via mass transit, and when an individual car is needed, it would be provided through car sharing or taxis. Traffic congestion would be relieved not through artificial subsidies such as overbuilding roads and providing free parking, but through congestion pricing, removal of free street parking, and providing viable bicycle and mass transit alternatives.

*Complete the summary using the list of phrases, **A-T**, below.*

Transportation in Sustainable Cities

Sustainable cities would have less **1** _____ use and more

walking, cycling and use of **2** _____ transport. People would

shop **3** _____ and work from **4** _____, so they would not

have to travel so often. Also, there would be less **5** _____

if people use bulk delivery. If people do have to use cars, they would

6 _____ or use a taxi. The **7** _____ on the roads would

be relieved if the authorities take away free parking, introduce

8 _____ and provide enough **9** _____ .

A alternatives	**B** automobile	**C** bike	**D** congestion
E congestion pricing	**F** home	**G** modes	**H** office
I online	**J** provide	**K** public	**L** reduced
M share	**N** subsidised	**O** sustainable	**P** traffic
Q free	**R** drive	**S** in town	**T** computers

📖 **解説**

要約文の空欄を埋める問題は、要約文をよく読んで構造を理解することが大切です。まず、パッセージ全体に関する出題か、一部のみに関する出題かを確認します。そして、メインアイディアとその根拠はどのように配置されているか、具体例が示されているか、原因と結果が述べられているのか、など全体を見渡して概要をつかみます。

次に空欄を見て、どのような種類の語が必要かを確認してください。名詞であれば、可算名詞か不可算名詞かにも注意を払う必要があります。動詞であれば、原形が入るのか、過去形か、あるいは現在分詞や過去分詞が必要なのか、それ以外なのかも確認します。

次に選択肢の語句を見て、それぞれの品詞と形も含めて確認します。名詞と動詞と両方の品詞で使われる語があるように、ひとつの品詞や形（過去形と過去分詞形が同じ形など）

に限定できないこともありますが、その可能性も含めて確認しておく必要があります。

問題を解く際は、要約文中のキーワードと論旨を確認し、その内容がパッセージで扱われている部分を見つけていきます。空欄はひとつずつ検討しましょう。うまく入りそうな選択肢をチェックしながら、必要に応じて答えとして適切な形を探します。

Q. 1

要約文のキーワードは sustainable と less です。パッセージ中程に most people average ten (auto) trips per day; however, in a more sustainable city, most residents would not use an automobile daily but instead would walk or bike . . . とあることから、空欄には automobile が入るとわかります。なお、空欄の後に名詞 use があることから、use を修飾する形容詞が必要であるとも判断できます。automobile は名詞ですが、名詞はほかの名詞を修飾して形容詞的に使うことができます。例：apple pie / silk dress / company employees

Q. 2

要約文の transport を手がかりにパッセージを探し、前半の mass transit が対応していることがわかれば、mass を言い換えた public を入れることができます。また、空欄前後の of と transport（名詞）の間には名詞を修飾する形容詞が必要です。

Q. 3

要約文の動詞 shop「買い物をする」はパッセージ中程の order the things「物を注文する」の言い換えです。shop の後の空欄は文の構造上はなくても構わないので、副詞が入ります。

Q. 4

パッセージ中程の Trip generation would be reduced through telework および visit their office . . . once or twice a week から推測すれば、(work from) home を選ぶことができます。また、前置詞 from の後ろには名詞が必要です。

Q. 5

パッセージ中程の Another traffic reduction technique would involve e-commerce, with goods being brought to residents in bulk delivery trucks の内容から、同じ意味にするためには traffic が入ります。また、空欄は There is / are 構文の主語の部分なので名詞が必要です。

Q. 6

パッセージ後半に見つかる car sharing が対応しています。空欄は would の後なので動詞の原形が必要です。

Q.7

パッセージ最終文の Traffic congestion would be relieved . . . が対応しています。

Q.8

introduce の目的語となる名詞を探します。パッセージ最終文で congestion pricing が混雑の解決策として提案されています。ここでは pricing は名詞として使われていて、意味は「値段を決めること」です。

Q.9

パッセージ最後の部分、providing viable bicycle and mass transit alternatives が対応しており、空欄の前に enough があるので、可算名詞の複数形または不可算名詞が必要とわかります。

訳

持続可能な都市

たいていの人は、持続可能な地域ではどこでも、歩きやすさが重要な要素であるという意見に同意する。歩くことで、エネルギーの使用が減るだけでなく、人々の健康も増進する。持続可能な都市は、歩行者、自転車、自動車の通る場所が仕切られ、自動車に加え自転車や公共交通機関など、複数の移動手段で相互に行き来できる、歩きやすい地域から成り立っているだろう。現在、たいていの人は1日平均10回の（自動車による）移動をする。しかし、より持続可能な都市においては、ほとんどの住民は自動車を毎日使うのではなく、代わりに歩いたり、自転車に乗ったり、欲しいものや必要なものをオンラインで注文するだろう。在宅勤務により、多くの人は打ち合わせのために週一、二回出勤するだけでよくなり、移動をする世代は減少するだろう。交通量を減らす別の方法としては、UPS や Fedex といったサービスを使い、大量輸送トラックで商品をまとめて住民に届ける e コマースというものがある。市内の別地域に行く際には主に公共交通機関を使い、個人的に車が必要な場合には、カーシェアリングやタクシーを利用するだろう。交通渋滞は、道路の過剰建設や無料駐車スペースの提供といった見え透いた補助金使用ではなく、混雑料金、無料の路上駐車スペースの排除、自転車や公共交通機関を使った実行可能な代替手段の提供といった方法により、緩和するだろう。

解答

| 1 B | 2 K | 3 I | 4 F | 5 P | 6 M | 7 D | 8 E | 9 A |

練習2 Family Life

Interactionists view the world in terms of symbols and the meanings assigned to them. The family itself is a symbol. To some, it is a father, mother, and children; to others, it is any union that involves respect and compassion. Interactionists stress that family is not an objective, concrete reality. Like other social phenomena, it is a social construct that is subject to the ebb and flow of social norms and ever-changing meanings.

Consider the meaning of other elements of family. A 'parent' was a symbol of a biological and emotional connection to a child; however, with more parent-child relationships developing through adoption, remarriage, or change in guardianship, the word 'parent' today is less likely to be associated with a biological connection than with whoever is socially recognised as having the responsibility for a child's upbringing.

Similarly, the terms 'mother' and 'father' are no longer rigidly associated with the meanings of caregiver and breadwinner. These meanings are more free-flowing through changing family roles. The status roles of each member within the family are socially constructed, playing an important part in how people perceive and interpret social behaviour. These roles are now up for interpretation. In the late 19th and early 20th century, a 'good father', for example, was one who worked hard to provided financial security for his children. Today, a 'good father' is one who takes the time outside of work to promote his children's emotional well-being, social skills, and intellectual growth—in some ways, a much more daunting task.

READING

完全対策

*Complete the summary below. Choose **NO MORE THAN THREE WORDS** from the passage for each answer.*

Family Relationships and Roles

According to interactionists, families are not concrete, objective units, but rather a **1** .... that changes along with socially accepted ideas. For example, in the past, a parent was considered to be someone who had a **2** .... relationship with a child but nowadays because children are adopted or because of a parent's **3** ...., the child may not have that connection to a parent. Instead, the parents are the people whom society acknowledges as being responsible for child rearing. Similarly, in the past, the father was perceived as the **4** .... and the mother was supposed to look after the children, but nowadays those family roles are changing. A 'good father' used to be a person who worked to bring home sufficient money, but in the present day, he should contribute time **5** .... to help with his children's upbringing.

📖 解説

選択肢がない場合は、空欄を埋める語句はパッセージから探します。指定されている以上の数の語句を使わないように注意しましょう。ここでは **NO MORE THAN THREE WORDS** とあるので、「3W 内」とメモしておくのもいいでしょう。

Q.1
要約文冒頭の 1 文は、パッセージ第 1 パラグラフ後半を言い換えており、空欄の後の文がそのまま、that is subject to the ebb and flow of social norms の言い換えだと気づくことができれば、答えは social construct とすぐにわかるでしょう。be subject to ... は「……にさらされている」、ebb and flow は「盛衰」、social norms は「社会規範」という意味です。

Q.2

要約文のキーワードは parent と relationship、そして may not have that connection です。第2パラグラフ第2文のA 'parent' was a symbol of a biological and emotional connection の部分と、中程の the word 'parent' today is less likely to be associated with a biological connection がそれぞれ対応しており、空欄には「かつてはあったが現在では必ずしもあるとは言えない親子の関係」を表す形容詞が必要なので biological を選びます。biological and emotional としてしまうと、パッセージからは emotional については「現在では必ずしもあるとは言えない」のかどうかの判断がつかないので、空欄を埋める語句としては不適切です。

Q.3

第2パラグラフ中程の developing through adoption, remarriage, or change in guardianship, the word 'parent' today is の部分が対応しています。また空欄には名詞が入ります。

Q.4

第3パラグラフ冒頭の the terms 'mother' and 'father' are no longer rigidly associated with the meanings of caregiver and breadwinner の部分が対応しています。また、the の後の空欄は、その後の and で次の節（SV）が始まるので名詞が入るとわかります。

Q.5

第3パラグラフ最終文の Today, a 'good father' is one who takes the time outside of work to promote his children's emotional well-being … growth の部分が対応しています。また、空欄はなくても文の構造上問題がないので、副詞（句）が入ります。

訳

家族の暮らし

相互作用論者は世界を、象徴とそれに付与された意味という観点で見ている。家族というもの自体が象徴である。ある人たちにとって家族とは、父、母、子を指す。またある人たちにとっては、尊敬と思いやりがあればどんな結びつきでも家族である。相互作用論者は、家族とは客観的で具体的な実体ではないと強調している。ほかの社会現象同様、それは社会規範の盛衰や変わり続ける意味にさらされている社会的構築物なのだと。

家族のほかの要素の意味を考察してみよう。「親」は、子との生物学的・感情的つながりの象徴だったが、養子縁組や再婚、また後見人の変更によってできる親子関係が増えており、今日「親」という言葉は、生物学上のつながりよりもむしろ、誰であれ、その子の養育の責任を負っていると社会的に認められている人を連想するのが適当といえる。

同様に、「母」と「父」という用語はもはや、「世話をする人」と「稼ぐ人」という意味と厳密に結び付けられていない。これらの意味は変わりゆく家族の役割のなかで、より流動的である。家族の各構成員の家族内での地位的役割は、社会的行動の理解や解釈の仕方について重要な役割を果たしながら、社会的に構築されている。今日では、これらの役割には解釈が必要である。19世紀末から20世紀初

めには、例えば「よい父」とは、自分の子供たちに経済的安定を与えるため一生懸命仕事をする人のことを言った。今日では、「よい父」とは、仕事以外の時間を使い、子供の精神的安定や社交性、また知的成長を促す人のことを指す。これはいろいろな意味で、より骨の折れる仕事だ。

解答

| **1** (social) construct | **2** biological | **3** remarriage | **4** breadwinner | **5** outside of work |

■◢④ 短く答える問題

問題タイプ④**短く答える問題**は、パッセージについての質問に対し、パッセージ中の語句や数字を使って答える問題です。解答に使用できる語数や数字の数は、問題の指示文に明記されています。基本的な読解力を測ることができるため、最も一般的なタイプの問題と言えるでしょう。このタイプの問題は比較的簡単なように思いがちですが、解答を書く際のちょっとしたケアレスミスから点を失いがちなので、十分な注意が必要です。では、練習問題を解きながら、対策を学んでいきましょう。

練習1 Water Shortages in Puerto Rico (1)

In the 1990s, the San Juan Metro Area suffered chronic water shortages during the summer months. High demand in the Metro Area, which covers about one third of Puerto Rico, was one cause. Decaying and neglected water infrastructure, for example, leaky water lines, illegal taps into the water supply, silt-filled reservoirs whose water storage capacity had been drastically reduced, high temperatures, and less rain provided the other causes.

During the late 1990s, government and water officials debated different options for resolving the problem. First, they imposed a rationing system in which water was turned off except for short periods in the morning and evening. This discouraged non-essential uses such as watering lawns and filling swimming pools, but rationing proved unpopular and failed to address the broader underlying causes.

Another solution emerged based on moving water from other parts of the island where supply was plentiful and population sparse to the areas of scarcity. Called the Super Aqueduct, this pipeline would transport water from the Rio Grande south of Arecibo to San Juan and surrounding communities. Some objections to the Super Aqueduct were raised, focusing on safety concerns.

Answer the questions below. Choose **NO MORE THAN TWO WORDS** *from the passage for each answer.*

1 Supply was one of the causes of the water shortage in the Metro Area. What was the other?

2 Initially, which measure attempted to dissuade people from water uses that were not imperative?

3 Via which conduit would water get to San Juan from the Rio Grande?

4 What were people apprehensive about with regard to the pipeline system between the Rio Grande and San Juan?

📖 **解説**

指示文には **NO MORE THAN TWO WORDS** とあるので、語数は2語以内とします。まず問題文を読み、パッセージをスキャンして問題文のキーワードが出てくる部分を見つけます。そしてその部分をしっかり読み、答えを探し出します。キーワードの同義語や類義語、またはアイディアを言い換えている表現を探す必要もあります。その際、パッセージに出てくる this や these、it や they などの指示語が実際に何を指しているのかにも注意してください。さらに、答えが文法的に正しいかどうかも確認する必要があります。また、答えには不要な語句を入れないようにしましょう。

Q.1
第1パラグラフの第1文で、このパラグラフのトピックである水不足を紹介しています。第2文では水の需要が高いことがその原因のひとつであると述べ、第3文で供給に関する問題点を論じています。ここから、質問されている the other (cause)「supply 以外の原因」は high demand「高い需要」であることがわかります。supply and demand「需要と供給」という概念を知っていれば、推測によってもっとすばやく答えにたどりつけるでしょう。

Q.2
問題文のキーワードは measure、dissuade、そして not imperative です。measure attempted to dissuade people from water uses that were not imperative に近い意味の部分を探すと、第2パラグラフ後半の This discouraged non-essential uses が対

応しているとわかります。パッセージの This は前文の rationing system を指している
ので、これが答えとなります。dissuade「思いとどまらせる」は discourage を、not
imperative「肝要でない」は non-essential をそれぞれ言い換えています。

Q.3

問題文の conduit「導水管」は aqueduct の同意語ですが、それがわからなかったとし
ても、問題文のキーワードの San Juan と the Rio Grande から、第3パラグラフ中程
の Called the Super Aqueduct, this pipeline would transport water from the Rio
Grande . . . to San Juan の部分に答えがあることは明らかです。

Q.4

まず、問題文の apprehensive は「心配している」という意味です。また、the pipeline
system between the Rio Grande and San Juan はパッセージの the Super Aqueduct
を言い換えています。以上から、ここでは the Super Aqueduct について人々が心配し
ていたことを答えればいいとわかるので、第3パラグラフ最終文 Some objections to
the Super Aqueduct were raised, focusing on safety concerns. から、safety もしく
は safety concerns を答えとして選ぶことができます。safety 自体も人々の心配してい
たことですが、safety concerns は「安全問題」を表しますので、こちらも答えとして
可能です。concerns はこの意味では複数形で用います。

訳

プエルトリコの水不足（1）

1990年代、サンファン大都市圏は夏季の慢性的水不足に悩まされていた。プエルトリコの約3分の1
を占める大都市圏における高い需要が原因のひとつだった。ほかには、例えば水漏れする水道管、上
水道に不法に取り付けられた蛇口、沈殿物が溜まって貯水力が極端に落ちた貯水池などといった老朽
化し放置された水道インフラや、高い気温、降水量の減少が水不足の原因となっていた。

1990年代末に、政府と水道局の役人はこの問題を解決するためのさまざまな方法について議論した。
手始めに、朝晩の短時間を除いて給水を止めるという配給制度を課した。これによって、芝生の水や
りや、プールの水張りといった、不可欠ではない水の使用はしにくくなったが、配給は不評であるこ
とが判明し、また、より広範で根本的な原因への対処にもなっていなかった。

別の解決策が持ち上がった。それは水の供給が十分でありながら人口が少ない、島内の別地域から、
水不足の地域へ水を運ぶというものだった。スーパー・アクアダクトと呼ばれるこのパイプラインは、
アレシボの南を流れるリオ・グランデ川の水をサンファンとその周辺地域に輸送することになる。安
全問題を焦点に、スーパー・アクアダクトに反対する声も上がった。

練習2 Water Shortages in Puerto Rico (2)

Taking water from the Rio Grande would reduce the amount of fresh water that flowed into the Arecibo estuary, an ecosystem that emerged where the fresh water of the Rio Grande flowed into the salt water of the Atlantic Ocean. Reducing the flow of fresh water into the estuary would harm the estuary. Moreover, this measure would accelerate the draining of Puerto Rico's main aquifer located in the north under the limestone hills that form what is called the Karst region. Highway construction, individual wells and the general decline of the rivers that deliver fresh water to the Atlantic have all drained fresh water from this aquifer, which has been replaced by salt water drawn in from the Atlantic.

Opposition to the Super Aqueduct also raised safety concerns. The aqueduct was designed to deliver up to 100 million gallons of water per day to the San Juan area. This made it essential to design and construct a pipe that could contain water running through it at very high pressures. Moreover, it required careful planning in locating the pipeline to make sure it avoided densely populated areas. To dramatise this, a section of pipeline burst during a routine test causing considerable property damage. Fortunately, nobody was at home when a river of water inundated several houses sweeping away heavy appliances such as washing machines, refrigerators, and stoves.

Despite these concerns, the Super Aqueduct was constructed and activated in 2002. It is now transporting water to the Metro Area and the chronic water shortages in the summer have stopped.

Questions 1-4

Answer the questions below. Choose **NO MORE THAN THREE WORDS** *from the passage for each answer.*

1 Where does the Rio Grande meet the Atlantic Ocean?

2 What is the name of the area in Puerto Rico in which the principal reservoir is located?

3 What kind of water is supplanting the fresh water in Puerto Rico's chief aquifer?

4 What was the aftermath of a rupture in the pipeline in an inhabited area?

📖 解説

Q.1

the Rio Grande「リオ・グランデ川」が the Atlantic Ocean「大西洋」に流れ込む場所の地名が質問されています。パッセージでは大文字で始まる固有名詞を探します。第1パラグラフ初めの方の the Arecibo estuary, an ecosystem that emerged where the fresh water of the Rio Grande flowed into the salt water of the Atlantic Ocean の部分に答えがあります。

Q.2

問題文のキーワードは the name と principal reservoir です。reservoir「帯水層」が aquifer と同義語であることから、第1パラグラフ中程の Puerto Rico's main aquifer located in (the north under the limestone hills that form what is called) the Karst region の部分が対応しているとわかります。

Q.3

問題文の is supplanting「取って代わっている」と fresh water から、第1パラグラフ最終文の have all drained fresh water from this aquifer, which has been replaced by salt water の部分が対応していると見当をつけます。supplanting が replaced by の言い換えであると気付けるかどうかが鍵です。

READING 完全対策

Q.4

問題文のキーワードは aftermath と rupture と inhabited area です。これらから、第2パラグラフ中程の a section of pipeline burst (during a routine test) causing considerable property damage の部分が対応しているとわかります。なお、aftermath は「（災害などの）余波」、rupture は「破裂」（パッセージの burst と同義）、inhabited area は「人の住んでいる地域」という意味です。

訳

プエルトリコの水不足（2）

リオ・グランデ川からの取水によりアレシボ河口に流れ込む淡水の量が減少するおそれがある。リオ・グランデ川の淡水が大西洋の海水に注ぎ込むアレシボ河口域には生態系が形成されている。河口への淡水の流入を減らすことは、その河口に悪影響を及ぼすだろう。さらに、この措置は北部のいわゆるカルスト地域を形成する石灰石質の丘の下にある、プエルトリコの主要な帯水層からの水の流出を加速させるだろう。幹線道路の建設、個別の井戸、そして淡水を大西洋に運ぶ川の水量の全体的な減少といったことすべてがこの帯水層から淡水を流出させ、その代わりに大西洋から塩水が入り込んでいるのが現状だ。

スーパー・アクアダクト反対派は安全面での懸念も挙げた。この導水管はサンフアン地域に1日あたり最高1億ガロンの水を運ぶよう設計された。そのためには、非常に高い圧力で水が中を通るのに耐えられるようなパイプを設計し、建設することが不可欠だった。さらに、人口密集地域を必ず避けて通るよう、パイプラインの設置場所を入念に計画することが必要とされた。この問題を浮き彫りにするかのように、パイプラインの一部が定期検査の際に破裂し、家屋に相当な被害をもたらした。流れる水が数件の家を水浸しにし、洗濯機や冷蔵庫、コンロといった重い家電を押し流した際、幸いにも家には誰もいなかった。

こうした懸念があったにもかかわらず、スーパー・アクアダクトは建設され、2002年に稼働した。現在では、水を大都市圏に輸送し、夏季の慢性的な水不足は解消されている。

解答

| **1** (the) Arecibo estuary | **2** (the) Karst region | **3** salt water |
| **4** (considerable) property damage |

◢ ⑤ 文の終わりを組み合わせる問題

問題タイプ⑤**文の終わりを組み合わせる問題**は、パッセージについての文の前半に続く適切な後半部分を選択肢から選んでひとつの文を完成させる問題です。問題文はパッセージの一部の情報から作成されたものもあれば、パッセージ全体に関するものもあります。問題文はすべてが文法的に同じ構造で提示されることもあれば、それぞれが異なった文法構造を持つ場合もあります。では、練習問題を解きながら、対策を学んでいきましょう。

練習1 John Cage and Merce Cunningham（1）

The collaboration between John Cage, the composer, poet and artist, and Merce Cunningham, the dancer and choreographer, extended from 1942, when they met at Seattle's Cornish School, and continued until Cage's death in 1992. From a global perspective, what is most significant about this 50-year period is the nature of the interconnection between people, occurring in response to technological developments. It is said that human technology changed more during these 50 years than in the last two millennia. This era, the one in which the Cage/Cunningham collaboration flourished, was a time of remarkable, technologically-inspired, worldwide change and rebirth. The issues pertinent to this change included work, the family, personal relations, business, and international concerns. This was a time when Cage and Cunningham came into prominence as their artistic pursuits had an effect on society through their social-aesthetic notions.

*Complete each sentence with the correct ending, **A-H**, below.*

1 The partnership between John Cage and Merce Cunningham commenced when they

2 The artistic cooperation between Cage and Cunningham took place when there

3 The renown of Cage and Cunningham's work

A was a result of the combination of their social and artistic beliefs.

B were greater opportunities to become successful artists.

C were at an educational institution.

D was due to their embrace of emerging technologies.

E was a consequence of their global perspective.

F was inspired by technological innovations.

G was a consequence of their inclusion of personal relations in their work.

H were conspicuous social changes occurring.

📖 解説

まず、問題文を見てください。多くの場合、人名、地名、固有名詞、数字などがキーワードになっています。パッセージをスキャンすれば、同じか似たような語句、表現、アイディアが出てくるはずです。問題文の情報がパッセージのどこにあるかを見つけたら、その部分をしっかり読みます。その際、前後の情報にも目を向けるようにしてください。

次に、選択肢を見ます。選択肢は解答に必要な数よりも多くありますので、選択肢の冒頭を上から下へと見ていき、文法的に問題文と組み合わせられるものだけに絞り込みます。その後、候補の選択肢それぞれの内容を読んで、パッセージの内容と合致するものを選びます。その際、語彙やアイディアが言い換えられていることに注意してください。完成した文は文法的に正しく論理的に意味が通るのはもちろん、パッセージで示されているアイディアが、完成した文のアイディアに反映されている必要があります。

Q.1

問題文はケージとカニンガムの partnership が commenced when they「彼らが……のときに始まった」という内容です。when から始まる節の主語が they なので、選択可能な選択肢は they につながるもの、つまり were で始まるものに絞られます。パッセージでこの話題について述べている部分を探すと、冒頭の The collaboration . . . extended from 1942, when they met at Seattle's Cornish School が対応していると見当がつきます。そこから、内容の合う選択肢 C を選ぶことができます。なお、選択肢 C の educational institution は Seattle's Cornish School を言い換えています。

Q.2

問題文末尾の when there に続く部分を選びます。was もしくは were から始まる選択肢のすべてが文法的には候補となりますので、内容のみで判断していきます。問題文の「ケージとカニンガムが芸術上で協力した時期に……があった」という内容を踏まえてパッセージを探していくと、中程の This era, the one in which the Cage/Cunningham collaboration flourished, was a time of remarkable, . . . worldwide change という部分が対応していると見当がつきます。ここから、remarkable . . . worldwide change を conspicuous social changes「顕著な社会変化」と言い換えており、内容の合致する選択肢 H を選びます。

Q.3

renown「名声」がこの文の主語となるので、選択肢は was で始まるものを選びます。renown をヒントにパッセージを探すと、最終文の came into prominence as their artistic pursuits had an effect on society through their social-aesthetic notions がこの話題について対応していると見当がつきます（renown は came into prominence「著名になった」の言い換え）。次に、この文の後半を言い換えた選択肢を探すと、選択肢 A の内容が合致していることがわかります（their social and artistic beliefs はパッセージの their social-aesthetic notions の言い換え）。

訳

ジョン・ケージとマース・カニンガム（1）

作曲家であり詩人でありアーティストのジョン・ケージと、ダンサーで振付師のマース・カニンガムの共同作業は、二人がシアトルのコーニッシュ・スクールで出会った 1942 年に始まり、ケージが亡くなる 1992 年まで続いた。世界的な視点から言うと、この 50 年という期間について最も重要なのは、技術開発に呼応して生じた、人々の相互連結性である。人類の技術には、この 50 年でその前の 2000 年間に起きた以上の変化があったと言われている。この時代、つまりケージとカニンガムの共同作業が全盛であった時期は、めざましい、技術に触発された、世界的規模の変化と再生の時代であった。この変化に関連する問題には、仕事、家族、人間関係、ビジネス、国際的な懸念事項などがあった。ケージとカニンガムの芸術的探究が彼らの社会美学観念を通して社会に影響を与え、それによって二

人が著名になったのはこの頃であった。

| 1 C | 2 H | 3 A |

練習2 John Cage and Merce Cunningham (2)

In keeping with all of the important trends during this era was the sense of global interconnectedness with all of the planet's myriad cultures and ethnicities. Specifically, in the United States, there was great interest in the study of Asian cultures, particularly Zen Buddhism. Cage was immersed in the philosophy of Zen and spent two years attending weekly lectures at Columbia University. It should be noted that Zen is not a religion in any traditional sense, but a philosophy or way of life, which discourages a dependence on worldly things such as power, wealth and reputation. With respect to Cage's voice, musically, Zen philosophy meshed with his sense of removing his own personality, history and taste from the compositions. The goals of both Cage and Cunningham were to let the sounds and images stand for themselves and let the listeners put into the works what they will.

This collaboration between Cage and Cunningham, which began decades before the real flourishing of various significant societal changes, had very strong intellectual underpinnings related to the broad changes in society. Their ironic and sometimes bizarre works speak clearly to the issues of the time, the rebellion of youth, and the inevitable changes brought about by technology – changes that shocked and abused the sensibilities of the previous generation.

Questions 1-3

*Complete each sentence with the correct ending, **A-I**, below.*

1 In the US, aspects of Asian culture

2 Cage's compositions

3 The sentiments of older generations

A were disconnected to societal changes.
B were being challenged during this era.
C were not accepted by many people.
D were influencing social policy.
E were being studied during this era.
F were reflective of his individual character.
G were influenced by his philosophical disposition.
H were part of his quest for religion.
I were hurt by his bizarre works.

📖 解説

この問題では3題とも問題文の主語が複数形、選択肢もすべて were から始まるため、すべての問題で内容から判断して答えていきます。

Q.1
問題文のキーワードは the US と Asian culture です。パッセージでは第1パラグラフ第1文と第2文の during this era . . . in the United States, there was great interest in the study of Asian cultures がこの話題について述べている部分です。ここから、内容の合致する選択肢 E が答えとわかります。

Q.2
Cage's compositions について述べている部分をパッセージに探すと、第1パラグラフ前半から後半にかけての次の3文に記述があります。Cage was immersed in the philosophy of Zen . . . It should be noted that Zen is not a religion in any traditional sense, but a philosophy . . . With respect to Cage's voice, musically, Zen philosophy meshed with his sense of removing his own personality, history and

taste from the compositions. これらの文にある「ケージが禅に傾倒」→「禅は哲学」→「ケージの音楽的感覚に禅（哲学）が調和」といった内容から、選択肢G「哲学的な気質に影響を受けていた」を選ぶことができます。

Q.3

問題文のキーワードは sentiments「心情」と older generations です。「旧世代の心情」についての記述を探すと、第2パラグラフ最終文の shocked and abused the sensibilities of the previous generation が対応しているとわかります。そこから、内容の合致する選択肢Bを選ぶことができます。なお、選択肢Bの challenge はここでは「攻撃する」の意味で、shocked and abused を言い換えています。

訳

ジョン・ケージとマース・カニンガム（2）

この時代の重要な動向すべてと調和していたのは、この地球の多種多様なあらゆる文化や民族性と地球規模で相互につながっているという感覚であった。特にアメリカでは、アジア文化、とりわけ禅仏教の研究に大きな興味が抱かれていた。ケージは禅の哲学に傾倒し、2年間、コロンビア大学の講義を毎週受けた。注目すべきは、禅が伝統的にはいかなる意味においても宗教ではなく、哲学または生き方であり、権力や富、名声といった世俗的なものへの依存をよしとしなかったことである。ケージの考えとしては、音楽的に、彼自身の性格や経歴、嗜好といったものを作曲から取り去る感覚と、禅の哲学は調和していた。ケージとカニンガム両者の目標は、音やイメージにはそれ自体を表象させ、聴き手には聴き手自身が望むものを作品に見てもらうことだった。

ケージとカニンガムのこの共同作業は、さまざまな重要な社会的変化が真に盛んになる何十年も前に始まったが、社会の大掛かりな変化に関連する非常に強固な知的土台となった。彼らの皮肉たっぷりで時に風変わりな作品は、その時代の問題や若者の反抗、技術によってもたらされた避けられない変化——前の世代の感情を揺るがし傷つけた変化——に明らかに言及している。

解答

| 1 E | 2 G | 3 B |

◤ ⑥ 情報・モノを組み合わせる問題

問題タイプ⑥**情報・モノを組み合わせる問題**は、問題文に合致する選択肢を選ぶ問題です。主に問題文とパッセージ中のキーワードを組み合わせる問題と、問題文とパラグラフを組み合わせる問題があります。では、練習問題を解きながら、対策を学んでいきましょう。

練習 1　The Influence of Ragtime on American Music

Just before the twentieth century began, a craze for 'ragged music' swept the United States. It was a modification of the classical march genre made popular by the works of John Philip Sousa. Ragtime was dance music performed by the African-American communities of St. Louis and New Orleans. The genre initially gained popularity as a result of the music written and performed by Ernest Hogan, who was responsible for the publication of some of the earliest known examples  of ragtime sheet music. However, when Scott Joplin's 'Maple Leaf Rag' was published in 1899, ragtime had become widespread throughout North America. Joplin's music was viewed as adding an extra layer of depth and sophistication to the earlier versions of ragtime music.

After enjoying great popularity for a few decades, ragtime faded, as all crazes do. By the early 1920s, ragtime had lost much of its mainstream popularity to jazz music, but this did not mean that the genre disappeared completely. While the traditional rag genre as seen in the works of Hogan and Joplin was becoming less popular among musicians and audiences, ragtime had a great influence on other musical genres. Zez Confrey was a composer of the novelty piano genre, and much of this music was greatly influenced by the traditional ragtime music.

It was the same with stride piano music, which was popular in the 1920s and 1930s, as well as Piedmont blues music, a kind of ragtime guitar, performed by artists such as Blind Boy Fuller and Etta Baker. In fact, much of the American music scene in the first half of the 20th century had elements of ragtime. It left a permanent mark on American music; not only was ragtime itself one of the first widely popular styles of music that actually developed in the U.S., but it also played a major part in the development of a style that has been called 'America's music' – jazz.

READING

完全対策

*Match each statement with the correct person, **A-E**.*

1 He developed a more complex style of ragtime.

2 He played a form of ragtime on a stringed instrument.

3 He was a pioneer of traditional ragtime music.

4 He composed a style of music that ragtime developed from.

List of Persons
A John Philip Sousa
B Ernest Hogan
C Scott Joplin
D Zez Confrey
E Blind Boy Fuller

📖 **解説**

パッセージについて述べた文と、リストとして提示されているパッセージ中のキーワード（人や場所、事物など）を組み合わせる問題です。通常、キーワードのリストはパッセージに出る順で並んでいますので、問題の順に取り掛かるのではなく、リストの順に取り掛かった方がパッセージを読み進みながら解くことができるので効率的です。

まず、リストに並んだキーワードがパッセージのどこで登場するのかをスキャンしながら探します。キーワードを見つけたら、その周辺をよく読みながら問題文と照らして、合致するものがあれば組み合わせます。その際、単に語句の意味が同じかどうかだけでなく、情報の詳細までよく見てください。問題文はパッセージの内容を言い換えていることが多いので、アイディアの合致まで検討する必要があります。

Q.1

問題文の a more complex style of ragtime は、第1パラグラフ最終文の adding an extra layer of depth and sophistication to the earlier versions of ragtime music を言い換えていることから、Scott Joplin についての記述とわかります。

Q.2

第3パラグラフ第1文の Piedmont blues music, a kind of ragtime guitar, performed by artists such as Blind Boy Fuller の部分が問題文と対応しています。問題文の stringed instrument がギターやバイオリンなどの「弦楽器」を意味することがわかれば、パッセージの (ragtime) guitar の言い換えであると気づくことができるはずです。

Q.3

問題の pioneer of traditional ragtime music「伝統的なラグタイムの先駆者」を探すと、第1パラグラフ第3～4文の Ragtime was dance music ... The genre initially gained popularity as a result of the music (written and performed) by Ernest Hogan の部分が対応しているとわかります。このパッセージの内容を、問題文ではアイディアごと言い換えています。

Q.4

第1パラグラフ第2文の It was a modification of the classical march genre made popular by the works of John Philip Sousa. の modification「変形」を、問題文では developed from に言い換えています。

訳

ラグタイムがアメリカの音楽に与えた影響

20世紀を目前に控えた頃、「ラギッド・ミュージック」の流行がアメリカを席巻した。それはジョン・フィリップ・スーザの作品で人気となった、クラシックの行進曲の形式を変形したものである。ラグタイムはセントルイスやニューオーリンズのアフリカ系アメリカ人たちによって演奏されたダンスミュージックだった。このジャンルが最初に人気を博したのは、アーネスト・ホーガンによって作曲・演奏された楽曲がきっかけだった。アーネスト・ホーガンは、ラグタイム・シートミュージックの世に知られている最も古い例のいくつかの出版を手掛けた人物である。しかしながら、1899年にスコット・ジョプリンの「メープルリーフ・ラグ」が発表された頃には、ラグタイムはすでに北米全土に広まっていた。ジョプリンの音楽は、それまでのラグタイム音楽により一層の深みと洗練を加えていると考えられた。

すべての流行がそうであるように、ラグタイムも数十年にわたって大人気を博したのち、勢いをなくした。1920年代初頭までに、ラグタイムは主流としての人気の大部分をジャズ音楽に明け渡したが、ジャンル自体が完全に消えたわけではなかった。ホーガンやジョプリンの作品に見られた従来のラグタイムの人気はミュージシャンや観客の間で薄れつつあったが、ラグタイムはほかの音楽ジャンルに多大な影響を与えた。ゼズ・コンフリーはノベルティピアノのジャンルの作曲家であったが、その作品の多くは従来のラグタイムの影響を大いに受けていた。

1920 年代から 1930 年代に人気のあったストライドピアノ音楽や、ブラインド・ボーイ・フラーやエッタ・ベイカーといったアーティストによって演奏されたラグタイム・ギターの一種である、ピードモント・ブルース音楽も同様であった。実際、20 世紀前半のアメリカ音楽シーンの大半にはラグタイムの要素があった。ラグタイムはアメリカ音楽に永続的な影響を残した。ラグタイム自体がアメリカで実際に発展し、幅広い支持を得た最初の音楽形式のひとつであったというだけでなく、「アメリカの音楽」と呼ばれるようになったジャズという形式の発展に大きな役割を果たしもしたのである。

| 1 C | 2 E | 3 B | 4 A |

練習2 Ragtime

Ragtime music developed from the jigs and marches of the African-American music scene in the late 19th century, and by the early 20th century, it had become extremely popular in North America.

A While European (and European-American) music explored counterpoint and complex harmonies, the music of West Africa expressed most of its complexity in its rhythms. People taken from Africa to the Americas as slaves brought this rhythmic complexity with them to their new countries. Being a synthesis of African syncopation and European classical music, Ragtime is commonly referred to as a unique American musical style, and there are four main types of ragtime music. However, the only type still commonly heard today is the 'classic' instrumental rag that was so popular in ragtime's heyday. This is usually a march-tempo piece for piano or band, with a steady 'boom-chick' bass and a very syncopated, or 'ragged', melody. Another type of ragtime began well before the ragtime era and is still practiced today by jazz musicians. This is the practice of ragging an existing piece of music. To 'rag' a piece of music is to take a well-known tune and change the rhythm of it to make it syncopated, or 'jazzy'-sounding. Syncopation was always a prominent feature of African-American music.

B African-American musicians had long been accepted by white America, even during the slavery era, although only within the boundaries of 'low-class' entertainment such as dances and minstrel shows. In the 1890s, although a black pianist was not acceptable in the concert hall, a black piano player in a church or a red-light district bar or brothel was a common sight. However, one such piano player, who in the late 1890s often played at the Maple Leaf Club in Sedalia, Missouri, was taking the first big step that would eventually lead to widespread acceptance of African-American musicians as serious artists. Recognition as a composer of serious music was Scott Joplin's goal as a musician – a goal he did not achieve in his lifetime. However, his 'Maple Leaf Rag' was a tremendously popular hit that helped spark a nationwide ragtime craze.

C Joplin did not invent ragtime; it was already played by many musicians, black and white, in St. Louis and Chicago. Other composers had already published 'piano rags', and in fact most published rag composers throughout the period were white. Even so, the piano rags of composers such as James Scott were of such high quality that they were a mainstay of the popular piano repertoire for decades. Ragtime rang out from pianos in homes, clubs, theatres, dance halls, and saloons across the country, and many of the best-selling tunes for player-piano were ragtime.

D By the 1920s, ragtime was considered 'old hat'. New crazes came along, and new kinds of music. However, ragtime continued to be performed and recorded, and it clearly had a major influence on early jazz greats such as 'Jelly Roll' Morton, and on early jazz styles such as Dixieland and 'Harlem Stride' jazz piano. As jazz went on to develop other styles, ragtime faded and was nearly forgotten. However, some enthusiasts who were exploring the roots of jazz began a ragtime revival in the 1940s. The revival gained momentum very slowly until, in 1973, the movie *The Sting* reintroduced ragtime to the general public. Classic rags, particularly Joplin's 'The Entertainer', became once again a part of the standard band and piano repertoire. Ragtime continues to be popular with both musicians and audiences and has at last gained widespread respect and recognition as an art that produced works of true genius.

This work is a derivative of Schmidt-Jones, C. (2010, January 4). *Ragtime*. Retrieved from the OpenStax-CNX Web site: http://cnx.org/content/m10878/2.9/   (CC-BY 1.0)

Questions 1-7

Which paragraph includes the following information?

1 a song that made ragtime fashionable

2 the brilliance of ragtime music

3 a combination of musical styles

4 an example of discrimination among musicians

5 the rebirth and resurgence of ragtime

6 venues where ragtime was performed

7 a description of ragtime music

📖 解説

この問題タイプでは、提示されている情報がどのパラグラフに含まれているかを探します。ひとつのパラグラフが2つ以上の問題の答えとなることもあれば、あるパラグラフがどの問題の答えにもならないこともあります。問題を解く際には、まず問題文を読み、キーワードを手がかりにしてパッセージの該当する箇所を見つけていきます。パッセージ全体を見ていく必要があるので時間がかかりがちですが、問題の内容と合致する箇所を見つけることが目的であって、内容のすべてをじっくり吟味する必要はありません。要点を押さえながら、すばやく目を通すようにしてください。

Q.1
問題文とほぼ同じ内容が、パラグラフ B の最終文に popular hit that helped spark a nationwide ragtime craze という表現で述べられています。

Q.2
問題文の the brilliance of ragtime music は、パラグラフ D の最終文の gained widespread respect and recognition as an art that produced works of true genius にある works of true genius の言い換えとなっています。

Q.3
問題文で注目すべき語は combination「結合体」です。これはパラグラフ A 第3文の Being a synthesis of African syncopation and European classical music, Ragtime is の synthesis「統合体(いくつかの物が組み合わさってひとつになったもの)」とほぼ同じ意味合いです。

Q.4
問題文にある discrimination「差別」は、パラグラフ B 冒頭の2文で具体的に説明されています。

Q.5
問題文のキーワードは rebirth and resurgence「再生と復活」。パラグラフ D の中程で began a ragtime revival in the 1940s. The revival gained momentum というように、ほぼ同じ内容を述べており、rebirth and resurgence はパッセージの revival「復活」を

言い換えたものだとわかります。

Q.6

問題文の venues「開催場所」をキーワードとして探していくと、パラグラフ C の最後の文で Ragtime rang out from pianos in homes, clubs, theatres, dance halls, and saloons across the country とあり、venues の多くの具体例が挙げられています。

Q.7

ラグタイムの description「説明」をしている箇所を探します。パラグラフ A の中程、This is usually a march-tempo piece for piano or band . . . 以下の文でラグタイムについて説明しています。

訳

ラグタイム

ラグタイムは 19 世紀末に、アフリカ系アメリカ人の音楽シーンにおけるジグやマーチから発展し、20 世紀初期までには北米で非常に高い人気を得るようになっていた。

A ヨーロッパの白人（とヨーロッパ系アメリカ人）の音楽が対位法や複雑な和声を探究していた一方で、西アフリカの音楽は主にリズムで複雑さを表現した。アフリカからアメリカ大陸に奴隷として連れて来られた人々は、このリズムの複雑性を新たな土地にもたらした。アフリカのシンコペーションとヨーロッパのクラシック音楽が融合したラグタイムは、一般的にアメリカ独自の音楽スタイルと言われ、4 つの主要なタイプが存在する。しかし、今でもよく耳にする唯一のタイプは、ラグタイムの全盛期に大変人気があった「クラシック」インストゥルメンタルラグである。これは通常ピアノかバンド向けのマーチテンポの作品で、一定の「とどろきのような」低音部と、激しくシンコペーションした、つまり「ラギッドな」メロディを用いたものである。もうひとつのタイプは、ラグタイム時代が始まるずっと前に始まったもので、今でもジャズミュージシャンによって実践されている。これは既存の曲をラグするものである。曲を「ラグする」とは、有名な曲のリズムを変えてシンコペーションさせる、つまり「ジャジーな」サウンドにするものである。シンコペーションはいつでもアフリカ系アメリカ音楽の顕著な特徴だった。

B アフリカ系アメリカ人ミュージシャンは、奴隷時代でさえ、ダンスやミンストレルショーといった「低級な」エンターテインメントの枠内だけではあるものの、白人中心のアメリカ社会に長く受け入れられていた。1890 年代には黒人ピアニストはコンサートホールでは受け入れられなかったが、教会や売春街のバー、売春宿といったところで演奏するのは一般的な光景だった。しかし、そうしたひとり、1890 年代末にミズーリ州セデーリアのメープルリーフクラブでよく演奏していたあるピアニストは、アフリカ系アメリカ人ミュージシャンが後に本格的な芸術家として広く受け入れられることへつながっていく最初の大きな一歩を踏み出そうとしていた。芸術としての音楽を作る作曲家として認められることがスコット・ジョプリンの音楽家としての目標であったが、その目標を存命中に達成することはなかった。しかし彼の作曲した「メープルリーフ・ラグ」は途方もない大ヒットとなり、アメリカ全土にラグタイムブームを巻き起こすことに寄与した。

C ジョブリンがラグタイムを発明したのではなかった。それはセントルイスやシカゴの多くの黒人および白人ミュージシャンによってすでに演奏されていた。すでに「ピアノラグ」を発表していた作曲家もいたが、実際のところ、当時ラグタイムの曲を発表していた作曲家のほとんどは白人だった。それでも、ジェームス・スコットといったような作曲家のピアノラグは大変出来のよいもので、何十年もの間、人気のピアノレパートリーの中心となっていた。ラグタイムは、アメリカ中の家庭、クラブ、劇場、ダンスホール、サロンのピアノから鳴り響いており、自動ピアノ用演奏ロールで最もよく売れていたものの多くがラグタイムだった。

D 1920年代にはラグタイムは「時代遅れ」だと見なされていた。新たな流行が到来し、また新たな種類の音楽が生み出された。しかしラグタイムは演奏・録音され続け、'ジェリー・ロール' モートンなどの初期のジャズの巨匠や、ディキシーランドジャズや「ハーレムストライド」ジャズピアノといった初期のジャズスタイルに大きな影響を与えたことは明らかである。ジャズが次々と別のスタイルを生み出すにつれ、ラグタイムは勢いを失くし、忘れ去られかけた。しかしジャズのルーツを探っていた一部の熱狂的なファンが1940年代にラグタイム・リバイバルを起こした。リバイバルは非常にゆっくりと勢いを増していき、ついに1973年に映画「スティング」によってラグタイムは一般の人たちに再紹介された。クラシック・ラグ、とりわけジョブリンの「ジ・エンターテイナー」は、再びバンドやピアノのスタンダードレパートリーの仲間入りをした。ラグタイムは今でもミュージシャン、観客ともに人気があり、ついには真の天才の作品を生み出した芸術として広く尊敬され評価されるようになった。

解答

| 1 B | 2 D | 3 A | 4 B | 5 D | 6 C | 7 A |

◢ ⑦ 多項選択式問題

問題タイプ⑦**多項選択式問題**は、パッセージに関する問題文に対して選択肢から答えを選ぶ問題です。質問に対する正しい答えを選ぶ問題と、未完成の文を完成させる問題があり、前者では複数の解答を選ばせることもあります。このタイプの問題はパッセージの内容を総合的に理解することが求められる場合もあれば、ある1点について深く理解することが求められる場合もあります。つまりメインアイディアと詳細のどちらも問われる可能性があるということです。では、練習問題を解きながら、対策を学んでいきましょう。

練習1 Scotophobia（1）

The essayist Charles Lamb once remarked that he had been trying all his life to like the Scots but had given up the experiment in despair. A famous traveller – I forget who – observed that wherever he went in the world he always found a Scotsman in his way. These comments typify a phenomenon that has existed for centuries and may be neatly, though inaccurately, referred to as Scotophobia, or a dislike of the Scottish. Now before I go any further, let me declare that I come from Scotland. I am not about to embark on a defence of my homeland but merely hope to examine what it is about my countrymen that causes the occasional feelings of irritation and annoyance exemplified by the sentiments expressed above.

© *Philip Patrick*

Question

*Choose the correct letter, **A**, **B**, **C** or **D**.*

What argument does the writer want to present in the reading passage?

A to show why Scots travel everywhere
B to show why the author wants to examine the definition of 'Scottish'
C to explore what provokes certain attitudes towards Scots
D to explore why Scottish culture needs to be defended

📖 解説

質問に対する正しい答えを選ぶ問題です。まず、どういったタイプの情報が答えとして求められているのか、だいたいのイメージをつかむために、問題文と選択肢のすべてに目を通してください。パッセージのメインアイディアについて問われているのか、詳細についてなのかを判断し、最適な取り組み方を選びます。メインアイディアが問われているならスキミング（斜め読み）、特定の事物の詳細情報が必要ならスキャニング（情報探し）が適しています。ここでは問題文はパッセージのメインアイディアについて質問しているのでスキミングをします。ちなみに、このタイプの問題では多くの場合、質問では著者が提示しているアイディアや主張が問われます。選択肢には一見して正解のように思えるような紛らわしいものが用意されているので、単に同意語、類義語による言い換えだけでなく、アイディアや主張の全体が言い換えられていることにも注意してください。では、問題を見ていきましょう。

Q.

このパッセージで著者が主張したいことは何か、という質問です。まず、選択肢 A は、パッセージの第 2 文に traveller というキーワードが見つかりますが、「スコットランド人があらゆる場所に旅行する理由」については述べられていないので不適切です。選択肢 B の「Scottish の定義についての考察」についてはパッセージではまったく触れられていません。選択肢 C はパッセージの最後に述べられているメインアイディアである I . . . hope to examine what it is about my countrymen that causes the occasional feelings of irritation and annoyance と対応しています。パッセージの causes the occasional feelings of irritation and annoyance という部分を、provokes certain attitudes「ある気持ちを起こさせる」とまとめて言い換えています。よって選択肢 C が正解となります。選択肢 D は「スコットランド文化が守られるべき理由を探る」という内容が、パッセージにある著者の意見 I am not about to embark on a defence of my homeland「私は今から自分の故郷の弁護を始めようとしているわけではなく」と異なっており、不適切です。

訳

スコットランド人恐怖症（1）

エッセイストのチャールズ・ラムはかつて、これまでずっとスコットランド人を好きになろうと努力してきたが絶望のうちにこの試みを諦めた、と言った。ある有名な旅行家—誰だったかは忘れたが—は、世界のどこに行っても必ず彼の前にスコットランド人がいたと述べている。これらのコメントが象徴しているのは、数世紀にわたって存在し続けてきたある現象である。それは、不正確ながらも簡潔に、Scotophobia（スコットランド人恐怖症）、あるいはスコットランド人嫌い、とでも呼べるものである。さて、続きをお話する前に、私自身がスコットランド出身であることを明らかにしておこう。私は今

から自分の故郷の弁護を始めようとしているわけではなく、同郷人のどんなところが、先に述べられた心情に例示されるイライラ感や不快感を時に生じさせるのかを考察できればと思っているだけである。

解答

| C |

練習2　Scotophobia（2）

In all fairness to the anonymous traveller quoted above, it must be said, the Scots do get around. The great Scottish diaspora began in the 19th century and within a hundred years, two million of us had emigrated, mainly to the U.S.A., Australia and New Zealand. The great thing about this was that ex-pat Scots were conspicuously industrious and often very successful in their new homes. Wherever there are railways, you can be fairly sure there were once Scots building tracks, and football would have spread around the world far more slowly had it not been for my adventurous ancestors laying pitches around the globe.

The downside might be that we Scots tend to pop up everywhere. And that is a bit irritating, even for fellow Scots. I've begun to live in terror of travelling to remote regions of the world and coming face to face with someone who knows my auntie or went to the same school as my brother. My ears are now forever cocked for that familiar and, sorry, rather unattractive Glaswegian accent. On my very first night in Tokyo, venturing to a nearby *izakaya*, my wide-eyed enthusiasm for my excitingly exotic new home was considerably dampened by finding two nurses from Glasgow seated at the next table to me. Once in San Diego, my friend and I discovered ourselves sharing our corner of a restaurant with Andy Roxburgh, the manager of the Scotland national team. On entering the massive *Camp Nou* stadium in Barcelona, I immediately bumped into an old school friend from Greenock . . . and so it goes on. There were so many Scots in government at the time of Gordon Brown's premiership that they were referred to as the 'Scottish mafia'. We are everywhere.

And for my second concession, I will allow that we Scots, can be a bit defensive about our blessed homeland, especially when it's compared to England and, occasionally, a touch arrogant as well. We know for a fact that we invented everything and have been overlooked and underappreciated by our southern neighbours for centuries. Choosing randomly from among our many boasts, we firmly believe our legal and educational systems are superior; our New Year's Eve celebration 'Hogmanay' puts England's feeble effort to shame, and our James Bond, Sean Connery, who was the first to play the role in the film, is the definitive one.

However, the most enduring complaint about the Scots is that of meanness, stinginess, tight-fistedness. Call it what you will, we Scots are notorious for our aversion to spending money. Allegedly, we have padlocks on our sporrans, reuse teabags a dozen times and walk around constantly scanning the pavement in the hope of finding dropped coins. The Germans even have a phrase Schottenpreiz (Scottish price) to describe budget goods, and a German motoring club recently sent out an e-mail to its 15 million members with a picture of a kilted man pushing his car to save petrol. There may be a bit of truth in all this. I once saw two Scottish friends of mine, brothers, having a heated dispute about an unpaid loan of several years duration. The sum in question was 5 p, and they looked as if they might come to blows over it. The question of interest was raised, of course!

© *Philip Patrick*

Questions 1-4

Choose the correct letter, A, B, C or D.

1   The Scots contributed to their new countries in the 19th century by

A   providing immigrants as a source of cheap labour.
B   becoming prosperous entrepreneurs.
C   assisting in the advancement of infrastructure.
D   laying down the rules of football in their adopted countries.

2   The author refers to the cities Tokyo, San Diego and Barcelona in order to

A   illustrate that Scots go on holiday abroad.
B   illustrate how annoying it is to meet Scots everywhere.
C   demonstrate how Scots have had an influence in foreign countries.
D   prove that Scots are working all around the world.

3 In regards to the writer's views on Scottish achievements in comparison with those of the English, the writer does NOT refer to

   A Scottish laws.
   B Scottish actors.
   C Scottish music and dance.
   D Scottish schools.

4 A common image of Scottish people is that

   A they are notorious for their extravagant spending.
   B they are inclined to hoard their money.
   C they are apathetic towards money.
   D they are averse to argument.

📖 解説

未完成の文を完成させる問題です。基本的な取り組み方は、練習（1）の「質問に対する正しい答えを選ぶ問題」を参考にしてください。

Q. 1

問題文の 19th century をキーワードにパッセージを探すと、第1パラグラフ第2文 The great Scottish diaspora began in the 19th century 以降が対応していると見当がつきます。読み進むと、著者は国外に移住したスコットランド人が conspicuously industrious「目立って勤勉」であり、Wherever there are railways, you can be fairly sure there were once Scots building tracks「鉄道のあるところならどこでも、かつて線路を敷いたスコットランド人がいたことはほぼ確実」であると述べています。つまり、スコットランド人が鉄道網を発展させたと主張していることから、選択肢の C を選ぶことができます。著者はサッカーにも触れていますが、ルールについてではなく、サッカー場の建設について述べています。

Q. 2

問題文にある地名 Tokyo, San Diego and Barcelona はそのまま第2パラグラフ中程から後半にかけて登場しており、その部分を読むと、何らかの具体例の列挙になっています。そこから、パラグラフをさかのぼり、何についての例なのかを探すと、冒頭に The downside might be that we Scots tend to pop up everywhere. And that is a bit irritating, even for fellow Scots というメインアイディアの記述があることから、具体例の列挙はスコットランド人についての downside「マイナス面」を説明していたことがわかります。よって選択肢 B を選ぶことができます。

Q.3

問題文では the writer does NOT refer to と述べているので、著者が触れていない内容を選びます。問題文の the English「イギリス人」をキーワードとしてパッセージをスキャンすると、第3パラグラフの初めの方に England が見つかります。読み進めると、問題で問われている Scottish achievements「スコットランド人が達成したこと」についての記述が、後半の we firmly believe our legal and educational systems are superior . . . our James Bond, Sean Connery, who was the first to play the role in the film, is the definitive one の部分に見つかります。選択肢ではパッセージのキーワードがそれぞれ、legal systems → laws（選択肢A）、educational systems → schools（選択肢D）、Sean Connery → actors（選択肢B）と言い換えられていることから、選択肢A、D、B は除き、著者が触れていない内容の選択肢C を答えとして選びます。

Q.4

問題文の common image of Scottish people についての記述は、第4パラグラフにあるので読んでいくと、第2文に we Scots are notorious for our aversion to spending money とあることから、選択肢B の they are inclined to hoard their money「彼らは金を貯め込む傾向にある」を選ぶことができます。なお、選択肢C の they are apathetic towards money の apathetic は「無関心である」という意味です。

訳

スコットランド人恐怖症（2）

先ほど引用した名前のわからない旅行家に対して公正を期すために言っておかなければならないのは、スコットランド人は確かにあちこちよく動き回るということである。スコットランド人による国外大移動は19世紀に始まり、100年のうちに200万人が主にアメリカ、オーストラリア、ニュージーランドへ移住した。これについて素晴らしかったのは、国外に移住したスコットランド人は目立って勤勉で、新天地で大変成功した人も多かったことである。鉄道のあるところならどこでも、かつて線路を敷いたスコットランド人がいたことはほぼ確実で、冒険心に満ちた私の祖先たちが世界中にサッカーのピッチを作っていなければ、サッカーが世界中に広まるのはずっと遅かっただろう。

マイナス面は、我々スコットランド人はどこにでもよくひょっこり現れることかもしれない。それは同じスコットランド人にとってさえ、少しイライラさせられるものなのだ。私は世界の遠く離れた地域を訪れているのに、自分の叔母を知っている人や兄と同じ学校に通ったという人にばったり出くわす、ということをひどく怖れ始めた。あの聞きなじみのある、申し訳ないが、あまりさえないグラスゴー訛りが聞こえやしないかと私は絶えず耳をそばだてている。東京でのまさに最初の夜、思い切って近所の居酒屋に繰り出したところ、グラスゴー出身の看護師が二人、私の隣のテーブルに座っていたのを見て、ワクワクするような異国情緒のある新天地に目を丸くしていた私の熱い気持ちはかなりそがれてしまった。かつてサンディエゴのとあるレストランの片隅で、友人と私は自分たちがスコットランド・ナショナルチームの監督であるアンディ・ロクスバラのすぐそばにいることに気がついた。バルセロナの巨大なカンプノウ・スタジアムに入ったとたん、グリーノック時代の昔の同級生に遭遇した……など、まだまだある。ゴードン・ブラウン首相在任時代の政府にはスコットランド人があま

りにも多かったため、彼らは「スコットランド・マフィア」と呼ばれたほどだ。我々はどこにでもいる。

それからもうひとつ譲歩して、我々スコットランド人は我らの聖なる祖国について少し過剰防衛的になることがあると認めよう。特にイングランドと比較されるとなおさらで、時に若干、横柄になったりもする。我々スコットランド人があらゆるものを発明したにもかかわらず、南側に隣接する地域から何世紀にもわたって無視され、正当な評価を受けていないということを我々は事実として知っている。数ある自慢の中から無作為に選ぶならば、我々の法律制度や教育制度はより優れていると固く信じているし、大みそかのお祝いである「ホグマニー」といったらイングランドの貧弱な試みなど目ではないし、そして決定打は我らがジェームス・ボンド、初代ボンド役を映画で演じたショーン・コネリーだ。

しかしながら、スコットランド人についての最も根強い不満は、我々が意地悪で、しみったれていて、けちだというものである。好きなように呼べばいい、我々スコットランド人はお金を使いたがらないことで有名なのだ。スコットランド人はスポーラン（キルトの前にかける毛皮の下げ袋）に南京錠をつけており、同じティーバッグを何度も使い、落ちているコインを見つけようと歩道に常に注意を向けながら歩き回っていると言われている。ドイツには、安い商品を表す「スコットランド価格」というフレーズまであり、ドイツのある自動車クラブは最近、1500万人の会員に対し、キルトを着た男性がガソリンを節約しようと自分の車を押している写真をEメールで送った。これらすべてには多少の真実が含まれているかもしれない。かつて、私のスコットランド人の友人二人が（彼らは兄弟だったが）数年間にわたる未払いの借金について熱い論争を繰り広げているのを見た。問題になっている額は5ペンスで、彼らは殴り合いでも始めそうな勢いだった。もちろん、利息の問題も提起されていた！

解答

| 1 C | 2 B | 3 C | 4 B |

練習 3 Changes due to aging （1）

Although there are many scientists who are working to overcome the most deleterious effects of aging, and some who are even attempting to stop aging and expand the life span, for most of us now, aging is an entirely normal process. As we age, our bodies begin to change and many of us believe, incorrectly, that aging is closely related to severe physical and mental deterioration. Our cells and organs do indeed change over time, but a healthy life style and participation in interesting and challenging activities, as well as interacting with other people, help the elderly to remain physically and mentally healthy into very old age. Some things that do occur, however, are that one's skin texture and resiliency changes; hair turns gray or falls out; spinal disks compress; joints stiffen; and many women suffer from osteoporosis. Despite this, generally speaking, change does not necessarily mean that older people are falling apart or that they are losing their ability to care for themselves. Many healthy elderly people are quite capable of living very active lives, in their own homes, into very old age.

Questions 1 and 2

*Choose **TWO** letters, **A-F**.*

The writer mentions a number of characteristics of getting old.

Which **TWO** of the following factors are NOT necessarily characteristics of old age?

A　changes in our bones
B　changes in life styles
C　changes in the spine
D　cellular changes
E　mental deterioration
F　changes in the organs

📖 解説

ひとつの質問に対して複数の選択肢を選ぶ問題です。まず、指示文をしっかり読み、質問で扱われているトピックは何なのか、いくつの選択肢を選ぶのかを把握します。選択肢をすべて読んで、キーワードをチェックします。選択肢の内容から、この問題ではパッセージの全体ではなく一部のみに焦点を当てていることがわかるので、パッセージをスキャンして質問されているトピックが扱われている箇所をじっくり読みます。言い換えや同意語に注意しながら、該当する選択肢を選んでください。

Q. 1-2

指示文で注意すべきキーワードは NOT necessarily characteristics of old age です。ここで NOT を見落とすと問題の意図を取り違えてしまうので注意してください。「必ずしも高齢の特徴ではない」ものを選ぶことを頭にしっかり入れましょう。まず、選択肢 A は bones「骨」についての記述をパッセージに探すと、後半に Some things that do occur . . . and many women suffer from osteoporosis とあり、「確かに起こること」の中に osteoporosis「骨粗しょう症」が挙げられていることから、「骨の変化」も「高齢の特徴である」と主張されているため、除きます。選択肢 B の changes in life styles については、life styles を手がかりにパッセージを読んでいくと、中程に but a healthy life style . . . help the elderly to remain physically and mentally healthy into very old age とあり、「healthy life style は高齢者の健康に効果的」と述べていますが、「life style の変化が高齢の特徴である」という内容ではなく、それ以降にもありません。そのため「必ずしも高齢の特徴ではない」と判断し、答えとして選ぶことができます。選択肢 C はパッセージ中程の spinal disks compress を言い換えているので「高齢の特徴である」ために除きます。同様に、選択肢 D と選択肢 F もパッセージの前半部分に Our cells and organs do indeed change over time とあるので除きます。選択肢 E はパッセージの前半に、many of us believe, incorrectly, that aging is closely related to severe physical and mental deterioration「私たちの多くは、老化が深刻な肉体的・精神的劣化と密接に関係しているという誤った認識を抱いている」とあることから、mental deterioration は「必ずしも高齢の特徴ではない」と主張しているので、答えとして選ぶことができます。

訳

老化による変化（1）

多くの科学者が老化による最も有害な影響を克服すべく取り組んでおり、なかには老化を食い止め寿命を延ばそうとしている科学者さえいるが、現在のところ、ほとんどの人間にとって、老化は完全に正常なプロセスである。歳をとるにつれ体は変化し始めるが、私たちの多くは、老化が深刻な肉体的・

精神的劣化と密接に関係しているという誤った認識を抱いている。私たち人間の細胞や器官は確かに時を経て変化するが、健康的なライフスタイルの実践、興味が持ててやりがいのある活動への参加、また人との交流は、高齢者がかなりの老齢まで肉体的・精神的に健康でい続けることに効果がある。しかし、次のようなことは確かに起こる。肌のきめや弾力が変化する。髪が白くなったり、抜けたりする。椎間板が圧迫される。関節が硬くなる。多くの女性が骨粗しょう症を患う。とはいえ、一般的にみて、変化とは、高齢になると心身がぼろぼろになるとか、自分で自分の面倒をみる能力がなくなるということを、必ずしも意味するわけではない。多くの健康的な高齢者は、かなり高齢になるまで、自分の家でとてもいきいきと生活することが十分可能なのである。

| 1-2 ＢＥ（順不同） |

練習4 Changes due to aging（2）

We tend to believe, again wrongly, that as people age, they experience changes in personality. In actuality, unless there is illness or brain damage such as dementia or Alzheimer's disease, changes in personality, perceptions, and attitudes do not occur. Cranky, ill-tempered, unpleasant old people, in general, were cranky, ill-tempered, unpleasant young people; just as pleasant, enjoyable, fun old people were pleasant, enjoyable, fun young people. The differences that we think we see often are related to the conditions in which the elderly live. Elderly people who are alone, or who are in nursing homes or other institutions often suffer from severe levels of clinical depression. Old people depicted on television shows, who sit in wheelchairs and stare out the window all day, are clearly chronically depressed. Elderly people who have nothing to do, who feel purposeless and useless, tend toward severe depression. Alcoholism and suicide are at nearly epidemic proportions although, of course, different personality types adjust differently to aging. However, researchers argue that aging is a normal process and healthy older people can do most of the same things as younger people.

Questions 1-3

Choose **THREE** letters, **A-G**

The writer mentions a number of factors that influence perceived changes in an elderly person's personality.

Which **THREE** of the following factors are stated in the passage?

A watching TV for an inordinate length of time
B cognitive impairment
C living in dispiriting surroundings
D enduring life in a wheelchair
E drinking excessive amounts of alcohol
F having no sense of self-worth
G personality in early life

📖 解説

Q. 1-3

「高齢者の性格の変化に影響を与える要素」を選択肢から3つ選びます。選択肢Aはキーワードの TV を手がかりにパッセージをスキャンすると、後半の初めあたりに Old people depicted on television shows という記述が見つかります。しかし、選択肢Aの内容「ものすごく長時間にわたってテレビを見る」には言及されていないので除きます。選択肢Bは cognitive impairment「認知障害」という言葉がパッセージに見当たらないので難しいかもしれません。しかし、パッセージの第2文で unless there is illness or brain damage such as dementia or Alzheimer's disease, changes in personality . . . do not occur「認知症やアルツハイマー症といった病気や脳の損傷がないならば、性格に変化は起こらない」と述べており、選択肢の cognitive impairment が dementia or Alzheimer's disease を言い換えていることから、Bを「性格の変化に影響を与える要素」として選ぶことができます。選択肢Cの「活力のない環境で暮らす」はパッセージ中程の The differences . . . are related to the conditions in which the elderly live 以下の内容を要約しており、答えとして選ぶことができます。選択肢DとEはそれぞれ wheelchairs と alcoholism がパッセージに見つかりますが、いずれも「性格の変化に影響を与える要素」として述べられていないので除きます。選択肢Fはパッセージの最後から3番目の文にある Elderly people who have nothing to do, who feel purposeless and useless という部分を言い換えたものなので、答えとして選ぶことができます。選

択肢 G については、パッセージ第３文を注意深く読むと、「若い頃の性格」が「高齢になっても引き継がれる」といった趣旨が述べられているため、除きます。

訳

老化による変化（２）

私たちは、歳をとると性格に変化が表れるという、やはり誤った考えを抱きがちである。実際は、認知症やアルツハイマー症といった病気や脳の損傷がないならば、性格や理解力、態度に変化は起こらない。気難しく怒りっぽい不愉快な老人は、たいてい気難しく怒りっぽい不愉快な若者だったのだ。ちょうど陽気で愉快な楽しい老人が、陽気で愉快な楽しい若者であったように。私たちがよく見かけると思っている違いは、高齢者の生活状況に関連する。一人暮らしや、養護老人ホーム、またはほかの施設で暮らしている高齢者は、重度の臨床的うつ病を発症することがよくある。テレビ番組に描かれている、車椅子に座って一日中窓の外を眺めている老人たちは、明らかに慢性的なうつを患っている。何もすることがなく、自分が無意味で役立たずだと感じている高齢者は重度のうつになる傾向がある。アルコール依存症や自殺の割合はほとんど伝染病なみに高いが、当然ながら性格の違いによって、老化への適応の仕方は異なる。しかしながら、研究者たちは、老化は正常なプロセスであり、健康的な高齢者はほとんどのことを若者と同じようにできると主張している。

 解答

| **1-3** ＢＣＦ（順不同） |

◢ ⑧ 見出しを選ぶ問題

問題タイプ⑧**見出しを選ぶ問題**は、パッセージのパラグラフに適切な見出しを選択する問題です。パッセージ全体あるいは大部分のパラグラフに見出しを選ぶことが求められるために時間がかかりがちなので、パッセージの要点をいかに効率的につかみながら速読できるかが鍵となります。ここではまず、ひとつのパラグラフに見出しを選ぶ練習問題を解きながら、対策を学んでいきます。パッセージ全体のパラグラフに見出しをつける問題については「リーディング模擬問題」のパッセージ1および巻末の「トリプル模試」でも取り上げていますので、そちらにもぜひ取り組んでください。

練習1 Tropical Cyclones

Tropical cyclones, so called because they are formed in the tropics, cause great damage in many parts of the world, but the damage is not equally distributed. In the developed parts of the world, these storms are not usually as disastrous as in developing areas. Communication systems are reasonably advanced and a large percentage of the population is thus aware of the approaching danger. They can take precautionary steps in time or evacuate the area. The construction of the houses and other buildings also makes it more likely that they will be able to withstand the storms. However, a tropical cyclone can have very serious implications in the developing parts of the world as great numbers of lives can be lost. These areas are often densely populated, and to make matters worse, the houses are also often poorly constructed, which means they can be severely damaged or even destroyed during such a storm. Other infrastructure, such as transportation systems and medical facilities that could limit or moderate the effects of such a disaster are also lacking. Thus, paramedics and other emergency services personnel cannot reach these people quickly enough, and a substantial percentage of the deaths that occur, come about after, rather than during, the storm.

Choose the correct heading for the paragraph from the list of headings below.

List of Headings

i   The location of destructive cyclones
ii The effect of development on tropical cyclone damage
iii Developing countries need more support to deal with tropical cyclones

---

📖 解説

まずは、ひとつのパラグラフの見出しを選択する問題に取り組んで、このタイプの問題に慣れていきましょう。最初に、見出しの選択肢をよく読んで、それぞれの違いを確認します。次に、パラグラフの主な考え、つまりメインアイディアを意識しながらパッセージをスキミング（斜め読み）します。その際、最初にパラグラフの最初の2文と最後の1文を読むようにしてください。例外もありますが、多くの場合はそれらのうちの1文にメインアイディアが書かれているので、パラグラフの概要を効率的につかむことができます。メインアイディアを把握できたところで見出しを検討していきますが、見出しはパラグラフ全体に関係している必要があり、その半分や1文など、一部のみに言及しているだけでは適切ではありません。では、問題を見ていきましょう。

Q.
まず、このパラグラフのメインアイディアを把握しましょう。冒頭の第1文と第2文を読むと、「熱帯低気圧による被害は先進地域よりも発展途上地域においてより大きい」ということが、このパラグラフの主に伝えたいことであると推測できます。その先をざっと読んでいくと、このアイディアに沿って展開されていますので、これがメインアイディアと考えてよいでしょう。次に選択肢を順に見ていきます。まず、選択肢 i のキーワードは location です。パッセージ冒頭の2つの文に熱帯低気圧が起こる「場所・地域」に関する言及はありますが、それがパラグラフのメインアイディアではないため、選択肢 i は不適切です。選択肢 ii はメインアイディアを言い換えていますので、これを見出しとして選択できます。選択肢 iii は、パラグラフの要旨というよりは、ここで述べられていることから引き出される結論と考えることが妥当です。途上国援助の必要性についてここでは述べられていないので、見出しとして選ぶことはできません。

訳

熱帯低気圧

熱帯低気圧は、熱帯地方で発生することからそう呼ばれているが、世界の多くの場所で甚大な被害を与えているものの、被害分布は均一ではない。世界でも開発が進んだ地域では、このような暴風が起こっても、発展途上地域ほど大きな災害には至らないことが多い。通信システムがある程度整備されているため、大半の人は迫りくる危険に気がつく。彼らは手遅れになる前に予防策を講じたり、避難したりすることができるのだ。家屋やほかの建物の構造も、人々が暴風をやり過ごすことのできる可能性を高めている。しかしながら、熱帯低気圧は世界の発展途上地域においては非常に重大な影響を及ぼしかねない。というのも、多くの命が失われる可能性があるからだ。これらの地域では多くの場合、人口が密集しており、さらに悪いことに、彼らの家はまた粗雑な作りの場合が多く、これは暴風の際にはひどい損傷を受けたり、崩壊したりする可能性さえあることを意味している。このような災害の影響を限定する、あるいは減らすはずの交通システムや医療施設といった、ほかのインフラも欠如している。そのため、救急救命士やその他の救急隊員がこれらの人々のところに行くのが間に合わない。死亡者数のかなりの割合は、暴風の最中よりもむしろその後で発生するのである。

解答

| ⅱ |

During the 19th century, it was a common belief that the firing of a cannon disrupted air particles, creating large amounts of air turbulence that could destroy the unknown agent that caused yellow fever. Along with this procedure, a common treatment for yellow fever was fumigation and burning sulphur in the patients' room. This treatment caused patients to cough constantly and even choke because of the sulphuric fumes. Following the smoking of sulphur, the physician continued treatment by using a lancet to bleed the patient so rapidly they usually fainted. This treatment was known as syncopal bleeding. Afterwards, the patient was encouraged to take large doses of calomel, which is toxic and causes people to salivate continuously and suffer from uncontrollable diarrhoea. Alongside the toxic calomel, the patients were given cinchona bark, an anti-malarial agent, which actually caused intense stomach irritation and bouts of vomiting. To reduce this harsh effect, doctors applied poultices to the skin on the abdominal area, which often caused blistering of the skin. Following this, the patient's temperature often returned to normal for a few days during remission but later rose again during the third phase. The patient soon began suffering from jaundice and vomited a black substance resembling ground coffee. There was also bleeding from the mouth, nose, and eyes, due to the inflammation of the liver. After this stage of the illness, the patient usually fell into a coma, often resulting in death.

Question

Choose the correct heading for the paragraph from the list of headings below.

List of Headings

i   Treatment did more harm than good
ii A fatal disease
iii The progression of disease symptoms

📖 解説

基本的な取り組み方は、練習問題（1）を参考にしてください。

Q.

選択肢を順に見ていきます。まず、選択肢 i は「治療の有害さが効果を上回った」という内容です。パッセージのメインアイディアは「黄熱の治療法とその悪影響」であることが読み取れますので、選択肢 i の内容と合致しています。よって選択肢 i を見出しとして選ぶことができます。念のため残りの選択肢も見てみましょう。まず、選択肢 ii の「致命的な病気」については、パッセージ最終文で「患者がしばしば死に至った」と述べられていますが、パッセージのメインアイディアは病気自体ではなく、「治療法の影響」ですので、これは見出しとして適切ではありません。同様に、選択肢 iii「病状の進行」についても、パッセージで段階を追って説明されていますが、メインアイディアの「根拠となる具体例」として述べられており、答えとして選ぶことはできません。

訳

黄熱

19世紀には、カノン砲の発射によって大気中の微粒子が分裂して大きな乱気流を作り、これが黄熱を引き起こしている未知の病因を破壊することができると広く信じられていた。この処置に加え、黄熱の一般的な治療法は、病室で行われる燻蒸消毒と硫黄の燃焼であった。この処置によって患者は常に咳をするようになり、硫黄の煙によって窒息することさえあった。硫黄の薫蒸の後、医者は治療を続け、ランセットを使って患者の血を採るのだが、あまりにも急激に行うため気絶する患者がほとんどだった。この治療は失神瀉血として知られていた。その後、患者は大量のかんこう（塩化水銀）を摂るよう勧められるが、これは有毒で、唾液が止まらなくなり、抑えられない下痢に悩まされる。有毒なかんこうとともに、患者はキナ皮と呼ばれる抗マラリア薬を与えられるが、これが実際は激しい胃炎と嘔吐を引き起こした。このひどい影響を減らすため、医者は患者の腹部の皮膚に湿布を貼ったのだが、このせいで皮膚に水ぶくれができることもしばしばあった。この後、患者の体温は寛解状態にある数日間は平熱に戻ることが多かったが、その後の第3段階でまた上昇した。患者はまもなく黄疸になり始め、挽いたコーヒーに似た黒い物質を吐いた。肝臓の炎症により、口、鼻、目からも出血した。この段階の後、たいてい患者はこん睡状態に陥り、しばしば死に至った。

解答

| i |

◢ ⑨ 識別する問題

問題タイプ⑨**識別する問題**は、パッセージと問題文を照らし合わせて識別してい
く問題です。「情報」について TRUE / FALSE / NOT GIVEN を判断する問題と、
「著者の意見や主張」について YES / NO / NOT GIVEN を判断する問題があります。す。では、練習問題を解きながら、対策を学んでいきましょう。

練習 1 The Behaviour of Sharks

One of the most widely found forms of group behaviour is social grouping, and sharks have been observed to practise this in both size segregation and social segregation. A common misconception is that sharks are solitary animals but over the past 350-400 million  years, sharks have not only evolved heightened predatory instincts towards scavenging fish and other invertebrates, but have also developed relatively efficient social groupings.

Sharks actually segregate according to size, but whether or not it is a conscious effort is debatable. The results of observations of juvenile lemon sharks and bull sharks seem to suggest that these sharks consciously choose to remain in groups of similar size. The best model of size sorting behaviour is exhibited by the widespread population of ragged-tooth sharks. The population is spread out along the coasts of Europe and Africa with size groups located in distinct offshore areas of these continents. The younger the shark, the further north along the British coastline it was found. Similarly, the older and larger the shark, the further south along the African coast it was found. Thus, upon first glance, sharks appear to choose to separate into groups of varying size.

This work is a derivative of Polyglottus, M. (2010, July 15). *Sharks: Solitary or Group Animals*? Retrieved from the OpenStax-CNX Web site: http://cnx.org/content/m34737/1.3/ (CC-BY 3.0)

Questions 1-3

Do the following statements agree with the information in the passage?

In boxes 1-3 on your answer sheet, write

TRUE	*if the statement agrees with the information*
FALSE	*if the statement contradicts the information*
NOT GIVEN	*if there is no information on this*

1 The hypothesis that sharks live isolated lives has been verified.
2 Young lemon sharks are more social than bull sharks.
3 The youngest ragged-tooth sharks live in the northern hemisphere.

🔖 解説

問題文の内容をパッセージの「情報」と照らし合わせて、TRUE「一致する」か、FALSE「矛盾する」か、あるいは NOT GIVEN「情報がない」かについて判断します。解答が TRUE や FALSE の問題はパッセージで明確に肯定・否定されている箇所を探し出せば答えを導くことができるため、比較的取り組みやすいと言えます。しかし、解答が NOT GIVEN の場合、ある特定の箇所だけを根拠に答えを確信することができない場合が多いので、より難易度が高いと言えるかもしれません。特に、形状や量の説明や比較（大／小、長／短、など）、あるいは判断の方向性（重要か、問題か、関係あるか、など）が問われている場合には、それが明記されているかどうかを確認してください。

Q.1

問題文の isolated「孤立した」を手がかりにパッセージを探すと、第1パラグラフ後半に solitary「群生しない」という類語が見つかります。そこでは A common misconception is that sharks are solitary animals「サメは群生しない動物だと誤解されがち」とあり、問題文の「サメが孤立した生き方をするという仮定が立証されている」という内容と矛盾します。よって答えは FALSE となります。

Q.2

問題文の Young lemon sharks と bull sharks をキーワードとしてパッセージを探すと、第2パラグラフの第2文に juvenile lemon sharks and bull sharks について書かれている部分が見つかりますが、この2種類のサメの社会性に関する比較はされていませんので、答えは NOT GIVEN となります。なお、問題文の young はパッセージの juvenile「幼い、若い」の言い換えとなっています。

Q.3

ragged-tooth sharks については第2パラグラフ中程に述べられています。読み進める
と、The younger the shark, the further north along the British coastline it was
found. とあり、「若いサメほどより北方の英国沿岸にいることがわかった」と述べられて
いますので、the youngest ragged-tooth sharks は北半球(northern hemisphere)に
生息していると言えることから、答えは TRUE となります。

訳

サメの行動

最も広く知られている集団行動形態のひとつは社会集団の形成だが、サメはこれを大きさによる棲み
分けと社会的な棲み分けの両方で実践していることが観察されている。サメは群生しない動物だと誤
解されがちだが、過去3億5000万年から4億年にわたって、サメは掃除魚やほかの無脊椎動物に対
して高められる捕食本能を進化させてきただけでなく、比較的効率のよい社会集団形成も発展させて
きた。

サメは実際、大きさによって棲み分けをするが、それが意識的な行動なのかどうかは議論の余地がある。
レモン・シャークとブル・シャークの幼魚の観察結果は、これらのサメは同じくらいの大きさの集団
に留まることを意識的に選んでいることを示唆しているようである。大きさによる分類行動の最も
よい例は、ラギッド・トゥース・シャークの広範囲に生棲する個体群によって示される。その個体群は
ヨーロッパやアフリカの沿岸に広く分布しており、大きさによって分類された集団がこれらの大陸の
沖合の異なる地域に定住している。若いサメほどより北方の英国沿岸にいることがわかった。同様に、
年齢が高く大きなサメほどより南方のアフリカ沿岸で見つかっている。したがって、一見したところ、
サメは大きさごとの集団に分かれることを選んでいるようである。

解答

| **1** FALSE | **2** NOT GIVEN | **3** TRUE |

練習2 Achieving Success

Giving a speech to 600 high school students on entrepreneurship was one of the most nerve-jangling experiences I've ever had. Since I have a teenager of my own, I had strong clues that they can be a cynical and challenging audience. However, setting anxiety and cynicism aside, I really wanted to share something of what it takes to successfully invent an innovative new product and commercialise it. The reason for being invited to speak at these events is you've supposedly done something successful, and the convention is to share this success as if it were the only possible outcome of your company's brilliance. Nevertheless, something about this teenage audience, over half of whom said they wanted to start their own business, made me abandon convention and share the brutal, unvarnished truth that the essential, hard-earned ingredient in successful creativity and entrepreneurship is failure.

Failure is the essential ingredient that nobody talks about or acknowledges and everyone tries desperately and understandably to avoid. However, as any inventor or entrepreneur knows, great ideas are not born perfect but are forged in the furnace of trial and error. As the work of Charles Darwin demonstrated, this is the simple but brutal algorithm of life. This seemingly random but amazingly productive cycle of mutation and natural selection, trial and error, has produced the abundant diversity of life on earth. Niels Bohr, the Nobel Prize winning physicist said about progress in any field, 'Mistakes are at the heart of progress, so our challenge as scientists, is how to make more mistakes faster'. Or as I said to my teenage audience, you've spent the last few years being told not to fail by teachers and parents and yet if you really want to create anything genuinely new, you've got to start learning how to fail.

Do the following statements agree with the claims of the writer in the passage?

In boxes 1-4 on your answer sheet, write

> **YES**   *if the statement agrees with the claims of the writer*
> **NO**   *if the statement contradicts the claims of the writer*
> **NOT GIVEN**   *if it is impossible to say what the writer thinks about this*

1   There was a feeling of apprehension before giving the speech.
2   The majority of attendees were not keen on a business career.
3   Scientific theories regarding life's evolution and diversity influence entrepreneurs.
4   Students should disregard school and parental advice when contemplating future career opportunities.

📖 解説

問題文の内容をパッセージの「著者の意見や主張」と照らし合わせて、YES「一致する」か、NO「矛盾する」か、あるいは NOT GIVEN「(パッセージからは) わからない」かについて判断します。このタイプの問題は、情報について詳細に検討することが求められる TRUE / FALSE / NOT GIVEN の問題とは違い、パッセージのアイディアを問題文でまるごと言い換えているケースも多く、より深い読解力が必要とされます。特に意見や判断の方向性（賛成／反対、好き／嫌い、など）が問われている場合には、それが明記されているかどうかをしっかり確認してください。例えば、何かについて好意的な意見が列記されていても、著者がそれを好きかどうかは明言されていない限り断定できません。

Q.1

問題文の内容「スピーチの前に懸念があった」ことは第1パラグラフ冒頭から第3文の初めまでに読み取ることができますので、答えは YES となります。なお、問題文でキーワードとなっている apprehension「懸念」は第1パラグラフ第3文の anxiety「心配」を言い換えています。

Q.2

問題文には「参加者の大半がビジネスキャリアを熱望していない」とありますが、第1パラグラフ最終文に Nevertheless, something about this teenage audience, over half of whom said they wanted to start their own business と述べられているため、答えは NO となります。問題文の the majority と attendees はパッセージの over half と audience の言い換えです。

Q.3

問題文の Scientific theories から、第2パラグラフ中程で科学の話題が出てくる As the work of Charles Darwin 以下を検討すればいいとわかります。注意深く読み込んでいけば、成功における「試行錯誤」の必要性の根拠としてダーウィンの研究が挙げられているのであって、問題文の内容「企業家への影響」については、まったく触れられていないことがわかるでしょう。答えは NOT GIVEN です。

Q.4

問題文の school and parental advice をキーワードにパッセージを探すと、第2パラグラフ最終文に対応していそうな箇所が見つかりますが、そこでは「先生や親から失敗しないように言われても創造したいなら失敗の仕方を学び始めるべき」という著者の主張が述べられていますが、これは必ずしも問題文の「将来のキャリアを考えるときには学校と親の忠告を無視すべき」ということにはなりません。つまり、YES か NO かは判断できないので、答えは NOT GIVEN となります。

訳

成功するということ

高校生600人に向けて、企業家精神についてのスピーチをすることは、これまでで最も神経をいらいらさせる体験のひとつだった。私自身、ティーンエイジャーの子供がいるので、彼らが皮肉っぽい難しい聴衆になりうることをよくわかっていた。しかし心配と皮肉はさておき、私は革新的な新商品の発明と商業化に成功するために欠かせないことを、共有したいと心から思っていた。こうした行事でのスピーチに招かれる理由は、あなたが何らかの成功を収めたと思われているからだし、あたかも自社のすばらしさの唯一の帰結であるかのようにその成功を共有するのが慣例となっている。それにもかかわらず、このティーンエイジャーの聴衆に関する何か——彼らの半数超が自分の事業を立ち上げたいと言っていたこと——が私に慣例を捨てさせ、冷厳なありのままの真実を彼らと共有させたのだった。その真実とは、創造性と企業家精神の成功に不可欠な、苦労の末に得る要素とは失敗である、ということだ。

失敗とは、誰も話さない、認めない、また誰もが必死にかつ当然のことながら避けようとする、不可欠な要素である。しかし発明家や企業家の誰もが知るように、すばらしいアイディアは完全な形で生まれるわけではなく、試行錯誤の厳しい試練の中で創り出される。チャールズ・ダーウィンの研究が証明したように、これは単純だが冷厳な生命のアルゴリズムである。この表面上はでたらめに見えるが、

驚くほど生産的な突然変異と自然淘汰の循環、つまり試行錯誤が、地球の生命の豊かな多様性を生み出してきた。ノーベル賞を受賞した物理学者のニールス・ボーアはあらゆる分野における前進について、こう述べている。「間違いは前進の核心であるから、科学者としての私たちの課題は、どのようにしてより多くの間違いをより早く犯すかということである」と。あるいは私はティーンエイジャーの聴衆にこのように言った。君たちはここ数年、先生や親たちから失敗をしないようにと言われて過ごしてきて、それでもまだ本当に新しいものを創り出したいと心から思うなら、失敗の仕方を学び始めなければならない、と。

解答

| **1** YES | **2** NO | **3** NOT GIVEN | **4** NOT GIVEN |

10 リーディング模擬問題

■ パッセージ1

*You should spend about 20 minutes on **Questions 1-13**, which are based on Reading Passage 1 below.*

Questions 1-6

Reading Passage 1 has seven paragraphs, **A-G**.

*Choose the correct heading for each paragraph **B-G** from the list of headings below.*

> **List of Headings**
>
> i   Foreign food in Britain
> ii   British food over the years
> iii   The best in the world
> iv   The new British approach to cooking
> v   Food language
> vi   More discerning customers
> vii   Chefs on TV
> viii   Not as bad as you'd think
> ix   Inspirational chefs
> x   Not just the traditional fare

Example	Answer
Paragraph **A**	**viii**

1   Paragraph **B**
2   Paragraph **C**
3   Paragraph **D**
4   Paragraph **E**
5   Paragraph **F**
6   Paragraph **G**

The Truth about British Food

A For generations, the British have had to endure snide remarks about their food. We have been accused of all manner of culinary crimes and misdemeanours, like boiling vegetables until they scream for mercy or drowning everything in unappetising gravy sauce so thick it can be cut with a knife. Some of this criticism was justified; we are the nation that inflicted the fish finger and the fried chocolate bar on you, after all. However, if your image of British cuisine is a stodgy plate of fish and chips or a greasy fried breakfast, then prepare for a shock – a mini revolution has taken place in Britain's kitchens in the last twenty years, transforming not only how we cook and what we eat, but how we perceive food.

B Before we look at this metamorphosis, first a quick history lesson – amazing though it may seem, two hundred years ago, British cuisine was considered the finest in the world. We benefited from abundant and diverse local produce supplemented by exotic ingredients imported from all over the globe. The British have eaten curry since the 17th century and noodles since the 12th. In the 19th century, however, it became fashionable for the wealthy to employ French chefs, and British cooking fell into a decline it has only recently begun to recover from. Local produce was neglected, cooking skills curdled as convenience overtook technique, and a 'chips with everything' mentality ensued.

C Fast-forward to the recent past and the problem could be boiled down to two things: the British couldn't cook and they couldn't shop either. However, in the last few years, there has been a conspicuous improvement in both these areas. A series of high profile, charismatic 'super chefs' have emerged, establishing their own highly regarded and fashionable restaurants (Britain has several of the top 50 restaurants in the world according to *Restaurant* magazine, including 'The Fat Duck'). Away from their places of business, the super chefs have inspired the British public by writing best-selling recipe books and producing a rich diet of cooking programmes to which the British public have become addicted. Every weekday, the BBC transmits *Ready Steady Cook*, a cooking competition featuring professionals teamed with amateurs, which has attracted a cult following.

D This programme is notable for three things that elucidate how attitudes to cooking have changed in Britain. Firstly, the teaming of members of the public with professionals shows how confident and ambitious ordinary people have become in their culinary competence (it is estimated that the average British kitchen now contains over 1,000 recipes). Secondly, the competition is appraised by the audience based solely on the appearance of the finished dishes, revealing a new awareness and sensitivity to the importance of presentation. And finally, the contestants in this programme are given a meagre budget yet still manage to assemble unusual and exotic ingredients, which shows how discerning the British public have become and how readily available and affordable the best produce from around the world now is.

E Indeed, British food shoppers are now choosing their groceries more judiciously than ever. Most supermarkets now clearly label their food with its point of origin, and there has been a surge of interest in organic food and a revival in the popularity of locally-grown produce sold through the booming farmers' markets. Good examples of this are the award-winning 'Stinking Bishop cheddar' and Scotland's 'Champagne Milk', the purest (and highest calorie) milk available – although over-indulgence in these rich delicacies could lead to not only your perceptions of British food being broadened but your waistline too.

F This renaissance has led to a debate as to just what is British food. While all the old favourites remain – fish and chips, pies, hotpots, etc., the number one dish around the UK is curry. British curry has emerged as a distinctively British variant on the Indian original and has become an established part of British life. The kind of curry you can buy in the UK is impossible to get hold of elsewhere, usually of a high quality and reasonably priced. Curry hot spots in UK include London's Brick Lane and Manchester's Curry Mile as well as Bradford and Glasgow.

G If Britain's attitude to food and cooking skills has turned over a new leaf so has our way of describing food. We can describe our degrees of hunger in a number of ways from slight, 'I'm a little peckish', to extreme, 'I'm absolutely starving' or 'ravenous', and the food itself can be 'nice', 'lovely', 'delicious', 'superb', 'mouth-watering', 'yummy' or 'moreish', a new word often used with snacks that you can't stop eating. Hopefully, you will have occasion to employ some of these words as you 'tuck in' to some good British 'grub'. Bon appetite!

© Philip Patrick

Complete the sentences below. Choose **NO MORE THAN THREE WORDS** from the passage for each answer.

7 British cooking skills deteriorated during the century before last because of the trend of engaging ....

8 Outside of their kitchens, celebrity chefs create cookery books and .... , which are very popular with British people.

9 Now in the UK, a wide variety of reasonably-priced, imported ingredients are ....

10 Organically–grown and .... are now sought after by British consumers when they go shopping for foodstuffs.

Complete each sentence with the correct ending, **A-F**, below.

11 The writer thinks that criticism of British food

12 Excessive consumption of Champagne Milk

13 The characteristic British interpretation of Indian curry

A is unobtainable in any other country.
B was legitimate because it led to a mini revolution.
C has been transformed.
D was well-founded because certain foods are very unhealthy.
E may lead to increased appreciation of British food.
F may result in weight gain.

📖 解説

Q1-6 は⑧**見出しを選ぶ問題**です。練習問題ではひとつのパラグラフに見出しを選ぶ問題を取り上げましたが、実際のテストでは多くの場合が、このように複数のパラグラフの見出しを選択することが求められます。時間節約のコツは、確信が持てたパラグラフから見出しを選んでいくことです。答えに自信のないパラグラフは、残った見出しから選んでいくようにしましょう。

パラグラフ A の見出しは、例題としてあらかじめ正答 viii が記されています。この例題は、パラグラフの最初の文と最後の文をよく読めば、答えを導き出すことができるでしょう。パラグラフ A の最初の数文では、英国料理に関する悪い評判について書かれています。ところが、最後の 1 文では「驚くべきことに英国において食の革命が起きている」という内容が述べられています。つまりパラグラフでは「悪い評判→革命」という変化を伝えていますので、見出しはそれを端的に表現した選択肢 viii の Not as bad as you'd think「あなたが思うほど悪くない」を選ぶことができます。パラグラフの後半部分から、選択肢 iv の The new British approach to cooking を選びたくなるかもしれませんが、前半部分（悪い評判について）がカバーされていないので適切ではありません。

パラグラフ B は英国料理の歴史について述べているので、over the years がキーワードの選択肢 ii を選ぶことができます。

パラグラフ C は英国に登場したシェフたちと彼らが英国民の食に及ぼした影響について述べているので、選択肢 ix の Inspirational chefs を選ぶことができます。パラグラフの最後にシェフたちが登場する料理番組について触れていることから、選択肢 vii の Chefs on TV を選びたくなるかもしれませんが、この見出しはパラグラフ全体ではなくシェフたちの活動の一部を表しているだけなので、不適切です。

パラグラフ D は、冒頭で「英国人の料理に対する態度がどう変化したかを明らかにする 3 点」と明確に述べていることから、すぐに選択肢 iv の The new British approach to cooking を答えとして予測できます。後はざっと読んでいくと 3 点それぞれを説明していることがわかりますので、答えを確定できます。

パラグラフ E は、冒頭に British food shoppers are now choosing their groceries more judiciously than ever. とメインアイディアが提示されていますが、それを言い換えているのが、選択肢 vi の More discerning customers「より目の肥えた消費者たち」です。パラグラフではほかにも明確な表示やオーガニック食品への関心、地元の農産物などにも言及されていますが、これらすべてが冒頭で提示されたメインアイディアの具体例として述べられています。

パラグラフ F は冒頭で British food「英国料理」とは何かという議論があることを紹介し、old favourites「昔から人気の（英国）料理」について語ったうえで、しかし最も人気のある料理はインド由来のカレーであると述べ、以降は英国のカレー事情について書かれています。つまり「伝統的な英国料理は健在だが、カレーが非常に人気」という内容ですので、それを端的に表している選択肢 x の Not just the traditional fare「伝統料理だけではない」を選ぶことができます。なお、fare「飲食物」が food の類義語であることに気づけるかどうかもポイントです。

パラグラフ G は、冒頭で our way of describing food も「新たなページをめくった」と述べられており、以降では具体例を挙げていますので、選択肢 v の Food language を選ぶことができます。

Q7-10 は問題タイプ②**文を完成させる問題**です。**Q7** は the century before last（＝前世紀の１世紀前＝１９世紀）とあることから、料理の歴史に関するパラグラフＢの中程の１９世紀について書かれている部分をよく読みましょう。**Q8** はパラグラフＣに問題文の celebrity chefs の言い換えである（charismatic）'super chefs'（４行目）や the super chefs（７行目）があるので、その周辺から答えを探します。７行目の the super chefs から続く文の by writing best-selling recipe books and producing a rich diet of cooking programmes に、問題文の cookery books の言い換えである recipe books があるので、その後の and 以降の部分から３語以内で空欄に入る語句を選択します。その後ろの to which 以下が問題文の which are very popular with British people の、文頭にある Away from their places of business が問題文の Outside of their kitchens の言い換えであることに気づくとより理解が深まります。**Q9** は、問題文の reasonably-priced, imported ingredients という部分を手がかりにすると、パラグラフＤ最終文に exotic ingredients「外国の食材」とあります。そのあたりをよく読むと、同文後半に「世界中の最高の食材が手頃な値段ですぐに手に入る (readily available)」とありますので、そこから答えを導きます。**Q10** は問題文の Organically-grown を手がかりに探すと、パラグラフＥの前半に organic food があります。その周辺をよく読むと、locally-grown produce も人気があることがわかります。

Q11-13 は問題タイプ⑤**文の終わりを組み合わせる問題**です。**Q11** は、パラグラフＡ中程で Some of this criticism was justified とイギリスの料理が変化していると主張するために過去形を使っています。しかし、すぐ後に we are . . . と続き、今も変わっていない部分があることも認めています。これとほぼ同じ内容を示すのが選択肢 D です。なお、well-founded「根拠の十分な」は justified を言い換えています。**Q12** は、問題文の Champagne Milk を手掛かりに、Excessive consumption がパラグラフＥ後半にある

over-indulgence の言い換え表現であることに注目します。Excessive も over- も「過度な」ことを意味しますので、良くないことが答えになります。over-indulgence に続く could lead to not only your perceptions of British food being broadened but your waistline too では E と F のどちらか迷いますが、良くないことである「ウエストのサイズが広がる」つまり、体重が増えることを選びます。また、このパッセージ全体が英国の食の新しい傾向について、パラグラフ E では食の選択において健康に気を遣うようになってきていることについて述べています。さらに、逆接の表現（この場合は but）はその後ろに著者の主張が書かれていることが多いことからも、F が答えであることがわかります。**Q13** はパラグラフ F の中程の British curry has emerged as a distinctively British variant という部分と、次の文の The kind of curry you can buy in the UK is impossible to get hold of elsewhere から、答えを導くことができます。distinctively British variant は直訳で「独自に英国風に変化したもの」という意味となり、問題文ではそれを characteristic British interpretation「独特の英国流解釈」と言い換えています。

訳

英国料理の真実

A 何世代もの間、英国人は英国料理に関する嫌味なコメントに耐えてきました。私たち英国人は、野菜が慈悲を求めて叫び声を上げるくらい茹でるとか、何にでもおぼれるほどたっぷりまずそうなグレービーソースをかけるのでソースをナイフで切れるほどだとか、料理に関するあらゆる類の過ちや愚行を犯しては責められてきました。この批判にはもっともな部分もありました。なにしろ英国はフィッシュ・フィンガーやチョコバーのフライをあなたに押しつけた国です。しかし、英国料理と聞いて、胃がもたれしそうなフィッシュ・アンド・チップスや、油を使って調理したものばかりの脂っこい朝食を思い浮かべるなら、次の話を聞いて驚くでしょう。ここ 20 年で英国のキッチンではちょっとした革命が起こっていて、私たちの調理法や食材だけでなく、食べ物に対する考え方にも変化が起きているのです。

B こうした変化に目を向ける前に、まずは少し歴史を振り返ってみましょう。驚かれるかもしれませんが、200 年前には英国料理は世界一すばらしいと考えられていました。豊富で多様な地元の食材を楽しみ、世界中から輸入された外国の食材も使われていました。英国人は 17 世紀からカレーを、12 世紀から麺類を食べていたのです。しかし、19 世紀に富裕層の間でフランス人シェフを雇うことが流行し、英国料理は衰退しました。その復活の兆しが見え始めたのは、つい最近のことです。地元の食材はないがしろにされ、技術より便利さが求められるようになって調理技術は鈍り、「フライドポテトさえつけておけば OK」という考えが生まれたのです。

C 最近の話まで早送りしましょう。問題はつまるところ、英国人は料理もできなければ、買い物もできない、という 2 つでした。しかし、ここ数年間で、この 2 つの面に著しい進歩がありました。話題のカリスマ「スーパーシェフ」が次々と現れ、高く評価され流行の先端をいくレストランを確立しています（雑誌『レストラン』によると、世界のトップ 50 のレストランに、ザ・ファット・ダックを含めて英国のレストランが数店入っています）。外食産業以外でも、スーパーシェフたち

は英国民を刺激してきました。彼らはベストセラーのレシピ本を執筆するほか、さまざまな料理番組をたくさん生み出して、英国民を夢中にさせました。BBC では平日毎日、「レディ・ステディ・クック！」という、プロが一般人とチームを組んで料理の腕を競い合う番組を放送していて、熱狂的なファンを生んでいます。

D この番組は、英国人の料理に対する態度がどう変化したかを明らかにする次の３つの点において、注目に値します。まず、一般人がプロとチームを組むということは、いかに普通の人が自分の料理の腕に自信や野心を持つようになったかを表しています（今や平均的な英国人のキッチンには 1000 を超えるレシピがあると見られています）。第二に、料理コンテストでは出来上がった料理の見た目だけを基に観客が評価しますが、それは盛り付けの重要さに対する新たな意識や感性が生まれたことを示しています。最後に、この番組の出場者が与えられたわずかな予算でも珍しい外国の食材を何とか集めていることから、いかに英国人の見識が高まり、今や世界中の最高の食材が手頃な値段ですぐに手に入るようになったかがわかります。

E 確かに今や英国人は買い物の際、かつてないほど賢く食料品を選ぶようになっています。現在たいていのスーパーでは食品の原産地を明示し、オーガニック食品への関心は一気に高まり、また大人気のファーマーズ・マーケットで売られる地元で採れた農産物の人気が復活しています。代表的な例では、受賞歴のあるスティンキング・ビショップと呼ばれるチェダーチーズや、スコットランドのシャンバン・ミルクと呼ばれる最も純度の高い（カロリーも最も高い）牛乳があります。ただ、こういった栄養価が高く美味な食べ物にはまりすぎると、英国の食への理解だけでなく、ウエストのサイズも広がることになるかもしれませんが。

F この食のルネサンスは、そもそも英国料理とは何を指すかといった議論に発展しています。フィッシュ・アンド・チップスやパイ、ホットポットといった昔から人気の料理はすべて健在ですが、英国中で最も人気のある料理はカレーです。英国のカレーはインドカレーに由来しつつも、独自の変化を遂げ、すっかり英国人の生活の一部になっています。英国で手に入るカレーは他の国では味わえないもので、通常は高品質で手頃な価格です。英国でカレーのホットスポットといえば、ロンドンのブリック・レーンやマンチェスターのカレー・マイル、またブラッドフォードやグラスゴーといったエリアがあります。

G 食や調理技術に対する英国の態度が新たなページをめくったなら、食に関する表現もしかりです。英国人は空腹の度合いをさまざまな表現を使って説明できます。少しお腹が空いている時は I'm a little peckish、ものすごく空いている時は I'm absolutely starving または ravenous があり、食べ物自体については nice、lovely、delicious、superb、mouth-watering、yummy や、スナックがおいしすぎて止められない時に最近よく使われる moreish という言葉もあります。機会があればぜひおいしい英国料理（British 'grub'）をたらふく食べて（tuck in）、これらの言葉を使ってみてください。どうぞ召し上がれ！

解答

| **1** ii | **2** ix | **3** iv | **4** vi | **5** x | **6** v | **7** French chefs | **8** cooking programmes / programs |
| **9** (readily) available | **10** locally-grown produce | **11** D | **12** F | **13** A |

*You should spend 20 minutes on **Questions 14-26**, which are based on Reading Passage 2 below.*

Child Health Education

School officials in the U.S. are constantly striving to discover the best educational programmes or curricula to ensure that all children learn what they need to know. Unfortunately, this learning is often evaluated solely by testing. Due to the burden of high-stakes testing, many districts are cutting back or even eliminating non-academic subjects in favour of intensive teaching in the assessed subjects. School officials in these districts may view non-assessed subjects as superfluous, thus creating a case for the eradication of any subject that is not directly measured through high-stakes testing.

While few educators would voice opposition to the emphasis on academics, there remains a need to holistically educate children to prepare them for future life. Amidst numerous competing issues, educating the whole child involves addressing both the academic and the health requirements of students. Linking health and learning is one way to ensure a comprehensive approach to educating the whole child. In addition, it has been demonstrated that health issues are actually intertwined with students' academic achievement.

The issues of obesity and insufficient physical activity in childhood have achieved prominence over the last few years. The prevalence of children with high blood pressure, type-two diabetes, and obesity has escalated. The number of adolescents who are overweight has tripled since 1980, and the prevalence among younger children has more than doubled. Being overweight during childhood and adolescence elevates the risk of developing high cholesterol, hypertension, respiratory ailments, orthopedic problems, depression and type-two diabetes as a youth. Because of these health issues, these children are also missing more school than students who are healthy. Undeniably, absenteeism places these children at risk of learning difficulties and failures.

School systems may choose to address topics relating to student health in multifarious ways. As children spend a great part of their weekdays away from home, schools have a unique opportunity to influence and guide students towards actions and activities that promote healthy lifestyles. There are problems when dealing with the topic of health including scientific challenges, ethical conflicts, and social dilemmas but in spite of these challenges, students can be convinced that their healthy development is important if they receive consistent health-promoting messages from all aspects of the school environment: in class; in the food choices offered; and in the opportunities for daily physical activity.

In general, important themes in health are best introduced when they are integrated into other academic disciplines and coordinated throughout the school. The physical, emotional, mental, and social aspects of health should be addressed through the curriculum. Recently, there have been health initiatives set in motion by legislation and policies, which require schools to be a beacon of information regarding health-related topics. Yet, simply promoting healthy lifestyles among students is not sufficient. The Center for Disease Control suggested an eight-component model for a coordinated school health programme that focuses on health instruction, health services, healthful school environment, school food services, health promotion for staff, counselling and psychological services, physical education, and parent/community involvement.

Perhaps an essential factor of this school health programme is physical activity. The significance of physical activity on a person's well-being and general health has been acknowledged for some time. Regular physical activity and fitness topped the list of recommendations needed for a healthy lifestyle in one report. In another, after compiling information from numerous federal and health promotion agencies, researchers found that increasing the levels of physical activity was one of the most emphatic recommendations to improve a person's health. At the same time, as mentioned above, an increase in physical activity and well-being is said to have a profound effect on the academic achievements of children. However, whether programmes like these will make a difference in combating problems such as child obesity has not been substantiated.

Questions 14-17

Answer the questions below. Choose **NO MORE THAN THREE WORDS** *from the passage for each answer.*

14 What kind of subjects might school officials see as redundant?

15 In what way should children be educated in order to benefit in their future lives?

16 How much has the number of overweight children younger than adolescents increased since 1980?

17 In the case of unhealthy children, what may be a catalyst for academic problems?

Questions 18-22

Complete the summary using the list of phrases, **A-J**, *below.*

Health Education in Schools

Pressure of make-or-break testing means that, in some US states, subjects that are not academic are being reduced or **18** _____ .
However, child education should deal with **19** _____ , not just the academic aspects. This is especially true of child health education. Since 1980, child obesity and the possibility of **20** _____ have increased, which can affect a child's academic performance. To counter this problem, health education should be **21** _____ into the curriculum. For schools wishing to use coordinated health programmes, an indispensable element is perceived to be **22** _____ .

A related illnesses	**B** healthy	**C** eradicated	**D** physical activity
E the whole child	**F** incorporated	**G** well-being	**H** eliminating
I health tests	**J** changed		

Do the following statements agree with the claims of the writer in Reading Passage 2?

In boxes 23-26 on your answer sheet, write

YES   *if the statement agrees with the claims of the writer*
NO   *if the statement contradicts the claims of the writer*
NOT GIVEN   *if it is impossible to say what the writer thinks about this*

23 Students' health complications impact on classroom attendance and scholastic achievement.

24 Schools have a more positive influence on children's health than families.

25 The eight features of the Center for Disease Control model for a school health programme are comparable in terms of priority.

26 The initiatives to encourage child health education have been proven to be effective.

📖 解説

Q14-17 は④短く答える問題です。**Q14** は school officials をキーワードに第1パラグラフ後半の School officials . . . may view non-assessed subjects as superfluous を確認します。問題文の redundant「余計な」はパッセージの superfluous「不必要な」の言い換えですので、答えは non-assessed となります。また、その前の文の non-academic subjects と assessed subjects を対比している部分から、non-academic も答えとすることができます。**Q15** は future lives から、第2パラグラフ最初の文の a need to holistically educate children to prepare them for future life を見ます。質問が In what way「どのようにして」ですので、答えは holistically「全人的に」となります。**Q16** は since 1980 がキーワードで、第3パラグラフの中程にあります。children younger than adolescents の肥満の増加について質問されているので、答えは more than doubled となります。adolescents の場合 (tripled) と混同しないようにしましょう。**Q17** は不健康な子供が学力に問題を抱える catalyst「要因」が問われています。第3パラグラフの終わりの absenteeism places these [overweight で unhealthy] children at risk of learning difficulties and failures から、答えは absenteeism になり

ます。

Q18-22 は ③ 要約を完成させる問題です。**Q18** は要約文の subjects that are not academic がキーワードです。第 1 パラグラフ後半部分をじっくり読み、many districts are cutting back or even eliminating non-academic subjects の部分から空欄に文法的に適合する形と意味の選択肢を選びます。reduced がパッセージの cutting back の言い換えで、なおかつ要約文では受動態であることに注意してください。つまり、選択肢 H の eliminating は文法的に空欄に入れることができません。ほぼ同義で過去分詞形である選択肢 C の eradicated が答えとなります。なお、パッセージの少し先に the eradication of any subject「科目の完全排除」が出てきますので、eradicate が eliminate と同義であることが推測できます。**Q19** は academic aspects のほかに必要とされることを探します。第 2 パラグラフ最初の While 以下で academics と対比されているのは a need to holistically educate children「子供の全人教育の必要性」です。この部分と要約文が同じ意味になるように選択肢 E の the whole child を選びます。**Q20** は Since 1980 と child obesity「子供の肥満」から第 3 パラグラフ中程を見ます。パッセージでは肥満によって罹患リスクの高まる病名が列記されていますので、選択肢の中で適切なのは選択肢 A の related illnesses「関連した病気」です。**Q21** は第 4 パラグラフから health education についての詳しい記述があるので読み進めていくと、第 5 パラグラフ第 2 文に、The physical . . . aspects of health should be addressed through the curriculum. とあることから、要約文の空欄には選択肢 F の incorporated が入るとわかります。**Q22** は health programmes と indispensable element を手掛かりに見ていきます。第 6 パラグラフの第 1 文に an essential factor of this school health programme is physical activity と述べられており、ここでの essential factor は要約文の indispensable element とほぼ同じ意味を表していますので、答えは選択肢 D の physical activity が入ります。

Q23-26 は ⑨ 識別する問題です。**Q23** は「生徒の健康状態が出席と学力に影響する」という主張について判断します。問題文の health complications および attendance や scholastic achievement を手掛かりにパッセージの該当部分を探します。第 2 パラグラフの最終文に health issues are actually intertwined with students' academic achievement とあります（言い換え：health issues → health complications／academic achievement → scholastic achievement）が、attendance「出席」には言及していないので、まだ答えは出せません。続きを読んでいくと、第 3 パラグラフ後半 Because of these health issues 以下に、健康問題によって子供たちが学校を休んでおり、absenteeism places these children at risk of learning difficulties and failures「欠席が常習化すれば子供たちは学習に支障をきたしたり落第したりするリスクを負う」と

あります。そこから、答えを YES と決めることができます。**Q24** は、学校と家庭について述べている部分を探すと、第４パラグラフの As children spend a great part of their weekdays away from home, schools have a unique opportunity to influence and guide students towards actions and activities that promote healthy lifestyles. の部分が該当します。ここでは「学校にはほかにはない機会がある」とは述べていますが、問題文にある「学校の方が家庭よりも好ましい影響を与える」かどうかには言及されていないので、答えは NOT GIVEN となります。**Q25** の the Center for Disease Control model については、第５パラグラフの後半に８つの要素が紹介されています。しかし、その後すぐに第６パラグラフでは physical activity の説明に移ります。それ以降も８要素には触れられておらず、優先順位の情報もありませんので、答えは NOT GIVEN となります。**Q26** の The initiatives to encourage child health education「子供の健康教育促進のための構想」は、第６パラグラフ初めの文の this school health programme を言い換えています。問題文ではこの構想が proven to be effective「効果的であると立証されている」としていますが、第６パラグラフ最終文で whether programmes like these will make a difference in combating problems such as child obesity has not been substantiated「このようなプログラムが子供の肥満といった問題の解決に効果的かどうかは実証されていない」とあります。よって NO となります。

訳

子供の健康教育

アメリカの学校関係者はすべての子供が必要な知識をきちんと学べる最高の教育プログラムやカリキュラムを見出そうと努力している。残念ながら、この学びというものは試験によってしか評価されないことも多い。一発勝負である試験の重荷のせいで、評価対象科目を集中して教えるために、学力に関係しない科目を減らしている地域も多く、なかには完全になくすところさえある。これらの地域の学校関係者は、評価対象外の科目を不必要なものと見ているのだろう。ゆえに、一発勝負の試験で直接審査されない科目の完全排除を主張しているのである。

学問的な科目の重視に異議を唱える教育者はほとんどいないものの、子供たちに全人的な教育をして、将来のための準備をさせる必要性は残っている。競合する懸案事項が数多くある中、子供の全人教育は、生徒たちの学問と健康両面の必要に取り組むことを意味している。健康と学びを結び付けることは、子供の全人教育に対し、包括的アプローチを確実に取るためのひとつの方法である。また、健康問題は実は生徒の学業成績と密接に関わっていることも実証されている。

子供の肥満と運動不足に関する問題はここ数年間にわたり注目を集めてきた。子供の高血圧や２型糖尿病、肥満の罹患率は次第に上昇してきた。太りすぎの青年の数は 1980 年以来３倍になり、より若年の子供の罹患率は２倍以上になっている。子供時代や青年期に太りすぎていると、高コレステロールや高血圧、呼吸疾患、整形外科的な障害、うつや２型糖尿病を青年期に発症するリスクが高くなる。これらの健康問題のせいで、そうした子供たちは健康な生徒よりも学校を休むことも多くなる。言うまでもなく、欠席が常習化すれば子供たちは学習に支障をきたしたり落第したりするリスクを負うことになる。

学校制度は、生徒の健康に関する問題に多種多様な方法で対処する選択が可能だ。子供たちは平日の大半を家から離れて過ごすので、学校には生徒たちが健康的なライフスタイルを促進する行動や活動に向かうよう影響を与えたり指導したりするほかにはない機会がある。健康という問題を扱う際には、科学的根拠に関する批判や倫理的衝突、社会的葛藤といった問題もあるが、こうした困難にも関わらず、生徒たちが学校環境のすべての側面、つまり授業、与えられる食の選択肢、日々の運動の機会で一貫した健康促進のメッセージを受け取れば、彼らは健全な発育の重要性を確信できるだろう。

概して、健康における重要なテーマを導入する際は、ほかの学科にも組み込んで、学校中で組織的に行うのが最善の方法だ。健康の身体的・感情的・精神的・社会的側面には、カリキュラムを通して取り組むべきである。最近、立法や政策において健康に関する構想が動き出したが、これらは学校に健康関連問題における情報の指針を示す存在となることを求めている。だが、単に生徒たちに健康的なライフスタイルを勧めるだけでは不十分だ。疾病管理センターは組織的な学校健康プログラムのための8つの要素からなるモデルを提案した。この重点的に取り組む8要素は、健康指導、医療サービス、健康を増進させる学校環境、給食、職員の健康促進、カウンセリングと心理ケア、体育、そして親やコミュニティの関わりである。

おそらくこの学校健康プログラムの重要な要素は運動である。人の幸福や健康全般における運動の重要性はかねてから認識されている。ある報告書では、日常的な運動や健康維持活動が、健康的なライフスタイルに必要なアドバイスの最初に挙げられている。別の報告書では、多くの連邦機関や健康促進機関の情報をまとめた結果、研究者たちは、運動レベルを高めることが人の健康を増進させるために最も重要なアドバイスのひとつであることを見いだした。同時に、すでに述べたとおり、運動の増加と健康の増進は子供たちの学業成績に重大な影響を与えると言われている。しかしながら、このようなプログラムが子供の肥満といった問題の解決に効果的かどうかは実証されていない。

解答

| **14** non-academic / non-assessed (subjects) | **15** holistically | **16** more than doubled | **17** absenteeism | **18** C | **19** E | **20** A | **21** F | **22** D | **23** YES | **24** NOT GIVEN | **25** NOT GIVEN | **26** NO |

*You should spend about 20 minutes on **Questions 27-40**, which are based on Reading Passage 3 below.*

The Biosphere

The biosphere, a feature that distinguishes the earth from the other planets in the solar system, is the region of the earth that encompasses all living organisms: plants, animals and bacteria. It includes the outer layer of the earth, which is known as the lithosphere, and the lower region of the atmosphere called the troposphere. It also includes the hydrosphere, the combination of lakes, oceans, streams, ice and clouds comprising the earth's water resources. Traditionally, the biosphere is considered to extend from the oceans' floor to the highest mountain-tops, a layer with an average thickness of about 20 kilometres. Scientists now know that some forms of microbes live at great depths, sometimes several thousand metres into the earth's crust. Nonetheless, the biosphere is a very tiny region compared to the scale of the whole earth, analogous to the thickness of the skin on an apple. The bulk of living organisms actually live within a smaller fraction of the biosphere, from about 500 metres below the ocean's surface to about 6 kilometres above.

Life evolved after oceans formed, as the ocean environment provided the necessary nutrients and support medium for the initial simple organisms. It also protected them from the harsh atmospheric UV radiation. As organisms became more complex, they eventually became capable of living on land. However, this could not occur until the atmosphere became oxidised and a protective ozone layer formed, which blocked the harmful UV radiation. Over roughly the last 4 billion years, organisms have diversified and adapted to all kinds of environments, from the icy regions near the poles to the warm tropics near the equator, and from deep in the rocky crust of the earth to the upper reaches of the troposphere.

There are millions of species on the earth, most of them unstudied and many of them unknown. Insects and microorganisms comprise the majority of species, while humans and other mammals comprise only a tiny fraction. A number of individuals of the same species in a given area constitute a population. The number typically ranges from a few individuals to several thousand individuals. The populations found in a particular environment are determined by abiotic and biotic limiting factors. These are the factors that most affect the success of populations. Abiotic limiting factors involve the physical and chemical characteristics of the environment, which include amounts of sunlight, annual rainfall, available nutrients, oxygen levels and temperature. Biotic limiting factors involve interactions between different populations, such as competition for food and habitat. Sometimes, the presence of a certain species may significantly affect the community make up. Such a species is known as a keystone species. For example, a beaver builds a dam on a stream and causes the meadow behind it to flood. A starfish keeps mussels from dominating a rocky beach, thereby allowing many other species to exist there.

An ecosystem is a community of living organisms interacting with each other and their environment. These organisms are usually grouped according to how they obtain food. Autotrophs, which make their own food, are known as producers. They make all their own food by using chemicals and energy sources from their environment. On the other hand, there are heterotrophs, known as consumers, which eat other organisms, living or dead. The consumers are classed into different groups depending on their food source. Herbivores feed on plants and are known as primary consumers. Carnivores feed on other consumers. Those that feed on primary consumers are called secondary consumers, and they are eaten by tertiary and higher level consumers. Some organisms known as omnivores feed on both plants and animals. Organisms that feed on dead organisms are called scavengers, whereas detritivores feed on organic waste or fragments of dead organisms. Decomposers (e.g. bacteria, fungi) also feed on organic waste and dead organisms, but they digest the materials outside their bodies. The decomposers play a crucial role in recycling nutrients as they reduce complex organic matter into inorganic nutrients that can be used by producers.

Match each statement with the correct area, **A-D**.

27 It is part of the atmosphere.
28 It contains the surface part of the earth.
29 One of its constituents is glaciers.

List of Areas

A the lithosphere
B the troposphere
C the hydrosphere
D the highest mountain-tops

Choose the correct letter, **A, B, C** or **D**.

30 Organisms could become terrestrial partly because

   A they had the necessary nutrients to do so.
   B the ozone layer had been protected.
   C ozone molecules had created a shield.
   D they had had 4 billion years to evolve.

31 The biotic factors that affect species include

   A the precipitation per year.
   B the amount of competition they have for living space.
   C the amount of oxygen in the atmosphere.
   D the temperature in the environment.

Questions 32-39

*Complete the notes below. Choose **NO MORE THAN THREE WORDS** from the passage for each answer.*

Ecosystem Organisms

Autotrophs:
- also called producers
- use environment's **32** ....
  and energy to produce own food

Heterotrophs:
- also called **33** ....
- eat other organisms
- classified by **34** ....

Herbivores:
- diet consists of **35** ....

Carnivores:
- eat other consumers
- eaten by **36** ....

Omnivores:
- consume plants and animals

37 .... :
- diet consists of dead organisms

Detritivores:
- food comes from organic waste
  and dead organisms

Decomposers:
- similar to detritivores
- digestion occurs **38** ....
- **39** .... are produced

Question 40

*Choose **ONE** letter, **A-D**.*

The writer mentions details about the earth and the evolution of life.

Which **ONE** of the following factors is NOT mentioned in the passage?

A Organisms can be found all over the earth.

B Compared to the size of the earth itself, the biosphere is very small.

C Many species have already become extinct due to harmful UV radiation.

D Some species have a greater effect on their ecosystem than others.

📖 解説

Q27-29 は⑥**情報・モノを組み合わせる問題**です。選択肢A〜Dが第1パラグラフ前半にあることをまず確認してください。その前か後ろにそれぞれについて説明があるはずです。次に問題文中のキーワードを手掛かりに説明部分を読み、適切な選択肢を選びます。**Q27** は the atmosphere がキーワードです。第1パラグラフ第2文の lower region of the atmosphere called the troposphere から、答えは選択肢 B です。なお、問題文の part はパッセージの region の言い換えとなっています。**Q28** のキーワードは the surface part ですが、これは第1パラグラフ第2文の the outer layer の言い換えです。その説明は後ろに which is known as the lithosphere と関係代名詞の非制限用法で付け足していますので、答えは選択肢 A となります。**Q29** は glaciers がキーワードで、パッセージにある ice の言い換えとなっています。ice は the hydrosphere の説明部分にあるので、答えは選択肢 C となります。

Q30-31 は⑦**多項選択式問題**で、未完成の文を完成させるタイプです。問題文前半のキーワードからパッセージの該当部分を探してその前後をよく読み、その内容と合う後半部分を選びます。**Q30** は生物が terrestrial「陸生」になることができた要因についての記述を探します。第2パラグラフ中程に As organisms became more complex, they eventually became capable of living on land. とあり、その後にも要因が述べられています。選択肢と照らすと、選択肢 C の「オゾン分子が遮蔽物を作った（＝オゾン層ができた）」が唯一一致しますので、答えとして選ぶことができます。なお、ozone layer「オゾン層」は ozone shield とも呼ばれます。**Q31** は biotic factors をキーワードとして、

第3パラグラフ中程にある abiotic and biotic limiting factors を確認します。その後を読むと、biotic factors についての部分 Biotic limiting factors involve interactions between different populations, such as competition for food and habitat. が出てきます。ここから内容の一部を言い換えている選択肢 B を選ぶことができます（living space はパッセージの habitat の言い換え）。なお、選択肢 A、C、D はいずれも abiotic limiting factors に含まれます。

Q32-39 は①**図・メモ・表・フローチャートを完成させる問題**です。メモの最初が Ecosystem Organisms であることから、An ecosystem ... から始まる第4パラグラフの初めから見ていきます。**Q32** は Autotrophs についての説明部分がすぐに出てくるので読んでいくと、They make all their own food by using chemicals and energy sources from their environment. とあります。ここから chemicals が答えであることがわかります。パッセージには続いて **Q33** と **Q34** のキーワード Heterotrophs の説明が出てきます。まず known as consumers から **Q33** の答えが consumers であることがわかります。次に **Q34** は classed into different groups depending on their food source から、(their) food source が答えとなります。**Q35** は、Herbivores の説明部分に Herbivores feed on plants とあり、答えは plants であるとわかります。**Q36** は Carnivores の説明部分に they are eaten by tertiary and higher level consumers とあります。ここから、3語までで空欄に入れて意味の通る tertiary consumers または higher level consumers が答えとなります。**Q37** は説明の dead organisms をパッセージ内で探します。Organisms that feed on dead organisms are called scavengers から、答えは Scavengers になります。**Q38** と **Q39** は第4パラグラフ後半にある Decomposers の説明を読んでいきます。they digest the materials outside their bodies から、**Q38** の答えは outside their bodies であることがわかります。**Q39** は they reduce complex organic matter into inorganic nutrients とある部分の reduce ... into ～が「……を～に還元する」という意味であり、問題の produce がそれを言い換えていることに気がつけば、答えとして inorganic nutrients を選択することができます。

Q40 は⑦**多項選択式問題**です。NOT mentioned「言及されていない」項目を選ぶ場合は、選択肢すべてを確認する必要があるので少々時間がかかります。正解は選択肢 C で、第2パラグラフで UV radiation と生物の進化の関係について述べられているのでよく読んでください。UV radiation が harmful だとは言っていますが、そのせいで絶滅した種の存在については触れられていません。なお、選択肢 A は第1パラグラフで説明されています。特に中程の the biosphere is considered to extend from the oceans' floor to the highest mountain-tops が該当します。同じパラグラフ最終文の The bulk of living

organisms actually live within a smaller fraction of the biosphere が紛らわしいです
が、the bulk of「の大部分」と述べることで、smaller fraction of the biosphere 以外
の場所にも生物がいることを示しているので、引っかからないようにしましょう。また、
選択肢 B は第 1 パラグラフ最後から 2 番目の文に、選択肢 D は第 3 パラグラフ後半に記
述があります。

訳

生物圏

地球と太陽系のほかの惑星とを区別する特徴のひとつである生物圏は、植物、動物、細菌というすべ
ての生命体を内包する地球の領域のことである。これは、岩石圏と呼ばれる地球の外側の層と、対流
圏と呼ばれる大気の下方の層を含む。さらに、地球の水源を成している湖、海、川、氷、雲を合わせ
た水圏も含む。昔から生物圏は海底から一番高い山の頂まで延びる、厚さ平均約 20 キロメートルの層
と考えられている。現在では科学者たちには、非常に深い場所、時には地殻内を数千メートル入った
ところに、何らかの種の微生物が生息することが知られている。とはいえ、生物圏は地球全体の規模
で言えば非常に小さな範囲であり、リンゴの皮の厚さにたとえられるほどである。生物の大部分は実
際のところ、海面下 500 メートルから海上 6 キロメートルほどの、生物圏のほんのわずかの範囲に生
息している。

海の環境が最初の単純な生命体に必要な養分と生息可能な環境を提供したため、生物は海が形成され
た後に進化した。海はまたそうした生物を大気中の過酷な紫外線放射からも守った。生命体はより複
雑化するにつれ、最終的に陸生が可能になった。しかしながら、これは大気に酸素が加えられていき、
有害な紫外線を遮断する保護的なオゾン層が形成されて初めて起こったことである。過去およそ 40 億
年にわたって、生物は多様化し、北極や南極周辺の氷で覆われた地域から赤道付近の温かい熱帯地方、
また岩でできた地殻の奥深くから対流圏の上部まで、いかなる環境にも適応してきた。

地球上には何百万もの種が存在するが、そのほとんどについては十分に研究されておらず、多くは存
在を知られていない。その大半は昆虫や微生物であり、人間や他の哺乳類はほんの一部にすぎない。
一定の地域に生息する同じ種の個体が多く集まって個体群を構成する。その数は典型的に数個体から
数千個体の幅がある。特定の環境に見られる個体群は、非生物的および生物的制限要因によって決まる。
これらは個体群の成功に最も影響を与える要因である。非生物的制限要因とはその環境の物理的およ
び化学的特徴であり、日光の量や、年間降水量、手に入る栄養素、酸素レベルや温度を含む。生物的
制限要因とは、食物や生息場所をめぐる競争など、異なる個体群間の相互作用に関わるものである。
ある特定の種の存在が生物群集の構成に重大な影響を及ぼすことがある。このような種はキーストー
ン・スピーシーズ（要石種）として知られている。例えば、ビーバーは川にダムを造り、その後ろの
草地に水をあふれさせる。ヒトデはイガイに荒磯を占拠させないようにし、そのおかげでほかの多く
の種がそこに生息可能になる。

生態系とは、互いに作用し合い、また環境とも作用し合う生物の群集である。これらの生物は通常、
食物の入手方法によって分類される。独立栄養生物は自らの食物を作ることができ、生産者として知
られている。この生物は周りの環境にある化学物質やエネルギー源を使って自分のすべての食物を作
る。一方、消費者として知られる従属栄養生物は、生きているものであれ死んだものであれ、ほかの
生物を食べる。消費者はその食物源によって異なるグループに分類される。草食動物は植物を常食とし、
一次消費者として知られている。肉食動物はほかの消費者を餌にする。一次消費者を食べるものは二

次消費者と呼ばれ、二次消費者は三次消費者とさらに上位の消費者に食べられる。植物と動物の両方を食べる雑食性動物と呼ばれる生物もいる。生物の死骸を食べて生きる生物は清掃動物と呼ばれ、腐食性生物は有機廃棄物や死んだ有機体の断片を常食とする。分解者（バクテリアや真菌類など）もまた有機廃棄物や死んだ有機体を食べるが、それらの物質を体外で消化する。分解者は、複雑な有機物を生産者が使える無機栄養物に還元することで、栄養素の再利用において極めて重要な役割を果たしている。

解答

27 B	**28** A	**29** C	**30** C	**31** B	**32** chemicals	**33** consumers
34 (their) food source	**35** plants	**36** tertiary consumers / higher level consumers
37 Scavengers	**38** outside their bodies	**39** inorganic nutrients	**40** C

WRITING

完全対策

LISTENING

READING

WRITING ▶

SPEAKING

11 ライティングテストの概要

◢ ライティングテストとは?

ライティング力を測るテスト

ライティングテストでは2種類のタスク（タスク1、タスク2）が出題されます。タスク1は150語以上、タスク2は250語以上のエッセイを書くことが求められます。ペーパー版の場合、エッセイは罫線入りの解答用紙に手書きで書き込みます。コンピューター版の場合、パソコン上にタイピングしていきます。タスク1、2のいずれも欧米の大学の授業に提出するレベルの文章力が求められます。ただし、タスク1とタスク2では、求められるスキルはそれぞれ異なります。

タスク1とタスク2

1）タスク1：150語以上のエッセイ

　　タスク1は客観的に事実を述べながら説明する能力を測ります。グラフ、表、図解、地図などが提示され、そこから読み取った情報を自分の言葉で説明することが求められます。

2）タスク2：250語以上のエッセイ

　　タスク2は自分の意見を論理的に述べる能力を測ります。与えられたトピックに対して自分の意見を明確に提示し、読み手を納得させる論拠を十分に示した文章を書くことが求められます。

タスク1と2の相違点と共通点については以下を参照してください。

タスク1	タスク2
• 150 語以上のエッセイ • 図表について説明する • 自分の意見や理由は言わない • 与えられる図表によって書く内容がある程度決まってくる • 点数配分はタスク2より低い	• 250 語以上のエッセイ • 与えられたトピックについて論じる • 自分の意見や理由を言う • 書く内容や論点は書き手次第である • 点数配分はタスク1より高い
タスク1とタスク2の共通ポイント	
• 問題を正確に理解する必要がある • 書き始める前に必ずエッセイの計画を立てる必要がある • 問題内容の取り違えは減点の対象となる • 4つの基準間で採点比重に偏りはありません	

テスト時間は60分

テスト時間は60分です。2題のタスクのうち、どちらから取り組んでも構いません。しかし、タスク2の方が語数が多く点数の配分も高いので、目安としてはタスク1を20分ほどで終えて、残りの40分をタスク2に配分するといいでしょう。

◢ 評価の基準

バンドスコアでの評価

結果に合格、不合格はありません。1から9まで、0.5刻みのバンドスコアで採点されます。

4つの評価基準

評価には「タスクの達成（タスク1）・タスクへの応答（タスク2）」「一貫性とつながり」「語彙力」「文法力と正確さ」の4つの基準が設けられています。それぞれに1から9の点が与えられ、その平均値がライティングテスト全体のバンドスコアとなります。

例：ある受験者が４基準でそれぞれ下記のようなスコアだった場合には……

タスクの達成・応答	5
一貫性とつながり	6
語彙力	5
文法力と正確さ	6
４分野の合計	22

バンドスコアは４分野の合計スコアを４で割った、「5.5」となります。

評価については、IELTSのホームページ(www.ielts.org)に詳しく説明されていますが、要点は以下の通りです。

1．タスクの達成（タスク１）・タスクへの応答（タスク２）

タスク１、２ともに、問題が求めていることにすべて対応できているかどうかを評価します。タスク１では、図表の重要な点を適切に要約し、解説し、説明しているかを評価します。タスク２では複数の関連した考えや意見を効果的に提示し、それらを十分に裏付けのある議論として展開しているかを評価します。

2．一貫性とつながり

「論の一貫性」は、エッセイ全体を通して自分の考えを論理的に示すことができているかを評価します。そのためには、必要な情報が体系づけられて、ふさわしい順番で提示されていなければなりません。具体的には、適切なパラグラフ分けができているか、パラグラフ内のトピックセンテンスでメインアイディア（要旨）がきちんと示されているか、サポート（論拠）はそのメインアイディアを証明／説明するにふさわしいものか、といった点がポイントです。逆に、何のためにそこにあるのかわからない情報が含まれていたり、最後に今までに述べてきたのと違うことを言ったりすると評価が低くなります。「論のつながり」は、パラグラフ間、センテンス間、センテンス内の節や語句が有機的につながり、論旨がスムーズに流れているかを評価します。接続詞や（接続）副詞などの「つなぎの表現」が必要に応じて適切に使われているか、代名詞とそれが参照している既出の名詞がきちんと対応しているか、などがポイントです。

3. 語彙力

多様な語彙を適切に用いているか、コロケーション（連語関係）、語形、綴り
が正確であるかなどを評価します。

4. 文法力と正確さ

文法が適切で正確であるか、単文、重文、複文など、多様な構造の構文を使
えているかなどを評価します。また、パンクチュエーション（句読法）の正
確さも評価対象です。

◤ 基本的な対策

問題をよく読む

問題をよく読み、何を要求・質問されているかを確認してください。質問にきち
んと答えていなければ、正確な英語で優れたエッセイを書いても高い評価は望め
ません。

語数に注意

タスクごとに設定された必要な語数（タスク1は150語以上、タスク2は
250語以上）を満たすことは必須です。語数が足りないと減点されてしまいます。
例えば、タスク2ならば「少なくとも250語」という規定がありますが、当然、
250語を超えても構いません。ペーパー版の場合、解答用紙が足りない場合は、
追加をもらうことができますので、試験官に頼みましょう。また、ペーパー版の
エッセイは手書きなので、語数を数えることが難しいため、だいたい自分の文字
の大きさではどのくらいの面積で何語になるのかを事前の練習時に把握しておく
といいでしょう。あるいは、1行に書く語数をあらかじめ10語などと決めておき、
最初の数行は語数を数えて、その後は同じ感覚で書いていくようにすれば、行数
だけを数えればだいたいの語数がわかります。例えば1行を10語とした場合、
25～27行程度で250語の基準は満たしていると見当がつきます。
なお、コンピューター版の場合は、タイピングしていくと語数が自動的にカウン
トされ、画面上に表記されます。

時間配分に注意

テスト時間の60分を有効に使いましょう。特に、初めに取りかかるタスクの方
に時間をかけすぎてしまいがちなので、注意してください。例えば、タスク2か

ら書き始めた場合に悩んだり、書き直したりしているうちに５０分もかかってしまうと、タスク１は途中で終えることになってしまうかもしれません。また、タスク１から始める場合は、タスク２はタスク１より点数配分が重いことに留意して、必ずタスク２に充分な時間を残すようにしましょう。短い時間でタスク２本をこなすには、ある程度の「見切り」も時には必要と心得ておいてください。

練習ではエッセイを書き上げることが大事

エッセイを書く際に必要な表現などについて、個別に練習することはもちろん有効ですが、部分練習だけでなく、必ずエッセイ１本を自分で書き上げる練習をしてください。エッセイをゼロから組み立てて１本書き上げることを繰り返すうちに、エッセイのさまざまな展開のバリエーションが自分の中に蓄積していき、エッセイを組み立てる力が徐々についていきます。そうした蓄積によって本番では「こういう問題なので、あのパターンでいこう」といったイメージがすぐに浮かぶようになり、大幅に書くスピードがアップするでしょう。

エッセイの添削を受けて「弱点」は事前に克服を

自分で書いたエッセイは必ず、英語ネイティブか同等の英語力を持った人に添削してもらってください。本番では短い時間にエッセイ２本を書き上げる必要があるので、最後にチェックする時間を取るとはいえ、そこで大幅に書き直している時間はありません。そのため、試験を迎える前の準備段階で、自分が陥りがちな英語のミス（主語と動詞の一致、時制、冠詞、スペルなど）を知っておくと、本番では単純なミスを訂正する時間を省くことができ、エッセイの質を上げることにつながります。

■ ライティングスタイルの注意点

ペーパー版の場合、読みやすい字で書く

最近はコンピューターの発達もあり、手書きで英文を書く機会は大変少なくなっています。そのせいか、例えば Peter plays the piano. のすべての p が大文字に見えるように書かれている、というようなことがよくあります。これは単に「字が汚い」では済まされません。適切な大文字の使い方（文頭や固有名詞は大文字で始める）ができていないとみなされる恐れがあります。また、g/j/p/q/y は罫線の下まで出るように書く、大文字は小文字の２倍の大きさで書くといったことも注意すべき点です。そのほか、a と u、f と t、i と l など、紛らわしい書きグセの起こりやすい文字があります。また、カンマ (,) とピリオド (.) の区別がつきにくい書き方をする人もいます。ライティングもコミュニケーションであるということを意識して、普段から読み手に正確に伝わる書き方を心がけてください。

メモ形式や箇条書き形式にしない

エッセイをメモや箇条書きの形式で書いてしまう人が見られますが、これらはフォーマルなエッセイのスタイルではありませんので注意しましょう。エッセイの書き方については、タスク１、タスク２それぞれの対策の項を参考にしてください。

パラグラフの区切りがひと目でわかる書き方をする

各パラグラフは分離していることが視覚的にはっきりわかるように書くことが大切です。和文の場合、段落を変えるときは改行し、新しい段落は１マス（１文字分）下げて書き始めます。同様に、英文でも段落を変えるために改行しますが、新しい段落の書き始めは４、５文字分（1 ～ 1.5 cm）下げるのが普通です。これをインデントと呼びます。あるいは、新しいパラグラフにする際に改行し、１行空けて次のパラグラフを書き始める（この場合はインデント不要）ことにより、パラグラフの区切りをより明確にすることもできます。本書のサンプルエッセイは確実にパラグラフの区切れ目を示すことのできる後者の方法を取っています。

同じ単語・表現の多用は避ける

洗練された英語の文章の特徴のひとつとして、同じ単語や表現を繰り返し使わないという点があります。そのため代名詞を使う、句⇔節など文の構造を変える、別の単語、表現で言い換えるなどの工夫が必要となります。次の英文では、繰り返しを避けるために表現を言い換えています。下線部に注目してください。

The researcher thought **he** discovered the star, but another **scientist** had already **observed it** just a few days before **him**. You might think **such a short period of time** does not matter.

この英文中で、先行する語句と、それを言い換えている語句は次のようになります。
the researcher　→　he　→　him
researcher　　　→　scientist
discover　　　　→　observe
the star　　　　→　it
a few days　　　→　such a short period of time

このように、必ずしも常に難しい単語で言い換える必要はなく、単にできるだけたくさんの表現方法を知っていることを示すことができればよいのです。

一人称の多用を避ける
タスク1は情報を説明する能力を測るものなので、主観を表す一人称は使わないようにしましょう。また、タスク2においてもなるべくなら一人称は避けた方がいいでしょう。一人称では「一個人の意見＝客観性に欠ける」という印象があり、子供っぽい感じがしてしまいがちです。詳しくは「タスク1で求められるエッセイ」「タスク2で求められるエッセイ」の項をそれぞれ参考にしてください。

get, do, put, take などの基本動詞の使用について
こうした基本動詞の使用自体に問題があるわけではありません。しかし、こうした動詞のみで書かれたエッセイは「子供の作文」のように見えるので、語彙力の評価が低くなります。上で指摘したとおり、できるだけ多様な語句や表現を使い、語彙力を示すことを心がけてください。また、ラテン語語源の単語の使用も有効な対処方法です。これについては本項に後述の「レベルアップを狙うために」を参照してください。

短縮形の使用について
IELTS では It's や don't などの短縮形を使うことは問題ありません。ただし、フォーマルな英文では原則として短縮形は使われません。格調高く見せるためにも、また、語数を稼ぐためにも、短縮形を使わずに書くのもひとつの方法です。

◢ 文法の注意点

主語と動詞の一致
英語は主語に応じて、動詞の形が厳密に決まるので注意してください。動詞を書く場合には、その動詞の主語となる語を確認する習慣をつけましょう。

代名詞が何を指すかを明確にする
日本語では「これ」「それ」「あれ」など、何を指すのかを状況により判断する必要がある場合でも代名詞が使われますが、英語では代名詞が何を指すのかを常に明らかにしないと読み手は混乱してしまいます。下の文を見てください。

I can never feel comfortable on a plane. It always makes me nervous.

文の流れから it は「飛行機に乗ること」であることは推測できますが、英文としては it の内容を明確に言語化することが必要です。この場合は it を Flying と言い換えて、Flying always makes me nervous. とすれば意味がより明らかになります。

不完全なセンテンスは避ける
日本人学習者によって書かれた英作文には不完全な文がしばしば見受けられます。その多くは「節」と「文」を勘違いしていることが原因でしょう。下の文を見てください。

× Because English is spoken in many countries as an international language.

これは Because で始まる従属節のみなので、書き言葉としては完全な文であるとは言えません。下が主節を入れて書き換えた例です。

○ I study English hard because English is spoken in many countries as an international language.

また、下のような不完全な文もよく見られます。

× We did our best, we lost the game.

２つの節を結びつける接続詞がないので、適切な接続詞で２つの文をつなぐ必要があります。書き換えると下のようになります。

○ Although we did our best, we lost the game.
○ We did our best, but we lost the game.

必ず主語と動詞（必要な場合は目的語や補語も）のある完全なセンテンスで書くようにしましょう。

時制
英語は、話し手のいる現在の時点を基準として、今のことを言っているのか、過去のことを言っているのか、あるいは未来のことを言っているのかによって、動詞の形を変化させる言語です。日本語の訳に影響されると混乱するので、現在（書き手のいる時点）から見て、書いている事柄がどの時点の出来事であるのかを確認する必要があります。

次の例文を英語にすることを考えてみてください。

「友達が一緒に勉強しようと言ってきたが、私はそのときにはもうその課題を終えてしまっていた」

気をつけるべき時間帯は以下の３つです。
① 「私」がこの英文を書いたとき → **現在**
② 「友達が一緒に勉強しようと言ってきた」とき → **過去**
③ 「私が課題を終えた」とき → **②よりも前の過去**

これらを図示すると下のようになります。

特に過去完了にすべきかどうか迷った場合は、このような図を書いてみると判断の助けになります。

222

完成した英文は下のようになります。

My friend <u>asked</u> me to study with her, but I <u>had</u> already finished the assignment.

仮定法

特にタスク2では、「もし～」とある状況を仮定して論を進めるのはとても効果的な方法です。しかし、残念なことに、仮定の表現は日本人にとって文法上の間違いを犯しやすい弱点でもありますので注意が必要です。基本的な考え方は次のとおりです。

<u>実現可能性のあり／なしについての書き手の気持ちやどの時点の話をしているのかなどの状況</u>によって、以下のケース①～③のどれを使うかを判断する。

ケース①

そうなる<u>可能性があると思っている</u>／実際にそう<u>（なる）</u>かもしれない
＝ 現実にありえる仮定（条件）

If you study hard, you will pass the test.（直説法）
一生懸命に勉強すれば、試験に合格するだろう。

ケース②

そうなる<u>可能性があるとは思っていない</u>／実際にはそう<u>でない（ならない）</u>
＝ 現在の事実に反する仮定

If you studied hard, you would pass the test.[※]（仮定法過去）
一生懸命に勉強したら、試験に合格するだろうが……（一生懸命に勉強しないので、合格しない）。
※形は過去形だが、現在を意味している。

ケース③

そうなる<u>可能性があったとは思っていない</u>／実際にはそう<u>ではなかった（ならなかった）</u>＝過去の事実に反する仮定

If you had studied hard, you would have passed the test.[※]（仮定法過去完了）
一生懸命に勉強していたら、試験に合格しただろうが……（一生懸命に勉強しなかったので、合格しなかった）。
※形は過去完了形だが、過去を意味している。

ラテン語語源の単語（特に動詞）を使う

ヨーロッパ言語の学術用語はラテン語から派生しているものが多く、同じことを言う場合でもラテン語語源の単語を使うことで、よりアカデミックな印象を与えることができます。また、「ライティングスタイルの注意点」で言及した、同じ語句や表現、特に基本動詞の多用を避けることもできますので、できるだけラテン語系の単語を使うようにしましょう。

ラテン語系の単語に言い換えた例：

get	→	acquire, obtain
think	→	consider
come back	→	return
look at	→	observe
look into	→	investigate

受動態を用いることも考慮に入れる

受動態を用いることも、文章の構造にバラエティを持たせるために有効です。特にタスク1で地図や図解の説明をするときに役に立ちます。また、タスク2で自分の意見を直接主張することを避け、一般化して提示するために使うこともあります。ただし、日本人は不必要に受動態を使いすぎる傾向があるので注意が必要です。あまりに受動態が多いと回りくどくなりますし、文法的に正しくても不自然な感じがする文もよく見られます。よって、まずは能動態で書くことを考え、次に受動態を使う可能性を検討することをお勧めします。

文全体を修飾する副詞を文中に入れる

副詞（句）は、語順に厳格なルールがある英語においては、比較的自由に文中で置く位置を変えることができます。例えば、however や for example などの文全体を修飾する副詞（句）は、文頭にも文中にも使われます。どちらでも同じ意味ですが、文中に置くとよりアカデミックで格式の高い印象を与えることができます。また、まれに文末に置かれることもあります。以下の例を見てみましょう。

However, it can pose some serious problems.
→ It can, however, pose some serious problems.
→ It can pose some serious problems, however.

使用する際には、注意すべき点が2つあります。

1）文中に副詞を置く場合のおおよその位置は、動詞の前、be動詞／助動詞の後。
2）文頭、文中、文末のいずれに置く場合でも、一般的にカンマが必要。

このように、文頭以外に置くとミスを犯しやすいので、よく確認して、文法に誤りがないと自信が持てた場合だけにした方がいいでしょう。

次項からは、タスク1とタスク2それぞれの対策を紹介していきます。

12 タスク1対策

■ タスク1の概要

客観的事実を説明する能力を測るテスト

タスク1ではレポートタイプのエッセイを書きます。与えられた説明文と図表から、それらの示す情報について客観的に説明することが求められます。

幅広いトピック

出題される可能性のあるトピックは多岐にわたります。人口や貿易といった統計データなどを示すグラフや表、機械の仕組みや工業処理プロセスなどを説明する図解、ある土地の開発計画を示す地図など、あらゆる分野の情報が取り上げられています。しかし、いずれも与えられた説明文と図表から内容を把握できるものになっており、専門的知識が求められるわけではありません。

エッセイに必要な語数

必要な語数は「少なくとも150語」と規定されています。150語に満たない場合は減点されてしまいますので、必ず150語以上は書くようにしてください。

時間配分

ライティングテスト全体の試験時間60分のうち、20分ほどかけるのが適当でしょう。約20分で、問題を読んで理解し、計画を立て、エッセイを書き、見直しをしなければならないので、時間配分は非常に大切になってきます。詳しくは本項の「4ステップでエッセイを書いてみる」を参照してください。

■ タスク1の問題タイプ

タスク1では、説明文と図表によって情報が提示されます。図表は主に折れ線グラフ・棒グラフ・円グラフ・表・図解・地図などですが、ひとつの問題に図表が1種類のみ提示されることもあれば、2種類以上を組み合わせて提示される場合もあります。

指示文の例：

You should spend about 20 minutes on this task.

> *The graphs below show information about Australian exports to and imports from different regions over a period of time from 1995 to 2010.*
>
> *Summarise the information by selecting and reporting the main features, and make comparisons where relevant.*

Write at least 150 words.

訳：

このタスクには20分程度の時間が与えられています。

以下のグラフは、1995年から2010年の期間における、オーストラリアとさまざまな地域との間での輸出入に関する情報を示しています。

主な特徴を選択・説明しながら情報を要約し、関連のある部分を比較しなさい。

少なくとも150語を書きなさい。

図表の例

① 折れ線グラフ── Line Graph

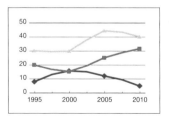

⇒「折れ線グラフ」の問題について、詳しく
は後述の「4ステップでエッセイを書い
てみる」をご参照ください。

② 棒グラフ── Bar Chart

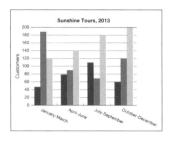

③ 円グラフ── Pie Chart

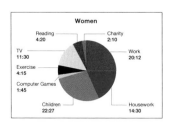

④ 表 —— Table

Expenditure by Age Group			
	20-29 ($)	40-49 ($)	65 + ($)
Food and Drink	170	293	130
Alcohol and Tobacco	135	123	69
Clothing and Footwear	65	52	49

⑤ 図解 —— Diagram

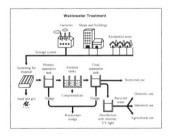

⑥ 地図 —— Map

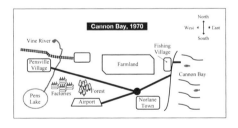

⇒ 問題タイプ②〜⑥について、詳しくは後述の「問題タイプ別サンプルエッセイ」をご参照ください。

⇒ 2種類の図表を用いた問題については、巻末の「トリプル模試」の TEST 2 で取り上げています。

タスクで求められることを達成する

タスク1では、*Summarise the information by selecting and reporting the main features, and make comparisons where relevant.*「主な特徴を選択・説明しながら情報を要約し、関連のある部分を比較しなさい」という指示があります。つまり、与えられている数値すべてに言及する必要はありません。また、その時間的余裕もありません。主要な傾向を把握し、それを的確に示すことが求められているのです。それが効果的に達成できる数値をデータからいくつか選択し、列記または比較して数値の増減や変化を示しましょう。また、本筋と関係のない文は存在するだけでまとまりに欠ける印象を与えるので、気をつけてください。

客観的に書く

大学やビジネスの場では、客観的な資料を用いて簡潔で矛盾のない説明をすることが求められます。タスク1ではこうした能力、つまり与えられた図表データを分析し、それを言葉で説明する能力や、何かの仕組みやプロセスを順序立てて説明する能力を示す必要があります。具体的には、客観的な説明文なので一人称の「I」を使うことはまずありません。また、あくまで客観的な記述が求められているので、「犯罪が減って治安がよくなり<u>よかった</u>」などの価値判断や、「2国間の貿易がもっと増えて<u>ほしい</u>」などの自分の意見を書くことも避けてください。

データの引用は正確に

先に述べたとおり、数量を扱っているデータの場合は、実際の数値を挙げる必要があります。図表上の数値をそのまま使う場合は、単位も含めて正確に書き写しましょう。ただし、いつも数値をそのまま引用する必要はありません。over / around / about などを使って「おおよその」数を示すことができます。そうすることにより、幅広い表現力があることを示すこともできます。

時制に注意

トピックを紹介する部分は現在形（例：The graph <u>shows</u> . . .）で書きます。ただし、図表によって示された情報を説明する際には、そのデータが過去・現在・未来のどの時間帯に関する情報かを確認し、それに応じて時制を決める必要があります。過去に関する情報ならば過去時制、現在のことを示している（データの取得年月日が記載されていない場合も含む）場合は現在時制、未来の予測が示さ

れている場合には未来時制で書くようにしてください。

◢ タスク1のエッセイの基本的な構成

ここではタスク1のエッセイに最適な構成を学びましょう。タスク1のようなレポートタイプのエッセイは、基本的に下の2つのパターンのいずれかで書くとまとめやすいでしょう。

パターンA

第1パラグラフでトピックを紹介し、全体の要約（まとめ）を書き、続く第2、第3パラグラフで情報の詳細を、具体例（数値）を挙げながら比較・説明する。

導入＋要約	パラグラフ1
情報の説明	パラグラフ2
	パラグラフ3

パターンB

パターンAとほぼ同じだが、第1パラグラフでは導入だけに留め、要約を最後のパラグラフに書く。

導入	パラグラフ1
情報の説明	パラグラフ2
	パラグラフ3
要約	パラグラフ4

パターンAとBのどちらで書いても構いませんが、導入に続いて要約を入れた方が、初めに趣旨を伝えることができるので、より明確なエッセイになるでしょう。また、20分という限られた時間を考えると、導入を書いたらすぐに要約も書いてしまった方が、最後に効果的な要約を書けずに終わるリスクを避けることができるかもしれません。また、パターンAの場合でも、最後に再度、言葉を変えて

1文程度の短い要約を入れ、エッセイ全体のまとめとしても構いません（導入＋要約→情報の説明→言い換えた要約）。

なお、パラグラフの数は特に決められていませんが、上記の構成を踏まえた場合、3〜4つが適当でしょう。ただし、情報が多岐にわたる場合は「情報の説明」の部分のパラグラフを小分けにするなど、臨機応変に対応してください。

では、簡単な例題を使って、構成を確認してみましょう。例えば、「日本におけるA国とB国の旅行者の推移を示した折れ線グラフ」を説明する場合、下記のように組み立てることができるでしょう。

パターンA

【導入＋要約】
このグラフはA国とB国からの訪日旅行者数の傾向を示している（**導入**）。
全体的に見て上昇傾向にある（**要約**）。

【情報の説明】
A国からの旅行者は〜。
B国からの旅行者は〜。

パターンB

【導入】
このグラフはA国とB国からの訪日旅行者数の傾向を示している。

【情報の説明】
A国からの旅行者は〜。
B国からの旅行者は〜。

【要約】
全体的に見て上昇傾向にある。

◢ 4 ステップでエッセイを書いてみる

では、これから問題を読むことから始めて最終チェックまで、実際に順を追って
エッセイライティングに取り組んでみましょう。ここでは中級者のエッセイを例
に取りながら説明していきます。

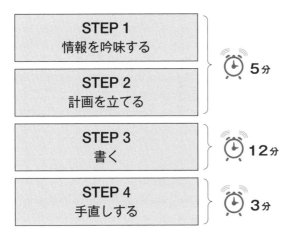

> サンプルエッセイは本書のために実際にテスト形式で作成されたエッセイを元
> にしているため、筆者により、英文のスタイルやパンクチュエーションに違い
> があります。

最初に、タスク1の問題例を見てみましょう。

You should spend about 20 minutes on this task.

> *The graphs below show information about Australian exports to and imports from different regions over a period of time from 1995 to 2010.*
>
> *Summarise the information by selecting and reporting the main features, and make comparisons where relevant.*

Write at least 150 words.

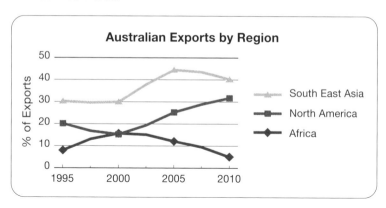

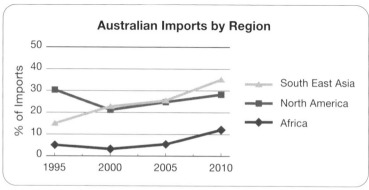

この問題では、*The graphs below show information about Australian exports to and imports from different regions over a period of time from 1995 to 2010.*「以下のグラフは、1995年から2010年の期間における、オーストラリアとさまざまな地域との間での輸出入に関する情報を示している」という説明とともに、折れ線グラフが2つ示されています。こうした「折れ線グラフ」が提示される問題では多くの場合、トレンドや経年変化について書くことになります。時間軸は過去だけではなく、現在、そして未来にまで及ぶことがあります。まずは与えられた情報をしっかり理解しましょう。以下のような問いかけをしてみてください。

- グラフは何を話題としているか？
  - → オーストラリアの輸出入
- どの地域が言及されているか？
  - → South East Asia / North America / Africa
- 時間軸（横軸）はいつ（現在・過去・未来）の何年分を示しているか？
  - → 1995～2010年の15年間（過去～過去）
- 縦軸は何を示しているか？
  - → 輸出入のパーセンテージ※

※ここで注意しておきたいのが、このグラフは輸出・輸入の「量」ではなく、輸出と輸入における各地域の「全体に対する割合（%）」を示していることです。そこを取り違えると、誤ったデータをエッセイに書いてしまいます。

STEP 2 計画を立てる

書き始める前に必ず計画を立てましょう。データの主な特徴と具体的な詳細をチェックしながら、どのような観点からどういった情報を入れてエッセイを組み立てるのかを決めていき、それをメモします。この時点でパラグラフ分けも決めておきます。その構成メモを基にエッセイを書くようにすれば、あらかじめ書く要素を決めることができ、書き始めてから途中で迷ったり矛盾に気づいたりして時間を失うような事態を避けられます。

なお、メモはなるべく英語で書くようにしましょう。この時点から英語で書くことで、本番で頭を英語に切り替える時間を短縮できます。メモを日本語で書く場合は、その内容を英語で言えそうにないときには本番でも書けない可能性が高いので、それは諦めてほかのものを使うようにしましょう。以下は、輸出と輸入の項目別に作った構成メモの例です。

```
Para 1
Intro + Summary
        Exp and Imp – AU and three – 1995 to 2010
        SE Asia and NA – a lot
        Africa – less
```
```
Para 2
Exp
        1995 to 2010 – SE Asia and NA – similar
                     – SE Asia – 30% to 45% to 40%
                     – NA – 20% to 15% to 30%
        Africa – different – 8% to 15% to 5%
```
```
Para 3
Imp
        1995 to 2010 – varies
        SE Asia – 15% to 22% to 35%
        NA – 30% to 20% to 28%
        Africa – 5% to 12% (7% up)
```

これは構成パターンA「導入＋要約→情報の説明」を使っています。最初に「オーストラリアと3地域の1995〜2010年の輸出入」という「導入」と「東南アジアと北米との貿易が多く、アフリカが少ない」という「要約」を書き、続いて輸出と輸入に分けて情報を説明する構成になっています。この構成メモはかなりシンプルに見えるかもしれませんが、テストでは与えられた情報の詳細すべてについて書く時間はないので、特徴的な変化を示している情報、類似点や相違点を見極めて取捨選択し、焦点を絞るようにします。

STEP 3 書く

1）導入を書く

まずはトピックを紹介するために「導入（introduction）」を書きます。その際には説明文や図表で提示されている情報を使いますが、それらをそのまま書くことは避け、違う単語や表現、構文を使って言い換えるようにしてください。では、例を見てみましょう。

説明文：

The graphs below <u>show information</u> about Australian exports to and imports from different regions <u>over a period of time from 1995 to 2010</u>.

中級者の例

The graphs <u>provide information</u> about Australian imports from and exports to <u>three regions</u> <u>between 1995 and 2010</u>.

中級者の例では、説明文の表現をうまく言い換えています。

show information → provide information
different regions → three regions
over a period of time from 1995 to 2010 → between 1995 and 2010

※下記は改善が必要な例です。注意すべき点を参考にしてください。

× Growth rate of import and export about Australia from other countries, 1995-2010.

- 説明文の内容をよく理解しておらず、グラフが示す内容を取り違えている
- 主部だけで終わっており述部がなく、完全な文になっていない

2）要約を書く

次に「要約（summary）」を書きます。与えられた情報のうち、主な特徴を挙げて全体の概略を述べます。

Overall, Australia traded a lot with South East Asian countries and North America while it traded less with Africa.

最初にOverall「概して」という言葉で「要約」を始めることを明確に示したうえで、3地域との貿易の特徴を端的に述べています。

※下記は改善が必要な例です。注意すべき点を参考にしてください。

✕ Imports to and exports from South East Asia have high growth and Africa has low growth.

  • 北米についての言及がない
  • 情報が不正確（データが示すのは輸出入の割合であり、成長率ではない）

3）情報の説明を書く

最も重要なポイントと、対照を成している情報をはっきりと書きます。ここでは「輸出」と「輸入」に分けて書いていきます。

＜輸出＞

Exports to South East Asia were 30% of the total from 1995 to 2000, and then they rose to reach a peak of 45% in 2005. After that, they decreased to 40% by 2010. Exports to North America started at 20% in 1995, but they decreased to 15% in 2000. Then they rose to just over 30% in 2010. However, Australian exports to Africa rose from about 8% in 1995 to 15% in 2000, but then they fell back to 5% in 2010.

3地域それぞれについて1995年から2010年の変化が適切に描写されています。また、アフリカへの言及をHoweverで始めていることにより、ほかの2つの地域との傾向の違いを対照させることもできています。さらに、関連したすべてのデータが正しく、そしてまんべんなく提示されていることは注目に値します。このように、グラフ上で与えられている実際の数値データを文中に採り入れることで説得力が出ます。逆に、具体的な数値が提示されていないと不明瞭な内容に

なってしまうので気を付けてください。例えば「５％増えた」「２倍になった」などと書いた場合、「何％から５％増えたのか」「どこから２倍になったのか」という点まで示さないと、実際にどういった範囲での数値の動きなのかがわからず、「情報の説明」としては不十分です。

※下記は改善が必要な例です。注意すべき点を参考にしてください。

✗ Exports to South East Asia rose. They were highest in 2005, but went down in 2010. North America's exports went up, but South East Asia's exports were higher, but Exports to Africa fell from 2000 to 2010.

- 伝えたいことが整理されていない
- 数値データが提示されていない
- 大文字の誤用がある。グラフ内の説明書きは大文字になっているものでも、エッセイの文中では、場合に応じて小文字で書く。例：but Exports → but exports

＜輸入＞

中級者の例

South East Asian imports, which accounted for 15% in 1995, increased to 22% in 2000 and reached 35% by 2010. Although North America imports were at 30% in 1995, they decreased after 1995 to just over 20% in 2000, but these imports rose steadily to about 30% in 2010. Finally, imports from Africa went up by about 7% from 1995 to 2010.

輸出のパラグラフと同様に、こちらも３地域からの輸入の変化について主な特徴が書かれており、情報を説明するデータも入っています。アフリカについてより多くのデータを入れるとさらによいでしょう。

※下記は改善が必要な例です。注意すべき点を参考にしてください。

✗ South East Asia's imports start in the middle, and then they become <u>double</u>. In 2010, it is number 1. Africa's imports are very low at <u>15%</u>. They rise <u>so much</u> after 2000, and they are <u>the highest in 2010</u>.

- 北米の情報がない
- 数値データが少ない
- 情報が間違っているところがある（下線）
- すべて現在形で書いている。必ずしも誤りではないが、過去のデータなので、過去形で書いた方がより望ましい。

※このエッセイでは第１パラグラフで「導入＋要約」を書いたので、最後に「要約」を入れる必要は必ずしもありませんが、余裕がある場合は、下記のようにさらに「まとめ」となる文を入れてもいいでしょう。

To conclude, South East Asia and North America did a lot of trade with Australia during this period; however, trade with Africa was much less.

STEP 4　手直しする

最終チェックができるように、数分の余裕を持ってエッセイを書き終えましょう。ペーパー版でエッセイを直す際、不要な部分に線を引いて消したり、語句を書き加えたりすることは問題ありません。ただし、加筆や訂正をする場合でも、きれいに見えるように心がけてください。また、文法や綴りの間違いについても確認するようにしましょう。

チェックリスト

☐ タスクを達成しているか？
　　─ 情報の概略（おおまかな全体像）を示しているか？
　　　（Summarise the information）
　　─ 特徴を示しているか？
　　　（by selecting and reporting the main features）
　　─ 必要に応じて比較、対照をしているか？
　　　（and make comparisons where relevant）

☐ メモや箇条書きになっていないか？

☐ パラグラフ分けは適切にできているか？

☐ 語数は１５０語以上か？

☐ 同じ単語・表現の繰り返しが目立ってはいないか？

☐ データの引用は正確か？

☐ 文法ミスはないか？

☐ 綴りは正確か？

☐ ペーパー版の場合、試験官が読みにくい字はないか？

完成したエッセイ

以上の4ステップを経て完成した中級者のエッセイが下記です。「導入＋要約→情報の説明」という明確な構成で、タスクが求めていることを達成しています。

中級者のサンプルエッセイ

＜導入＋要約＞

The graphs provide information about Australian imports from and exports to three regions between 1995 and 2010. Overall, Australia traded a lot with South East Asian countries and North America while it traded less with Africa.

＜情報の説明＞
輸出

Exports to South East Asia were 30% of the total from 1995 to 2000, and then they rose to reach a peak of 45% in 2005. After that, they decreased to 40% by 2010. Exports to North America started at 20% in 1995, but they decreased to 15% in 2000. Then they rose to just over 30% in 2010. However, Australian exports to Africa rose from about 8% in 1995 to 15% in 2000, but then they fell back to 5% in 2010.

＜情報の説明＞
輸入

South East Asian imports, which accounted for 15% in 1995, increased to 22% in 2000 and reached 35% by 2010. Although North America imports were at 30% in 1995, they decreased after 1995 to just over 20% in 2000, but these imports rose steadily to about 30% in 2010. Finally, imports from Africa went up by about 7% from 1995 to 2010.

(181 words)

241

以下は、上級者によるサンプルエッセイです。非常に幅広い語彙と多様な構文を
使用しています。参考にしてください。

上級者のサンプルエッセイ

<導入＋要約> The two graphs illustrate the imports and exports between Australia and three areas of the world during a 15-year period. It is clear that Australia traded strongly with South East Asian countries and North America while trade with Africa was significantly less.

<情報の説明>
輸出
In regard to exports, the percentage of Australian exports to South East Asia followed an upward trend overall, starting at 30% in 1995, increasing rapidly from 2000 to a peak of 45% in 2005, and then dropping slightly in 2010. Similarly, North America's share started at 20%, and then this decreased slightly to 15% in 2000, but after that, its percentage of exports rose steadily, ending at approximately 30% in 2010. In contrast, the trend of exports to Africa was downward. There was a rise from around 8% in 1995 to 15% in 2000 followed by a continual fall to 5% in 2010.

<情報の説明>
輸入
As for Australian imports from the three regions, imports from South East Asia were 15% of the total in 1995, and then they went up steadily to approximately 35% in 2010. Likewise, between 1995 and 2010, African imports doubled from 5% to over 10%. On the other hand, while imports from North America were at 30% in 1995, which was the highest percentage of the three, they fell significantly to around 20% in 2000, then rose gradually, ending at just under 30% in 2010.

<まとめ> Overall, Australia traded heavily with South East Asian countries and North America as can be seen from the information provided.

(251 words)

📖 解説

折れ線グラフは線でトレンドの変化を示していますが、複数の折れ線（項目）が
ある場合は、それぞれの変化を詳細に書くことは不可能です。そのため、トレン
ドの全体的な特徴をつかむことが重要になります。しかし、すべての折れ線につ
いて言及することも必要なので、この2つのバランスが大切です。この点で、中
級者のエッセイも、アフリカからの輸入の部分を除いて、かなり上手にすべての
折れ線について説明することができています。

しかし、上級者のエッセイには特徴をつかみ、比較、対照するという点で中級者
が参考にすべき点が多くあります。例えば、東南アジアからの輸入について
1995年から2010年を通じて着実に増えていることにのみ言及し、途中の
2000年と2005年の数値を省いています。同期間を通じて増加傾向を示す
アフリカからの輸入についても1995年と2010年の数値を示すだけでなく、
2倍増であることを指摘しています。また、北米については1995年時点では
3つの地域で一番高い数値であったことにも触れています。このような情報の選
択や比較、対照により、全体的な特徴をより明確に示すことができています。

また、中級者のエッセイでは輸出と輸入の各パラグラフがやや唐突に始まる印象
があるのに対して、上級者のエッセイでは輸入と輸出についてのパラグラフの初
めに In regard to や As for を使うことでスムーズな話題の転換が可能になってい
ます。また、中級者のエッセイではアフリカの輸出に言及する際に However を使
ってほかとの違いを示していますが、それ以外は淡々と地域別に順に情報を提示
しているだけです。その点で上級者のエッセイでは、Similarly（第2パラグラフ）
や Likewise（第3パラグラフ）で同じ傾向を表す要素としてまとめて紹介するこ
とや、In contrast（第2パラグラフ）や On the other hand（第3パラグラフ）
で「これから異なる傾向の要素を説明する」と示すことにより、パラグラフ内で
もセンテンス間によりつながりが感じられます。

語彙力としては、トレンドを示す際には数値の増減だけでなく、その変化の様子（程
度や速度）を示すことが効果的です。中級者のエッセイでも steadily が使われて
いますが、上級者のエッセイでは、そのほかに rapidly, slightly, continual,
significantly, gradually など、さらに多彩な表現が使われています。こうした副
詞や形容詞をうまく使うことにより、より生き生きとした表現にすることができ
ます。

ここでは先に挙げたタスク1で出題される問題タイプのうち、「4ステップでエッセイを書いてみる」で解説した「①折れ線グラフ」以外の問題を取り上げます。中級者と上級者のサンプルエッセイを載せていますので、2つを比較して、どういった点に注意すればよりよいエッセイになるのかを理解してください。

❷ 棒グラフ—— Bar Chart

> *The graphs below show the participation rate of customers for different activities at a South African tour company in 2013.*
>
> *Summarise the information by selecting and reporting the main features, and make comparisons where relevant.*

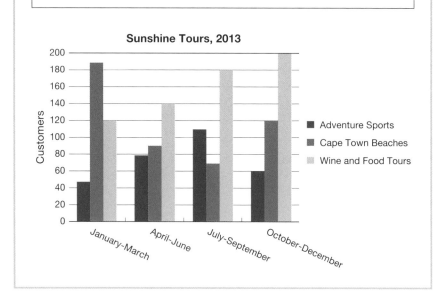

📖 取り組み方

棒グラフは、あるカテゴリー内の項目を横軸に並べ、それらのデータを棒の高さ
で表したものです。項目ごとの数量や割合の大小を比較するのに適しています。
この問題のように、「時期」をカテゴリーのひとつとして設定した例もよく見られ
ます。その場合、折れ線グラフと同様の考え方で、時期による変化に注目してま
とめることができます。時期以外の場合は、データの数値が似ている項目ごとに
グループ分けして整理することもできますし、項目の性質の似たものでまとめる
こともできます。

- 縦軸と横軸は何を示しているか？
    - → 縦軸がツアー客数、横軸が時期
- 情報をどのように分類するか？
    - → ツアーごと、四半期ごと、季節ごとなど

構成メモ（中級者のエッセイ）

Intro + Summary
          – customers for tours in SA
          – W&F: largest participation (Apr-Dec) → No.1 in 2013

Tours
          – CT beach: No.1 with more than 180 (Jan-Mar) → 70 (Jul-Sep)
          – Ad Sp: less than 80 (most of year) → over 100 (Jul-Sep)
          – W&F: increased (Jan-Sep) → peak at 200 (end of year)

Finishing off
          – W&F: most popular (most of year)
          – CT beach: far more popular (start of year)

中級者のサンプルエッセイ

<導入＋要約>

The bar chart provides information about the number of customers for different tours in South Africa in 2013. The Wine and Food tours had the largest participation rate from April to December, which made it the most popular activity in 2013.

<情報の説明>
３つのツアー

Between January and March, the Cape Town Beaches tour had the most customers with more than 180 people. However, from July to September, the number decreased significantly to 70 customers. As for Adventure Sports, while the number of people who went on this tour was less than 80 for most of the year, it increased to over 100 in the July to September period. The number of people who went on Wine and Food tours increased steadily from January to September, and then it hit a peak of 200 customers at the end of the year.

<まとめ>

In conclusion, the Wine and Food tour was the most popular of the three tours for most of the year. On the other hand, the Cape Town Beaches tour was far more popular at the start of the year.

(177 words)

上級者のサンプルエッセイ

<導入＋要約>

The bar chart illustrates the number of people who took part in three different activities run by South African company Sunshine Tours in 2013. It can be seen that wine and food tours were the most popular of the activities for most of the year, apart from in the summer months, when the beaches attracted more visitors.

<情報の説明>
アドベンチャー
スポーツツアー

With regard to adventure sports, the peak season was winter with 110 customers. However, except for this season, adventure sports were the least popular activity, and numbers fell significantly from October to hit a low of 50 in the January to March period, with a slight recovery to just less than 80 customers in April to June.

<情報の説明>
ケープタウン
ビーチツアー

Turning to the Cape Town option, while it was most popular in the first quarter, attracting 190 customers, there was a sharp drop in numbers during the second and third quarters to 90 and 70 respectively. From October to December, there was an increase to 120 people taking part in this activity.

<情報の説明>
ワイン＆
フードツアー

Finally, regarding wine and food tours, the January-March quarter stood at 120 people. This was the lowest point, but over the next two quarters, there was a gradual increase in customers (to 140 and 180 respectively) before reaching a peak at the end of the year when 200 people took this tour.

(220 words)

WRITING 完全対策

中級者のエッセイは前述した基本的な構成パターンA「＜導入＋要約＞→＜情報の説明＞」の後に、＜まとめ＞を加えた形で論理的に構成されています。上級者のエッセイの構成も実はパターンAを取っており、最後の＜まとめ＞がないだけでほぼ同じです。

両者の大きな違いは、＜情報の説明＞部分にあります。中級者がひとつのパラグラフにすべてを盛り込んでいるのに対し、上級者のエッセイはグラフの要素（ここではツアー）ごとにパラグラフを分けています。どちらが正しいということはありません。しかし、この問題のように提示されている要素の数が少ない場合は、要素ごとにパラグラフを分けて書くと情報がよく整理されて見えて、より明確な印象のエッセイになります。

また、このグラフは横軸で時期を示していますが、経年変化というよりも年間の季節による変化であることが表現できればグラフの内容をさらに明確に伝えることができます。例えば、上級者のエッセイでは、4つに分けられた時期を quarter「四半期」という言葉を使って表現しています（第3パラグラフ）。さらに、要約部分でビーチツアーの人気について述べる際に1〜3月のことを the summer months と言い換えています。これにより、その時期（季節）にビーチツアーが人気である理由の分析も示すことが可能となっています。

タスク1ではグラフの情報を個々に言及するのではなく、関連のあるものをまとめて提示することが大切です。特に、上級者のエッセイの第3、第4パラグラフで使われている A and B respectively「AとBそれぞれ」は便利な表現です。a sharp drop in numbers during the second and third quarters to 90 and 70 respectively のように、2つの数値にまとめて言及する際、数値の後につけて使います。

❸ 円グラフ── Pie Chart

> *The information below shows the average number of hours in a week that adults in a particular country spend on selected activities.*
>
> *Summarise the information by selecting and reporting the main features, and make comparisons where relevant.*

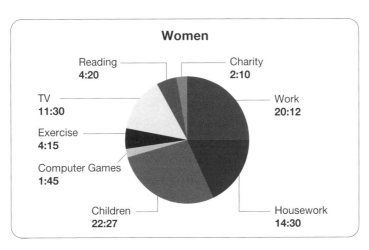

Women

Reading 4:20
Charity 2:10
TV 11:30
Work 20:12
Exercise 4:15
Computer Games 1:45
Children 22:27
Housework 14:30

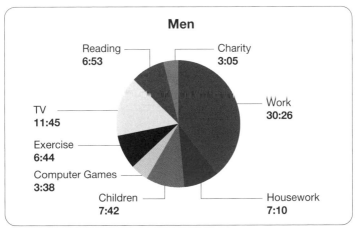

Men

Reading 6:53
Charity 3:05
TV 11:45
Work 30:26
Exercise 6:44
Computer Games 3:38
Children 7:42
Housework 7:10

📖 取り組み方

円グラフが提示される問題では多くの場合、項目ごとの比較をしながら情報を説明していくことになります。そのため、提示された情報をどのように分類・整理するかを考えてから構成を決めていきます。また、情報を説明する順番も重要です。通常、最も重要性の高いものから低いものへと、重要な順に書いていくとわかりやすくなります。

- 情報をどのように分類するか？
  - → 屋内活動と屋外活動、義務の活動と自由時間の活動など
- 情報をどのように整理するか？
  - → 活動ごと、男女、類似点と相違点など

構成メモ（中級者のエッセイ）

Intro + Summary
        – time spent by women and men in / outside the home
        – women – house / family
        – men – work / social

Differences
        – work – men 30:26 / women 20:12
        – children – women 22:27 / men 7:42
        – housework – women 14:30 / men 7:10

Similarities
        – TV – women 11:30 / men 11:45
        – exercise – men 6:44 / women 4:15
        – charity – men 3:05 / women 2:10

Finishing off
        – women more time for house and family

中級者のサンプルエッセイ

<導入＋要約>　The pie charts provide information about how much time men and women in one country spend on a variety of activities inside and outside the home. It can be seen that women spend much more time on activities related to house and family although men have more time for work and social things.

<情報の説明>
相違点　According to the chart, there are three differences between women and men. First, men spend 30:26 hours a week on work, and this is considerably more than women do at 20:12 hours. Caring for children, which accounts for 22:27 hours, takes up a lot of women's time, and this is much more than the 7:42 hours for men. Similarly, women spend 14:30 hours on housework per week while men spend 7:10 hours.

<情報の説明>
類似点　However, there are some similarities in the graphs. For example, women and men spend a similar amount of time watching TV (11:30 and 11:45 hours respectively). Also, men spend only slightly more time (6:44) on exercise than women at 4:15. They are also similar in terms of time spent on charity.

<まとめ>　To sum up, women spend much more time on house and family than men.

(190 words)

<導入＋要約>　The two pie charts show how much time men and women in a specific country spend on a variety of activities in an average week. It is fairly clear that men generally have more time to spend on themselves than women.

<情報の説明> 義務ですること　Men spend a total of roughly 45 hours on activities that could be regarded as things they have to do: work (30:26), children (7:42) and housework (7:10). In contrast, women's weekly schedules include around 57 hours of these three activities with children taking up the most time at around 22 and a half hours. Work, which accounts for 20:12, and housework at 14:30 both take up significant periods of time.

<情報の説明> 自由時間に すること　With regard to more leisurely activities, both men and women spend between 11 and 12 hours a week watching TV. As for other activities, reading and exercise take up just under seven hours for men and just over four hours for women each week. In addition, men spend twice as much time on computer games as women (3:38 and 1:45 respectively), and about an hour more on charitable concerns with around three hours contributed by men and two by women.

(193 words)

📖 解説

円グラフの問題でまず考えなければならないことは、提示されている項目をどのように分類するのが合理的かということです。分類の方法はいくつか考えられます。中級者のエッセイでは「相違点」と「類似点」に分類されており、上級者のサンプルでは「義務ですること」と「自由時間にすること」に分けられていますが、単純に「男女」で分けて説明することも可能ですし、2つより多くのカテゴリーができる場合もあります。

気をつけなければならないのは、どのカテゴリーに対してもある程度バランスよく言及する必要があることです。例えば、中級者のエッセイでは、相違点の方が類似点よりも多く扱われています。類似点の最後に触れられている Charity（慈善活動）については詳細がないので、具体的な情報を加えると内容的にも量的にもバランスがよくなるでしょう。

また、数値を比較する場合には、データに示されている数値をそのまま挙げるだけでなく、その差や合計、または何倍といった言い方をするとさらに表現の幅が広がります。項目や数値を列記する際の、コロン（:）も大変便利ですので覚えておくとよいでしょう。上級者のエッセイの第2パラグラフでは、things they have to do: work (30:26), children (7:42) and housework (7:10) のように使われています。コロンの前 things they have to do「しなければならないこと」の具体例として、コロンの後にカンマ（,）で区切って work (30:26), children (7:42) and housework (7:10) のように項目や数値を提示します。なお、こうした列記の際には、A, B, C and D のように、最後の項目の前にだけ and を置くことを忘れないようにしましょう。

The table below shows the average weekly amount of money spent by three age groups in a town in the USA in the financial year of 2012-2013.

Summarise the information by selecting and reporting the main features, and make comparisons where relevant.

Average Weekly Expenditure by Age Group 2012-2013			
	20-29 ($)	40-49 ($)	65+ ($)
Food and Drink	170	293	130
Alcohol and Tobacco	135	123	69
Clothing and Footwear	65	52	49
Housing	105	271	110
Health	45	88	92
Transport	136	140	75
Entertainment	95	45	82

📖 取り組み方

表の場合は、まず行と列それぞれのデータの種類を確認し、その数値の傾向を読み取ります。次に、このデータをグラフ化するとしたらどの種類のグラフを使うのが最も明確に示せるのかを考えてみましょう。この思考プロセスによって、読み取った傾向を最も効果的に示すことができるグラフと同じアプローチで情報を処理することが可能になります。その際に、表のタイトルも必ず確認しましょう。情報の整理の仕方のヒントがあることがあります。

• 表は何を示しているか？
 → 年齢グループごとに支出内容が違うこと
• 情報をどのように整理するか？
 → 年齢グループごと、支出項目ごと

構成メモ（中級者のエッセイ）

Intro + Summary
- money spent 2012-2013 in USA town
- 20-29 and 40-49 > over 65

Items
- food and drink – the highest for all
- transport – 2nd biggest for young
- housing – 2nd greatest for middle and 65+

Items
- alcohol and tobacco / clothing and footwear /entertainment
  -> Young a lot /65+ less
- health
  -> 65+ > middle > young

Finishing off
- 40 -19 > 20 29) over 66

WRITING 完全対策

中級者のサンプルエッセイ

<導入＋要約>　The information is about how much money people in a US town spent on different things from 2012 to 2013. We can see that people aged 20-29 and 40-49 spent more money than people aged over 65.

<情報の説明>
共通する特徴　Expenditure for food and drink was the highest with the 40-49 year olds at $293, 20-29 year olds at $170, and the over 65s at $130. Transport was the second biggest type of expenditure for younger people ($136). For middle-aged people and the over 65s, the second greatest expense was housing ($271 and $110 respectively), but the 20-29s spent less on this ($105).

<情報の説明>
年齢グループごと
の特徴　Younger people spent a lot of money on alcohol and tobacco ($135), clothing and footwear ($65) and entertainment ($95). However, elderly people spent the least money on alcohol and tobacco at $69 and clothing and footwear with $49. In contrast, expenditure for health at $92 was the greatest for over 65s while it was slightly less for 40-49 year olds ($88). Those aged 20-29 spent the least amount of money on health, which was $45 a week.

<まとめ>　To sum up, 40-49 year olds spent the most money while 20-29 year olds spent a bit more than those aged over 65.

(200 words)

上級者のサンプルエッセイ

<導入＋要約>

In the table can be seen the amount of money spent every week by three different age groups in an American town on seven categories of expenditure. Figures are for 2012 to 2013. Overall, it can be seen that the younger age group (20-29) and the middle age group (40-49) had basically very similar priorities. It is also clear that the over 65s generally had a lower expenditure level than the other two groups.

<情報の説明>
共通する特徴

All three age groups spent the most on food and drink, ranging from $293 for the middle-aged group to $130 for the older group. For the group aged 20-29, the second greatest expenditure was on transport ($136) while the third was alcohol and tobacco ($135) followed by housing, which accounted for $105 per week. People in their forties also spent heavily on housing ($271) and transport ($140) as did the over 65s at $110 and $75 respectively.

<情報の説明>
年齢グループごと
の特徴

It can also be seen that younger people spent significantly more on enjoying themselves, that is to say on alcohol and tobacco, clothing and footwear and entertainment ($135, $65 and $95 respectively). In the first two cases, the over 65s spent the least per week at $69 and $49, although for entertainment, they spent almost as much as the youngest group. In this category, people in their forties spent the least, $45, which was less than half that spent by the 20-29 age group. As could be expected, the elderly spent the most on health, around double that spent by those in their twenties at $92 compared to $45.

(262 words)

📖 解説

この問題の表では、列には支出項目が並び、行には年齢グループが若い順に3つ並んでいます。表のタイトルに by Age Group とあることから、エッセイでは年齢層ごとの支出内容の比較を示すよう求められていることもわかります。よって、グラフ化する場合は年齢層別に3つの円グラフにすることが適していると考えられますので、円グラフと同様に情報の分類の仕方をまず考える必要があります。サンプルエッセイでは、中級者と上級者ともに、第2パラグラフで「すべての年齢グループにほぼ共通する特徴」、第3パラグラフで「それぞれの年齢グループごとの特徴」と、分類して説明しています。

中級者と上級者の大きな違いは、語彙の多様性です。例えば、異なった年齢のグループについて、中級者のエッセイでは younger people / middle-aged people / elderly people 以外は表中の年齢をそのまま使っていますが、上級者のエッセイでは the younger age group / the middle age group / the middle-aged group / the older group / the group aged 20-29 / people in their forties / younger people / the youngest group / the 20-29 age group / the elderly / those in their twenties など、さらに多様な表現が使われています。

また、中級者のエッセイは比較的シンプルな構造の文で書かれていますが、上級者のエッセイには文法的にもさまざまな種類の構文が使われています。例えば、第1パラグラフの It is also clear that the over 65s ...（that 節の例）や、第2パラグラフの All three age groups spent the most on food and drink, ranging from $293 for the middle-aged group to $130 for the older group.（分詞の例）、第3パラグラフの spent the least per week at $69 and $49, although for entertainment, they spent ...（although を使って対照させている例）などがあります。IELTS のライティングは受験者の英語力を測るものです。多様な語彙や表現、構文を使う能力があることを示すように心がけましょう。

❺ 図解── Diagram

> *The diagram below shows the treatment of wastewater in an English town.*
>
> *Summarise the information by selecting and reporting the main features, and make comparisons where relevant.*

Wastewater Treatment

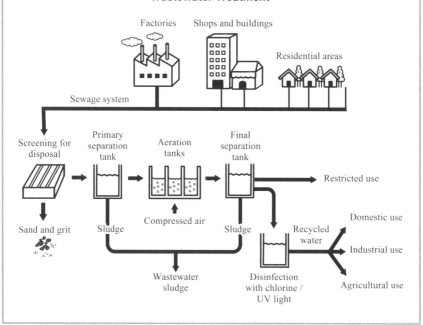

📖 取り組み方

図解やイラストが提示される問題です。この問題タイプでは、プロセス（過程）やサイクルについて、あるいは装置などの仕組みについて説明することになります。ここでは、下水処理のプロセスが図解によって示されているので、エッセイではプロセスの各段階で何がどのように起こるかを、順を追って書いていきます。その際、プロセスの特徴を把握し、各段階をどのようにまとめて書いていくかを考えて構成を決めます。なお、こういったプロセス問題では、プロセスの一部分のみではなく、必ずプロセスの始点から終点までを説明するようにしましょう。

- プロセスの特徴をどう述べるか？
    - → 複雑か簡単か、段階の数は多いか少ないか、循環型かなど
- プロセスの段階をどう説明するか？
    - → 始点と終点はどこか、何段階あるか、枝分かれした段階があるかなど

構成メモ（中級者のエッセイ）

Intro + Summary
- wastewater treatment in a town in England
- from three sources
- water used again

Stages
- screened   - sand and grit removed
- 3 steps   - sludge separated
             - water aerated
             - remaining sludge separated

Final stage
- limited use or to the final stage (disinfection)
- recycled water → households, farms, industries

Finishing off
- repeat continuously

中級者のサンプルエッセイ

<導入＋要約>
The diagram illustrates the process of removing contaminants from wastewater in a town in England. It shows that wastewater originates from three main sources. After all the stages are completed, clean water is used again.

<情報の説明>
プロセスの解説
After sewage is transferred to the sewage system through pipes, it is screened in order to get rid of sand and grit. This is then disposed of. On the other hand, the liquid that has been screened flows to the next stage. This can be divided into three steps. First, sludge is separated from the water. The waste ends up as wastewater sludge. Then the water is transferred to the aeration tanks. Finally, the remaining sludge is separated.

<情報の説明>
最終プロセスの
解説
At this point, although some of the water is passed to limited use, the rest flows to the final stage of the treatment process. In this step, the water is disinfected, and recycled water is produced. It is used for various uses such as households, farms and industries.

<まとめ>
After returning recycled water to the community, the cycle is repeated continuously.

(176 words)

上級者のサンプルエッセイ

Information on how wastewater is treated in a particular town in England is provided in the form of a diagram. Being a complicated process, there are many stages involved. At the end of the process, some of the water returns to its original source, and so the cycle begins again.

To start with, wastewater is collected by the sewage system that is connected to areas where people live and work. Following this collection, it is conveyed to the screening stage, where sand and grit is discarded, and the remaining water is moved to the next stage, which involves three steps. First of all, sludge is removed from the water in the primary separation tank, then the water is passed through aeration tanks, and subsequently, the remaining sludge is eliminated from the final separation tank. During this stage, wastewater sludge is produced and removed from the process.

Once it has gone through these three steps, the water can go in two directions, one leading to the water being used in a restricted way and the other carrying on to further treatment. This treatment consists of disinfecting the water with chlorine and UV light, which results in recycled water. From here, the water can be used not only for private use, but also for industry and farming.

A feature of this process is that some of the water ends up at its starting place, which means it is a perpetual cycle that does not cease. (244 words)

📖 解説

プロセスや装置の仕組みについての説明が求められている問題では、順序立てて説明することが最も重要ですが、説明している段階（部分）だけでなく全体像を念頭に置いた表現ができれば、さらにまとまりのある文章になります。

例えば、導入で何のプロセスなのかを述べる際に、上級者のエッセイで there are many stages involved と段階が多いことに言及しているように、そのシステム全体について一言加えてみましょう。さらに、それぞれの段階について説明するときには、その段階が全体の中でどの位置にあるのかを明確に示すことを心がけましょう。

中級者のサンプルでは、第一段階の説明は After sewage is transferred to the sewage system through pipes と始められており、少々唐突な感じがします。上級者のサンプルは To start with と、ここがプロセスの始まり部分であることをはっきり示しています。

上記の部分を除けば、この中級者のサンプルではかなり上手につなぎの表現が使われています。また、幅広い語彙力や文法力を示すこともできています。しかし、上級者のサンプルでは、さらに多様な表現が効果的に使われています。つなぎ言葉では To start with / Following this collection / First of all / During this stage / Once it has gone through these three steps / From here などが使われています。また、関係詞についても、第 2 パラグラフでは that is connected to / where people live and work / where sand and grit is discarded / which involves three steps、第 3 パラグラフでは which results in、第 4 パラグラフでは which means it is など、効果的に使われています。

> **The maps below show how the Cannon Bay area was developed over a 40-year period.**
>
> **Summarise the information by selecting and reporting the main features, and make comparisons where relevant.**

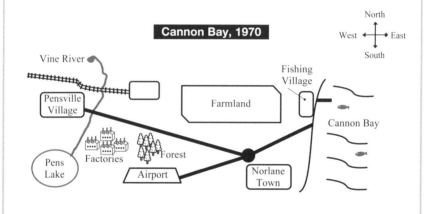

264

📖 取り組み方

地図が提示される問題では多くの場合、時期の異なる2つの地図を比較し、そこから読み取れる「変化」について説明することになります。比較する時間帯は次の4パターンが考えられます。1）過去⇔現在（例：1990年⇔2024年）、2）過去⇔過去（1970年⇔2000年）、3）過去⇔未来（1980年⇔2030年）、4）現在⇔未来（2024年⇔2030年）。地図がどの時間の推移を表しているのかを確認し、どういった視点で情報を整理するのかを考えてから構成を決めていきます。また、情報を説明する順番も重要です。変化を説明する際には通常、最も大きな変化から小さな変化へと（あるいは最後に変化のなかった部分へと）、順に書いていくとわかりやすくなります。

- 地図はどのような時間を示しているか
  → 過去・現在・未来のどの範囲か、何年間にわたる変化か
- 地図の情報をどう整理するか
  → 南北、東西、人／産業／自然関連など
- 地図はどう変化したか
  → どの程度変わったか、最も変化したのはどこか（住宅地／工業地区／交通手段／娯楽施設／自然など）、変わらない部分はどこかなど

構成メモ（中級者のエッセイ）

Intro + Summary
  – changes in Cannon Bay area (1970-2010)
  – loss nature → more development

North
  – fishing village → town
  – train line & station added } → farmland decreased

South
  – factories: more than doubled
  – forest: disappeared
  – housing estate: west side
  – sailing club: in the east

Finishing off
  – loss greenery
        → increase in housing, industry and transportation

中級者のサンプルエッセイ

<導入＋要約>	The maps show how the Cannon Bay area changed between 1970 and 2010. Overall, a comparison of the two maps reveals a loss of nature and an increase in areas for business and housing over the 40-year period.
<情報の説明> 北エリアの変化	In the northern area, there were significant changes over the four decades. Looking in more detail, we can see that the fishing village in the north-east was replaced with a new town called Cannon Town. Also, the rail track was extended to a new train station, which is located just north of Cannon Town. As a result of these developments, the farmland became smaller compared to before.
<情報の説明> 南エリアの変化	As for the southern area, the number of factories was more than doubled while the forest that was north of the airport disappeared completely. We can also see that some new facilities were built. A housing estate was constructed in the area between Pensville Village and Pens Lake. Similarly, to the south of Cannon Town, there was further construction; Cannon Sailing Club was built.
<まとめ>	In general, the changes in the maps show a loss of greenery and an increase in housing, industry and transportation.

(191 words)

上級者のサンプルエッセイ

＜導入＋要約＞

The two maps show the extent to which the Cannon Bay area changed over the course of forty years between 1970 and 2010. Clearly, both the population and industry in the area increased significantly.

＜情報の説明＞
人口に関する変化

Taking population first, the maps show that there were two main developments: one was a new housing estate to the south-west of Pensville Village, and the other was a general expansion of the original fishing village on the coast into a fairly large town named Cannon Town. Just north of this town, by 2010 a new station had been built, and the train line had been extended to reach all the way to the coast. Also, Cannon Sailing Club had been established between the two towns near the coast.

＜情報の説明＞
工業化に関
する変化

With regard to industrialisation, the factory area to the east of the Vine River and just north of the airport expanded considerably with many new factories being built. This appears to have happened at the expense of the forest area that used to be situated north of the airport; this completely disappeared. One other development that resulted in a loss of green space is the reduction of the extensive farmland that in 1970 stretched from the fishing village almost as far as the western station. In 2010, the farmland was a mere quarter of its previous size.

＜まとめ＞

In summary, there were some fairly radical developments in the Cannon Bay area between 1970 and 2010.

(241 words)

📖 解説

地図の問題では、読み取った「変化」をどのように整理してまとめるかが鍵になります。中級者のエッセイでは「南北のエリア」別に、上級者のエッセイでは「人口と工業化」の視点で、情報を整理しています。どちらがよいということはありませんが、上級者のエッセイの「人口」という切り口は、人口の数値が与えられているわけではなく、地図上の変化（housing estate ができたこと、fishing village が拡大されたことなど）から導き出されているので、より分析的であると言えるでしょう。

中級者のエッセイでも文はスムーズに流れ、情報はパラグラフ間、センテンス間ともに理路整然と整理されています。また、Overall / Looking in more detail / Also / As a result / As for / Similarly / In general などのつなぎ言葉も大変効果的に使われています。しかし、上級者のエッセイはさらに流れがスムーズです。特に第2パラグラフで there were two main developments: one was . . . , and the other was . . . と、初めに「2つの点で発展した」と述べてから、2点を具体的に挙げる方法は見習いたい部分です。

地図の問題では位置を示す表現が必須です。中級者のエッセイでは In the northern area / in the north-east / just north of / southern area / north of the airport / between / to the south of などが使われていますが、上級者のエッセイではさらに all the way to . . .「はるばる……まで」（第2パラグラフ）や stretched from . . . as far as 〜「……から〜まで広がった」（第3パラグラフ）など、位置だけでなく、その様子まで表すことができる表現が使われています。変化についても、expanded considerably / completely disappeared（第3パラグラフ）や、some fairly radical developments（第4パラグラフ）などのように、「どの程度の」変化なのかが副詞や形容詞を使って効果的に示されています。

動詞の部分については、地図の問題は中級者のエッセイのように過去形の受動態が多くなりがちです。文法的には正しくても、そればかりですと少々単調になりますので、上級者のエッセイのように複合的な動詞のパターンを入れて変化をつけるようにしましょう。例えば、had been extended to reach（第2パラグラフ）、appears to have（第3パラグラフ）などです。特に appears は地図上から視覚的に得た情報であることを示すことができるので、地図問題には便利な表現です。

13 タスク2対策

■ タスク2の概要

意見を論理的に書く力を測るテスト

タスク2では、与えられたトピックに対して自分の意見を述べるエッセイを書きます。ひとつの立場をきちんと提示し、その立場をさまざまな考えを示しながら説得力を持って論証することが求められます。

幅広いトピック

出題される可能性のあるトピックは、例えば「テレビの功罪」や「学生の自立」などといった比較的身近なものから、「エネルギー問題」「核の平和利用」といった国際情勢を踏まえたものまで、非常に多岐にわたります。ただしいずれも、専門的な知識は必要とされておらず、あくまで一般教養の範囲内で対応できる内容となっています。

エッセイに必要な語数

必要な語数は「少なくとも250語」と規定されています。250語に満たない場合は減点されてしまいますので、必ず250語以上は書くようにしてください。

時間配分

ライティングテスト全体の試験時間60分のうち、40分ほどかけるのが適当でしょう。約40分で、問題を読んで理解し、計画を立て、エッセイを書き、見直しをしなければならないので、どこにどれだけ時間をかけるかをよく考えて臨む必要があります。詳しくは本項の「4ステップでエッセイを書いてみる」を参照してください。

◢ タスク2の問題タイプ

タスク2の問題タイプは非常に多様であり、すべてを明確に分類することは難しいのですが、大きく分けると下記のような5つのタイプがよく見られます。また、中には下記の5つのタイプを組み合わせたような問題なども出題されることがあります。

① 賛成か反対かを述べる

You should spend about 40 minutes on this task.
Write about the following topic:

> *All young people should go abroad at least once because travelling abroad is beneficial for young people in that they can understand other cultures and understand their own culture more clearly.*
>
> *To what extent do you agree or disagree with this opinion?*

Give reasons for your answer and include any relevant examples from your own knowledge or experience.

Write at least 250 words.

訳：
このタスクには40分程度の時間が与えられています。
次のトピックについて書きなさい。
若者はみな少なくとも一度は海外に行くべきである。なぜなら海外旅行は、他の文化を理解し、自分の文化をより明確に理解できるという点で、若者にとって有益であるからだ。
あなたはどの程度、賛成もしくは反対か？
自分の答えをサポートする根拠を述べ、自分の知識や経験から関連した例を挙げなさい。
少なくとも250語を書きなさい。

⇒ この問題タイプについて、詳しくは後述の「4ステップでエッセイを書いてみる」をご参照ください。

② よい面・悪い面（利点・不利な点）を論じる※

※以下、トピック提示部分のみを取り上げます。

問題 A

With growing numbers of people convicted of crimes, prisons are getting full. People are beginning to call for the use of more alternative forms of punishment that do not involve a prison sentence for non-violent crimes.

What are the advantages and disadvantages of such a system?

訳：

有罪判決を受ける人が増えており、刑務所は満員になってきている。暴力によらない犯罪に対し懲役刑に代わる刑罰の適用を求める声が出始めている。そのような制度のメリットとデメリットは何か？

＊　＊　＊

問題 B

With growing numbers of people convicted of crimes, prisons are getting full. People are beginning to call for the use of more alternative forms of punishment that do not involve a prison sentence for non-violent crimes.

What are the advantages of such a system?

訳：

有罪判決を受ける人が増えており、刑務所は満員になってきている。暴力によらない犯罪に対し懲役刑に代わる刑罰の適用を求める声が出始めている。そのような制度のメリットは何か？

③ ある議論の２つの面を論じ、自分の意見を述べる

> *E-books and e-readers are extremely popular and considered by many to be better than the traditional paper book. Others claim that paper is the better option.*
>
> *Discuss both these views and give your own opinion.*

訳：

電子書籍と電子書籍専用端末は非常に人気が高く、従来の紙の書籍よりよいと考える人も多い。紙の書籍の方がよりよい選択肢だと主張する人もいる。両方の立場について論じ、自分の意見を述べなさい。

④ ある物事がもう一方よりも影響力があるか（重要か）を述べる

> *In many countries, freedom of speech is part of a person's natural human rights. However, in cases when a person's speech has a negative effect on society, it may be restricted by the government.*
>
> *In your opinion, does the right to freedom of speech outweigh the right of the government to try to protect its society?*

訳：

多くの国では、言論の自由は、人が生まれながらに持っている人権の一部である。しかしながら、人の発言が社会に対して悪影響をもたらす場合、それは政府によって制限されることがあるだろう。あなたの意見では、言論の自由の権利は、政府が社会を守ろうとする権利より重要か？

⑤ ある問題の原因・結果・解決策などを述べる

In some countries, people are now getting married at a later age than they did thirty years ago.

What are the main reasons for this change, and what effects might it have on society?

訳：

いくつかの国では、30年前に比べて、今では結婚する年齢が高くなってきている。この変化の主な原因は何か、またそれが社会に与えるかもしれない影響はどのようなものか？

⇒ 問題タイプ②〜⑤について、詳しくは後述の「問題タイプ別サンプルエッセイ」をご参照ください。

◢ タスク2で求められるエッセイ

構成力がより求められる

タスク2はタスク1よりも、より構成力が重要となります。というのは、タスク1は与えられている情報を説明するため、書くべきことがほぼ決まっているのに対し、タスク2ではあなたの意見が求められているからです。そのため、書く内容も人によって変わりますし、具体例として挙げる事例の数もさまざまでしょう。ゆえに、論理の流れに破綻のない構成を作り、それに従って最後まで書くようにする必要があります。そうしないと途中で迷子になってしまいます。試験中には論理の流れを途中で変えて書き直している時間はありません！ そのような事態にならないためにも、基本的なアカデミックスタイルのエッセイ構成を身につけましょう（詳しくは次項の「タスク2のエッセイの基本的な構成」参照）。

「本当の」自分の意見である必要はない？

タスク2では、問題文で提示されたトピックに対して自分の立場・意見を表明することが求められますが、それは必ずしも「本当の」自分の意見である必要はありません。これは英語の試験であり、あなたの考え自体のよしあしが採点される場ではないからです。何であれ、自分で決めた意見について、なぜそう考えるのかを周囲に納得させるように、客観的事例を挙げながら論理的に説明することが求められているのです。ですから、計画を立てるときには、正確な文法を使い多様な表現の英語で書きやすい＝論拠を挙げやすい意見かどうか、という点も考慮に入れてください。

必ず具体例を入れる

エッセイに説得力を持たせるためには必ず具体例を入れる必要があります。データなどの数値があるとなおよいでしょう。

I think や I feel を多用しない

I think / I feel などの一人称の表現はなるべく避けましょう。タスク2では自分の意見を述べる際、ついつい I think などと書いてしまいがちですが、一人称では「一個人の意見＝客観性に欠ける」という印象があり、子供っぽい感じがしてしまいがちです。また、自分が書いているものは特に断りがない場合はすべて自分の意見のはずですので、こうした表現は通常まったく不要で、単に削除してしまっても文が成り立つことがほとんどです。

例：
~~I think~~ the government should take some measures.
~~I feel~~ parents should be more responsible for their children's education.

断定しすぎない

いくら自分の意見を主張するにしても、断定的すぎる表現にならないように気をつけてください。通常このタスク2で扱うトピックでは断定的になるだけの根拠を提示できないことがほとんどです。例えば、「何が未来のエネルギーとして最も適切か」という問題があったとして、どこにそれを断定できる人がいるでしょうか？　日本語で考えていると気づきにくいのですが、英語でエッセイを書く際には断定の表現を知らず知らずに使っていることがあるので要注意です。例えばalways は「100％ある」、never は「100％ない」ことですので、それらの表現をそのまま使うと断定することにつながりやすいのです。それぞれ usually「通例、一般に」や seldom「めったに……ない」にすると断定的な印象は薄くなります。また、副詞や助動詞を効果的に使うことも考えてみましょう。英語表現について詳しくは「効果的に書くための英語表現」を参照してください。

◢ タスク 2 のエッセイの基本的な構成

IELTS のタスク 2 では、アカデミック・モジュールであっても厳密なアカデミックスタイルで書く必要はありません。しかし、アカデミックスタイルのエッセイ構成は自分の意見を論理的に説明するのに適しています。ここではアカデミックスタイルの最も基本的な構成について学んでおきましょう。

エッセイの基本構成

最も基本的なエッセイは「導入・本論・結論」という骨組みで構成されます。「導入」でエッセイのトピックを提示して自分の立場を表明し、それを「本論」で展開し、最後に「結論」で自分の立場の再確認（主張のまとめ）をします。

導入
トピックの提示＋立場の表明

本論
意見の展開（意見＋サポート）

結論
立場の再確認（主張のまとめ）

例えば「学生は早くから自立すべきという意見に賛成か反対か」というトピックでエッセイを書く場合、導入 → 本論 → 結論を次のように組み立てることができます。

【導入】
学生は早くから自立すべきだとよく言われるが、私はこの意見に賛成である。

【本論】
理由 1 は～だ。
理由 2 は～だ。

【結論】
以上から、学生は早く親元から離れて自分の道を確立すべきと考える。

さらに、導入・本論・結論それぞれの部はパラグラフ（段落）で構成されます。パラグラフはエッセイの各部を組み立てるブロックのようなものです。つまり、エッセイはいくつかのパラグラフの集まりと言えます。なお、ひとつのエッセイを構成するパラグラフの数について、特に決まりはありません。

例題をパラグラフ分けも含めて考えると下記のようになります。

導入 トピックの提示＋立場の表明	パラグラフ1 学生は早くから自立すべきだとよく言われるが、私はこの意見に賛成である。
本論 意見の展開（意見＋サポート）	パラグラフ2 理由1は〜だ。
	パラグラフ3 理由2は〜だ。
結論 立場の再確認（主張のまとめ）	パラグラフ4 以上から、学生は早く親元から離れて自分の道を確立すべきと考える。

パラグラフの構成

パラグラフはセンテンスの集まりから成ります。1パラグラフ当たりのセンテンスの数に特に決まりはありませんが、パラグラフを構成する際には、明確な意図を持って組み立てる必要があります。

まず、ひとつのパラグラフ内のすべてのセンテンスは、あるひとつのメインアイディア（main idea）に関連している必要があります。つまり、2つ以上のアイディアをひとつのパラグラフで扱うことはできません。

次に、パラグラフを構成するセンテンスについては、下記の3つの種類があります。なお、それぞれの種類のセンテンスについても、数に決まりはありません。

①トピックセンテンス──── topic sentence(s)
②サポーティングセンテンス──── supporting sentences
③コンクルーディングセンテンス──── concluding sentence(s)

①トピックセンテンスは、パラグラフの冒頭もしくはその近くにある場合が多く、そのパラグラフで「何（topic）についてどうである」と書くのかを明確に述べている文のことです。

その後にくるのが、②サポーティングセンテンスです。トピックセンテンスで述べたことを説明したり、証明したりする役割を担います。

③コンクルーディングセンテンスはまとめとして、再度トピックセンテンスを発展させた形で別の表現で述べて念押しする文です。その後に別のパラグラフが続く場合にはコンクルーディングセンテンスは必ずしも必要ではありません。また、コンクルーディングセンテンスを次のパラグラフのメインアイディアにうまく流れるように意識して書くことによって、次のパラグラフへの橋渡し役を担わせることもできます。

以下が、上に述べた基本的なパラグラフの構成例です。

トピックセンテンス＝言いたいこと	※アイディアは1パラグラフにひとつだけ
サポート（具体例）1	
サポート（具体例）2	
サポート（具体例）3	
コンクルーディングセンテンス＝まとめ・つなぎ	※ない場合もある

この例はあくまで最も基本的な形であり、実際の英文にはさまざまなバリエーションがあります。例えばトピックセンテンスの前にトピック自体を紹介するような文がある場合（例えば Do you know . . . ? など）や、サポーティングセンテンスが先にきて、最後にトピックセンテンスが出てくる場合もあります。さらには、充分に考察したことを示すために、あえて自分の主張と矛盾することに触れることもあります。

リーディングの場合はさまざまなパターンの可能性も考えて読み進むべきですが、ライティングの場合は、できるだけ基本の構成で書くことをお勧めします。基本以外の構成パターンの場合、和文的には美しい流れにしたつもりでも、英語としてよほどうまく表現できていないと、ネイティブの試験官には理解されない恐れがあります。逆に、うまく表現できていれば基本の構成パターン以外でもまったく問題ありません。

では、上述の例題「学生は早くから自立すべきという意見に賛成か反対か」について、本論のパラグラフ例を見てみましょう。

①ひとつ目の理由は、早い方が自立する方法をじっくり学ぶことができるからである。②例えば、中学では朝には自分で起きて弁当を作ってみると、その大変さが理解できるだろう。②また高校では学業に影響が出ない程度にアルバイトをして娯楽代を自分で稼いでみると、お金の大切さと労働の厳しさを知ることができる。②さらに、大学では時間とお金を自分でマネジメントすることで、就職してからの生活の予行練習ができる。③このように、早くから始めることで、徐々に自立することを学んでいくことができる。

①トピックセンテンス
②サポーティングセンテンス（具体例3つ）
③コンクルーディングセンテンス

最後に、上述の例題「学生は早くから自立すべきという意見に賛成か反対か」について、本項で学んだ基本構成に沿ったエッセイの例を見ておきましょう。

導入	近年、子供が親同伴で入社式に出席するなど、自立した大人になれていないという批判がある。一方、親が子離れできていないという一面もある。こうした状況に対して、学生はできるだけ早くから自立すべきだとよく言われるが、私はこの意見に賛成である。子供の側と親側の両方に早い自立の利点があるからである。
本論	ひとつ目の理由は、早い方が自立する方法をじっくり学ぶことができるからである。例えば、中学では朝には自分で起きて弁当を作ってみると、その大変さが理解できるだろう。また高校では学業に影響が出ない程度にアルバイトをして娯楽代を自分で稼いでみると、お金の大切さと労働の厳しさを知ることができる。さらに、大学では時間とお金を自分でマネジメントすることで、就職してからの生活の予行練習ができる。このように、早くから始めることで、徐々に自立することを学んでいくことができる。 子供の早い自立は親の側にも利益がある。子供の世話にかけていた時間を自分の仕事や趣味に使うことができるようになることは物理的な利点である。また、子供に対して向けていた関心を、家庭の外に向けることで社会とのつながりを実感でき、精神的に充実した生活を送ることができるようにもなるだろう。さらに、親が子離れできれば、子供への過干渉を避けることができるので、親子関係がよくなることも期待できる。しかし、年を取ると変化に対応することが難しくなる。よって、親がまだ若いうちに子が自立することが大切である。
結論	このように子供にも親にも利益があることから、学生は早く親元から離れて自分の道を確立すべきと考える。

◢4ステップでエッセイを書いてみる

では、これから問題を読むことから始めて最終チェックまで、実際に順を追って
エッセイライティングに取り組んでみましょう。ここでは中級者のエッセイを例
に取りながら説明していきます。

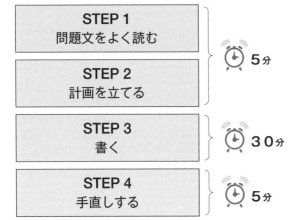

STEP 1
問題文をよく読む

STEP 2
計画を立てる

5分

STEP 3
書く

30分

STEP 4
手直しする

5分

最初に、タスク 2 の問題例を見てみましょう。

You should spend about 40 minutes on this task.
Write about the following topic:

> *All young people should go abroad at least once because travelling abroad is beneficial for young people in that they can understand other cultures and understand their own culture more clearly.*
>
> *To what extent do you agree or disagree with this opinion?*

Give reasons for your answer and include any relevant examples from your own knowledge or experience.

Write at least 250 words.

タスク 2 では、問題で問われていることのすべてをカバーして明確に答える必要がありますので、最初に問題文をきっちり理解しましょう。まず、問題タイプの確認をします。この問題では、最後に To what extent do you agree or disagree with this opinion?「あなたはどの程度、賛成もしくは反対か？」と聞いています。このタイプの問題では自分が「どの程度（賛成あるいは反対）なのか」を表明し、賛成・反対の両方の立場について説明し、双方を検討した結果として、結論で自分の立場を再確認するという対応が一般的です。

次に、取り扱うべき内容について確認します。冒頭の 1 文は「海外旅行は若者にとって異文化と自文化を理解するうえで有益なので、すべての若者が経験すべき」という意見を提示しています。エッセイでは問題文のすべての問いに応える必要があるため、この意見の要素である「海外旅行」「すべての若者」「異文化理解」「自文化理解」のすべてをカバーする必要があります。例えば、「海外旅行は異文化理解に役立つので若者は行くべきだ」という意見に終始してエッセイを構成した場合、「自文化理解」や「すべての（若者）」という点にまったく触れていないことになり、エッセイの評価基準のひとつである「タスクへの応答」を満たしていないことになるので、注意しましょう。

STEP 2　計画を立てる

1）アイディア出しをする

書き始める前に必ず計画を立てるようにしましょう。あらかじめ計画を立てることで、自分の考えを整理することができ、結果的にエッセイを論理的に流れよく仕上げることができます。最初は何も書くことがないと思っても、アイディア出しをしているうちに、書きやすい意見や具体例を思いつくことができます。下記のメモ例のように、問題を中心トピックとして自問自答するイメージでメモを書くとスムーズです。

また、メモはなるべく英語で書くようにしましょう。この時点から英語で書くことで、本番で頭を英語に切り替える時間を短縮できます。メモを日本語で書く場合は、よいアイディアだと思っても英語で言えそうにないときには、本番でも書けない可能性が高いので、そのアイディアは諦めてほかのものを使うようにしましょう。下はメモの一例です。

All young people – good idea but money? / opportunity? / wants?

Travel abroad – understand other cultures?
　　→ yes – better to experience first-hand / see in detail not only on TV / long time – get to learn language + make friends
　　→ no – only short time – don't understand / depends on where go – tourist areas – not original culture / don't understand language – don't get culture?

Understand own culture? / reinforce stereotypes
　　→ yes – people might ask you to explain / can see differences and similarities
　　→ no – people don't think – just shop / eat / drink / see tourist things

2）アイディアを基に構成を決める

次に、アイディア出しメモを見てエッセイに使いたい項目を選びながら、エッセイの全体構成を決め、整理した構成メモを書きます。前項の「タスク2のエッセイの基本的な構成」で学んだように、「導入→本論→結論」という構成で組み立てていきます。この時点でパラグラフ分けも決めておきます。下の構成メモを見てください。

Para1
Intro
    – travel abroad – beneficial for some
    – BUT disagree - not ALL (young – no money)
    – understand cultures - depends on factors

導入

Para 2
Travel abroad - understand other cultures
    – TRUE if long visit (friends / language / experience culture)
    – NOT TRUE if short visit (only tourist areas) ex. London

Para 3
Travel abroad - understand own culture
    – NOT TRUE if not perceptive / short visit (not think deeply)
    – TRUE if long visit / close contact (explain own culture)

本論

Para 4
Conc
    – beneficial but not ALL young

結論

まず「導入」では、「海外旅行の利点」とともにトピックを紹介してから、「すべての若者が海外旅行に行くことについて反対」という自分の立場と「文化理解はもろもろの要素による」という意見を提示しています。

続いて「本論」では 2 つのパラグラフでそれぞれ「海外旅行と異文化理解」「海外旅行と自文化理解」という論点から意見を発展させています。この部分では論理的に自分の意見が正しく見えるように具体例の質や量のバランス、および提示する順番に注意を払う必要があります。

そして、最後に「結論」で自分の意見を再確認するという構成になっています。

この例題では「場合による」や「どちらとも言える」などのあいまいな意見で議論する形を取っていますが、はっきり意見を決めて、できるだけシンプルな論理展開で議論することもできます。文法力や語彙力の問題でうまく伝えられないという危険（話の焦点がぼやけてしまい、何を言っているのかよくわからないエッセイになるなど）を減らすためには、そちらの戦略を取ることも一案です。よりシンプルな構成のエッセイ例については、後述のサンプルエッセイの問題パターン④を参照してください。

以上のことを考慮に入れながら、出したアイディアを効果的に使うことができ、なおかつ自分が書きやすい構成を考えましょう。

1）導入部を書く

まずは「導入部（introduction）」で読み手にトピックを紹介し、意見を明確に提示します。最初にトピックに関する大まかな内容を1、2文書き、最後に自分の意見を書いて、このエッセイが何についてどういう観点で扱うものかをはっきり示すのが一般的な方法です。なお、自分の意見を述べることが求められていない場合は、論理的にわかりやすくトピックを紹介するに留めておきます。では、例を見てみましょう。

> ①
> 海外旅行の利点については認めるという前置きをしている。

> ②
> 前置きを受けて、「しかしすべての若者が海外旅行に行くべきだという考えには反対」とはっきり述べている。

① Travelling to other countries is both fun and educational, and those who have the inclination, means and opportunity, young and old alike, can benefit from the experience. ② However, this does not include everyone, particularly the young, who are not usually very well-off. For those who can travel abroad, whether the trip improves their ③ understanding of different cultures and their native culture ④ depends on a number of factors.

> ③
> 異文化理解と自文化理解についてエッセイで扱う順に紹介している。

> ④
> 文化理解を促進するという考えについて疑問を投げかけている。

ここで注意したいのが、導入では問題とされているトピックについて直接的に触れる必要があるということです。例えば、問題に言及せずに、ほかのエッセイや教科書で見つけた導入のための決まり文句をそのまま書くといったことはやめましょう。以下はよく見られる導入部の例ですが、いずれも問題点があります。

×I disagree with the statement for several reasons. This essay will outline my reasons below.

この導入部では、筆者が実際にこれから何について書こうとしているのかが述べられていません。また、問題文に触れていないため、問題に対する筆者の立場や意見がわかりません。

✕The issue of travelling abroad is a controversial one with many advantages and disadvantages on both sides.

この導入部は3つのフレーズをよく考えずに並べたもので、これには以下の問題点があります。

1）海外旅行自体が「議論の的 (controversial)」なのではない
2）「両方によい点と悪い点がある」とあるが、この場合の「両方」が何を指しているのかが不明瞭である

2）本論を書く

次に「本論（body）」で自分の意見を発展させていきます。構成メモに沿って、「海外旅行と異文化理解」「海外旅行と自文化理解」という論点それぞれにひとつずつパラグラフを書いていきます。「タスク2のエッセイの基本的な構成」で学んだように、各パラグラフは明確に構成する必要があります。では、例を見てみましょう。

トピックセンテンス
＝メインアイディアを示す

サポーティング
センテンス
海外旅行が異文化理解を促進するという考えに賛成する点

本論パラグラフ1

Firstly, travelling abroad can sometimes help to broaden a person's **understanding of other cultures**. When people go abroad and stay there for a reasonable length of time, they can make friends, learn the language to some extent and experience facets of the culture that short-term visitors may not see. On the other hand, tourists may merely visit tourist areas and attractions and not really get to know the culture except as it is presented for tourists. For example, a five-day tour of London may not deepen understanding of British culture to any great degree.

サポーティングセンテンス
海外旅行が異文化理解を促進するという考えに反対する点

トピックセンテンス
＝メインアイディアを示す

As for understanding **one's own culture** better as a result of foreign travel, this depends on the person and perhaps the length of stay. If a person is not perceptive, travel abroad will not improve his understanding. Also, in many cases, a short trip abroad is purely for enjoyment and not for thinking deeply. However, a person who is staying at length in another country or has close contacts there may be asked to explain his own culture in depth and relate it to aspects of the host culture. Thus, he would be required to think about it, resulting in an improvement in understanding.

サポーティングセンテンス
海外旅行が自文化理解を促進するという考えに反対する点

サポーティングセンテンス
海外旅行が自文化理解を促進するという考えに賛成する点

３）結論を書く

エッセイは「結論（conclusion）」を述べて終わる必要がありますが、タスク２は非常に短いエッセイですので、結論部分もそれほど長くなくて構いません。自分の意見を述べる、つまり自分の考えの主要な点を違う言葉で言い直すだけで十分でしょう。ただし、エッセイの中ですでに使った表現をそのまま使うことは避けてください。

ここから結論が始まることを示す語句を使う

Overall, travel abroad has some benefits for understanding cultures, but it also depends on the person and the conditions. Therefore, not all young people should go abroad.

STEP 4　手直しする

最終チェックができるように、数分の余裕を持ってエッセイを書き終えましょう。ペーパー版でエッセイを直す際、不要な部分に線を引いて消したり、語句を書き加えたりすることは問題ありません。ただし、加筆や訂正をする場合でも、きれいに見えるように心がけてください。また、文法や綴りの間違いについても確認するようにしましょう。

チェックリスト

☐ タスクに応答しているか？
　　− 自分の立場（賛成・反対・どちらとも言える／言えない etc.）がはっきりと提示されているか？
　　− 提示された問題について、求められている答え方ができているか？
　　− なぜそう考えるかについて理由が提示されているか？
　　　(Give reasons for your answer)
　　− その理由の説明・証拠となる具体例が挙げられているか？
　　　(and include any relevant examples from your own knowledge or experience)
☐ メモや箇条書きになっていないか？
☐ パラグラフ分けは適切にできているか？
☐ 語数は２５０語以上か？
☐ 同じ単語・表現の繰り返しが目立ってはいないか？
☐ 文法ミスはないか？
☐ 綴りは正確か？
☐ ペーパー版の場合、試験官が読みにくい字はないか？

完成したエッセイ

以上の4ステップを経て完成した中級者のエッセイが下記です。「導入→本論→結論」という明確な構成で、タスクが問うていることに、もれなく応えています。

**海外旅行の利点
＋自分の意見**

Travelling to other countries is both fun and educational, and those who have the inclination, means and opportunity, young and old alike, can benefit from the experience. However, this does not include everyone, particularly the young, who are not usually very well-off. For those who can travel abroad, whether the trip improves their understanding of different cultures and their native culture depends on a number of factors.

**海外旅行と
異文化理解**

Firstly, travelling abroad can sometimes help to broaden a person's understanding of other cultures. When people go abroad and stay there for a reasonable length of time, they can make friends, learn the language to some extent and experience facets of the culture that short-term visitors may not see. On the other hand, tourists may merely visit tourist areas and attractions and not really get to know the culture except as it is presented for tourists. For example, a five-day tour of London may not deepen understanding of British culture to any great degree.

**海外旅行と
自文化理解**

As for understanding one's own culture better as a result of foreign travel, this depends on the person and perhaps the length of stay. If a person is not perceptive, travel abroad will not improve his understanding. Also, in many cases, a short trip abroad is purely for enjoyment and not for thinking deeply. However, a person who is staying at length in another country or has close contacts there may be asked to explain his own culture in depth and relate it to aspects of the host culture. Thus, he would be required to think about it, resulting in an improvement in understanding.

**自分の意見の
まとめ**

Overall, travel abroad has some benefits for understanding cultures, but it also depends on the person and the conditions. Therefore, not all young people should go abroad.

(295 words)

◢ 問題タイプ別サンプルエッセイ

ここではタスク2で出題される問題タイプのうち「4ステップでエッセイを書い
てみる」で解説した「①賛成か反対かを述べる」以外の②〜⑤の問題タイプを取
り上げます。上級者のサンプルエッセイを構成メモとともに掲載し、詳しく解説
していますので、参考にしてください。

❷ よい面・悪い面（利点・不利な点）を論じる

> **問題 A**
> *With growing numbers of people convicted of crimes,*
> *prisons are getting full. People are beginning to call for*
> *the use of more alternative forms of punishment that do*
> *not involve a prison sentence for non-violent crimes.*
>
> *What are the advantages and disadvantages of such a*
> *system?*

このタイプの問題は、両方の面を論じる必要があるのか、一方のみでよいのかを
必ず確認してください。この問題の場合は What are the advantages and
disadvantages とありますから、必ず両面に触れる必要があります。それぞれを
1パラグラフずつ使って書き、その前後に導入パラグラフと結論パラグラフをつ
けて4パラグラフで構成を考えるとよいでしょう。

また、タスク2では何らかの形で議論を結論に導く必要があります。この問題の
場合は、advantages と disadvantages について述べてきたことに関する自分なり
のコメントを結論として書きましょう。では、構成メモとサンプルエッセイを見
てみましょう。

構成メモ

Intro
  – other types of punishment ex. + intro content (advs & disadvs)

Adv
  – cost / good for the community / deterrent

Disadv
  – punishment may be too light / criminals may threaten people
  – overseeing takes time and money

Conc
  – two sides – punishment should fit the crime

上級者のサンプルエッセイ

懲役刑以外の刑罰
についての一般論
＋
利点と不利な点の
パラグラフへ誘導

In many countries where prisons are overcrowded, other types of punishment are common for criminals who have not used violence in the course of their crime. These punishments range from community service to physical punishment. As with anything, there are both advantages and disadvantages to not handing down prison sentences.

利点

３点に言及
＋それぞれの論拠

Advantages include cost, beneficial effects and deterrent value. The costs of keeping a person in prison can be very high, especially in countries that protect human rights. Those expenses are paid by the taxpayer, and as prisoner numbers mount, so do the costs of keeping them incarcerated. Therefore, reducing the number of inmates by using alternative punishments can save a significant amount. In addition to saving money, alternatives such as community service can do some good for the community, with offenders helping in old people's homes or cleaning up the town. Then on the other end of the scale, more severe punishments that involve pain, such as whipping or having a hand cut off, may be more of a deterrent than simply staying in prison for a while.

不利な点

３点に言及
＋それぞれの論拠

From another perspective, however, not putting a criminal in prison may lead to problems. For one thing, the punishment may be too light for the crime and may not have enough impact on the offender. For example, a repeat offender who steals cars for fun or profit may not be deterred by a 40-hour community service sentence. Another problem is that other types of offender who have the capacity for violence will be at large in the community working off their sentence, and this may lead to danger for ordinary citizens. Furthermore, although a prison sentence is costly, overseeing and monitoring offenders in the community takes time and money, so the savings may not be so great.

自分の意見の
まとめ

As can be seen, there are two sides to the question. In general, it is probably best for each judge or jury to decide on a punishment that fits the crime and circumstances.

(332 words)

📖 解説

「導入→本論（advantages / disadvantages）→ 結論」というエッセイの基本構成に沿って書かれています。

まず導入部で advantages と disadvantages があることを紹介しますが、この問題では、特に自分の立場を表明することは求められていません（もちろん書いても構いません）ので、単に advantages と disadvantages があることを述べていけばいいでしょう。本論では、第2パラグラフで advantages、第3パラグラフで disadvantages（problems と言い換えられている）についてそれぞれ述べています。最後に、第4パラグラフでは「まとめ」として there are two sides「（罪や状況によるので）どちらとも言えない」と述べています。本論で advantages と disadvantages の論拠をそれぞれ3点ずつ挙げて、ほぼ同じ程度の長さで説明したことで、結論の two sides に説得力を持たせることができています。

また、各パラグラフの構成も明確です。最初の文がトピックセンテンスで、その後の文がその説明となっているため、非常に論旨を追いやすくなっています。さらに、第2、第3パラグラフで、advantages と disadvantages の論拠を挙げる際に使われている表現は注目に値します。このような場合によく見られる表現方法として、first . . . / second . . . / third . . . のように列挙していくものがあります。これらを使っても問題はありませんが、語彙の豊富さをアピールするという意味では、ほかの表現も積極的に使うようにしたいところです。特にこのエッセイのように、2つの面についてそれぞれ述べなければならない場合、first . . . / second . . . / third . . . だけでは、それぞれ2回ずつ使ってしまうことになり、繰り返しを嫌う英文エッセイでは得策ではありません。このサンプルエッセイのように、In addition to . . . / Then / For one thing / Another problem is / Furthermore など、さまざまな表現を使うようにしましょう。

なお、このサンプルエッセイでは advantages と disadvantages を同等に扱い、結論を there are two sides としましたが、どちらかが多いという結論にしたい場合には、より強調したい面を後に述べると、よりスムーズに結論につなぐことができます。例えば「advantages が多い」という結論にするならば、本論から結論の流れは、「本論パラグラフ：disadvantages」→「本論パラグラフ：advantages」→「結論パラグラフ：advantages が多い」という構成にするといいでしょう。

❷ よい面・悪い面（利点・不利な点）を論じる

> **問題B**
>
> *With growing numbers of people convicted of crimes, prisons are getting full. People are beginning to call for the use of more alternative forms of punishment that do not involve a prison sentence for non-violent crimes.*
>
> *What are the advantages of such a system?*

こちらの問題Bも同じく、タイプ②よい面・悪い面（利点・不利な点）を論じる問題です。問題Aとの違いは、最後の1文のみです。問題Aでは advantages と disadvantages の両方を問われているのに対し、問題Bでは advantages のみを問われています。ここでは、論点のひとつが異なるだけでどれだけエッセイが変わるかに注目してください。問題文をしっかり読むことの重要さが再認識できるでしょう。では、構成メモとサンプルエッセイを見てみましょう。

構成メモ

Intro	– different types of punishment + intro content (advantages)
Adv 1	– punishment may fit the crime better
Adv 2	– less expensive (if criminals fined – get money)
Adv 3	– can benefit community – community service
Adv 4	– may be more of a deterrent – physical punishment
Conc	– lots of advantages

上級者のサンプルエッセイ

懲役刑以外の刑罰についての一般論＋利点への誘導

Forms of punishment other than imprisonment are becoming more common as people realise that prison is not always the answer. Offenders can be sentenced to a variety of punishments including community service, fines and physical punishment. These alternatives have certain advantages over putting people in prison.

利点1＋具体例

One benefit is that the punishment may be given to fit the crime. For example, a person convicted of hacking could help computer security companies to prevent hacking in the future. Similarly, a person who was caught doing drugs can be rehabilitated, and then teach young people about the dangers or problems they will face if they take the same drug.

利点2＋具体例

Another practical advantage is cost. As keeping someone in prison is an expensive form of punishment paid for by the taxpayer, punishments that do not cost money are likely to be favoured. For instance, if it costs a nation £20,000 a year to keep one person securely locked up, the bill for the entire prison population would be huge. Alternatives such as fines, which actually bring in money, and community service are much less expensive.

利点3＋具体例

With regard to community service, it is one way in which a form of punishment can actually benefit the community. Examples in London are making young offenders clean the graffiti off trains, help in programmes for the homeless and assist in the upkeep of public gardens. All of these help Londoners and can be seen to some extent as making up for the convicted person's crime.

利点4＋具体例

Finally, in some countries, laws permit corporal punishment such as whipping and more severe physical punishment such as amputation. These forms of punishment could be more of a deterrent to a casual criminal as they would probably be much more painful than a stay in prison.

自分の意見のまとめ

In short, as can be seen from the above, there are many advantages to sentencing criminals to punishments that do not involve imprisonment and that might be more appropriate in the circumstances.

(332 words)

📖 解説

この問題では advantages についてのみ論じるよう求められていることに注意してください。disadvantages について触れてはいけないというわけではありませんが、触れる必要はありませんし、触れない方が一貫性のあるエッセイという印象を与えやすいでしょう。

このような問題の場合、最も基本的なエッセイの構成としては、いくつかのadvantages をパラグラフごとに順に説明していく方法です。このサンプルエッセイでは4つの利点についてパラグラフを変えて順に述べています。

表現の面で注目すべきなのが、つなぎ言葉と例を挙げる表現の多様さです。まず、4つのパラグラフでそれぞれ例示する表現を使っていますが、For example / For instance / Examples in London are など、さまざまな表現を駆使することで、同じ表現を繰り返し使用することを避け、単調なエッセイにならないように工夫されています。

また、本論パラグラフが4つもありますので、パラグラフ間をうまくつなぐことができないと、全体にバラバラな印象を与えてしまいます。このサンプルエッセイでは One benefit / Another practical advantage / With regard to / Finally というつなぎの表現が使われていることで、論旨の流れが明確になっており、結論のIn short に至るまで、まとまりのあるひとつのエッセイとしてうまく成立しています。

> *E-books and e-readers are extremely popular and considered by many to be better than the traditional paper book. Others claim that paper is the better option.*
>
> *Discuss both these views and give your own opinion.*

このタイプの問題は、Discuss both these views という指示に注意しましょう。議論の2つの面の両方に触れたうえで、両方の面それぞれのよい点や悪い点を挙げて議論することが求められています。また、give your own opinion とあるので、自分の意見を明確に示す必要があります。具体的には、導入部で自分の意見を述べましょう。その後、2つの面についてそれぞれよい点と悪い点を具体的に挙げながら論じます。

具体例を挙げる際には、自分の意見に応じてその数と量のバランスを考えましょう。例えば「e-books の方がよい」という意見ならば、「e-books の方がよい」ことを示す例の数やその説明の分量が、「e-books の方が悪い」や「paper books がよい」よりも極端に少ないとバランスが悪く、説得力がありません。

結論部では自分の意見を再度述べて議論を終了させます。その際には、導入部で意見を提示したときとは違う表現を使うようにしましょう。

構成メモ

Intro
- advantages and disadvantages to both media
- opinion − e-books are better

E-books (vs paper books)
- convenient − save space (▼paper books: use space and deteriorate)
- user-friendly - dictionaries / note-taking / brightness / letter size
- instant availability (▼paper books: have to wait)
- save resources (▼paper books: use paper)

Paper books (vs e-books)
- feel better − paper and page turning
- health − better for eyes (▼e-books: damage the eyesight)
- no need for recharging (▼e-books: need recharging)

Conc
- both good/bad but e-books are better

上級者のサンプルエッセイ

**電子書籍について
の一般的傾向
＋自分の意見の
提示**

In recent years, electronic books have become much more popular than they used to be as they provide a convenient alternative to the traditional paper book. Indeed, some people read almost exclusively on electronic devices. However, others always use paper books. Although it is obvious there are advantages and disadvantages to both types of media, e-books are the better option with far more benefits to readers.

**電子書籍について
（VS 紙の書籍）**

E-books have a number of significant advantages over paper books. Perhaps the most important of these is the convenience. E-books are incredibly convenient as they can store a huge number of volumes safely on one small device, whereas paper books take up an enormous amount of space and deteriorate in condition over the years, becoming dusty and uninviting. Other points related to convenience are that e-readers can be very user-friendly. They allow instant dictionary access and note-taking functions to assist the reader, and also enable readers to adjust the brightness of the screen and the size of the letters. Furthermore, new books can be purchased online and arrive instantly on the device while paper books have to be bought in a shop or online and then delivered at a later date. An additional benefit is that e-books do not consume the precious resources needed to make paper.

**紙の書籍について
（VS 電子書籍）**

Despite all the advantages of e-books outlined above, paper books are still extremely popular with all sections of society. This is because people like to feel the paper in their hands and turn the pages themselves. It is also widely believed that reading on paper is better for the eyes than reading a backlit screen as the blue light emitted from the screen could damage the eyesight. Additionally, paper books do not require recharging, so they can be used for an unlimited length of time.

**自分の意見の
まとめ**

Taking all the advantages and disadvantages into consideration, in my opinion, e-books are clearly the better option. The convenience far outweighs the few negative issues concerning eyesight and recharging. In future, these issues will be resolved, and then the majority of people will be using e-books, resulting in fewer trees being cut down.

(354 words)

📖 解説

最初のパラグラフで e-books vs. paper books というトピックの紹介と現状の説明
をしたうえで、Although it is obvious there are advantages and disadvantages
to both types of media, e-books are the better option と述べて、「どちらにも利
点と欠点があるが e-books を支持」という自分の立場をはっきり示しています。

次に本論では、e-books と paper books それぞれにパラグラフを分けて利点と欠
点が検討されており、議論の両方に触れるという問題の要求を満たしています。
具体的には、e-books が paper books に比べて利点があることを説明している第
2 パラグラフでは e-books の便利さについて、利点の具体例が十分に挙げられて
います。さらに、紙を作るうえでの資源の問題にも触れていて、議論に社会的な
広がりを持たせています。

paper books の利点について説明している第 3 パラグラフは、Despite all the
advantages of e-books outlined above「先に述べたように e-books には利点があ
るが」と述べながら導入されています。これによって「あくまで e-books の方が
よい」という立場からの検討であることを明確に伝えることができています。また、
paper books の利点についても具体例を挙げてしっかり検討がなされていますが、
具体例の数も全体の語数も e-books に関する部分よりかなり少ないので、e-books
がよいと主張する結論へと、無理なくつなげることできています。

最後のパラグラフは、「検討した結果、やはり e-books の方がよい」ということを、
理由を述べたうえで再度繰り返しています。

特に注目すべき点は、Although ... / Despite ... / Taking ... into consideration
などの表現を使い、paper books についてもきちんと検討することを要所要所で
念押ししているところです。そうすることにより、e-books がよいと断言し、そ
れを非常に明瞭な構成で主張しながらも、あまり断定的に感じられない、説得力
のある議論であると感じさせることができています。

> *In many countries, freedom of speech is part of a person's natural human rights. However, in cases when a person's speech has a negative effect on society, it may be restricted by the government.*
>
> *In your opinion, does the right to freedom of speech outweigh the right of the government to try to protect its society?*

このタイプの問題では、まずどちらの方を「より影響力がある（重要である）」とする意見に基づいて議論するのかを決めます。この問題では「言論の自由の権利」か「政府が社会を守る権利」かです。

構成はシンプルに、導入部で自分の意見を表明した後、その意見を支持する理由を説明するパラグラフを2、3並べ、一直線に最後の結論部へ導く形が適切でしょう。上手に書ける自信があれば「場合による」などのあいまいな意見で議論することも可能です。どちらにせよ、理由を説明する際には必ず具体的な例や論拠をいくつか挙げるようにしましょう。

構成メモ

Intro
- some people – free speech beneficial
- restrictions vital to protect society

Govt's Protection 1
- restrictions on internet
- prevent – teach bomb building / advocate violence

Govt's Protection 2
- restrictions on far-right activities
- prevent hatred (race, religion, sex)

Govt's Protection 3
- censorship to protect privacy and fairness - libel / slander laws

Conc - complete freedom of speech - not good
- everyday life - say what they like to friends
- if neg effect on society - govt should protect people by restrictions

上級者のサンプルエッセイ

言論の自由につい
ての一般論
＋自分の意見の
提示

In many countries today, people are allowed to say almost anything they like. Some people see this as being beneficial to both the country and its citizens. However, in my opinion, it is essential to have some restrictions in order to protect societies from harmful elements.

政府規制が必要
＋具体例

Take, for example, internet restrictions. The government attempts to prevent the circulation of postings that teach people how to build bombs or that advocate the use of violence at football games. These controls are put in place to protect the public from the consequences of such destructive information.

政府規制が必要
＋具体例

A further argument in favour of restrictions on freedom of speech is validated by the activities of far-right organisations. Some organisations make it their business to encourage racial or religious hatred. Others actively target homosexuals or members of the opposite sex. When extremists and bigots enjoy complete freedom of speech, it can result in injuries or even deaths of innocent citizens.

政府規制が必要
＋具体例

Additionally, censorship is not always negative because people's rights to privacy and fairness can be protected. Private photographs are published in newspapers merely because a person is famous. In political circles, people may be the subject of a vindictive media campaign if their marriage fails or if their child is arrested. When such photographs or personal details are not pertinent to the public interest, they should not be published. Also, in everyday life, people can spread false rumours to undermine a rival or just to make mischief. Such cases are rightly covered by libel or slander laws, which are basically restrictions on free speech.

自分の意見の
まとめ

To sum up, complete freedom of speech is not desirable. In everyday situations, people can usually say what they like to their friends or colleagues. However, in cases in which the society as a whole may suffer negative effects, the government has a duty to protect its citizens by restricting the spread of objectionable or dangerous information.

(317 words)

📖 解説

このエッセイは基本的に自分の意見を支持する理由を列記するというシンプルな構成ながら、多くの論拠を挙げることにより、説得力を持った論理展開を示すことに成功しています。

まず導入部で、in my opinion, it is essential to have some restrictions「言論の自由は制限されるべき」とはっきり方向性が示されています。続く3つのパラグラフでは、その理由を複数の具体例を紹介しながら説明し、結論部で the government has a duty to protect its citizens by restricting the spread of objectionable or dangerous information「政府は好ましくない危険な情報の拡散を抑え、市民を守る義務がある」と最初に述べた自分の意見を別の言い方で述べてエッセイをまとめています。

また、本論部を形成する第2、3、4パラグラフの冒頭を見てみると、第2パラグラフは Take, for example, . . .「……を例に挙げると」、第3パラグラフは A further argument in favour of . . . is . . .「……に賛成するさらなる論拠／理由としては……」、そして第4パラグラフは Additionally,「加えて」が使われています。このように本論部の3つのパラグラフがどれも自分の意見をサポートする内容をこれから述べることを示す表現で始められています。これにより、パラグラフ間の関係性が明確になり、エッセイ全体としてのまとまりを作り出すことに成功しています。

また、自分の意見と異なる「言論の自由」を擁護する立場に関しても完全に無視しているわけではありません。導入部では Some people see this as being beneficial to both the country and its citizens.「国家にも市民にも言論の自由は有益だと考える人がいる」と一言触れています。さらに結論部では、In everyday situations, people can usually say what they like to their friends or colleagues.「日常的な状況では、友人や同僚にはたいてい好きなことを言うことができる」と言及しています。そのうえで However をうまく使い、「しかしながら、制限は必要である」と自分の意見を強く打ち出すことにより、話の焦点がぼやけることなく、異なる意見の存在にも配慮を示すことができています。

> *In some countries, people are now getting married at a later age than they did thirty years ago.*
>
> *What are the main reasons for this change, and what effects might it have on society?*

このタイプの問題は理由と影響の両方について論じますので、序論で必ずその旨を述べます。理由や影響について具体的に「これから理由／影響をそれぞれ2つ挙げる」などと数を含めて述べることができるとより明確ですが、「多くの理由や影響がある」と少しぼかして言うことも可能です。その後、理由と影響それぞれを1パラグラフでまとめ、その中で複数の理由／影響について触れるようにしましょう。

結論部では「理由も影響もさまざまである」と繰り返すことでエッセイを終えることができます。あるいは、「社会によくない影響を与えている」など自分の意見をもっとはっきりと表明して全体をまとめることもできます。その場合は、導入部であらかじめこの意見を述べるようにしましょう。では、構成メモとサンプルエッセイを見てみましょう。

構成メモ

Intro
- later marriage statistics + intro to content (reasons and effects)

Reasons
- work - don't meet people
- fussier

Effects
- birth rate down
- more women in workforce - economy up?

Conc
- many reasons and both positive and negative effects

306

上級者のサンプルエッセイ

晩婚について説明
＋理由と影響への
誘導

Later marriage is common in countries like the UK and Japan, where the average age of first marriage has increased from around the mid-20s thirty years ago to 29 or 30 in this decade. There are a number of possible reasons for this, and of course, a number of possible effects.

理由
＋具体例

One of the main reasons why people tend to marry later than in the past is that today they are more taken up with work and careers. Both men and women are more intent on building up a career and saving some money before they get married. As a result, they do not have the time or opportunity to make a great circle of friends or meet new people and cannot find a person whom they wish to marry. Another possible reason is that people might be fussier nowadays. They are more independent and less in need of matrimony for security. Therefore, people are more willing to wait until they find "the one" rather than settling for expediency.

影響
＋具体例

Naturally, in countries where children are usually born to married couples, if many people delay marriage, it will affect the society. One of the main effects may be a drop in the birth rate. This is partly because people delay having children and partly because they may have fewer children. However, a positive effect is that young women, who traditionally do most of the necessary childcare, will be able to pursue a career in a similar way to men. This means that more of the workforce is actually working, which could benefit the economy.

自分の意見の
まとめ

In short, getting married early is not so popular nowadays for various reasons, and this has both negative and positive effects on the society as a whole.

(294 words)

WRITING 完全対策

このエッセイは結論部にあるとおり both negative and positive effects という方向でまとめられていますので、導入部も a number of possible reasons for this および a number of possible effects と、少しあいまいな表現で議論へ誘導されています。あいまいな意見では書きにくい場合は、「自分は社会に悪い影響を与えていると思う」などと自分の立場をどちらかにはっきり決めて問題に取り組むこともできます。どちらがよいということはありませんので、書きやすい方で取り組んでください。

また、導入部において、トピックに関する状況を説明するデータとして「平均初婚年齢が３０年前は２０歳代中程だったが、ここ１０年で２９〜３０歳に上がった」のように具体的な数値を入れています。話に具体性を持たせるために、このように数値を挙げるのはよい方法です。自分のライティングに採り入れてみましょう。

さらに注目すべきところは、さまざまな複合名詞を使うことによって文法力を示している点です。比較的短く簡単なものとしては、a number of possible reasons / a number of possible effects / One of the main effects / more of the workforce などがあります。

一方、第２パラグラフの One of the main reasons why people tend to marry later than in the past や、第３パラグラフの countries where children are usually born to married couples / young women, who traditionally do most of the necessary childcare などのように、関係詞を用いたものが書ければかなり上級レベルになります。

特に One of the main reasons why people tend to marry later than in the past is that ... のような「長い主語（関係詞を含む複合名詞）＋述語動詞（しかも短い！）is ＋ that 節」はアカデミックな文にはよく使われる表現ですので、こういったレベルの文をしっかり書くことができれば、さらに高度な文法力を示すことができるでしょう。

その他の問題例

前出の問題タイプ①～⑤は最もよく出題されるものですが、以下のように、ひとつの問題にこれらのタイプを複数組み合わせたようなものも出題されることがあります。見たことのない問題タイプが出題されると戸惑うかもしれませんが、基本的には、導入・本論・結論という構成を作り、その中に問題文の論点をすべてカバーしていけば、エッセイを組み立てられるはずです。以下の問題文を使って、しっかり練習しておきましょう。

1 *More people are able to travel abroad today than ever before.*

   What are the benefits and problems that can be associated with large numbers of tourists visiting a particular place?

2 *After graduating, students have the choice of either getting a job or going on to further study.*

   Discuss the advantages of both these choices and say which you think is the better option.

3 *Some people claim that remembering lists of words is the best way to learn English vocabulary.*

   To what extent do you agree or disagree? What might be a better way to learn vocabulary?

4 *Many experts believe that in order to produce enough energy to meet the world's future needs, the development of solar power is essential.*

   What are the problems associated with developing solar energy? What other methods could be used to meet future energy demands?

14 効果的に書くための英語表現 ▸タスク1

IELTSでは高度な英文ライティング能力が要求されますが、タスク1では、ある程度の「定型表現」をあらかじめ覚えておくことで、かなり効率を上げることが可能です。ここでは、グラフなどのデータを説明するための必須表現を取り上げてみました。これらの表現をうまくエッセイに取り入れれば、客観的な分析を的確に提示することが可能になります。

┃ トレンドを説明するための表現——折れ線グラフ

折れ線グラフなど、トレンドを表すグラフのデータを説明するには、さまざまな数値の動きを的確に示す表現を知っておく必要があります。ここでは「ある会社の利益（profit）」の動きのパターンを見ながら、多様な英語表現を学んでいきましょう。

1）基本の動きを示す

最も基本的な表現として、「増加・上昇」「減少・下降」「変化しない・一定」「変動」をどう表すかを学びましょう。

増加・上昇

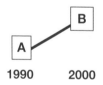

1990　　2000

Profit **increased from** A in 1990 **to** B in 2000.

Profit **rose from** A **to** B between 1990 and 2000.

There was **an increase in** profit **from** A in 1990 **to** B in 2000.

「増える」は increase、「上昇する」は rise を使うのが基本です。「ある状態から別の状態への変化」を示す場合は、from A to B を併用します。「ある期間の変化」を示すには、between X and Y の形を用います。また、increase / rise は、そのまま名詞として用いることもできます。その場合、There is[was] an increase[a rise] in . . . のように、There is . . . 構文がよく使われます。不定冠詞の a / an を忘れないようにしましょう。

減少・下降

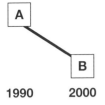

1990　　　2000

Profit **decreased from** A in 1990 **to** B in 2000.
Profit **fell from** A in 1990 **to** B in 2000.
Profit **declined from** A **to** B between 1990 and 2000.
There was **a drop in** profit **from** A in 1990 **to** B in 2000.

数値が「減少する」場合には decrease、「下降する」の場合には fall もしくは decline を使うことができます。increase / rise と同様、from A to B「A（という状態）から B（という状態）に」や、between X and Y「X と Y の間（という期間に）」などの表現を併用することで、数値の減少・下降をより具体的に描写することが可能になります。drop は動詞としても使えますが、名詞として使う場合は、There ic[was] a drop in . . .「……が減少する（した）」という形にするといいでしょう。こちらも不定冠詞の a を忘れずに！

変化しない・一定

Profit **remained stable at** 35 percent **between** 1990 **and** 2000.

Profit **remained flat at** 35 percent **from** 1990 **to** 2000.

「安定している」という意味の stable と、「……のままである」という意味の remain を組み合わせることで、「変化しない」という状態を表せます。at . . . を後に続けることで、「……という数値を保っている」という意味になります。stable の代わりに、flat を用いてもいいでしょう。期間を示す場合には、between X and Y / from X to Y などの表現が活用できます。

変動

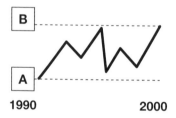

Profit **fluctuated between** 1990 **and** 2000.

From 1990 to 2000, profit **fluctuated between** A **and** B.

From 1990 to 2000, there were **fluctuations** in profit, **ranging between** A **and** B.

fluctuate は「不規則に変動する」という意味の動詞で、グラフの不規則的な上下動を描写する際によく用いられます。この場合、between . . . and . . . は「期間」を表す以外にも、「数値の変動範囲」を示す表現として使うこともできます。また、fluctuate の名詞形、fluctuation を使って There are[were] fluctuations in . . . 「……に変動がある（あった）」と言うこともできます。上下動が何回かあるので fluctuations と複数形になっていることに注意してください。なお、3つ目の例文のように、数値の「変動範囲」は ranging between A and B という表現で示せます。

2）動きの程度を示す

副詞や形容詞を使って「動き」の程度を表現することで、数値の推移をより正確に伝えることができます。

急激な変化

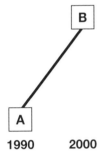

1990   **2000**

Profit increased **rapidly** from A in 1990 to B in 2000.

Profit rose **sharply** from A to B between 1990 and 2000.

There was a **rapid** increase in profit from A in 1990 to B in 2000.

数値の変化が急激であることを述べるには、副詞の rapidly を動詞の後に置くのが基本です。rapidly 以外にも、sharply や suddenly といった副詞が使われることもあります。また、There is[was] a rapid increase in . . . のように、〈不定冠詞＋形容詞＋名詞〉という形も活用できます。rapid のほか、sharp / sudden / marked などを用いることもできます。この marked は「著しい」というニュアンスで、変化の激しさを示す形容詞です。

1990　　　　　　　　**2000**

Profit increased **gradually** from A in 1990 to B in 2000.

There was a **gradual** increase in profit from A in 1990 to B in 2000.

急激な変化ではなく、ゆっくりと「段階的」に数値が上昇あるいは下降すると言う場合には、gradually「段階的に」を使うといいでしょう。gradually の形容詞形、gradual を使って、There is[was] a gradual increase[decrease] in . . . のように〈不定冠詞＋形容詞＋名詞〉の形で言うこともできます。「段階的に」は little by little とも言うことができます。

1990　　　　　　　　**2000**

Profit increased **slightly** from A in 1990 to B in 2000.

There was a **slight** increase in profit from A in 1990 to B in 2000.

slightly という副詞を用いると、上昇あるいは下降が「わずかな変化」であることを示せます。「ごくわずかな変化」の場合は、marginally を使ってもいいでしょう。slightly の形容詞形である slight を使った There is[was] a slight increase[decrease] in . . . という〈不定冠詞＋形容詞＋名詞〉の形も活用してみましょう。

3) トレンドの未来予測

提示されたデータに未来の予測数値が含まれる場合は、未来予測の表現を使って説明する必要があります。

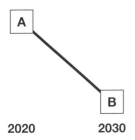

2020　　　2030

Profit **will** decrease from A in 2020 to B in 2030.

Profit **is predicted to** decline from A to B between 2020 and 2030.

Profit **is projected to** drop from A in 2020 to B in 2030.

「……するだろう」という「予測」を示す場合、最も基本的なパターンは助動詞の will を使った形です。また、「……するものと予測されている」という意味の . . . is predicted to do や「……するものと見込まれている」という意味の . . . is projected to do を使うこともできます。 . . . is expected to do も「予測」を示す表現ですが、「そのようになってほしい」という期待感を含む場合があります。

---

4) おおよその値を示す

グラフから正確な数値が読み取れない場合や、大まかに説明をしたい場合などには概数を示す表現が役立ちます。

Profit increased by **about** 10%.

Profit increased from **roughly** 10% to 12%.

Profit increased to **just under** $10 million.

Profit increased to **well over** 10%.

315

「正確ではない」「概数である」ということを示す場合には、about や roughly、あるいはやや硬い言い方ですが approximately などの副詞表現も使えます。<u>just</u> under . . .「……足らず」や<u>well</u> over . . .「……を優に超える」などのように、前置詞と組み合わせて使える副詞も覚えておきましょう。

5）異なる動きをまとめて示す

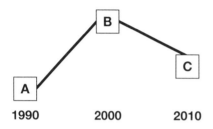

Profit **increased** from A in 1990 **to a peak of** B in 2000, **and then it dropped to** C in 2010.

Having risen from A **to (a peak of)** B between 1990 and 2000, profit **then fell to** C in 2010.

Profit **increased from** A in 1990 **to** C in 2010, **after hitting a peak of** B in 2000.

グラフの変動を、順序を追って説明する場合、(and) then という表現が便利です。2 番目の例文で用いている Having risen . . . のような分詞構文をうまく活用すると、文をコンパクトにまとめることができます。また、3 番目の例文の after -ing は「……した後に」という意味で、こちらも「順序」を示す場合によく用いられます。なお、最初の例文で使われている to a peak of . . . は「最高値の……に（達する）」という意味です。

316

比較するための表現——円グラフ・表

円グラフや表など、データを比較して説明するためには、形容詞の比較級をはじめとするさまざまな表現を駆使する必要があります。円グラフを例に、多様な比較の表現方法を学びましょう。

1) 基本の比較表現

下記はある業界におけるA〜D社の売上利益（sales profit）の割合を示したものです。この円グラフを使って、まずは基本の比較表現を学びましょう。

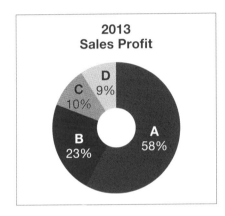

比較級

B's sales profits were **better than** C's.

B's profit from sales was **higher than** those of D and C combined.

D was **less profitable than** B.

基本パターンのひとつ、「比較級を使った比較」です。high → higher のように、形容詞・副詞に -er をつけるのが基本です。-y で終わる単語の場合、heavier（← heavy）／ happier（← happy）／ riskier（← risky）のように、y を i に変えて -er をつけます。また、better（← good / well）のような「不規則変化」をするものには気をつけましょう。長い単語は、-er をつけるのではなく、more を前に置いて比較級を作ります。「……より少ない」という「劣等比較」を作る場合には、less を前に置きます。

A's profit from sales was **the largest**.

The greatest sales profit was gained by A.

The least profitable of the four was D.

The second greatest sales profit was made by B.

C's sales were **the third most** profitable.

「最も……」という意味を表す「最上級」は、〈the -est〉という形になります。heavy / happy / risky などのように、-y で終わる単語は、-y を i に変えて heaviest / happiest / riskiest といった形にします。長い単語は、the most profitable のように、most を前につけます。「最も低い（少ない）」などのような意味を表す場合は、the least profitable のように、least を使います。the second greatest / the third most などのように、「2番目［3番目］に……」という言い方もあわせて覚えておきましょう。

C's profit was almost **as low as** D's.

B's sales profit was **more than twice as high as** C's.

A's profit was nearly **six times as high as** C's.

〈as ＋原級＋ as〉の形を「原級比較」と言い、「同じくらい……」という意味の「比較」を表します。最初の文は、「C 社の利益は、D 社の利益とほぼ同じぐらいの低さだった」という意味です（almost があるので、「D 社の方が低い」という意味であることにも注意しましょう）。また、twice「2倍」や XXX times「XXX 倍」などの表現と組み合わせることで、さらに表現の幅が広がります。

A's profit was **far higher** than C's.

D's sales gained **much less** profit than B's.

C's profits were **fractionally higher** than D's.

The profits from C's sales were **substantially less** than those from B's sales.

差が大きいことを強調する場合、比較級の前に far や much などの副詞をつけます。また、significantly / substantially / considerably などのように「かなり」という意味の副詞や、fractionally / slightly / marginally「わずかに」という意味の副詞も活用してみましょう。

---

2) 類似・相違を示すつなぎ言葉
下記は余暇を過ごす活動の割合を男女別に示したものです。2つの円グラフを比べて、類似あるいは相違する点を述べる表現を学びましょう。

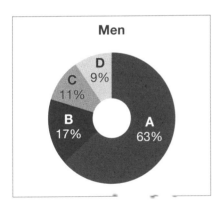

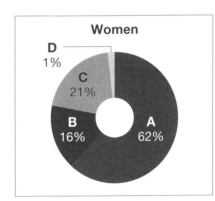

類似

Both men **and** women spent a little over 60% of their spare time doing A.

Men spent 63% of their spare time doing A. **Likewise,** women spent 62% of their free time on this activity.

The percentage of women's spare time taken up by A was 62%. **Similarly**, men spent 63% of their free time doing A.

Women spent 16% of their free time on B. **This is similar to** the time spent by men on this activity (17%).

データにおける類似や相似を表すための表現です。「X も Y も」と言いたい場合は、both X and Y を使うといいでしょう。また、「同様に」という意味の「つなぎ言葉」である likewise / similarly / equally なども便利です。This is similar to ...「これは……に似ています」は、前に述べたことが、「何と同様であるか」を示すための表現です。

Men spent 9% of their free time doing D. **In contrast**, women spent only 1% of their free time on D.

While men spent 11% of their free time on C, the percentage of time that women spent on this was almost double (that) at 21%.

2つの「相違」を対比して示す場合には、in contrast「対照的に」や on the other hand「一方で」を使うと便利です。なお、in contrast と on the contrary を混用している人が目立ちますが、on the contrary は「それどころか」という意味で、前に述べた内容と「逆」のことを言う場合に用いる表現です。また、逆接の等位接続詞 but を使うことでも、シンプルに対比を示せます。なお、while や although も対比を示す接続詞ですが、これらは従位接続詞なので、上の例文のようにひとつのセンテンス内で従属節と主節をつなげるために使います。

データを提示する表現――その他

そのほか、データを示す際に必要な基本表現を確認しておきましょう。

相違 前置詞

Yoga **at 65%** is nearly as common as aerobics **with 68%.**

補助的に数値を示す場合、前置詞の at や with を使います。at は「数値の1点」を示す前置詞です。with は「……を持っている」という意味で、直前の名詞に対して数値的情報を補う役割を果たしています。

丸カッコ（ ）

Yoga **(roughly 65%)** is nearly as popular as aerobics **(68%).**

丸カッコを使って数値を示すこともできます。間違って、角カッコ（ [ ] ）などを用いないように注意しましょう。

account for . . . / make up . . .

Middle-aged women **account for** three quarters of the membership.

Male students **make up** 20% of all new members.

「（数値を）占めている」は、account for . . . や make up . . . を用いて表すことができます。「占める」という日本語の連想から、誤って occupy を使う人が多いので気をつけてください。

関係詞

The biggest group is male students, **who** account for 20% of all new members.

The group **that** makes up three quarters of the membership is middle-aged women.

The most popular activity is snorkelling, **which** accounts for 50% of all the time spent.

関係詞節を名詞の後ろに置くことでも、補助的に数値を示すことができます。なお、先行詞の単数・複数に応じて動詞の形を合わせることを忘れないようにしましょう。

文末の . . . and . . . respectively

The applications for the London tour and Bath tour increased by **20% and 15% respectively**.

Slightly fewer members chose the sauna, pool and squash courts **(81%, 79% and 77% respectively)**.

📖

複数の数値を同時に示す場合、例文のように . . . and . . . respectively という言い方を用います。respectively は「それぞれ」という意味の副詞です。1番目の例文では「London tour = 20%、Bath tour = 15%」、2番目の例文では「sauna = 81%, pool = 79%, squash courts = 77%」を表しています。

割合・数・量 + of . . .

The percentage of people who travelled abroad on holiday was 23% in 1990.

The number of students who want to study in Europe is 163.

The average **amount of** money spent by people on holiday was $950.

XYZ hotel has **the** highest **rate of** returning customers at 88%.

📖

数値自体を問題にしたい場合は、the percentage of . . . / the number of . . . / the amount of . . . / the rate of . . . などの形にします。文の主語にする場合は、単数扱いになることに注意しましょう。

図解を説明するための表現

プロセスやサイクル、仕組みなどの図解は複雑な構成になっていることも多いため、順序を示す表現を使ったり、受動態や分詞表現などを取り入れたりしながら、明確に説明する必要があります。ここでは下の図解を例に、さまざまな表現を学びましょう。

Biodiesel Production Process

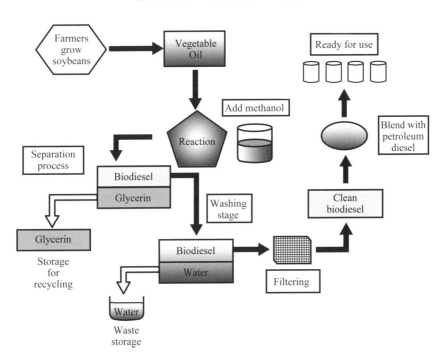

The biodiesel production **process begins with** the addition of methanol to vegetable oil.

Following on from that, the mixture is separated into biodiesel and glycerin.

In the next stage, the biodiesel is washed.

順序を示す場合に活用できる表現を見ておきましょう。「最初に起こること」について言及する際には、The process begins with . . . という言い方が便利です。あるいは、First of all, . . . を用いる手もあります。「その次に」のように、次のステップについて触れる場合は、Following on from that, . . . / In the next stage, . . . などの表現を使います。「最後に」は Finally, . . . です。

受動態（be ＋ 過去分詞）で説明する

The glycerin **is stored** for recycling.

The clean biodiesel **is blended** with petroleum diesel.

After being filtered, the biodiesel is ready **to be blended** with petroleum diesel.

Having been separated, the glycerin **is stored**, and the biodiesel goes on to the next stage.

「手順」を客観的に説明する場合、受動態を使うのが一般的です。能動態を使うと「誰がするのか」を明示する必要があるため、余分な情報が含まれてしまうからです。「……した（された）後」は、〈after being ＋過去分詞〉や〈having been ＋過去分詞〉の形を用いて示すことができます。

関係詞の活用

The water **that** was used for washing is removed and stored.

The biodiesel continues to the next stage **at which** it is washed.

受動態を含む関係詞節を使うと、直前の名詞に対して客観的に情報を付与することができます。1番目の例文のように、前半を過去形（was used）→ 後半を現在形（is removed）とすることによって、「…された〜が、（次に）…される」のように、順序を示すことができます。また、2番目の例文のように「何をする段階なのか」を、関係詞節を使って示すこともできます。なお、この the next stage <u>at which</u> it is washed は、the next stage <u>where</u> it is washed / the next stage <u>when</u> it is washed と言うこともできます。

名詞構文の使用

The **addition** of methanol to the vegetable oil creates a reaction.

The **removal** of small particles in the filtering process results in clean biodiesel.

1番目の例文を動詞の add を用いて書き換えると、If you add methanol to the vegetable oil, it will create a reaction. のような長い文になってしまいます。このように、「……することで、〜になる」「……すれば、〜になる」という順序を、名詞構文をうまく活用することでコンパクトに示すことが可能です。また、動詞の主語を明示する必要がなくなるため、客観性の高い文にもなります。

地図を説明するための表現

地図の問題では、2つの地図を比較して、そこから読み取れる「変化」を説明することになります。そのためには、変化が生じた時間の経過を的確に表現し、地図上の位置や方角を正確に示す必要があります。ここでは下の地図を例に、さまざまな表現を学びましょう。

Wattle Park, 2024

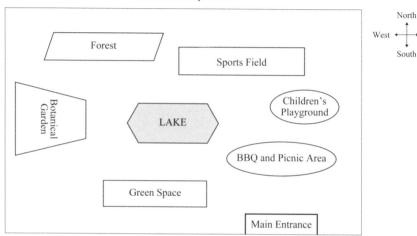

Wattle Park, 2035

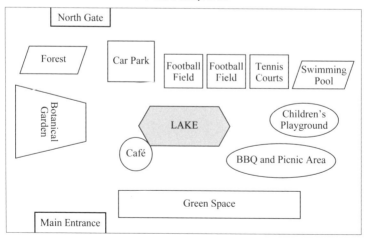

受動態（be + 過去分詞）で説明する

The old sports field **will be replaced**.

A new swimming pool **will be constructed**.

A café **is expected to be built.**

By 2035, the forest area **will have been reduced** by half.

地図における経時的変化を説明する場合、〈will be ＋過去分詞〉の形がよく用いられます。will の代わりに、〈. . . is[are] expected to be ＋過去分詞〉を用いることもできます。「ある時期までには……になっているだろう」は、未来完了形の〈will have been ＋過去分詞〉の形を用います。

変化・開発を説明する

A café **is planned to be built** next to the lake.

The sports field will be **replaced** by two football fields and some tennis courts.

The main entrance will be **relocated** to the south-west corner.

The green space in the south will be **expanded**.

The forest is expected to **shrink** significantly.

A new gate will be **added** in the north-west corner.

「変化」や「開発」などについて説明する場合、〈will be ＋過去分詞〉のほか、〈. . . is[are] planned to be ＋過去分詞〉という形も使うことができます。replace「置き換える」や relocate「移転する」、あるいは expand「拡張する」、shrink「縮小する」、add「追加する」などの動詞を活用して表現するといいでしょう。

In the central area of the park, a café is planned.

There will be tennis courts **alongside** the football fields.

The main entrance **to the south of** the barbeque and picnic area will be moved.

There will be a café **at the south-west corner of** the lake.

A new swimming pool will be **in the north-east corner of** the park.

地図上の「位置」について述べる場合、in the central area of . . .「……の中央部に」／ alongside . . .「……に並行して」／ to the south of . . .「……の南方に」などのように、前置詞を中心とした表現をうまく活用してみましょう。このほかにも、next to . . .「……の隣に」／ adjacent to . . .「……に隣接して」／ in front of . . .「……の前に」／ behind . . .「……の後ろに」／ close to . . .「……の近くに」／ near . . .「……の近くに」／ between X and Y「X と Y の間に」／ just by . . .「……のすぐそばに」などの表現も押さえておきましょう。なお、at the corner of . . . は「……の角に」という意味で、角を「点」ととらえているイメージです。in the corner of . . . は「……の隅の方に」というイメージの表現で、もっと広い範囲を漠然と指す場合に使います。

A large sports field **was situated** in the northern part of the park.

There **used to be** an entrance in the south-east corner.

In 2035, a new car park **is planned**.

The green space **will be enlarged**.

They **are planning to** build a new café.

There **are plans for** a new swimming pool to be constructed in the north-east corner.

地図上の経時的変化を示す場合、時間を示す表現を自在に使いこなす必要があります。例えば、単なる過去形ではなく used to . . . を使うと、「かつては……だったが、今はそうではない」という意味をはっきり示すことができます。 . . . is[are] planned 「……が予定されている」は現在形ですが、〈will be ＋過去分詞〉と同じように、「未来の予定」を示すために用いられる表現です。また、They are planning to . . . や There are plans for . . . なども、「未来の予定」を示す表現です。なお、They are planning to . . . の they は「複数の特定の人々」を指す表現ではなく、行為者を明示しない場合に用いる代名詞で、受動態と同じような働きをしています。

名詞構文の使用

There will be an **expansion** of the park's facilities.

The café's **construction** will be completed by 2035.

The year 2035 will see the **extension** of the green space in the southern area of the park.

The planned **development** of the park's facilities is extensive.

expansion 「拡大、拡充」、construction 「建設」、extension 「延長、拡大」、development 「開発」などの抽象的意味を持つ名詞を使って、地図上に見られる変化や開発を説明してみましょう。このように名詞を中心にした文（＝名詞構文）をうまく活用すると、表現の幅が広がります。なお、The year 2035 will see the extension of . . . 「2035 年には……が拡大されるでしょう」のような無生物主語構文も使いこなせるようになると、英語力の高さを採点者にアピールできるはずです。

15 効果的に書くための英語表現 ▸ タスク2

タスク2では自分の意見をいかに矛盾なく説得力を持って論証し、結論までスムーズにつなげるかが重要なポイントになります。しかし、学習者のエッセイには、個々のパラグラフやセンテンスがバラバラに存在している印象を与えるものがよく見られます。また、意見の述べ方があまりにも断定的なために、論として稚拙に感じられることもあります。この2点が改善されるだけでもかなり印象が変わりますので、本項ではパラグラフやセンテンスの論旨につながりを持たせる表現と、自分の意見を主張しながらも断定的な印象にならない表現を取り上げます。

論の展開を示す表現方法

「パラグラフとパラグラフ」、「センテンスとセンテンス／節と節」の関係を意識して示すことで、読み手は論の展開を追いやすくなります。また、書き手にとっても、常に論をどう展開していくかを意識し確認しながら書くことにつながり、途中で論旨が矛盾している場合などにも気がつく助けとなります。まずは、論の展開を示すための表現方法を学びましょう。

パラグラフとパラグラフの関係を示す

1）序論でエッセイの全体像を述べる

▶ There are two reasons for this.
　→ 判断の根拠が2つ順番に述べられることを示す

▶ There are both advantages and disadvantages.
　→ 両面にバランスよく触れることを予測させる

2）本論のパラグラフの初めに、序論で示した全体像のどの部分に当たるかを示す

▶ The first reason is that . . . / Secondly, / Finally,
▶ One reason is . . . / Another . . . / The other . . .
　→ 順に説明をする（順接）※

※同種の表現だけを使うのではなく、To begin with / Then / Next / After that / Lastly なども交ぜて使い、変化を持たせるとさらによいでしょう。

▶ In addition, / Besides, / Furthermore, / Moreover,
　→ こちらも順に説明するときに使うが、順番よりも「これから何かを付け加える」ことを示唆する

▶ Similarly, / Likewise, / Also,
→ 上記と同様に、順に説明するときに使うが、「次に言う意見が今までで述べてきたことと似ている、同種のことである」ことを示唆する

▶ As for . . . / With regard to . . . / Regarding . . . / Concerning . . . / When it comes to . . .
→ 異なる話題を「〜に関しては」と紹介する

▶ However, / On the other hand, / In contrast,
→ 直前まで述べてきたことと対比させる

3）結論であることを示す

▶ To conclude, / In conclusion, / In summary, / In short, / Overall, / To sum up,
→ 話をまとめる。「結論としては」「要するに」「まとめると」などの意味

なお、上述の2）の表現はすべて、次に紹介する「センテンスとセンテンス／節と節の関係を示す」表現としても使うことができます。ただし、In addition, / Besides, / Furthermore, / Moreover, / Similarly, / Likewise, / Also, や However, / In contrast, / などの単純な副詞（句）はひとつのパラグラフ内であまり多く用いると、逆に流れが悪くなるので注意してください。また、As for . . . / With regard to . . . / Regarding . . . / Concerning . . . / When it comes to . . . については、使い過ぎるとやや冗漫な印象を与えてしまいます。

センテンスとセンテンス／節と節の関係を示す

1）例を挙げる

▶ for example / for instance
▶ such as . . .
▶ in particular / particularly / specifically
▶ One (Another, The other) example is . . .

2）原因・理由を述べる

▶ because . . . / as . . . / since . . . / due to . . . / because of . . .

3）（同じセンテンス内の2つの部分を）対比させる

▶ Although . . . / Even though . . . / While . . .

4）まとめや結果を述べる

▶ Therefore, / Thus, / As a result, / Consequently,

これまで紹介してきた「論の展開を示す表現」を文法的に見ると、接続詞、前置詞、(接続) 副詞に当たります。それぞれ文中での使い方が異なり、正しく使えていないと明らかな文法上の間違いとされます。詳しい説明は文法の参考書や専門書に譲り、ここでは間違いやすいポイントと実践的アプローチの方法のみ指摘します。かなり紛らわしいですが、どれも日本人の英作文でよくある間違いの根本原因です。これを機会にぜひ一度、自分の文法知識を整理してみてください。

☞ センテンス (sentence)、節 (clause)、句 (phrase)

まずは「文」の概念について、英語と日本語の違いを押さえておく必要があります。日本語では「文」の概念があいまいで、英文の「センテンス」も「節」も、場合によっては「句」もすべて、「文」と呼ばれる場合があります。しかし、英文ではそれぞれが異なった文法概念として以下のように明確に区別されています。

センテンス	主語と述語があり、それだけで意味が通る言葉のまとまり。大文字で始まり、ピリオドで終わる。命令文は主語が省略される。 He said that his boss was satisfied with the result.
節	主語と述語を含む言葉のまとまりで、センテンスの一部を成している。(センテンスを構成するパーツ) He said that his boss was satisfied with the result.
句	センテンスの中にある、主語と述語を含まない言葉のまとまり。(センテンスを構成するパーツ) He said that his boss was satisfied with the result.

ライティングの際には、文法的に正しいセンテンスを書くことが求められています。そのうえで、センテンス間の意味のつながりを意識して、論の流れを示す必要があります。そのために必ず押さえておきたいポイントが接続詞、前置詞、(接続) 副詞の使い方です。

☞ 2種類の接続詞

下の例文のように、接続詞はセンテンス内のパーツである「語と語」、「句と句」、「節と節」を文法上、結びつける働きをしています。

There are both advantages <u>and</u> disadvantages.
　－「語と語」の接続
Which is more environmentally-friendly, by train <u>or</u> by car?
　－「句と句」の接続
The new product is not effective <u>because</u> there are too many defects.
　－「節と節」の接続

接続詞は、その働きの違いにより2種類に分けることができます。文法上対等の関係にあるパーツを結ぶ等位接続詞と、2つのパーツの関係が主従の関係になっている従位接続詞があります。等位接続詞には and, but, or (nor), for などがあり、従位接続詞には because, although, while, if, even though, when, whether, that などがあります。

There are both advantages <u>and</u> disadvantages.
　－ advantages と disadvantages は対等な関係
The new product is not effective <u>because</u> there are too many defects.
　－ The new product is not effective と there are too many defects は、前の節が主（主節）で後ろの節（従属節）が従の、主従の関係
　　※主節が書き手の主張で、従属節はその内容に説明を加えています。

もうおわかりかと思いますが、例えば but（等位接続詞）と although（従位接続詞）といった意味が似ている接続詞の使用上の間違いは、等位接続と従位接続の違いを理解していないことが原因で起こりがちです。よく確認しておきましょう。

☞ 接続詞と前置詞

前置詞は名詞相当の「語」や「句」の前に置かれ、形容詞や副詞の役割をする句を作ります。2語以上のまとまりで1つの前置詞として働くこともあります（群前置詞）。

The new product is not effective <u>because</u> there are too many defects.

　－ ... because（接続詞）＋「節」

The new product is not effective <u>because of</u> its defects.

　－ ... because of（群前置詞）＋ 名詞「句」

同じような意味を表す接続詞と前置詞の使い分けは、受験英語やTOEICなど、IELTS以外の英語試験でもよく問われる問題です。それだけ学習者が苦手としているポイントなのでしょう。英作文の際には、接続詞の後には「節」が続き、前置詞の後には名詞相当の「語」か「句」が続くと覚えておきましょう。

☞ 接続詞と（接続）副詞

接続詞と副詞の使い分けも、日本語の意味から考えると間違いを犯しやすいポイントです。例えば接続詞 but と（接続）副詞 however の意味を英和辞典で調べると、but は「しかし」、however は「しかしながら」という訳語が出てきます。それで「この2つは however が but より硬い表現なだけで、同じものだ」と思ってしまうと英作文の際に間違いを犯す危険があります。「伝わる意味がほぼ同じ」なのは事実ですが、センテンスの文法的な形を作るパーツとして果たすことができる機能が接続詞と副詞では異なっているのです。簡単に言うと、どちらも意味をつなぐことはできますが、節と節、語（句）と語（句）などの<u>センテンス内の構成要素を物理的につなぐ力があるのは接続詞</u>です。（接続）副詞には<u>センテンスの構成要素を物理的につなぐ力はありません</u>。

よくある間違いの例1

× His point of view is understandable, <u>however</u> I do not agree with it.

　→ however は（接続）副詞なのでセンテンスの構成要素を物理的につなぐ力はない。

対処法：

1）センテンス内の構成要素をつなぐ力のある接続詞を使う。

　○ His point of view is understandable, <u>but</u> I do not agree with it.

　○ <u>Although</u> his point of view is understandable, I do not agree with it.

2）カンマより区切る力の強い記号でセンテンスを切る。

　○ His point of view is understandable. However, I do not agree with it.（ピリオド）

　○ His point of view is understandable; however, I do not agree with it.（セミコロン）

よくある間違いの例2

× The new product is not effective. Because there are too many defects.

> → 2つの独立したセンテンスがあり、後ろのセンテンスの初めの because で2つの文の意味をつなごうとしています。しかし、because は接続詞なので、ひとつのセンテンス中で2つ以上の構成要素（語、句、節）をつなぐ形で使う必要があります。例文では there are too many defects と何かをつなぎたいことはわかりますが、つなぐ相手が同じセンテンス中には存在せず、別のセンテンスとして書かれています。

対処法：

1) 前のセンテンスとつなげる（ひとつのセンテンスにして、その中の構成要素をつなぐ形にする）

○ The new product is not effective <u>because</u> there are too many defects.

2) （接続）副詞を使う（2つの文法的に正しい独立したセンテンスにする）

○ There are too many defects. <u>Therefore,</u> the new product is not effective.

さらに、下のように文頭に接続詞がカンマを伴って使われている例もよく見られます。

× <u>But,</u> her opinion may be justifiable.

× <u>And,</u> her opinion may be justifiable.

> → but も and も接続詞であるのに（接続）副詞の用法で使われており、さらにカンマで区切られているため、つなげているものが前にも後ろにもない。

対処法としては、（接続）副詞を使うことです。

○ <u>However,</u> her opinion may be justifiable. ※

※会話文やカジュアルな英文では、カンマなしで But I don't like it. などはまったく問題ありませんし、最近では学術論文などでも文頭の But や And はよく見かけます。しかし、文法的にグレーゾーンであることは事実です。こうした使い方は IFITS のライティングではできるだけ避けるようにしましょう。

意味のつながりを示す代名詞の使い方

ある程度まとまった数のセンテンスからなる英文エッセイでは、代名詞が意味の
つながりを示すうえで重要な役割を果たしています。リーディング問題で、代名
詞が指している「先行する語句や考え」について問われることがありますが、そ
れは論旨を追うことができているかを確認するためです。では、次の文の代名詞
がそれぞれ何を指しているのかを考えてみましょう。

> The main reason against a ban is that **it** would infringe upon personal
> freedom. People say **they** have the right to smoke in **their** own homes,
> and if cigarettes were banned, **they** would not be able to. People
> generally object to a 'nanny' state that tries to insist that people only do
> what is good for **them**.

論の流れる方向で見ていくと、

a ban → **it**
People → **they** → **their (own homes)** → **they** → **them**

となり、代名詞によって論の流れが理解しやすくなっていることがわかります。

つまり、ライティングの際にこのように代名詞を使うことができれば、前から意
味がつながっていることを示すことが可能になり、まとまりがありかつ流れのス
ムーズな英文を書くことができます。

断定を避けるための表現方法

タスク2は断定しにくい内容のトピックが多いため、断定を避けるための表現を覚えておくことも必須です（「タスク2で求められるエッセイ」の「断定しすぎない」も参照）。以下に断定的な表現とその避け方の例を挙げますので、参考にしてください。

1）100%や0%を表す数量形容詞を使わないようにする

People say . . .	➡ **Most** people say . . .
All children like . . .	➡ **The majority** of children like . . .
Everyone has . . .	➡ **Many** people have . . .
There is no possibility . . .	➡ There are **very few** possibilities . . .

2）副詞を使う（しかし、100%や0%を表すものは避ける）

It is impossible . . .	➡ It is **almost** impossible . . .
This is true . . .	➡ This is **probably** true . . .
The economy will recover . . .	➡ The economy will **possibly** recover . . .
The situation will improve . . .	➡ The situation will **hopefully** improve . . .
The atmosphere is always good . . .	➡ The atmosphere is **usually** good . . .
Japanese students never complain . . .	➡ Japanese students **seldom** complain . . .

3）助動詞や仮定法を使う

It is possible . . .	➡ It **may** be possible . . .
A school is a happy place . . .	➡ A school **can** be a happy place . . .
The company will go bankrupt . . .	➡ The company **might** go bankrupt . . .
These result in . . .	➡ These **could** result in . . .
I do not recommend . . .	➡ I **would** not recommend . . .
It was possible . . .	➡ It **might** have been possible . . .

4）その他（非人称動詞、受動態などを使う）

It seems[appears] to be . . . / It seems[appears] that . . .
It looks as if . . .
It is thought[believed] to be . . . / It is thought[believed] that . . .
It is suggested / reported / agreed / accepted / said that . . .
It is **generally** said that . . .（副詞を加えて使うこともできる）

５）確信の度合いを明確に表現する

また、断定を避ける場合、どのくらい確信を持っているのかも考慮する必要があります。英語は日本語よりもあいまいさの少ない言語ですので、日本語の感覚で英語を用いると、英語では断定的に感じられることがよくあります。

例えば、all は「すべて／みんな」などと訳しますが、文字通り「すべて／みんな」、つまり 100% であると言いたいのかどうかを考えてみてください。実は「とても多い」ことが言いたかったのではないでしょうか？ 英語では、そして特に厳密さを求められるアカデミックな場面では、all は 100% であることを示します。そのため「とても多い」と言いたいときは most や many を使う必要があります。

同様に、頻度を表す almost, always, usually, often, frequently などは日本語ではどれも同じように「よく」と訳されがちです。また、可能性を表す probably, perhaps, maybe は多くの場合、「たぶん」が訳語として選ばれています。しかし、それぞれの語句には日本語で表現し切れない違いがあり、その違いを意識して明確に使い分けないと言いたいことが伝わらないこともあります。以下は、確信度に応じて英語表現を並べたリストです。日本語の訳語に縛られずに、それぞれの表現が示す確信の度合いを把握するための参考にしてください。

なお、リストに表示されている % はおおよその目安です。書き手・読み手の出身地や年齢、時代によって若干変わります。また、個別の語句の使い方や微妙な意味の違いは、辞書や文法書などで確認するようにしましょう。

数量形容詞

all / every	100%
most / a majority (of)	
many / much	
some / several	50% 程度
a minority (of)	
few / little	
no / none	0%

頻度を表す副詞

always	100%
almost (always)	
usually	
often / frequently	
sometimes	50% 程度
occasionally	
rarely / hardly (ever) / seldom	
never	0%

実現可能性を表す副詞

definitely	100%
probably	
perhaps / maybe	50% 程度
possibly	
definitely not	0%

16 受験者によくある文法・語彙のミス

◢ タスク1

タスク1では提示されたデータについて説明する英文を書きますが、普段からこういった英文を書き慣れていないと文法や語彙、パンクチュエーション（句読法）で間違いをしがちですので、ここでチェックしておきましょう。

下記はよくある誤りを含んだ例文です。データの種類別に主に特徴的な誤りを入れていますが、扱うデータの種類にかかわらず共通してよく見られるミスもあります。誤りのある箇所に下線を引き、訂正してください。解答と解説は問題の後に掲載されています。

1）折れ線グラフ・棒グラフ

1 From 2008 to 2013, car sales increased by 3 millions.

2 The graph provides informations about the number of people who went to the cinema in a certain year.

3 Electricity consumption raised during the summer of 2013.

4 There were a significant fall in the number of students attending science classes.

5 The data shows us how many people live in the countries of London, New York and Shanghai.

6 Magazines remained steady in 2013. But the sales of newspapers fell slightly.

7 In 2010 was a decrease in trade to North America.

8 The number of holidays to the Mornington area fluctuation between 2008 and 2013.

9 However from 2008 to 2013 the number of history students rose significantly to just under 160.

10 The number of workers are likely to decrease considerable to about 4 million.

2）円グラフ・表

1 The average number of hours per week spent on exercise were less for women than men.

2 Almost on all activities, men spent more time.

3 At the Sports Club, it was more common for members to go Swimming (62%) than to do Aerobics (45%).

4 A more large number of people use the OS6 at 61% than the OS5 at 22%.

5 By 2013, America was first place for international students with 37% of the study abroad market, and Britain was in second place with 32%. Among the three countries, Australia was last with 25% of all international students.

6 Male students prefer watching horror movies more than female students do. And they watch more sports on TV than females.

7 Most of people interviewed said they would rather go on a holiday overseas (65%) than in their own country (35%).

8 While those aged 20-25 years old spend most of their time on social activities 40-45 year olds spend more time on family activities.

9 It was more common for students to study biology than chemistry (38% and 31% respectively) in year 2013.

10 30-35 years old work far more than 20-25 years old.

3）図解

1 To begin with, the grapes harvested by the farmers.

2 When the online application is made it is sent to the sales department.

3 The water is purified by the process. So now people can drink the water.

4 Its at this stage that the coffee beans are washed.

5 After being selected, interviews are conducted with this successful candidates.

6 At the end of the Food Production Chain, the food is eaten by people at home and in restaurants.

7 Separated the letters into size and shape occurs at the first processing station.

8 Trees are planted every year and these takes place in spring.

9 During the packaging stage where items are organised by size there are three steps.

10 In all of stages, safety checks are made.

4）地図

1 Next to the café, an outside eating area construction.

2 There is no self-study area in the building in 1980.

3 To the left of information centre is a cloakroom.

4 The development of the business park is expected to complete in 2030.

5 In the year of 2014, the library moved to C Building.

6 The residential area will be two times in 2032.

7 Alongside the river a sports field was built.

8 There is first aid tent in north of map.

9 In 2012, car park was located to the left of main entrance.

10 There was 10 houses in the town of sherrin in 2005.

解答と解説

1) 折れ線グラフ・棒グラフ

1 From 2008 to 2013, car sales increased by 3 <u>million</u>.

「数字自体」について言及する場合、複数形にはしません。

2 The graph provides <u>information</u> about the number of people who went to the cinema in a certain year.

information は不可算名詞。数える場合は、a piece of information / pieces of information のような形にします。

3 Electricity consumption <u>rose</u> during the summer of 2013.

rise と raise の違いに気をつけましょう。rise は「上がる」という意味の「自動詞」、raise は「……を上げる」という意味の「他動詞」です。ここでは目的語がありませんから、rise の過去形の rose を用います。

4 There <u>was</u> a significant fall in the number of students attending science classes.

単数の a significant fall に合わせて、be 動詞は was にします。

5 The data shows us how many people live in the <u>cities</u> of London, New York and Shanghai.

London / New York / Shanghai という、3 つの「都市」を受けているので、countries ではなく cities にする必要があります。

6 <u>Magazine sales</u> remained steady in 2013, <u>but</u> the sales of newspapers fell slightly.

magazines だけでは、「雑誌の売り上げ」という意味にはなりません。magazine sales という正しい形に直します。また、接続詞 but を使っているので、... but ... というひとつのセンテンスの形にします。

7 In 2010, <u>there</u> was a decrease in trade to North America.

「……があった」という文なので、there was ... という形にします。また、In 2010 のような「前置き」フレーズを文頭に置く場合、カンマが必要です。

8 The number of holidays to the Mornington area <u>fluctuated</u> between 2008 and 2013.

このままでは「動詞」がありませんので、名詞の fluctuation ではなく、動詞の fluctuate を過去形にして用います。

9 However, from 2008 to 2013, the number of history students rose significantly to just under 160.

文頭に接続副詞の however を置く場合、後にカンマが必要です。また、from 2008 to 2013 のような「前置き」フレーズを置く場合もカンマを入れるとわかりやすいでしょう。

10 The number of workers <u>is</u> likely to decrease <u>considerably</u> to about 4 million.

the number of ... は「単数」扱いなので、be 動詞は is にする必要があります。また、considerable は「形容詞」なので、ここでは不適切。副詞の considerably に変えます。

343

2）円グラフ・表

1 The average number of hours per week spent on exercise <u>was</u> less for women than men.

the number of . . . は単数扱いなので、be 動詞は was にする必要があります。the と number の間に形容詞が入っても、この原則は変わらないので注意しましょう。

2 <u>On almost all</u> activities, men spent more time.

almost は形容詞の all を修飾するので、on almost all という語順が正解です。

3 At the <u>sports club</u>, it was more common for members to go <u>swimming</u> (62%) than to do <u>aerobics</u> (45%).

固有名詞ではないので、大文字にする必要はありません。

4 A <u>larger</u> number of people use the OS6 at 61% than the OS5 at 22%.

large の比較級は more large ではなく larger です。

5 By 2013, America <u>had the most</u> international students with 37% of the study abroad market, and Britain <u>accepted the second largest number</u> with 32%. Among the three countries, Australia <u>had the fewest</u> with 25% of all international students.

be 動詞は確かに便利な表現ですが、万能ではありません。「1 位だった」は was first place では意味が通じません。「最も多い数の留学生がいる」ということで、. . . had the most international students のように言うのが自然です。同様に、. . . was in second place も「何が 2 位なのか」が伝わりませんから、accepted the second largest number のようにして、「数」の話をしていることを明示します。このように、必要に応じて適切な「動詞」を使えるようになりたいですね。「最下位」は「最も少ない」ということですので、had the fewest のように表現します。

6 Male students prefer watching horror movies more than female students do, <u>and</u> they watch more sports on TV than females.

少々長い文にはなってしまいますが、接続詞 and を使っているのでひとつのセンテンスにします。

7 <u>Most of the</u> people interviewed said they would rather go on a holiday overseas (65%) than in their own country (35%).

most の後に of . . . を置く場合、〈most of the ＋複数名詞〉という形にします。

8 While those aged 20-25 years old spend most of their time on social activities<u>,</u> 40-45 year olds spend more time on family activities.

while で導かれる節は従属節ですから、文頭に置く場合、節の最後にカンマが必要です。

9 It was more common for students to study biology than chemistry (38% and 31% respectively) <u>in 2013</u>.

in year 2013 という言い方は間違いです。in the year 2013 という言い方なら可能ですが、特に年を強調して言う必要がない場合、単に in 2013 と表記するのが最も自然です。

10 <u>Those aged between 30 and 35</u> years old work far more than 20-25 <u>year olds</u>.

30-35 years old だけでは「30 歳から 35 歳の人たち」という意味を表すことはできません。those . . . 「……な人々」を使って、those aged between 30 and 35 years old という形にします。また、後半を 20-25 <u>year olds</u> に修正しましたが、このように、XXX year olds という形にすれば「……の年齢の人たち」という意味になります。ただし、数字から文章を始めることは避けるべきなので、30-35 year olds work . . . という形にはしない方がいいでしょう。

3）図解

1 To begin with, the grapes <u>are</u> harvested by the farmers.
「ブドウ」は収穫「される」ものなので、受動態にしなければなりません。

2 When the online application is made, it is sent to the sales department.
when は従属節を導く接続詞なので、when 節を文頭に置く場合にはカンマが必要です。

3 The water is purified by the process, <u>so</u> now people can drink <u>it</u>.
等位接続詞 so を使う場合、2つのセンテンスに区切らず、ひとつのセンテンスにします。また、the water という同じ名詞を繰り返すのは不自然です。2番目の the water を代名詞 it で置き換えます。

4 <u>It's</u> at this stage that the coffee beans are washed.
its は it の「所有格」。it is を省略したものは it's という綴りになります。発音は同じなので、混同しないように気をつけてください。

5 After being selected, interviews are conducted with <u>the(se)</u> successful candidates.
candidates は複数形ですから、this ではなく、these あるいは the にします。

6 At the end of the <u>food production chain</u>, the food is eaten by people at home and in restaurants.
固有名詞ではないので、大文字にするのは誤り。

7 <u>Separating</u> the letters into size and shape occurs at the first processing station.
「……すること」という「主語」になっているので、separated ではなく、動名詞の separating にする必要があります。

8 Trees are planted every year, and <u>this</u> takes place in spring.
「木を毎年植えること」という文を指しているので、代名詞は these ではなく this にします。また、and の前にカンマを入れた方が、この場合はより読みやすい文になります。

9 During the packaging stage<u>, where items are organised by size,</u> there are three steps.
where 節は、先行詞 the packaging stage の内容を補足的に説明するために「挿入」されているものですから、前後にカンマを打つべきです。

10 In all of <u>the</u> stages, safety checks are made.
all of の後に複数名詞がくる場合、定冠詞 the を入れる必要があります。

4）地図

1 Next to the café, an outside eating area <u>was constructed</u>.

この文には動詞がありません。construction を動詞にしたうえで、area が主語になるように、受け身の形にします。なお、未来を表す場合は will be constructed、進行中なら is being constructed となります。

2 There <u>was</u> no self-study area in the building in 1980.

「過去」の内容なので is ではなく was を使います。

3 To the left of <u>the</u> information centre is a cloakroom.

information centre には冠詞が必要です。地図上の「特定」の information centre を指しているので、不定冠詞ではなく定冠詞を使います。

4 The development of the business park is expected to <u>be completed</u> in 2030.

文の主語 development「開発（工事）」は「complete されるもの」ですから、受け身の be completed という形にします。

5 <u>In 2014,</u> the library <u>was</u> moved to C Building.

the year of は不要です。in the year 2014 という形も可能ですが、やや回りくどい感じになってしまいます。また、library が自分で移動するわけではないので、受け身にした方が自然です。

6 The residential area will be <u>twice as large[doubled in size]</u> in 2032.

will be two times だけでは、「2倍の大きさになるだろう」という意味を表すことはできません。正しい英語表現は will be twice as large です。double を使って、will be doubled in size と言うこともできます。

7 Alongside the river, a sports field was built.

alongside the river は「場所」を表す前置詞句ですが、文頭に置く場合はカンマが必要です。

8 There is <u>a</u> first aid tent in <u>the</u> north of <u>the</u> map.

冠詞の使い方に問題があります。There is ... の後にくる名詞が可算名詞の場合、不定冠詞をつける必要があります。また、in north of map は、「今話題になっている地図の、『北』という特定の方向に」ということなので、in the north of the map が正しい形です。

9 In 2012, <u>the</u> car park was located to the left of <u>the</u> main entrance.

冠詞が2つ不足しています。地図上に描かれた施設に言及していますので、「何を指しているか」は明白です。そのため、どちらの名詞にも定冠詞をつける必要があります。

10 There <u>were</u> 10 houses in the town of <u>Sherrin</u> in 2005.

まず There ... の文では主語が 10 houses なので、be 動詞も複数形にする必要があります。また「町名」は固有名詞なので、sherrin ではなく、Sherrin にします。

◢ タスク2

タスク2のエッセイで書かれる英文の例を使って、文法や語彙、パンクチュエーション（句読法）でよく見られる誤りをチェックしておきましょう。

1）文法
以下のセンテンスには、よく見られる文法上の誤りがあります。誤りのある箇所に下線を引き、訂正してください。解答と解説は問題の後に掲載されています。

1　One of the main thing that people worry about is rising prices.

2　Although the government is going to increase tax in the new year.

3　The Prime Minister don't admit that he was wrong.

4　Most of Japanese people agree that a tax increase is inevitable.

5　Proposed income tax rise is very unpopular.

6　Two years ago, when the economy was very bad, many people don't spend money.

7　One problem is that exports are very expensive for other countries to buy, and other problem is that manufacturing is becoming more expensive.

8　I am very interesting in why the economy rises and falls.

9　Every small business owner in Japan want the government to do more to help them.

10　If the government will put up the tax next year, the economy may improve.

2）語彙

以下のパラグラフには、正しく使われていないために変更や削除が必要である語彙が含まれています。また、パンクチュエーション（句読法）が正しくない箇所もあります。誤りのある箇所に下線を引き、訂正してください。解答と解説は問題の後に掲載されています。

1 Many people agree that all students should visit art galleries and museums in order to watch the paintings and displays. They will be able to learn about their culture and history. However, I insist that only people who are interested with art and history should attend these places. If they are not interested, they will not learn anything and will waste their time and money.

2 When they are at university, students often join in a club. This is not always a benefit thing. Activities such as club meetings and practice take on a lot of time and new faces might be harassed by their superiors into doing things they don't want to do, such as drinking too much or practising for too long.

解答と解説

1）文法

1 One of the main <u>things</u> that people worry about is rising prices.

one of . . . は「……のひとつ」ということですから、of の後にくる名詞は複数形にする必要があります。

2 Although the government is going to increase tax in the new year<u>,</u> <u>analysts are still concerned about a future revenue shortfall.</u>

although は従属節を導く接続詞なので、主節が必要になります。また、although 節の終わりにはカンマを打ちます。

3 The Prime Minister <u>doesn't</u> admit that he was wrong.

the Prime Minister「首相」は単数ですから、don't ではなく doesn't にします。

4 <u>Most Japanese</u> people agree that a tax increase is inevitable.

most of . . . にする場合、most of the Japanese people のように〈most of the ＋複数形〉の形にする必要があります。一番自然な形は、most を「多くの」という意味の形容詞として用いた most Japanese people という言い方です。

5 <u>The</u> proposed income tax rise is very unpopular.

「例の所得税増税案は大変評判が悪い」という内容なので、定冠詞の the が必要になります。

6 Two years ago, when the economy was very bad, many people <u>didn't</u> spend money.

two years ago「2年前」という言い方から、「過去」の話であることは明らかなので、don't ではなく過去形の didn't にする必要があります。

7 One problem is that exports are very expensive for other countries to buy, and <u>the other [another]</u> problem is that manufacturing is becoming more expensive.

other の後に単数名詞がくる場合、前に必ず定冠詞が必要になります。あるいは、「ほかのもうひとつの」という意味の another にすれば冠詞は不要です。another は「an + other」なので、それ自体に冠詞を含んでいるようなものだからです。なお、the other problem is . . . にした場合は「2つある問題のもうひとつは……」というニュアンスになり、問題は「2つしかない」アことになります。another problem is . . . は「ほかにもいくつかある問題のうちのひとつは……」という意味で、この場合は、問題は「2つ以上」存在するコとになります。

8 I am very <u>interested</u> in why the economy rises and falls.

I am interesting. では「私は面白い人です」という意味になってしまいます。正しくは interested で、be interested in . . . で「……に興味がある」という意味になります。

9 Every small business owner in Japan <u>wants</u> the government to do more to help them.

〈every ＋単数名詞〉は単数扱いになるため、want ではなく、wants にします。ちなみに、every small business owner を代名詞で受ける場合、かつては Every small business owner should know who <u>his</u> rivals are. 「すべての中小企業の事業主は、自分のライバル

が誰であるかを知っておくべきだ」などのように he で受けるのが文法的に正しいとされて
いましたが、性差別的であるとして、今では they で受けるのが一般的です（Every small
business owner should know who <u>their</u> rivals are.）。また、he or she（him or her / his
or her）で受けることもあります。

10 If the government <u>puts</u> up the tax next year, the economy may improve.
next year があるため確かに「未来」の話をしているのですが、たとえそのような場合でも、
条件節の中では will を使わずに現在形を使うのが原則です。

２）語彙

1 Many people agree that all students should visit art galleries and
museums in order to <u>look at / see</u> the paintings and displays. They
will be able to learn about their culture and history. However, I <u>think</u>
that only people who are interested <u>in</u> art and history should <u>go to /</u>
<u>visit</u> these places. If they are not interested, they will not learn
anything and will waste their time and money.
「見る」という意味の動詞はたくさんありますが、watch は「動きのあるものを見る」とい
うニュアンスが強いため、絵画などを「鑑賞する」と言う場合には、look at / see などの表
現を用います。insist は「……であるべきだと主張する」という意味の動詞です。そのため、「主
張する相手」が明示されていない文で insist を用いると、かなり違和感があります。ここでは、
単に「思っていること」を述べているだけなので、think を使うべきです。「……に興味がある」
は、be interested with . . . ではなく、be interested in . . . です。attend は「参加する」と
いうニュアンスがあるので、単に「訪れる」という意味を表したい場合は、go to / visit を使
います。

2 When they are at university, students often <u>join</u> a club. This is not
always a <u>beneficial</u> thing. Activities such as club meetings and
practice <u>take</u> a lot of time, and new <u>members</u> might be harassed by
their superiors into doing things they don't want to do, such as
drinking too much or practising for too long.
join「……に参加する」は他動詞なので、前置詞 in をつける必要はありません。benefit は
名詞なので、a benefit thing という言い方はできません。benefit の形容詞形である
beneficial を使います。take on . . . は「……を引き受ける」「（性質や色などを）帯びる」
という意味の句動詞で、ここでは文脈に合いません。take を単体の他動詞として用いれば
「……がかかる」「……を必要とする」という適切な意味になるので、on を削除しましょう。
等位接続詞 and の前後の節で主語が異なるので、and の前にカンマを打つことで自然な文
になります。new face という英語表現は存在するものの、日本語の「ニューフェイス」ほ
ど一般的ではありません。ここでは、new members という言い方にしておいた方が、ネ
イティブにすんなり伝わるでしょう。

SPEAKING

完全対策

LISTENING

READING

WRITING

SPEAKING

17 スピーキングテストの概要

■ スピーキングテストとは？

英語コミュニケーション力を測るテスト

スピーキングテストは口頭での英語コミュニケーション力を測るテストです。試験官との１対１の短い面接形式で行われます。受験者は机の片側に座り、試験官はもう一方の側に座ります。試験官はすべて英語を第一母語とするか、同レベルの英語力を持ちます。全員が専門のトレーニングを受けたうえで、試験官としての資格を認められています。また、面接は録音されます。

３つのパートで構成

テストは下記の３つのパートから成り、テスト時間は１１～１４分間です。

パート1　4～5分　🕐　**一般的な話題に関する簡単な質疑応答**

住まい、仕事、学業、好きなモノ・コトなど、わりあい簡単で身近な話題について質問されます。

パート2　3～4分　🕐　**与えられた話題についてのトーク**

与えられた話題について、ひとりで１～２分間のトークをします。その後、いくつかの関連質問があります。

パート3　4～5分　🕐　**パート２に関連したディスカッション**

パート２に関連する話題についてディスカッションをします。

◢ 評価の基準

バンドスコアでの評価

結果に合格、不合格はありません。1から9まで、0.5刻みのバンドスコアで採点されます。

4つの評価基準

評価には「流暢さと一貫性」、「語彙力」、「文法力と正確さ」、「発音」の4つの基準が設けられています。それぞれに1から9の点が与えられ、その平均値がスピーキングテスト全体のバンドスコアとなります。

例：ある受験者が4基準でそれぞれ下記のようなスコアだった場合には……

流暢さと一貫性	5
語彙力	6
文法力と正確さ	5
発音	6
4分野の合計	22

バンドスコアは4分野の合計スコアを4で割った、「5.5」となります。

評価については、IELTS のホームページ (www.ielts.org) に詳しく説明されていますが、要点は以下の通りです。

1．流暢さと一貫性
- あまりに多くの言いよどみや繰り返しがない
- 妥当な速さである
- トピックを適切かつ十分に展開している

2．語彙力
- 多様な語彙を用いて言いたいことを適切に表現している
- さまざまな話題について話すことができる
- 言い換え表現ができる
- 慣用的な言い回しが自然かつ的確に使われている

3．文法力と正確さ
- 単文だけでなく、多様な文法構造の文を使って話されている
- 時制、冠詞、前置詞、主語と動詞の一致などの文法が正確である

4．発音
- 英語のリズムに乗った話し方をしている
- 聞き手が理解できるように発音している
- 抑揚や強勢を用いて、話す言葉に意図を与えている

次ページからは、4つの評価基準それぞれに沿った対策を紹介します。

■ 4つの基準別　スピーキングテスト対策

4つの基準である「流暢さと一貫性」、「語彙力」、「文法力と正確さ」、「発音」は
それぞれが深く結びついていて、別々に考えることは困難です。例えば、ある単
語が思い浮かばない場合は言いよどんでしまい、その結果として流暢さが損なわ
れます。話す速度が遅い場合は適切なリズムを取るのが難しく、発音に影響する
こともあります。しかし、基準ごとに力をつけることに役立つ練習方法もありま
すので、ここで紹介していきます。

1. 流暢さと一貫性

流暢さを阻む、「言いよどみ」の原因は？

流暢さを邪魔するのが「言いよどみ」です。これには主に2つの原因があります。
ひとつは、「どのように言うべきか」と考えて止まってしまうこと、もうひとつは
「何を言おうか」と悩んでしまうことです。

ひとつ目の「どのように言うべきか」で止まってしまう人は、何より語彙・文法
力の強化が必要ですので、「語彙力・文法力と正確さ」の項目も見ていただきたい
のですが、同じように重要なのが、とにかく英語の発話に慣れるということです。
それには音読が効果的です。まず、音声とスクリプトの両方のある教科書やイン
ターネット上の素材を用意します。IELTS受験者に特にお薦めなのが下記の2つ
のサイトです。語彙レベルや話す速度がちょうどよく、話題も多岐にわたるので、
IELTSのスピーキングテスト対策として活用できるでしょう。

BBC Learning English
http://www.bbc.co.uk/worldservice/learningenglish/

Behind the News — ABC
http://www.abc.net.au/btn/

スクリプトを一読し、知らない単語の発音と意味を辞書で確認します。音声を聞
きながらスクリプトを黙読します。再度音声を聞き、話し手と同じ速度で、同じ
場所で区切りながら、スクリプトを音読します。この練習によって、長いまとま
りを話すことに慣れていくことで、少しずつ流暢に話せるようになります。

もうひとつの、「何を言おうか」と考え込んでしまう場合ですが、これはつまり、何か言うべきことがあればいいので、次の2つの方法で比較的簡単に改善できるでしょう。

① 幅広く読む
　新聞、雑誌、SNS、ブログなどを利用して、さまざまな社会的トピックに関する記事を日本語・英語の両方で読む。

② 自分の考えや意見をまとめる
　興味のある・なしにかかわらず話題を選び、自分の考えをまとめて英語でノートに書いておく、あるいは友人などに英語で話してみる。

一貫性を持たせるには「つなぎ言葉」が必須

「一貫性」も重要な評価基準です。その対策として効果的なのが「つなぎ言葉」を使うことです。「つなぎ言葉」というのは、As I said before「前に述べたように」や Because of that「そのために」など、文字通り、アイディアを「つなぐ言葉」のことです。「つなぎ言葉」を使いながら話すと、聞き手は、話し手のアイディアが互いにどう関連しているのかを追いやすく、理解しやすくなります。また、こうした「つなぎ言葉」は論理的に話を組み立てるための言葉ですので、自分自身に対しても筋道立てて話そうというシグナルとして働き、自分のアイディアを整理しながら話すのにも効果的です。場面によって使い分けができるように、さまざまな意味のつなぎ言葉を数多く知っておくといいでしょう。また、硬い書き言葉である Moreover「さらに」や One thing that should be pointed out「ひとつ指摘しておくべきことは」などは会話の場合は使わないことにも注意する必要があります（つなぎ言葉については、後述の「パート3対策 ディスカッションのコツ——理由や例を挙げる」の項も参照）。

2．語彙力

とにかく語彙を増やす

英文を読む際には、役立つと思われる語彙はすべてメモを取るように心がけましょう。メモを作る際には、意味と発音、他の形（動詞なら過去形、過去分詞形、名詞なら複数形など）、よく一緒に使われる語、例文などを併せて書き留めておくようにしましょう。

言い換え方法を身に付けておく

ある単語が思い出せないけれども、試験官にその意味をわからせる必要がある場合、その語の意味を説明したり、似た意味のほかの語（類義語、同意語）を使ったりという解決策があります。

例：prefecture「県」という英単語が出てこないとき……

I live in Chiba *ken*. A *ken* is like a county in the UK.
There are 47 *ken* in Japan, for example, Aichi, Hyogo and Aomori.

類義語や同意語を調べておく

受験者の中には特に comfortable, convenient, impressive などの言葉を繰り返して何度も使っている人が目立ちます。しかし IELTS では同じ言葉を多用していると、「語彙力に乏しい」と評価されてしまうので避けた方がいいでしょう。自分が日頃からよく使う表現については、知らず知らずに繰り返していることも多いので、辞書で類語を調べてバリエーションを増やしておきましょう。ただ、日本語の辞書で調べるだけでは微妙なニュアンスの違いまでわからないことも多いので、必ず英英辞典で同じ語を引き、正確な意味を確認しましょう。インターネットや電子書籍の検索機能を使って用例を集めることもできます。

3. 文法力と正確さ

さまざまな文法構造を使う

文法力は使用範囲と正確さの両方により評価されます。使用範囲とは、使われている文法構造の多様さのことです。例えば、主語と動詞がひとつずつの単文や、節が2つで and や because でつながれているような非常に単純な構造の文だけの場合、これは文法の使用範囲が広いとは言えません。よい評価を得るためには、複雑な構造の文を多少なりとも使うようにする必要があります。

複雑な構造の文を作る要素には以下のようなものがあります。

① **主節と従属節から成る複文**

従属節とは2つ以上の節から成る文のうち、単独では意味をなさない節のこと。つまり、その部分の意味は文の主節に依存しています。

例：色文字の節が従属節です。

If I go tomorrow, will you go with me?

The bus driver went straight past, leaving me standing in the rain.

That's the man who told me about the exhibition.

② 複合名詞句

　　前か後ろに修飾語句のある名詞

例：色文字部分が複合名詞句です。下線の名詞が中心となる語です。

The test I'm taking tomorrow is in Tokyo.

Many people have never read anything written by Shakespeare.

③ 複合動詞

　　２つ以上の動詞で構成される動詞

例：色文字部分が複合動詞です。

I might not have been able to go.

I was intending to give it to you.

I think I'll be arriving around three o'clock.

録音して文法間違いをチェック

会話の文法を確認するには、信頼できる先生や友人に発言すべてを逐一記録してもらう必要がありますが、身近にそういう人がいない場合は録音が便利です。携帯電話やICレコーダーなどを使って自分自身の会話を録音し、それを再生しながら言っていることを正確に書き取りましょう。

書き取ってみると、自分の使った文法が目に見えるので、間違いにも気づきやすくなります。特に同じ間違いを何度も犯していることに気づくことがあり、自分の文法の癖を直すチャンスになります。文法が正しいかどうかの自信が持てなければオンラインなどの添削サービスを利用してみましょう。自分の間違いを直し終えたら、正しい文法でもう一度答えを言ってみます。初めは書かれたものを読んでも構いませんが、必ず声に出して言うようにしましょう。次に話すときに間違いに気づきやすくなります。

さらには、正しく直した文を書き出して、それを少しだけひねりの利いた長い文にしたり、複雑な文法構造を使った文にしたりという練習ができます。ただし、自分で言うことができないほど長く複雑な文にする必要はありません。

：

I want to be a doctor.
書き直して ➡ I'm going to try and qualify as a doctor if I can.

I don't like going to school.
書き直して ➡ I'm not really very keen on going to school.

4. 発音

英語のリズムを身に付ける

英語のリズムを身に付けていないと、せっかく発言しても、意図が伝わらないことがあります。次の音声を聞いてください。

🔊 30

> One of the most unusual things about my area is there's a huge castle on top of a hill. It was built about 1000 years ago by a lord; I'm not sure who. It's quite famous because it's old, and because it's in good condition, so you can really see how people used to live.

数語のまとまりが一緒になって発話されていて、まとまりごとに区切りがあり、リズムを作り出していることがわかります。英語のリズムは強勢と区切り、弱母音、音の連結、音の消滅など、さまざまな要素によって決まります。これらの要素を身に付けるには、ネイティブの話し方を真似するのが一番です。それには「シャドーイング」が最適です。シャドーイングは、英語の音声を聞いて、1語遅れでまったく同じように（影 = shadow のように）繰り返すトレーニングです。

：

ネイティブ音声： One of the most unusual . . .
英語学習者： *One of the most unusual . . .*
　　　　　　　⬆ 1語遅れで発音を真似しながらついていく

音素的な問題点を確認する

[r][v][æ] などの音は日本語にはないため、一般的に日本人には発音するのが難しく感じられます。例えば、rub は love に、very が belly に、travel が trouble に聞こえてしまうことがあります。こうした難しい発音は、BBC Learning English などのインターネット上の視聴覚教材や書籍を使って個別に練習するといいでしょう。pronunciation practice で検索すれば多くの教材が見つかります。ただし、試験が迫っているのに苦手な発音の克服ができていない場合には、自分がどの音素に問題があるのかを確認し、できるだけそれを使うのを避けるという応急措置を取るのも一案です。例えば [r] や [v] が苦手な場合、in relation to や ever since などの特定のつなぎ言葉や慣用句を避け、代わりに for や since を使うようにするなど、工夫しましょう。

◢ 基本的な対策

過去・現在・未来について

試験官は単に現在のことだけではなく、過去、現在、未来のすべてに関して質問します。つまり受験者は、現在の事柄について話すだけでなく、過去について語ったり、未来についての自分の考えを述べたりできなければなりません。過去、現在、未来のどの時間帯の出来事について話しているかを常に確認して、正しい時制を使いましょう。

途中で話を止められても心配しない

スピーキングテストは厳密に時間管理されています。そのため、受験者が話している途中でも、予定の時間がくれば試験官は話を止めるよう指示します。これはあくまで時間管理を徹底するためですので、まったく心配する必要はありません。

質問が聞き取れない、わからないときは聞き返す

試験官からの質問を理解できなかったら、試験官にどの単語の意味がわからないのか、はっきり聞きましょう。または、もう一度質問を繰り返してくださいと頼むこともできます。試験官に質問の意味についてあまりにたくさん質問をすると、受験者の語彙理解力に疑問を持たれる可能性があります。しかし、これはスピーキングテストであり、リスニングテストではないので、質問の意味がはっきりし

ないとき（特にパート3）に、いくつかの質問をしたからといって、減点されることはありません。以下のような確認の仕方があります。

Can you say that again, please?
もう一度、おっしゃってくださいますか？

Could you repeat the question, please?
もう一度、質問をしていただけますか？

I'm not sure exactly what you mean.
おっしゃる意味がよくわかりません。

I'm not sure what you are asking.
何を質問されているのかわかりません。

Sorry. Once more, please.
すみません、もう一度お願いします。
（one more ではなく once more です！）

よく知らない事柄についても答える

試験官からの質問や与えられた話題についてよく知らない、考えたこともなかった、ということもあるでしょう。しかしそれは受験者のスピーキング能力評価に関係はありません。質問には「正しい」「間違っている」という決まった答えはなく、評価されるのは受験者個人の意見や考え自体ではなく、どのようにそれらが表現されているか（言語運用能力）だけです。ですから、知らない事柄について質問されても、「あまり知らないのですが、私としては……」「考えたこともありませんでしたが、例えば……」といった形で何とか答えるようにしましょう。

言葉が見つからなくても沈黙しない

話している最中に突然言葉が出なくなった場合は、長い時間ためらっていないで、以下の方法を使って状況を打破することができます。

1）言葉を思いつかないことを認める

Oh, I can't think of the word.
ああ、言葉が思い出せません。

Oh, it's slipped my mind.
ああ、ど忘れしてしまいました。

I can't remember the word I'm looking for.
言いたい言葉を思い出せません。

２）ほかの言葉で言い換えてみる

It's a bit like . . .
それは……のような感じです。

You know, a kind of . . .
ご存じのとおり、……のようなものです。

３）わからない言葉は無視して、そのまま続ける

Well anyway, . . .
えっと、それはさておき……

As I was saying, . . .
さっきまで話していたとおり……

Oh, nevermind, . . .
ああ、それは放っておきましょう。

緊張しすぎは禁物

緊張したり問題が好みでなかったりといった理由で、あまり多く話せなかった場合には期待するほどの評価が望めないでしょう。リラックスして面接を楽しむようにするのが一番です！

その他の注意ポイント

- 完璧な答えを考え出すために時間をかけすぎない。
- とにかく話し続ける。
- 言いたいことがはっきり伝わるように、順序立てて話す。
- Let me think. や That's an interesting question. など、あらかじめ暗記してあるフレーズを使い過ぎないようにする。１、２回なら構いません。

🔊 31-33

では、ここでスピーキングテストのサンプルを聞いて、パート１〜３までの流れを確認しておきましょう。

■スピーキングテスト　サンプル

 31

PART 1

E: Examiner（試験官）／ C: Candidate（受験者）

E : Good afternoon. My name is Michael Brown. Can I have your full name, please?

C : My name is Lucy Roberts.

E : Thank you. And can I see your passport, please? Thank you. Now in part one, I'm going to ask you some questions. Let's talk about your job. What do you do?

C : I'm a librarian. I work at my local library. I've been there for the last 10 years. It's not a very big place, but it's quite busy for such a small library.

E : What does your job involve?

C : Well, the main part of the job is issuing and receiving back books borrowed by the public, but it has gradually increased to include issuing bus tickets and CDs and generally giving information to the general public and holidaymakers.

E : Do you like your job?

C : Very much yes. It's nice to meet the public. We get a lot of local people visiting us, and I really like that. While I always help them with their enquiries, I also spend a lot of time chatting with them. You know, catching up on the latest local news and gossip. It's a lot of fun. And there's always something different going on at the library. It could be exhibitions or stuff like that.

E : Let's talk about transport. What's the transport like in your area?

C : It's very good really. We've got a very good train service to London, which is beneficial for people who need to be in the city a lot, and an hourly train service to Exeter. And also we've got local buses, which are quite good.

E : Is this typical of the transport in the UK?

C : Well, as far as I know. I don't know much about other areas really. But most of Devon has got a reasonable transport system at the moment, but it's in the process of being diminished because of the shortage of cash.

E : What would you like to change about the public transport?

C : Well, the trains I think are too expensive, the railway. Old age pensioners get free tickets, free passes, but for children, I think it's rather expensive. They're talking about putting up their fares to get to school, which is a bit hard because lots of them, you know, rely on the public transport to get to school. So, it makes it a bit expensive for parents if they've got perhaps two or three children needing to use it.

E : Do more people use public transport or private vehicles?

C : Well, I think more elderly people use public transport, especially since they've been able to get the free passes on the buses. But younger people with families use cars more and also, um, you know, if you need to get anywhere other than Devon, you need to use a car probably.

E : Okay. All right. Let's talk about weekends. Are you usually busy or relaxed on your weekends?

C : Relaxed. I like to take it easy, er, sleep, er, take the dogs for a walk, that kind of thing, so generally, just relax. I'm actually quite lazy on weekends. After my working week, it's time to do nothing special.

E : Um, so what's a good weekend for you?

C : Ah, a good weekend is for it to be sunny outside, er, to take our dogs walking in the woods in the morning, and maybe going out for a nice lunch or something, and then in the evening, just curling up on the sofa with a good book or watching the TV.

E : Do you think you have enough free time at the weekends?

C : Er, it would be nice to have more, not so much at the weekend but especially during the week, but unfortunately, I don't get home from work until quite late. That's why I really appreciate my weekends.

E : Thank you.

 32

PART 2

E : Now, I'd like you to talk about a topic for one to two minutes. Before you talk, you have one minute to make notes. Here's some paper and a pencil and here's your topic. Please describe a book you have read.

Describe a book that you have read.

You should say:
  who wrote it
  what it is about
  why you read it
  and explain why you liked or disliked the book.

E : Okay? I'd like you to speak for one to two minutes. I'll tell you when your time is up. Please start speaking now.

C : Well, I've recently reread a series, which I read many years ago when I worked at the library. And I've managed to get hold of these old books. And it's a long saga by Clare Rayner, who's a retired nurse. Well, she died recently, but she was a nurse, and she was a prolific author and an agony aunt. And I like her type of writing because it's quite humorous, but it's got a very clear insight into human nature. And this was a long series of 12 books all about the same family, starting way back, I suppose in the 1800s or early 1900s, coming right up to modern times. And it deals with two families really, one of which was very involved with medicine. There were a lot of doctors, and they founded a hospital in London. And the other family, which was interwoven by marriage and also relationships, um, they were on the stage. They were much into acting and professional entertaining of all sorts. And it's just, it's nice to be able to read a whole long series about the same family. And you've got a, um, a family tree in each edition, each book, which helps you follow what's happened to them, and what children they've had, and who's died, and who's got married. And so I was really into that, and it lasted me two or three months reading that book.

E : Do you think your friends would like it?

C : Not really. It's not something that everyone would like, um, but I particularly like this. It's a Jewish family as well, or a part of them is a Jewish family, and I'm quite interested in all the Jewish customs and different ways of eating and living and you know. So, um, no, it wouldn't be a sort of book that I would recommend to people, but it's just my personal choice.

E : Thank you. Can I have the paper and pencil back, please?

 33

PART 3

E : You've been talking about a book you have read recently, and I'd like to discuss this topic with you by asking some general questions about it. Now, let's talk about books. What kind of books do people your age usually read?

C : Well, I find that women particularly, when they are younger, they like thrillers and adventures and murders and things like that. But then when they get older, because they often read in bed or at night if they can't sleep, they like more of a family story – something that leaves you feeling comfortable and relaxed rather than excited and wondering how it's going to end.

E : So, does everyone read that kind of book?

C : Well, not everyone, but lots of my friends do, and talking to people, that's what they say. As for men, I think the same applies to them to a certain extent. Whereas young men like exciting types of books, older ones like peaceful, countryside types of stories.

E : Do you think people read as much as they used to, say, 30 years ago?

C : No, they don't. They certainly don't use the libraries as much partly because they can get most of the information they need online. So they don't come in for reference books so much. And the children don't come in so much to do their homework because there again, they get everything online. It's sad really. I think that books are in decline.

E : But do they read as much online as well though?

C : Possibly not. No, I don't think so. Many people sort of don't read just for the enjoyment of reading. They just read to get information.

E : Is that a good thing or a bad thing?

C : I think it's a bad thing because you absorb things; you absorb information by reading, even if it's only a novel. You still absorb information, and they don't do that so much now.

E : Let's talk about reading and technology then. Do most people still use paper like books and magazines?

C : Well, I suppose a lot do. I'm not entirely sure what most people do, but I noticed on Amazon, for instance, a lot of the books are now, what are they called? I forget . . . a certain type of book where the book is online, on the Internet, and they read like that. But no, I don't think so many people read paperbacks or hardbacks, especially hardbacks. Hardbacks are quite rare nowadays.

E : So, what do you think will be the influence of technology on reading in the future?

C : Well, I've felt for some time it's killing books really. I think it's, um, in the future hardly anybody will have any books in the house.

E : And what are the disadvantages of reading digital materials?

C : Well, I don't think there's anything to beat holding a book in your hands, especially in bed and or on a train, although I suppose on a train, it might be an advantage to have a digital book. But I don't think it's quite the same, you know, it's just me.

E : How will technology affect libraries? Do you think it will make the librarians' job easier or more difficult?

C : Well, I think there'll be fewer librarians. I don't think they will need so many librarians in the future because people will just use computers and not go to the libraries. Nearly everyone's got a home computer now, so they won't need to go to the libraries.

E : Basically, the libraries will be shut?

C : Well, a lot of them are shutting, yeah. There's going to be quite a cut down on libraries because of the economic situation and you know, because as I say, they're not needed so much.

E : Thank you very much.

【訳】

PART 1

E : こんにちは。私の名前はマイケル・ブラウンです。フルネームを教えてください。

C : 私の名前はルーシー・ロバーツです。

E : ありがとうございます。それから、パスポートを見せてもらえますか？　ありがとうございます。ではパート1では、いくつか質問をします。仕事について話しましょう。どんな仕事をしているのですか？

C : 図書館員です。地元の図書館で働いています。ここ10年はそこが職場です。あまり大きくはないのですが、そのような小さな図書館にしてはかなり忙しいです。

E : 仕事ではどんなことをするのですか？

C : 主な仕事は本の貸し出しと、市民から返却される本の受け取りですが、だんだん増えてきているのが、バスチケットの発行やCDの貸出、それから市民や行楽客への一般的な情報提供です。

E : 自分の仕事は好きですか？

C : はい、とても。一般の人たちに会うのは楽しいです。地元の人たちがたくさん訪ねてくるのがとても気に入っています。いつも彼らからの問い合わせに応えていますが、彼らとおしゃべりをする時間も多いです。そう、最新の地元ニュースやゴシップについていくわけですね。とても楽しいですよ。それに、図書館ではいつも何かしら違うことが起こっています。展覧会などですね。

E : 交通機関について話しましょう。あなたの地域の交通機関はどうですか？

C : 実際とてもいいです。ロンドンへたくさん行く必要がある人たちにとって有益な、ロンドン行きの大変便利な電車があるのと、1時間ごとに走るエクセター行きの電車もあります。またかなり便利な地元のバスもあります。

E : これは英国の典型的な交通事情ですか？

C : ええ、私が知る限りは。実際、ほかの地域のことはよく知りません。でもデボンのほとんどの地域の交通システムは現在まあまあよいのですが、資金不足で縮小されてきています。

E : 公共交通機関のどんなところを変えたいですか？

U : 電車の料金は高すぎると思います、鉄道のことですが。高齢の年金生活者は無料のチケットやバスをもらえますが、子供の運賃はかなり高いと思います。通学利用運賃を引き上げようという議論が行われていますが、ご存知のように、子供の多くは通学を公共交通機関に頼っていますので、ちょっと大変ですね。通学で電車を使う子供が2、3人くらいいれば親にとっては出費がちょっと多くなりますから。

E : 公共交通機関を使う人と自家用車を使う人ではどちらが多いですか？

C : 年配の人は、特にバスの無料バスがもらえるということもあり、公共交通機関を使う人の方が多いと思いますが、家族のいるもう少し若い人たちは車の方をより使います。それに、デボンの外に行かなければいけないときには、車を使う必要があるでしょうから。

E : わかりました。それでは、週末についてお話ししましょう。週末は普段、活発に動く方ですか、それともゆっくりする方ですか？

C : ゆっくりする方です。くつろいで、寝たり、犬の散歩に行ったり、そんな感じに過ごしたいんです。ですから、たいていはただくつろいでいます。実は週末はかなり怠けているんですよ。仕事の一週間が終わって、これといってやることはない時間なんです。

E : ではあなたにとって、よい週末とはどんなものですか？

C : よい週末とは、天気が晴れていて、朝は森で犬の散歩をして、素敵なランチか何かに出かけたりとか。それから夕方にはソファに丸くなって寝て、よい本を読んだりテレビを見たりすることですね。

E : 週末には十分な自由時間があると思いますか？

C : もっとあればいいでしょうね。週末というより、特に平日にもっとあれば。でも残念ながら、仕事から帰るのはかなり遅いのです。ですから、私は週末のありがたみを本当に感じています。

E : ありがとうございます。

PART 2

E : では、トピックについて1から2分間、話してもらいたいと思います。トークを始める前に、メモを取る時間が1分間あります。メモ用紙と鉛筆、それからトピックをお渡しします。読んだことのある本について説明してください。

> 読んだことのある本について説明してください。
>
> 誰が書いたのか
> 何についての本なのか
> なぜその本を読んだのか
> について言及し、
> その本を好き／嫌いな理由を説明してください。

E : いいですか？　1分から2分間、話してもらいます。時間になったら教えます。では、話し始めてください。

C : 何年も前に図書館で働いていた頃に読んだシリーズを最近、読み直しました。これらの古い本をなんとか手に入れました。それはクレア・レイナーが書いた大河小説なんです。彼女は退職した元看護師です。最近亡くなったのですが、彼女は看護師で、多作な作家で、人生相談の回答者だったんです。彼女の文章はとてもユーモアに富んでいながら人間の本質に対するとても明確な洞察が入っているので好きなんです。そしてこれはすべて同じ家族についての12冊にわたる長いシリーズで、ずっと昔、たぶん1800年代か1900年代の初期から現代に至るまでの話です。そして実際のところ、二つの家族が出てくるのですが、ひとつは医学に深く携わっている家族です。たくさんの医者がいて、彼らはロンドンに病院を開きます。もうひとつの家族は結婚や恋愛でも絡み合っているのですが、彼らは舞台の上の人たちなんです。演技や、あらゆる種類の演芸に深

く関わっています。同じ家族についての長いシリーズ全体を読めるのは楽しいです。それぞれの巻、それぞれの本に家系図があり、どんな出来事があって、子供は誰で、誰が亡くなって、誰が結婚してといったことを追う助けになります。私は本当にのめり込んで、2、3ヵ月の間、読んでいました。

E : あなたの友人はその本を好きだと思いますか？

C : いえ、あまり。誰でも気に入るものではないです。でも私はとても好きです。ユダヤ人家族でもあって、いえ、一部はユダヤ人家族で、私はユダヤ人の慣習のすべて、さまざまな食習慣や生活様式やなんかにとても興味があります。だから、いえ、人に薦めるような本ではなくて、単なる私の個人的な趣味です。

E : ありがとうございます。メモ用紙と鉛筆を返してもらえますか？

PART 3

E : あなたは最近読んだ本について話してきましたが、それについての一般的な質問をいくつかしながら、この話題について話し合いたいと思います。では、本について話しましょう。あなたくらいの年齢の人たちはたいていどんな本を読んでいるのですか？

C : 特に女性は、若いときはスリラーや冒険ものや殺人事件などが好きだと思いますが、歳を重ねていくと、ベッドの中や夜眠れないときに読むことが多いので、興奮してラストが気になるものより、心地よくリラックスした気分になるものということで、家族ものをより好むと思います。

E : では、みんながそのような本を読むのでしょうか？

C : みんなではないですが、私の友人の多くは読みますし、人と話すとそう言います。男性に関しては、ある程度は同じことが当てはまると思います。若い男性はわくわくするようなものが好きなのに対し、年配の男性は穏やかな田舎の話などを好みます。

E : 人々はかつてと同じくらい本を読んでいると思いますか？　例えば30年前と比べてどうですか？

C : いいえ、読みません。間違いなく、かつてほど図書館を利用しません。理由のひとつとしては、必要な情報のほとんどはオンラインで得られるので、あまり本を参照しには来ないのです。それに子供についても、やはりオンラインで何でもわかるので、宿題をしに図書館に行くこともあまり多くないです。本当に残念なことだと思います。書籍は衰退してきていると思います。

E : とはいえ、オンラインで同じくらい読んでいるのでしょうか？

C : おそらく違うと思います。同じくらい読んでいるとは思いません。多くの人は純粋に読書の喜びのために読むというよりは、情報を得るために読んでいるだけです。

E : それはよいことですか、悪いことですか？

C : 悪いと思います。なぜなら、読むことでいろいろなアイドを吸収するからです。たとえ単なる小説だとしても、読むことで情報を吸収するのです。本を読む人は今でも情報を吸収していますが、今では本を読まない人たちはあまり吸収していません。

E : では、読書とテクノロジーについて話しましょう。たいていの人は今でも本や雑誌といった紙媒体を使っていますか？

C : 多くの人はそうだと思います。たいていの人がどんなことをしているか確信はありませんが、例えばアマゾンには現在たくさんの本が……何と言うのでしたっけ？　忘れました……オンライン上、ネットにあるタイプの本で、そういうので本を読みます。でも、いえ、ペーパーバックやハードカバー、特にハードカバーの本を読む人はそんなに多くないと思います。ハードカバーの本

は最近あまりありません。

E : では、今後テクノロジーは読書にどんな影響を与えると思いますか？

C : ここしばらく感じていたことですが、実際、本を衰退させると思います。将来的には、家で本を読む人はほとんどいなくなると思います。

E : 電子書籍を読むことのデメリットは何ですか？

C : 本を自分の手に持って読むことほどいいものはないと思います。特にベッドの中や電車では。ただ、電車では電子書籍を持っていると便利かもしれませんが。でも、紙の本とまるっきり同じ感覚ではないと思います。私の場合はですが。

E : テクノロジーは図書館にどんな影響をもたらすでしょうか？　図書館員の仕事は楽になると思いますか、それともより大変になると思いますか？

C : 図書館員の数は減ると思います。今後はそんなに多くの図書館員が必要なくなると思います。というのも、コンピューターを利用して、図書館に行かなくなるでしょうから。今ではほとんど誰もが家にコンピューターがありますから、図書館に行く必要もないのです。

E : 基本的に図書館は閉鎖されると？

C : はい、多くの図書館は閉鎖します。景気のためや、先ほど言ったように、図書館がそれほど必要とされていないので、図書館数はかなり削減されるでしょう。

E : どうもありがとうございました。

18 パート1対策

◤パート1の概要

パート1は住まい、仕事、学業など、日常生活に関する比較的短い身近な話題で構成されています。まず試験官があいさつをしてから名前を告げ、受験者のフルネームを聞き、身分証明書の確認をすると、すぐにパート1が始まります。試験官は4～5分間の中で、2～3つの話題を取り上げ、それぞれの話題に関して数回の質問をします。

◀)) 31

ではここで、パート1の音声を聞いて流れをもう一度確認してください。スクリプトと訳は「スピーキングテストの概要」末尾（363ページ～）に掲載しています。

パート1の話題は日常生活に関係することなので、誰もが答えることができるはずです。だからといって、ひと言だけで返答することは避け、質問に答えたうえでその理由を述べたり、詳細を付け加えたりして、答えを広げるようにしましょう。しかし、このパートではそれほど長く話す必要はありません。

答えは「イエス」「ノー」だけで終わらせない

では、どういった回答をすればよいのでしょうか？ まずは、AとBの二通りの質疑応答を比べてみてください。

受験者A

E: Examiner（試験官）／ C: Candidate（受験者）

E : What kind of house or flat do you live in?
C : Semi-detached house.
E : Is this a typical house for your area?
C : Yes.
E : Have you made any changes to your house recently?
C : Not recently.

受験者B

E : Okay. Now let's talk about where you live. Where do you live now?
C : I live in Axminster. I've lived there for the last 30 years.
E : What are the advantages of living there?
C : Um, well, it's a small town, and we've got the benefit of nice little shops, but the countryside is right on our doorstep, so we've got the best of both worlds.
E : Would you like to live somewhere else in the future?
C : Um, possibly, but I don't know quite where. At the moment, I'm quite happy where I am.

AもBも質問に答えていますが、Aは答える際に数語しか使っていませんし、完全な文で話していません。時々ならこれでもよいのですが、ずっとこの調子では困ります。Bのように、答えをもっと広げて、試験官に自分がどれだけ話すことができるかを示す必要があります。

ではどうやって「答え」を広げるのか?

質問への答えを広げるには、下記のような方法があります。

1) もっと多く事例を挙げる・詳細に説明するなどして情報を増やす
2) 時、場所、人々などについて話す
3) 形容詞などを使って、自分がどのように考えているかを示す
4) 方法や理由を述べる

例えば What kind of house or flat do you live in? という質問に対し、単にひと言で答えると、I live in a flat. で済んでしまうところを、上の方法を用いて広げていくと下記のように展開できます。

(広げた回答例)

I live in a two-bedroomed flat with a balcony.

＋詳細

I live in a two-bedroomed flat with a balcony. I've just moved in.

＋詳細＋時

I live in a two-bedroomed flat on the fifth floor of a small block of flats in the centre of town.

＋詳細＋場所

I live in a two-bedroomed flat with my husband and two kids. One's five and the other's two.

＋詳細＋人

I live in a two-bedroomed flat in the centre of town, which is good because it's very convenient for the shops and public transport.

＋詳細＋場所＋意見

I live in a two-bedroomed flat. My parents found it for my sister and me when we started at university.

＋詳細＋理由＋時

■ 質問への答え方 ― 4 つの分野

パート1では日常生活に関する比較的短い身近な話題が取り上げられます。ここでは代表的な話題である「住まい」「仕事」「学業（教育）」と、「その他一般」の4分野に分けて対策を見ていきます。とはいえ、すべての分野に共通するのは前項で学んだ「答えをイエスかノーで終わらせずに、広げる」という考え方です。

取り上げる4つの分野
1．住まい
2．仕事
3．学業（教育）
4．その他一般

1．住まい―近所、地域、町

住まいのある地域や町について聞かれることがあります。事実に基づく情報や自分の意見を挙げて、その地域の説明ができることが望ましいでしょう。前に述べたとおり、非常に短い答えで済ますことは避け、詳細な情報を入れるようにしてください。では、住まいについてのよくある質問と、その対応の仕方を見ていきましょう。

①位置関係を説明する ―――――――――――――――――――――――
住まいのある地域について質問された場合、まずは位置関係について説明すると答えやすいでしょう。その地域の名称や位置、規模などを、数字を交えて正確に説明するようにしてください。

（質問例）

How would you describe the area where you live?
あなたの住む地域について説明してください。

回答例

I live in a town called ABC, which is relatively large and located about 25 km to the east of XYZ city. Also, it's just 5 minutes' walk from my house to the nearest station, which is very convenient.

私は ABC という町に住んでいます。比較的大きな町で、XYZ 市からおよそ 25 キロ東方に位置しています。私の家から最寄駅までは徒歩でたったの 5 分で、とても便利です。

② よい点と悪い点を述べる

住まいのある地域について意見を求められることがあります。一般的に肯定的あるいは否定的なことを言った場合は、自分の態度が聞き手に理解してもらえるように、さらに情報を加えます。例を見てみましょう。

質問例

What are the good things about your area?
あなたの住む地域のよい点は何ですか？

回答例

My area has good and bad points. On the good side, it's convenient for transport. There are three different train lines. But on the other hand, it's a bit boring. There's nothing to do.

私の住む地域にはよい点と悪い点があります。よい点は、交通の便がいいことです。電車の 3 本の路線が乗り入れています。でも一方で、少し退屈です。何もすることがないのです。

話し手はよい点と悪い点の両方を挙げ、それぞれに理由を加えています。さらに話題を広げたい場合は、電車の路線の名前を挙げる、どの路線が自分にとって一番近いのかを話す、あるいは nothing to do「何もすることがない」で終わらせずに nothing to do except hang around in the shopping mall「ショッピングモールをぶらぶらする以外、何もすることがない」と付け加えるといったことができます。ほかにも質問と回答の例を見ておきましょう。

質問例

What are the good and bad points about your area?
あなたの住む地域のよい点と悪い点は何ですか？

▶ One good thing is the convenience. It's near the centre, and there are lots of things to do. But, on the down side, there are several small factories in the area, so the air is not that clean.

よい点のひとつは利便性です。中心街に近く、やることがたくさんあります。しかし、マイナスな点は、その地域にはいくつか小さな工場があり、空気がそれほどきれいではないことです。

▶ Well, my area used to be very nice, but it's got a bit run-down recently because lots of businesses have closed down. But it's peaceful, and there are still some small family-run shops.

ええと、私の住む地域は、以前はすごくよいところでしたが、たくさんの店が閉店して最近ちょっとさびれてしまいました。でも、静かで、今でも家族経営の小さなお店はいくつかあります。

１番目の回答例のように、よい点や悪い点を話す際には、One good thing is . . . などの言い出しを使うと情報を整理しやすいでしょう。ほかにも、I think the best thing about it is . . .「それについて一番よい点は……」／ One really good thing about my area is . . .「私の地域のとてもよい点のひとつは……」／ on the down side . . .「マイナスの点は……」／ The main problem with my area is . . .「私の地域の主な問題は……」などさまざまに言い方を工夫してみましょう。

③ 地域にあるモノ・コトを紹介する ─────────────

住まいのある地域についての特徴を尋ねられた場合、その地域について何か特別なこと、変わったことがあれば、それを話すといいでしょう。すぐには思い浮かばないかもしれませんが、どの地域にも必ず特徴がありますので、自分の住む地域について一度考えておいてください。

質問例

Is there anything interesting in your area?
あなたの住む地域に何か興味深いものはありますか？

回答例

▶ Kyoto is famous for its traditional Japanese food.
京都は伝統的な日本料理が有名です。

▶ Many people have heard of our city's huge Buddhist statue.
私の住む市の巨大仏像については多くの人が知っています。

④ 変化について伝える

地域の過去〜現在〜未来の変化について質問されることもあります。「過去から現在にかけて起こった変化」「現在起こっている変化」「予測される未来の変化」それぞれのケースを見ていきましょう。

まず、各ケースに共通した「変化」の表現方法として覚えておきたいのが、代名詞の they を使う方法です。「変化」を行ったその行為主が不明で、さらにそれが「知らない誰かである」という意味を強調したくない場合や、行為主が公の立場の人や組織である場合、そして受動態を使いたくない場合などには、they を使うことで、うまく表現できます。

例えば、「公園の古い木が伐採された」という事実を伝えたいとします。行為主が不明で「不明であること」は特に伝えたい内容ではない、という場合に Someone has cut down ... としてしまうと「誰かが伐採した」となり、「誰か」に意味があるような印象になります。ここでは、they を使って表現した方が自然です。

Someone has cut down that old tree in the park.
誰かが公園のその古い木を伐採しました。

They have cut down that old tree in the park.
公園のその古い木が伐採されました。

A construction company has built another block of flats near the station.
ある建設会社が駅の近くに別のアパート群を建築しました。

They have built another block of flats near the station.
駅の近くに別のアパート群が建築されました。

では次に、変化の時期ごとに表現方法を見ていきましょう。

1）過去から現在にかけて起こった変化

過去から現在の間で起こった変化は、used to や ago や before などの過去時制を表す表現を使って、「過去には〜だったが、今は〜だ」という形で表現すると伝わりやすいでしょう。

Has it changed recently?
最近、変化はありましたか？

▶ There <u>used to</u> be a cinema, but now it's a supermarket.
かつては映画館がありましたが、今はスーパーマーケットになっています。

▶ Five years <u>ago</u>, we didn't have any convenience stores. Now, we have three.
5年前にはコンビニはありませんでしたが、今では3軒あります。

▶ Now, we've got a post office in the area, whereas <u>before</u>, we had to go into the centre of town.
今は地域に郵便局がありますが、前は町の中心部に行かなければなりませんでした。

2）現在起こっている変化

現在、変化が起こっていることを伝える場合、下のような時制を使うことができます。

Is your area changing?
あなたの住む地域は現在変わってきていますか？

▶ It's <u>getting</u> really built-up around my area.（現在進行形）
私の住む地域周辺は今まさに建設ラッシュです。

▶ The area <u>has been getting</u> busier and busier.＊（現在完了進行形）
その地域はますます賑やかになってきています。

▶ A lot of convenience stores <u>are being built</u>.（受動態＋現在進行形）
たくさんのコンビニが建てられているところです。

＊こういった文脈では becoming よりも getting が一般的に使われます。

3）予測される未来の変化

未来の変化については「推量」を表す助動詞の will だけを使って表現しがちですが、probably「おそらく」などの副詞や I would say . . .「……でしょう」などの慣用句、そして「未来を表す現在進行形」など、さまざまな表現方法を用いるようにしましょう。

質問例

Do you think your area will change or stay the same over the next 10 years?
これから10年間であなたの住む地域は変わると思いますか？　それともこのままでしょうか？

回答例

▶ There'll probably be a lot more houses in 10 years' time.
おそらく、これから10年の間にもっとたくさんの家ができるでしょう。

▶ I would say it'll probably get better in the future.
おそらく将来はよくなっているでしょうね。

▶ I think it's going to improve.
改善されていくと思います。

▶ It's not going to change a lot.
あまり変わらないでしょう。

▶ I don't think it'll change much.
それほど変わらないと思います。

▶ It's likely to change for the worse.
悪い方に変わるように思えます。

2. 仕事

受験者が社会人の場合、仕事について質問されることがよくあります。仕事についてさまざまな側面から話せるように、あらかじめ練習をしておきましょう。仕事についての質問は、下記の2つのタイプに大別されます。

• 仕事に関する事実関係を問う
• 仕事についての意見を求める

では、それぞれどう答えればいいのか見ていきましょう。

①事実関係についての質問

仕事に関する事実関係については、5W1H（when / where / who / what / why / how）の文で問われることが多いようです。よくある質問を下に挙げましたが、あまり長い回答は必要ありません。しかし、繰り返しになりますが、単にひと言だけで返事を済ますのは避け、情報を加えて2、3文で事実を伝えるようにしましょう。

例えば、What do you do? と聞かれた場合、下記のように、まずは質問に簡潔に答えます。

Well, I work in tourism . . .
私は旅行業界で働いていて……

それから詳細な情報を加えていきます。

. . . and part of my job is to ensure that a lot of visitors come to Melbourne, and once they get here, that they're looked after, and that they're introduced to those areas they particularly want to become familiar with, be it culture or sport or medicine.
私の仕事のひとつはたくさんの観光客にメルボルンに来ていただけるようにすることです。そして、彼らがこちらに着いたら、ちゃんと面倒を見てもらえるようにし、文化でもスポーツでも医療でも、彼らが特に知りたいと思うことを案内してもらえるようにすることです。

（ その他の質問例 ）

When did you start work there?
そこで働き始めたのはいつですか？

Where do you work?
どこで働いているのですか？

What does your job involve?
仕事ではどんなことをするのですか？

How did you get your job?
どのようにしてその職を得たのですか？

② 意見を求める質問 ────────────

仕事についての意見を求める質問の例を下に挙げました。意見を問う質問に対しては、まず簡潔に自分の意見を伝え、それから「理由」を述べます。「理由」を述べることにより、相手に自分の意見をより説得力を持って伝えることができます。

例えば、Do you like your job? と聞かれた場合、下記のように、まずは質問に簡潔に答えます。

Very much yes.
とても好きです。

それから「理由」を加えていきます。

. . . It's nice to meet the public, and there's always something different going on.

一般の人たちに会うのは楽しいですし、いつも何かしら違うことが起こっています。

そのほかの例も参考にしてください。下線部が「理由」に当たります。

（質問と回答の例）

E : Do you like everything about your job?

自分の仕事のすべてを好きですか？

C : Not particularly. <u>Sometimes it's very good. It's very interesting dealing with investors in funds that we manage. And other times, it's too busy. There's too much to do and not enough time to do it.</u>

特にそうではありません。とてもすばらしいときもあります。私たちが運用するファンドの投資家に応対するのはとても面白いです。忙しすぎることもあります。やるべきことが多すぎてこなすのに十分な時間がありません。

E : Do you like everybody you work with?

一緒に働く人全員を好きですか？

C : On the whole, yes. <u>I mean, obviously you have arguments with people, but yes, generally I like everyone. They're easy to get on with.</u>

だいたい好きです。というのも、当然、口論になることはありますから。でも、そうですね、だいたい全員のことを好きですよ。彼らは付き合いやすいですね。

E : Is your job difficult?

あなたの仕事は難しいですか？

C : It can be. <u>Sometimes we have a deadline to meet, and things get a bit hectic. And sometimes you have to deal with irate customers, but it's always interesting.</u>

難しいこともあります。守るべき締め切りがあって、ばたばたと忙しくなることもあります。激怒した客に対応しなければならないこともありますし。でもいつも面白いですよ。

ここまで、「意見＋理由」という答え方を学びましたが、もうひとつポイントがあります。単なる Yes / No では答えられないときの答え方です。もう一度上の例を見てください。実は Yes / No では答えず、Not particularly. / On the whole, yes. / It can be. など、間接的な表現を使っていることに気付くと思います。このように

SPEAKING 完全対策

381

案外、Yes / No で答えられないケースは多いので、下記のような表現を覚えておくと役立つでしょう。

| 肯定 | Definitely. (Yes) 絶対にそうです。

Very much so. かなりそのとおりです。
Very much yes. かなりそうです。
On the whole, yes. だいたいそうです。
Mostly, yes. ほとんどそうです。
It depends. よりけりです。
It can be. そういうこともあります。
Sometimes. 時には。
Not exactly. 必ずしもそうではありません。
Not particularly. 特にそうではありません。
Not really. あまりそうではありません。

否定 Definitely not. (No) 絶対に違います。

3. 学業（教育）

受験者が学生の場合は、学業について聞かれることがあります。また、学生でない場合でも、教育に関して質問されることはあります。学業や科目、自分の過去の学校生活などについて、あらかじめ話す練習をしておきましょう。学業についての質問も、仕事についての質問と同じように、下記の2つのタイプに大別されます。

- 学業に関する事実関係を問う
- 学業についての意見を求める

「答え方」については「仕事」の項を参考にしてください。下記に、よくある質問例と、回答例を記しておきます。

① 事実関係についての質問

（質問と回答の例）

E : Where are you studying?
どこで勉強していますか。

C : At the moment, I'm in my third year at Dohama University. My campus is the Dohama campus, which is next to the university hospital in Dohama city.
今、私は土浜大学の3年生で、土浜市の大学病院の隣にある土浜キャンパスです。

E : What are you studying?
何を勉強していますか。

C : Well, at the moment, I'm a first year student, so I'm studying lots of different things. But from next year, I'm going to focus on law.
今は1年生ですので、多くのさまざまなことを勉強しています。でも来年からは、法律を中心に勉強します。

E : How long have you been studying?
勉強期間はどれくらいですか？

C : I've been a university student for just over two years now. Before that, I took a year out between high school and uni.※
今は大学生になって、2年ちょっと過ぎたところです。その前は、高校を卒業して大学に入る間の1年間、学業を休んでいました。

※アメリカでは university も school も大学を指すことができますが、イギリスやオーストラリアでは大学は university かその短い形の uni を使い、school は大学には使いません。

E : How much time do you spend on extra-curricular activities?
課外活動にはどのくらい時間を費やしていますか？

C : What is 'extra-curricular activities'?※
'extra-curricular activities' とは何ですか？

E : Anything that isn't your course of study.
学業課程以外のことです。

C : Oh, okay. Well, I've got club practice three times a week. I'm in the basketball club, and the practice is about two hours each time. Then, I'm also a volunteer at an orphanage just once a week, but it's really rewarding.
ああ、わかりました。クラブの練習が週に3回あります。バスケットボールクラブに入っていて、1回の練習は約2時間です。それから、週に1回だけ、児童養護施設でボランティアもしていますが、とてもやりがいがあります。

※受験者が What is 'extra-curricular activities'? と試験官に聞き返しています。このように質問の意味がわからないときは黙り込んでしまわず、積極的に説明を求めてください。

② 意見を求める質問

E : Is your subject useful for life after university?
　　勉強していることは卒業後の人生に役立ちますか？

C : I don't know really. As I said, I'm studying literature, so it kind of depends on
　　what I'm going to do. I think I might teach, so if I do, it will be useful, yes.
　　実際、わかりません。先ほど言いましたように、私は文学を勉強しているので、これからどんな
　　仕事をするかによるといったところです。教師になるかもしれないと思っているので、そうなれ
　　ば役に立つでしょう、ええ。

E : What aspect of your university life do you enjoy most?
　　大学生活で最も楽しんでいることは？

C : That's got to be my friends. I think that's true for most people. I mean,
　　everyone can study their subject and enjoy it, but if you didn't have your
　　friends around you, it would be really lonely, especially in the first year when
　　you are away from home for the first time.
　　やっぱり友人たちですね。ほとんどの人にとってそうなのではないでしょうか。というのは、誰
　　もが自分の学科を勉強し楽しむことができますが、周りに友人がいなければ、本当に寂しいでし
　　ょう。とりわけ、初めて自分の家を離れた1年生のときには。

E : Are your classes enjoyable?
　　授業は楽しいですか？

C : Most of them, yes. Obviously, you're not always going to like everything, and
　　I can do without things like maths and statistics, but on the whole, yes I
　　generally have a good time in class.
　　だいたいは楽しいです。当然、必ずしもすべてを好きになるわけではありませんし、数学や統計
　　学といった授業はなくてもいいと感じます。でも、全体的には、そうですね、たいていの授業は
　　楽しんでいます。

E : What are the most useful tools for your studies?
　　勉強に最も役立つ道具は何ですか？

C : Definitely my computer. I don't know what I'd do without it. I'm a design
　　student, and I've got a laptop. We all have to get one to do our course, and
　　it's absolutely essential.
　　間違いなく自分のコンピューターです。それなしではどうしたらいいかわかりません。私はデザ
　　イン科の学生で、ラップトップコンピューターを持っています。コースを履修するためには全員
　　が1台持っていないといけませんし、絶対に欠かせません。

4. その他の一般的な話題

パート1では、住まい・仕事・学業（教育）だけでなく、それらを含めた日常生活全般が質問対象です。範囲はとても広いのですが、有効な準備方法としては、周囲を見渡して自分にとって身近な物事のリストを作り、あらかじめ情報や自分の意見をまとめておくことです。可能性のある質問の例をいくつか挙げておきますので、参考にしてください。

天気

What's the weather like in your country?
あなたの国の天気はどういった感じですか？

What is your favourite season? Why?
好きな季節は何ですか？　その理由は？

How do the seasons influence the clothes you wear?
季節は着る服にどう影響しますか？

What is the best way to stay cool in summer?
夏を涼しく過ごす最良の方法は何ですか？

公共の場所／緑のある場所

Do cities in your country have a lot of green spaces?
あなたの国の都市には多くの緑地がありますか？

Do cities have fewer or more green spaces than in the past?
都市の緑地は以前よりも少ないですか？　それとも多いですか？

How important is it for cities to have green spaces?
都市に緑地があることはどのくらい重要ですか？

Do you think cities have enough green spaces?
都市には十分な緑地があると思いますか？

野外活動

In your country, do people spend a lot of time outside?
あなたの国では野外で多くの時間を過ごしますか？

What types of activities do people enjoy doing outdoors?
野外でする活動で、好まれていることは何ですか？

Why do some people prefer to stay indoors?
屋内に留まるのを好む人がいますが、その理由は？

How can people be encouraged to spend more time outdoors?
どうしたら野外でより多くの時間を過ごすことを奨励できますか？

 服装

Are you interested in fashion?
ファッションに興味がありますか？

How often do you go shopping for clothes?
どのくらいの頻度で衣服の買い物に行きますか？

Do you like wearing casual or formal clothes?
くだけた服装ときちんとした服装のどちらが好きですか？

What kinds of clothes do you wear to work?
職場にはどんな服装をしていきますか？

 ペット

Did you have a pet when you were a child?
子供の頃にペットを飼っていましたか？

Do you have a pet now? Why/Why not?
現在ペットを飼っていますか？　その理由は？

What can children learn from having pets?
ペットを飼うことで子供が学ぶことは何ですか？

Why do people like to have pets?
人々がペットを飼いたいと思う理由は何ですか？

 ゲーム

What games did you play when you were a child?
子供の頃にしたゲームは何ですか？

What games are popular in your country?
あなたの国で人気のあるゲームは何ですか？

How have games changed since your parents were children?
あなたの親の子供時代からゲームはどう変化してきましたか？

Nowadays, do children play too many games?
近頃の子供はゲームをしすぎていますか？

◢ 日本人受験者に目立つ文法ミス

時制

ここでは特に日本人受験者が間違えやすい「時制」のポイントをチェックしていきます。下記の例文の誤りを見つけてください。

The weather is pretty good most of the year. In summer it is hot, in winter it is snowing, and in spring and autumn it is just right.

✕ it <u>is snowing</u> ➔ ○ it <u>snows</u>

現在の繰り返し起こる・行う習慣的行為は、「現在形」で表します。例文の文脈からは、一般論として繰り返し起こる動作（冬には雪が降る）を述べようとしていることがわかります。進行形 it is snowing「今まさに雪が降っている」は現在その動作が続いていることを示すので誤り。正しくは現在形の it snows となります。

The cities in Japan are usually having a lot of green spaces because we like to have parks in the middle of big cities.

✕ The cities in Japan <u>are</u> usually <u>having</u>
↓
○ The cities in Japan usually <u>have</u>

現在の習慣（always, usually, often, sometimes［肯定］/ hardly, rarely, seldom, never［否定］などの頻度を表す副詞を使う場合）は現在形を用います。また、have「ある・持っている」のような、状態を表す動詞は原則として多くの場合、進行形にはせずに現在形にします。ほかに状態を表す動詞で現在形を使うものには think「思う」、need「必要としている」、want「欲している」、believe「信じている」、resemble「似ている」などがあります。ただし「食べる」という動作を示す have を使う場合は He's just having lunch.「彼は昼食の最中です」のように進行形を用います。また「現在どうしようかと考え中」という意味では、think も進行形を用いて I'm thinking what to say.「何を言うべきかは今考え中です」とします。

Next weekend, I will go shopping with my friends.

× I will go shopping → ○ I'm going shopping

will は未来に起こる（する）ことで、話している時点で意志決定したことを表す
場合や、予測、約束、警告などを表す場合に使います。例文のように、将来の計
画について話す場合、普通は will ではなく未来を表す進行形を用います。

In my area, there will be going to be a new museum opening soon.

× there will be going to be → ○ there is going to be

開館間近（予定が決まっている）の美術館のことなので進行形が適切です。

I'm going to see the new film. I expect it to be good.

× I expect it to be good → ○ I expect it'll be good.
                 → ○ I think it's going to be good.

I expect it to be good は話し手が何かを依頼する立場にあるニュアンスがありま
す。例えば、職場の上司が I expect the work to be done by 11 o'clock.（１１時
までにその仕事が終わっていることを期待しています）と言う場合です。話し手
が自分の期待や希望を込めて話をする場合は、I expect it'll be good. あるいは
I think it's going to be good. などのように表現します。

◢ 語彙の補強

パート1で取り上げられる日常生活全般に関する語彙については、学術英語や時事英語、ビジネス英語ではあまり使われないものもあり、いざとなると意外とすぐに口に出せないことがあります。話題別に語彙をしっかり補強しておきましょう。

1. 住まい

住まい全般で使う表現

「住まい」について話すときによく使う表現をピックアップしました。ここに挙げた表現はほんの一例ですので、皆さんも自分のリストを作ってみてください。

1）人々

wife　妻
husband　夫
child / children　子供・子供たち
older sister [brother]　姉［兄］
younger sister [brother]　妹［弟］
grandparents　祖父母
grandmother / grandfather　祖母・祖父
my husband's parents　夫の両親
mother-in-law　義理の母
the man next door　隣人
the neighbours　近所の人たち
the locals　地元の人たち

2）住まいの詳細

detached　一戸建ての
flat　アパート※
※ apartment は主にアメリカで使われる。
bedsit / studio flat　ワンルームアパート
with a balcony　バルコニー付き
with a garden　庭付き
tatami room　畳の部屋※
※ tatami は英語として使用されており、辞書にも掲載されている。

ground floor （英国・オーストラリアで）1 階※

first floor （英国・オーストラリアで）2 階※

※英国では日本の「1 階」を ground floor と呼ぶため、「（日本の）2 階」を first floor、「（日本の）3 階」を second floor と数える。米国は日本と同じように first floor「1 階」、second floor「2 階」と数える。

fairly spacious かなり広い

reasonably large わりと広い

rather small わりと小さい

tiny とても狭い・とても小さい

newly-built 新築の

a bit run-down 少し荒れた

four-bedroomed 寝室が 4 つある

Japanese-style 日本式の

Western-style 西洋式の

reasonable 手頃な

expensive 費用のかかる

3）地域の環境

quiet 静かな

boring 退屈な

convenient 便利な

crowded 混んだ

noisy 騒々しい

built-up 建て込んだ

squashed 詰め込んだ

polluted 汚染された

in the middle of nowhere 辺鄙なところに

in a nice neighbourhood 環境のすばらしい地域に

conveniently located 立地のいい

near the station 駅に近い

位置関係を示す表現

位置関係を示す表現には定型表現が多いので、一度覚えてしまうと便利です。下記の図で練習してみましょう。大阪市から見た A-H の位置関係を示す表現を選択肢から選んでください。

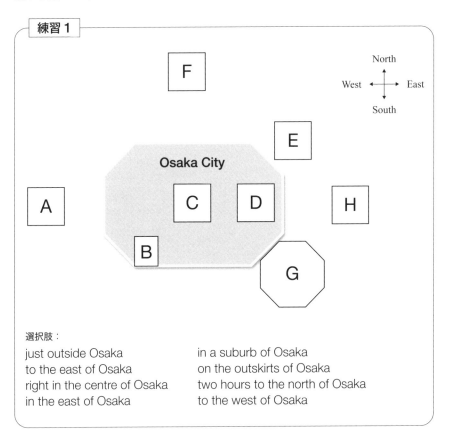

練習1

選択肢：

just outside Osaka
to the east of Osaka
right in the centre of Osaka
in the east of Osaka

in a suburb of Osaka
on the outskirts of Osaka
two hours to the north of Osaka
to the west of Osaka

仕事で使う表現をマッピングする

仕事の内容、雇用形態、仕事相手、仕事の利点と不利な点、仕事で自分はどうあるべきかなど、自分が話すために必要な表現をマップにしておけば本番でも役立ちます。下記は参考までに一部を入れた例ですが、自分の仕事に即したマップを作ってみてください。

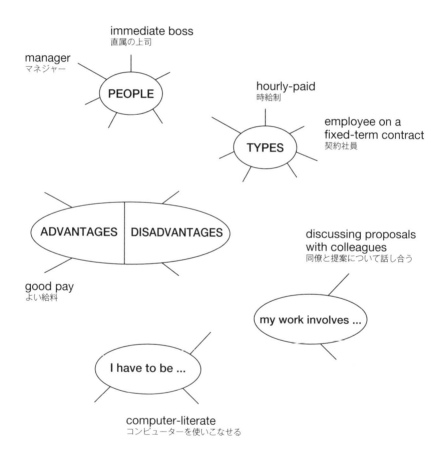

語と語の結びつきを覚える

単語だけを暗記しても、いざ話そうとしたらどう使っていいかわからない、ということがあります。下記の練習問題で語句の結びつきを覚えていきましょう。

練習2

左の1～10までの語句を右欄の語句と結びつけてください。複数の語句と結びつくものもあります。

1）名詞・形容詞

1　work-life
2　private
3　working
4　job
5　not well
6　flexible
7　high
8　sick
9　paid
10　personal

leave	conditions
life	hours
balance	satisfaction
paid	salary
holidays	company

2）動詞

1　get a
2　have a
3　go on
4　apply for
5　do
6　attend
7　commute to
8　be on
9　work with
10　make

overtime	meetings
work	a good salary
promotion	colleagues
business trips	decisions
a job	day off

学業（教育）全般で使う表現

「学業（教育）」について話すときによく使う表現をピックアップしました。ここに挙げた表現はほんの一例ですので、自分の表現リストを作ってみてください。

1）人々

undergraduate　学部生

graduate　大学院生

full-time student　全日制の学生

part-time student　定時制の学生

mature student classmates　成人学生のクラスメート

study partner　勉強相手

Chancellor　（英国の）大学学長※
※米国では President を使うことが多い。

professor　教授

tutor　（英国の大学の）個別指導教官、（米国の）大学講師

lecturer　（大学などの）講師

administration staff　事務職員※
※教育を担当する教員に対して、組織の管理や事務を担当する職員のこと。

2）教育課程と場所

college　専門学校・（各種）学校・大学※
※小中学校以外の教育機関について幅広く使われる。

university　大学（総合大学）

graduate school　大学院

vocational school　職業訓練校

faculty / school　（英国の）学部※
※米国では「学部」を school や college と言うことが多い。

department　学部・学科

Master of Arts　文学修士

Master of Science　理学修士

PhD (*Philosophiae Doctor*)　博士

degree　学位

diploma　卒業証書・修了証書

correspondence course　通信コース

distance learning　通信教育

語と語の結びつきを覚える

単語だけを暗記しても、いざ話そうとしたらどう使っていいかわからない、ということがあります。下記の練習問題で語句の結びつきを覚えていきましょう。

練習3

左の1〜10までの語句を右欄の語句と結びつけてください。複数の語句と結びつくものもあります。

1）名詞・形容詞

1　laboratory
2　course
3　final
4　end-of-term
5　job
6　grade point
7　library
8　continual
9　critical
10　summer

grade	average
test	experiment
thinking	requirements
holiday	interview
assessment	research

2）動詞

1　write
2　make
3　memorise
4　get
5　carry out
6　work
7　attend
8　analyse
9　give
10　hand in

dates	a dissertation
in pairs	lectures
notes	a credit
results	research
homework	a presentation

練習 1

| **A** to the west of Osaka (「大阪の西方に」= 大阪から見て西の方角、外部) | **B** on the outskirts of Osaka (「大阪の(町)外れに」=大阪の端、外辺ギリギリの地域) | **C** right in the centre of Osaka (「大阪の中心部に」=ど真ん中) | **D** in the east of Osaka (「大阪の東部」=大阪の内部の東の方) | **E** just outside Osaka (「大阪のすぐ外側に」=大阪のすぐ外側、外部) | **F** two hours to the north of Osaka (大阪から北へ2時間) | **G** in a suburb of Osaka (「大阪の郊外に」=大阪に隣接する地域) | **H** to the east of Osaka (「大阪の東方に」=大阪から見て東の方角、外部) |

練習 2

1）名詞・形容詞

| **1** work-life balance (仕事と生活のバランス) | **2** private life / private company (私生活・非上場企業) | **3** working hours / working conditions (勤務時間・労働条件) | **4** job satisfaction (仕事の満足) | **5** not well paid (給料があまりよくない) | **6** flexible hours (フレックスタイム) | **7** high salary / high life (高給・上流の暮らし) | **8** sick leave (病欠) | **9** paid holidays / paid leave / paid hours (有給休暇・有給時間) | **10** personal satisfaction / personal life (個人的な満足・私生活) |

2）動詞

| **1** get a promotion / get a day off (昇進する・1日休む) | **2** have a day off (1日休む) | **3** go on business trips (出張に行く) | **4** apply for a job (仕事に応募する) | **5** do overtime (残業する) | **6** attend meetings (会議に出席する) | **7** commute to work (通勤する) | **8** be on a good salary (よい給料をもらっている) | **9** work with colleagues (同僚と働く) | **10** make decisions (決断を下す) |

練習 3

1）名詞・形容詞

| **1** laboratory research / laboratory experiment (実験室での研究・実験室での実験) | **2** course requirements / course grade / course test / course assessment (履修条件・コースの成績・コースの試験・コースの評価) | **3** final test / final grade / final assessment (最終試験・最終成績・最終評価) | **4** end-of-term test / end-of-term assessment / end-of-term grade (期末試験・期末評価・期末成績) | **5** job interview / job requirement (就職の面接・職務要件) | **6** grade point average (学業平均値：GPA) | **7** library research (図書館での文献探し) | **8** continual assessment (通常評価) | **9** critical thinking (批判的思考) | **10** summer holiday (夏季休暇) |

2）動詞

| **1** write a dissertation (卒論を書く) | **2** make a presentation / make notes (プレゼンをする・ノートを取る) | **3** memorise dates / memorise notes (年号を暗記する・ノートを暗記する) | **4** get homework / get a credit / get results (課題をもらう・単位を取る・結果を得る) | **5** carry out research (研究を実行する) | **6** work in pairs (2人1組で作業、勉強をする) | **7** attend lectures (講義に出席する) | **8** analyse research / analyse results (調査を分析する・結果を分析する) | **9** give a presentation (プレゼンをする) | **10** hand in homework (課題を提出する) |

19 パート2対策

■ パート2の概要

パート2では、与えられた話題について1～2分間のトークをします。トークの話題はカードで提示されますが、どんな経験について話すか、どのようなことやものを取り上げるかなどに関しては選択の余地があります。試験官は受験者のトークに質問を挟んだりせずじっと耳を傾け、受験者がまとまった内容をうまく組み立てて話すことができるかどうかを測ります。

パート1の終了後、試験官がパート2への移行を指示します。試験官は受験者に対し、1分間の準備時間の後に1～2分間のトークをするように告げ、トークの話題が書かれたカードと、メモ用紙、鉛筆を渡します。

Describe a book that you have read.

You should say:
 who wrote it
 what it is about
 why you read it
and explain why you liked or disliked the book.

カードには話題のほかに、その話題について何を言うべきかについても箇条書きで書かれています。1分間でカードの記載事項を読み、話す内容についてメモを作ります。この時間は自分の考えを整理し、どのような言葉で表現するかを考えるために有効に使いましょう。

試験官が始めるように指示したら、1～2分間のトークをしてください。できるだけ話し続けるようにします。この間、試験官からの質問やコメントはありません。トークの途中で試験官が中断を指示しても心配する必要はありません。これは規定の2分間が過ぎたからです。トークの後で時間があれば、試験官は同じ話題に

ついて１～２問、短い質問をすることがあります。これには簡潔に答えるようにしてください。最後にカードとメモ用紙と鉛筆を返却するように言われます。

では、注意すべき点を押さえておきましょう。

• 試験の手順などがわからない場合は、すぐに質問する。
• 与えられた話題が気に入らなくても、違う話題に変えてもらうことはできないので試験官に頼まない。
• 話題について、あるいはカードに書かれた語句の意味について確認したい場合は、できるだけ早く質問する。
• 試験官はメモを取るようにとは言わないので、自分からすぐにメモを取り始める。
• 準備時間の１分が過ぎる前に用意ができたら、その時点でトークを始めることができるので、その場合には、試験官に準備ができたことを告げる。
• 自分にとって扱いにくいことは話す内容として選ばないようにする。例えば、感情的になる可能性があることや、複雑過ぎたりシンプル過ぎたりする事例など。

🔊 32

ここで、パート２の音声を聞いて流れをもう一度確認してください。スクリプトと訳は「スピーキングテストの概要」末尾（364ページ～）に掲載しています。

パート 2 で取り上げられる話題

話題は一般的に受け入れられる幅広いテーマにわたります。同じ問題が世界中の IELTS テストで使われていて、特に日本向けに準備されたものはありません。参考までに考えられる話題をリストにしてみました。

media メディア	books 本	films 映画	TV テレビ	newspapers 新聞
environment 環境	pollution 公害	problems 環境問題	green spaces 緑地	urban areas 市街地
possessions 持ち物	clothes 衣服	electronic items 電子製品	furniture 家具	toys 玩具
people 人々	friends 友人	neighbours 隣人	older people 高齢者	teachers 教師
leisure 娯楽	hobbies 趣味	sports スポーツ	weekends 週末	time off 休暇
travel 旅行	foreign travel 海外旅行	transport 交通手段	tourism 観光業	holidays バカンス
life 生物	plants 植物	animals 動物	pets ペット	population 人口
events 行事	festivals お祭り	birthdays 誕生日	national events 国家的行事	local events 地域の行事
communication 交流	telephoning 電話	social media ソーシャルメディア	e-mail 電子メール	conversation 会話
daily life 日常生活	food 食べ物	shopping 買い物	housework 家事	routine 日課

上に挙げたものがすべてではありません。カテゴリーやタイプを自分で付け加えてもよいでしょう。それぞれの話題について詳細に準備をすることは難しいですが、さまざまな話題について英語で読んでおくなどして、幅広いテーマに対応できるよう備えておくといいでしょう。

◢ トークの基本的な考え方

１～２分間ずっと話し続けることは、慣れない人にとってはかなり負担に感じる
ことかもしれません。まずはサンプルトークを見ながら、どのように答えていけ
ばいいかを見てみましょう。下記は「スピーキングテストの概要」末尾に掲載し
た「スピーキングテスト　サンプル」のパート２についてコメントしたものです。

◀)) 32

Describe a book that you have read.

You should say:
  who wrote it
  what it is about
  why you read it
and explain why you liked or disliked the book.

Describe a book that you have read.

Well, I've recently reread a series, which I read many years ago when I worked
at the library. And I've managed to get hold of these old books.

→ 自分が読んだ「シリーズ」を紹介
　（１冊の本についてでなくても問題ない）

who wrote it

And it's a long saga by Clare Rayner, who's a retired nurse. Well, she died
recently, but she was a nurse, and she was a prolific author and an agony aunt.

→ 著者と著者に関する情報を述べている

why you read it

And I like her type of writing because it's quite humorous, but it's got a very
clear insight into human nature.

→ その作者の作風が好きであると述べている

what it is about

And this was a long series of 12 books all about the same family, starting way back, I suppose in the 1800s or early 1900s, coming right up to modern times. And it deals with two families really, one of which was very involved with medicine. There were a lot of doctors, and they founded a hospital in London. And the other family, which was interwoven by marriage and also relationships, um, they were on the stage. They were much into acting and professional entertaining of all sorts.

→ 本の内容を詳細に伝えている

explain why you liked or disliked the book

And it's just, it's nice to be able to read a whole long series about the same family. And you've got a, um, a family tree in each edition, each book, which helps you follow what's happened to them, and what children they've had, and who's died, and who's got married. And so I was really into that, and it lasted me two or three months reading that book.

→ その本が好きな理由を述べている

試験官からの質問

Do you think your friends would like it?

Not really. It's not something that everyone would like, um, but I particularly like this. It's a Jewish family as well, or a part of them is a Jewish family, and I'm quite interested in all the Jewish customs and different ways of eating and living and you know. So, um, no, it wouldn't be a sort of book that I would recommend to people, but it's just my personal choice.

→ 簡潔に答えている

受験者は、与えられた話題（読んだ本）について、カードに書かれた箇条書きの項目に答える形でトークを組み立てています。箇条書きの項目については必ずしもカードに書かれた順に話す必要はなく、トークを組み立てやすい順番で構いません。また、それぞれの項目に等しく時間を費やす必要はありません。例えば箇条書きの項目には 1、2 文で事実関係を述べて答えて、あとは最後に問われる部分（and explain why ...）について十分に時間を使って述べても構いません。

SPEAKING 完全対策

「流暢さと一貫性」は IELTS のスピーキングテストの評価基準のひとつです。「一貫性がある」とは、話す内容がよく整理されていることを意味します。例えばトークの途中で言うことがなくなり、同じことを何度も繰り返してしまう受験者がいますが、これは一貫性がないと見なされます。また、話がうまく順序立てられていない場合も一貫性がないと言えます。例えば、話の途中から始めて、最初に戻り、結論を言うというような話し方では、聞き手は話の内容を理解できません。一貫性のあるトークをするには、一貫性のあるメモを作って、それに沿う形で話す必要があります。

実際に一貫性のない例を見てみましょう。話し手が何度も同じことを繰り返していることに注目してください。

Describe something you own that you like.

You should say:
  what it is
  when you got it
  where you got it
and explain why you like it.

一貫性のないトーク

Um, something I own that I like, er, is, er, a T-shirt, er, that is, er, I bought at the World Cup game, and that is autographed by some of the Japanese players. I really like Honda, and he is a very good player. And so I own . . . I have had it, er, er, since the World Cup in Japan. The players in the World Cup are very good, and three of them signed the T-shirt for me. The reason that I like this T-shirt is that I can wear it, and my friends look at it and admire it. It has autographs on the front and back. Also, I like it because of the colour – it's red – and the style. When I went to the World Cup game, I bought it. There were several colours to choose from, but I liked the red one the best. And after the match, I met my friend who helps the team, so I could meet some of the team at the press conference, and three of them signed my T-shirt.

先の例では、Tシャツの話とワールドカップの話の関係性が整理されていないことがわかります。まずTシャツについて話し始め、次にワールドカップに話が移ります。そこで日本人選手にサインをもらったことを話し、本田選手に言及し、またワールドカップに話が戻り、また選手にサインをもらった話になり、友人が見てスゴイと言ってくれる、とTシャツの話を蒸し返し、Tシャツにサインがあること、Tシャツの色やスタイルについて述べています。ここでまたワールドカップの話題が持ち出されて、Tシャツの色についても再度言及し、チームに協力している友人に会ったのでサインをもらえた、とまたTシャツの話になっています。

この受験者が作成したメモが下記です。整理されて見やすいように見えますが、話す順番という点では整理できていません。そのため、何を話して何を話していないのかを忘れてしまい、一貫性のない話になってしまうのです。カードの順に従わなくてもいいですが、話が前後しないように、自分で話す順序を決め、それに沿ってメモを書き、話す必要があります。

一貫性のないメモ

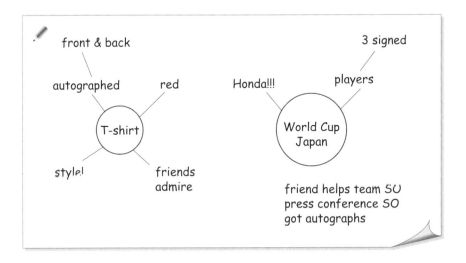

では次に、一貫性のあるメモとそのトークを見てみましょう。話し手がメモを頼りに整理しながら話していることに注目してください。

Thing I like	• T-Shirt (World Cup – autographed by J. players)
When/where	• World Cup football match in Japan
What	• T-shirt Red + nice style! • Autographed by 3 J. players 　　• How? – friend helps w' team & knows someone 　　　　so met players at press conf.
Why like?	• Autographs & T-shirt itself & friends admire it.

OK, well one of the things that I can talk about is my T-shirt. It's a special, autographed T-shirt. I got it when I went to a football match when the World Cup was on in Japan. There were lots of T-shirts in the shops and on stalls around the match venue and lots of different colours, but I liked this one best because it's really bright red, and it's a good style, not too tight or too baggy. It's autographed by three players from the Japanese team. My friend helps with the team and knows someone, so I could go to the press conference. So, I met three players, and they signed my T-shirt. That's why I like the T-shirt. That, and all my friends admire it when I wear it.

カードの質問に対して漏れなく答えており、順序立てて話すことができています。整理されたメモを作成することで、トークの内容も整理され、相手に伝わりやすくなります。

▲ メモの取り方 ― 話を広げるために

与えられた話題について何を話せばよいか、あまりアイディアが浮かばないこともあります。そのような場合にも、メモを工夫することで手持ちの答えを１〜２分間話し続けるだけの内容に広げることができます。

では実際にアイディアを広げられず、短く終わってしまったトーク例を見てみましょう。

Describe a textbook you have used.

You should say:
  what kind of textbook it was
  why you used it
  what kind of content it had
and explain why it was or was not useful.

アイディアを広げなかったメモ

WHAT	• English textbook
WHY?	• Had to use it – class coursebook
CONTENT	• English language – speaking, listening, reading, writing
USEFUL?	• my English improved

短すぎるトーク

I used an English textbook in my English class. We used it because we had to use it. It was our class coursebook. Obviously, because it was an English textbook, it was on the English language, and it included speaking, listening, reading and writing. It was very useful I think because my English improved after I had used it.

与えられた話題の各項目に対し、ひと言で済んでしまうような情報しかメモに書いていないため、それに沿って話すとあっという間に終わってしまい、1～2分間話し続けることができません。以下の方法を使ってメモの内容を広げ、それに沿ってトークの内容を広げることができます。

１）別の言葉で言い換える

English textbook – 4-skills coursebook

２）例を挙げる

speaking – pair work / group work and presentation activities

writing – e-mails, summaries, short essays, opinions

improved – could speak more fluently / could use more vocab / could understand listening a bit better

３）詳細を言う

English textbook – *English For All* / level 2 / pre-intermediate

４）意見を言う

pretty good / really liked it / a bit expensive

５）代替案を提示する

very useful but another one was more useful

could have been better if harder reading and less grammar

６）否定的な点や例外について触れる

generally very useful – improved English speaking BUT reading was a bit easy

– 4 skills BUT didn't have much pronunciation

７）トーク全体を通じて、疑問文に答えるようにして情報を付け加える。

Why – chose this one because it's the one I remember most clearly

When – used it when I was going to an English school about three years ago

406

Who – the school told us we had to use this book, and my teacher Sandra said it was the best one for us.

Where – I got it on Amazon / I was going to an English school in Osaka.

How – we used the book in class but not all the time. Sometimes the teacher adapted what was in the textbook.

では、上記の方法を用いてアイディアを広げたメモとトークの例を見てください。アイディアが広がらなかった例に比べて、具体的で詳細な情報が加えられ、受験者の意見も含まれており、2分間のトークには十分な内容です。また、これだけ多くの情報を盛り込んでも、メモの時点で話す順番を決めているので、メモに沿って話せば一貫性を保つこともできるでしょう。

アイディアを広げたメモ

WHAT	• English textbook (*English For All* / coursebook / 4 skills / pre-int / big blue book) • Chose cos – remember best
WHY?	• Had to use it – class coursebook so school decided but teacher recommended too AND pretty good – liked it / interesting topics & nice pics
CONTENT	• English language – speaking, listening, reading, writing 　speaking – presentation help & group work 　writing – e-mails & summaries • Very interesting – unit about wild animals
USEFUL?	• My English improved esp. speaking and listening – can now listen to more English (not just short sentences) • BUT reading – too easy • Better if harder reading + less grammar

SPEAKING 完全対策

I'm going to talk about a textbook I used to use when I was studying English. I chose this one because it's the only one I can remember in any detail. Anyway, it was called *English For All* – a big blue book – and was a four-skills coursebook for English learners. By that I mean, it included four skills: speaking, listening, reading and writing. It was pre-intermediate level, so not very high or very difficult. We used it basically because we had to. It was, the class coursebook, so the school I was at decided on it, but the teacher we had also recommended it. I thought it was actually pretty good. I liked the look of it, and it had interesting topics and pictures. The content was, as I said, speaking, listening, reading and writing. For example, for speaking, it had presentation help, and we did a lot of group work, and for writing, it told you how to write an e-mail and a summary. I think the most interesting bit was the unit about wild animals, extinction and conservation and that. Was it useful? Yes, I think so. Well, my English improved anyway, especially my listening and speaking. Of course, that was the teacher and the other students helping me as well. But I can definitely listen to longer speeches now than before. On the other hand, the reading was a bit too easy. It might have been better if it had been a bit harder and if there had been less grammar. I don't like grammar.

英語を勉強していたときに使っていた教科書について話します。これを選んだのは細かいところまで覚えている唯一の本だからです。とにかく、その本は English For All というタイトルで、大きな青色の本で、4つのスキルを学ぶ英語学習者向けの教科書でした。つまり、スピーキング、リスニング、リーディング、ライティングの4つのスキルが学べる本です。準中級者レベルの教科書なので、それほど高レベルでも難しくもなかったです。基本的には指定の教科書だったので使いました。授業の教科書でした。ですから通っていた学校が採用を決めました。でも担任の先生も推薦していました。実際、かなりよい教科書だと思いました。見た目が好きでしたし、トピックも写真も興味深いものでした。内容は、先ほど言ったように、スピーキング、リスニング、リーディングとライティングです。例えば、スピーキングではプレゼンテーションの仕方の項目がありましたし、グループワークをたくさんやりました。ライティングは、Eメールやサマリーの書き方が載っていました。最も興味深かったのは野生動物、絶滅、そして保護などについてのユニットです。役に立ったかですか？　ええ、そう思います。まあ、とにかく私の英語力は、とりわけリスニングとスピーキングが向上しました。もちろん、先生やほかの生徒の助けもあってのことです。でも、確かに、今では前よりももっと長い話を聞き取ることができます。一方で、リーディングは少し易しすぎました。もう少し難しくて、文法が少なかったらもっとよかったかもしれません。私は文法が好きではありません。

◤ トークの始め方 ── より効果的に話すための 3 ポイント

トークを始める際には、以下の 3 点について注意をしてください。こうしなければならない、というものではありませんが、自然なトークの始め方として参考にしてください。

自然な最初のひと言

IELTS 試験官が IELTS スピーキングテストのパート 2 とよく似たタスクを行ったある研究では、多くのネイティブスピーカーがトークを始める際には、Okay / Well / Right などを使う傾向にあることがわかっています。下記の例を見て、どのようにトークを始めているかを確認し、参考にしてください。

▶ <u>Right, okay then</u>. I'm going to talk about something very important to me.
　はい、それでは、私にとってとても大切なものについて話します。

▶ <u>Right, well</u> first of all, I don't think there *is* one . . . *single* teacher who I *really liked*.
　はい、ええと、まず、私がとても好きだった「1 人の」つまり「唯一の」先生というのはいないと思います。

▶ <u>Okay</u>. A couple of days ago, on Sunday, my husband and I went out to a town a little bit north of here to go shopping.
　わかりました。数日前、日曜日に、夫と私はここの少し北にある町まで買い物に出かけました。

▶ <u>Well</u>, I've recently reread a series, which I read many years ago when I worked at the library.
　ええと、何年も前に図書館で働いていた頃に読んだシリーズを、最近、読み直しました。

自分自身の言葉で話す

トークを始める際にはカードに書かれた英文をそのまま言わず、自分自身の言葉で話すことが非常に大切です。カードに書かれた英文を繰り返してしまうと、特に目新しくもなく、英語運用能力を示すのにはふさわしくありません。

例えば、カードに Describe a person who is famous in your country.（あなたの国の有名な人について説明してください）と書かれている場合に、I am going to describe a person who is famous in my country.（私の国で有名な人についてこれから説明します）などと言うよりは、下記のように自分の言葉で話すようにしましょう。

回答例

▶ One person who I think most people in Japan know is Hiro Tanaka.
日本のほとんどの人が知っている人物はヒロ田中だと思います。

▶ One of the most famous people in Japan is Hiro Tanaka
日本で最も有名な人物の1人はヒロ田中です。

▶ I'm going to talk about Hiro Tanaka. Do you know him?
ヒロ田中について話します。彼を知っていますか？

▶ It's a bit difficult to choose one person because . . .
1人を選ぶのは少し難しいです。というのも……

    a) . . . there are so many to choose from, but I decided on Hiro Tanaka.
    とても多くの候補者がいるからです。でも、ヒロ田中にします。

    b) . . . I don't know much about anyone really, but I'll talk about Hiro Tanaka.
    誰についてもあまり詳しくないのですが、ヒロ田中について話します。

さまざまな質問例と回答例を下記に挙げます。自分でも答え方を考えてみてください。

質問例

Describe the type of accommodation you would like to live in.
住みたい住居の種類について説明してください。

回答例

▶ I think the house I would most like to have is a big detached one in a forest somewhere.
私が最も欲しい家は、どこかの森の中の大きな一戸建てだと思います。

▶ One type of house I'd like to live in is a houseboat.
住みたい家のタイプのひとつはハウスボート（宿泊設備付きのヨット）です。

質問例

Describe your favourite form of transport.
好きな交通手段について説明してください。

回答例

▶ The type of transport (that) I like best is my bicycle.
最も好きな交通手段は自分の自転車です。

▶ It's a bit difficult to choose any form of transport because I'm not very keen on travelling, but I'll talk about trains.
私は移動がそれほど好きではないので、交通手段を選ぶのは少し難しいですが、電車について話します。

質問例

Describe a possession that you do not need.
使っていない持ち物について説明してください。

回答例

▶ One of my things that I don't really need is my MP3 player.
あまり使っていない持ち物のひとつは MP3 プレーヤーです。

▶ I don't really have that many things that I don't use, but I can talk about my MP3 player.
使っていない物はそれほどありませんが、MP3 プレーヤーについて話します。

質問例

Describe a musician or singer that you like.
好きなミュージシャンもしくはシンガーについて話してください。

回答例

▶ I like lots of musicians, so it was difficult to choose just one, but I decided on Ryuji Okamoto.
好きなミュージシャンはたくさんいるので 1 人だけ選ぶのは難しかったですが、岡本龍二に決めました。

▶ It's not exactly a musician, but I'm going to talk about XYZ. They're a group.
正確には 1 人のミュージシャンではないですが、XYZ について話します。彼らはグループです。

Describe a time when you were scared.
恐怖を感じた出来事について説明してください。

回答例

▶ It's difficult to think of anything as I haven't ever been really scared, but I can tell you about when I went to an amusement park.
本当に恐怖を感じたことはないのでなかなか思いつかないですが、遊園地に行ったときのことなら話せます。

▶ I think the time that I was most scared in my life was when I was in India.
人生で最も恐怖を感じたのはインドにいたときだと思います。

あいまいな表現

あまり確信が持てないことを話し出すときには、あいまいさを伝える表現がよく使われます。さまざまな「あいまい表現」を知っておくと、自分の考えを自然な形で伝える助けになるでしょう。下記の回答例の下線部では、断定するのを避けて「あいまいさ」を表現していますので、参考にしてください。

回答例

▶ I think my favourite place is an island called Ko Tao . . .
私のお気に入りの場所はコタオという島でしょうね……

▶ Okay, I guess my favourite place would be, uh, . . .
はい。思うに、私のお気に入りの場所は……でしょう。

▶ Ah, probably my favourite place right now is . . .
おそらく、今現在、私が気に入っている場所は……

▶ Okay, I think I would have to say my computer is very important to me . . .
はい。私のコンピューターは私にとってとても重要だと言わざるを得ないでしょうね。

▶ I suppose the teacher I liked most at school was a guy called . . .
そうですねえ、学校で一番好きだった教師は……という男の人で……

「あいまいな表現」についてはパート3でより詳しく扱います。

■ トークの後 ― まとめの質問に答える

与えられた話題についてのトーク時間の2分が過ぎると、その後1～2問のまとめとなる質問がされます。これらの質問はパート2を終了させる意図を持ってされるものですので、簡潔に答える必要があります。たいてい yes か no で答えられるような「閉鎖型の質問（closed questions）」ですが、1、2語の単語で答えるよりはセンテンスを用いるようにしましょう。

さまざまな質問例と回答例を下記に挙げます。自分でも答えを考えてみてください。

（質問例）

Do you think you will visit this part of the world one day?
いつか世界のその地域を訪れると思いますか？

（回答例）

▶ Maybe. I hope so, but I'd need to get a lot of time off and save up a bit if I were going to go there.
そうかもしれません。訪れられたらと思いますが、行くのなら、たくさんの休みと、ちょっとした蓄えが必要です。

▶ I doubt it. I can't really see myself going to Antarctica. But you never know!
どうでしょうね。自分が南極大陸に行っているところをあまり想像できません。でも先のことはわかりませんよ！

（質問例）

Do other people know how much you like this thing?
ほかの人たちは、あなたがそれをどのくらい好きか知っていますか？

（回答例）

▶ Yes. My mother and father know. I keep it at home.
ええ。母と父は知っています。家に置いていますから。

▶ Not really. It's not something I talk about usually. But it's not really a secret.
あまり知りません。普段から話すようなことではありませんから。かといって、秘密というほどでもないんです。

Would your friends like to meet this person too?
あなたの友人もこの人物に会いたいと思うでしょうか？

▶ I don't think so. Most of my friends are not that interested in football.
　思いません。私の友人のほとんどはそこまでサッカーに興味がありません。

▶ I expect so. Well, all my friends in my basketball club anyway.
　そう期待しています。まあ、とにかくバスケットボールクラブの友人はみな会いたがるでしょうね。

Is this programme still on television?
この番組は今でもテレビ放送されていますか？

▶ Oh no. It went off the air ages ago, probably about 10 years ago now.
　いえいえ。ずいぶん昔に放送が終了しました。おそらく今から 10 年くらい前です。

▶ Maybe, but I hardly ever watch TV anymore, so I am not really sure.
　そうかもしれませんが、もうほとんどテレビを見ないので、よくわかりません。

Have other people you know had the same problem?
あなたの知人たちは、同じ問題を抱えてきましたか？

▶ Lots of people. It's pretty common in my area.
　たくさんいます。私の地域ではかなり一般的な問題なんです。

◢2分間トークで困ったときは……

何を話せばいいのか迷ってしまった！

トークの話題が書かれたカードを渡されたら、すぐに何について話すかを決めなければなりません。例えば準備時間である1分間の半分を何について話そうかと考えるのに費やしてしまったら、メモを作る時間はほとんどなくなります。そうならないために、下記の方法で乗り切りましょう。

1）最も話しやすいものを選ぶ

例えば「読んだ本」についての話題を与えられ、読んだ本がたくさんある場合は最も話しやすいものを選ぶことをお勧めします。複雑なものや、説明が難しいものは選ばない方が賢明でしょう。例えば登場人物が非常に多く入り組んでいるような作品は理路整然と説明するのは難しいと思います。

2）昔のことを話す

例えば「読んだ本」について聞かれて、最近読書をしていないなら、子どもの頃に読んだ本を選ぶこともできます。

3）類似の話題で代用する

例えば「読んだ本」について聞かれて、何も思い出せない場合は、それをトークの最初に告げたうえで、雑誌や漫画、新聞やインターネット上の記事、あるいは映画について話すことも可能です。しかしこれは、1種類のトークをあらかじめ暗記しておいて、あらゆる話題についてそれで済ますと言っているのではありません。試験官には、覚えておいたスピーチを暗唱していることが比較的簡単にわかってしまい、成績を上げることにはつながらないので注意してください。

4）自分以外の経験について語る

話題に関する自分の経験が乏しくて何も思いつかない場合は、自分以外の人の経験について語ることもできます。例えば、海外旅行について話さなければならないけれどまったく経験がない場合、友達や両親の海外旅行経験について話すことができるでしょう。

5）クリエイティブになる

まったくどうしようもない場合は、話を作ってしまうのもよいでしょう。例えば、思い出深い誕生会について話すのなら、好きなように想像して、それを話すのです。神経をすり減らす試験の状況下で想像力を働かせることは困難なので、これは最良の方法ではありませんが、何も言うことがないよりはずっとましです。

途中で脱線してしまった

トークの最中に別の話題に脱線してしまっていることに気づくことがあります。例えば、誕生日について話しているはずが、友人について詳細に説明していたりするときです。これは心配する必要はありません。友人についての話を最後までして、その後 anyway「それはそうとして」と言ってから、誕生日の話に戻りましょう。

カードで指示された項目について話していなかったことに、トークが終わってから気づくこともあるでしょう。例えば、話題が Something you do in your free time but not watching TV「時間があるときにする TV を見る以外のこと」であったにもかかわらず、TV を見ることについて話してしまった場合です。これも心配する必要はありません。TV を見ることについてうまく話していたとしたら、それは大失敗ではありません。どちらにせよ、もうどうすることもできないので、そのことを気に病んでパート 3 に悪影響を与えないようにしましょう。

どうしても 1～2 分間も話すことがない

そうなることが予測された場合は、話すことを 2 つ考えておくのも手です。例えば、「自分に影響を与えた人」について話すことが課題なら、2 人の人物についてのメモを準備します。最初の 1 人についての話がすぐに終わってしまった場合は、And another person who influenced me is . . .「私に影響を与えたもう 1 人の人物は……」や Let me just tell you about another person who influenced me. He . . .「私に影響を与えたもう 1 人の人物についても少し話させてください。彼は……」などと言って、もう 1 人について話せばよいのです。これは、大変よく構成されたトークには聞こえませんが、That's all.「これで終わりです」と言って止めてしまうよりはずっとましです。

練習問題

下記のカードを使って、１分間で準備をし、２分間のトークをしてください。

Describe something that you bought when you were a child.

You should say:
   what this thing is
   where you got it from
   how old it is
and explain why you bought it.

Describe a sportsperson you would like to meet.

You should say:
   who this person is
   how you heard of this person
   what kind of person she/he is
and explain why you would like to meet this person.

Describe a TV programme you enjoyed when you were younger.

You should say:
   what the programme was about
   when it was on
   where you were when you watched it
and explain why you enjoyed this programme.

20 パート3対策

◢ パート3の概要

パート3ではパート2に関連する話題について、試験官と受験者がディスカッションをします。「ディスカッション」といっても、討論会のように議論を交わすものではなく、試験官が受験者の意見や考えを求めたり、その考えの根拠の説明を求めたりすることに答えていく形式になっています。受験者には幅広い話題について詳細に話すことや、自分の答えを弁護することが求められます。つまり、このパートでは自分の身の回りの個人的なことについてではなく、なじみの薄い話題について客観的に話をする能力が試されます。具体的には下記のようなことが求められます。

- 自分の意見を述べる
- 理由を挙げる
- さまざまな状況で、何が起きるかを説明する
- 問題に対する解決策を提案する
- 過去・現在・未来について語る
- 物事の共通点や相違点について語る
- 必要に応じて自分の答えを修正する
- 必要に応じて意味をはっきりさせる

受験者が質問に答えている最中でも、パート3の予定時間（4～5分）になると試験官は話を止めるよう言います。これは時間を管理するためですので、まったく心配いりません。試験官が終了を指示した時点で、スピーキングテストは終了し、受験者は退室します。

🔊 33

ではここで、パート3の音声を CD で聞いて流れをもう一度確認してください。スクリプトと訳は「スピーキングテストの概要」末尾（365 ページ～）に掲載しています。

◢ ディスカッションのコツ ― 理由や例を挙げる

パート3では、質問に対して自分の意見を述べたら、その理由と、それをサポートする例をしっかり述べながら、ある程度はまとまった量を話し続ける必要があります。そのためには、基本的に「意見を述べる→理由や例を挙げる」という形で話すことです。その際「理由や例」を挙げるための表現をある程度知っておくと、話が組み立てやすいでしょう。

では、実際に質問例とその回答例を見て、どういう表現で「理由」や「例」を挙げているのかを見ていきます。

質問例

How does watching a film in the cinema compare with watching it at home?
映画を映画館で観ることは家で観ることと比べてどうですか？

回答例

For most people, I think the cinema is better <u>because</u> you get the atmosphere, which you don't usually get at home. <u>Take, for example</u>, big blockbuster films like *The Protectors*. It's much more fun in the cinema, except maybe the sound tends to be a bit too loud. <u>And also</u>, it's kind of a special occasion. The majority of people don't go to the cinema that often, so it's like a special treat.

ほとんどの人にとって映画は映画館で観る方が、普段、家では味わえない雰囲気を味わえるのでいいでしょう。『プロテクターズ』のような大ヒット映画を例に取りましょう。これは映画館で観る方がはるかに楽しめます。ただ、音がちょっと大き過ぎる傾向にあるかもしれませんが。それにまた、映画は特別なイベントのようなものです。大半の人々はそれほどよく映画館に行きませんので、映画は特別なご馳走のようなものなのです。

まず For most people, I think the cinema is better と簡潔に意見を伝えています。そして because で理由を述べ、Take, for example, でその理由をサポートする例を挙げ、And also でさらに自分の意見の根拠となる情報を加えています。

質問例

Why do films nowadays have so many special effects?
近頃はなぜ映画にあれほど多くの特殊効果が用いられているのですか？

I'm not sure, but I think the main reason is that special effects and CG probably help to sell tickets. For instance, things are more exciting in an action film if there are lots of car chases and explosions. Or science fiction films. It's difficult to think of a science fiction film without special effects. They're generally needed to make it believable.

よくわからないのですが、主な理由は、おそらく特殊効果と CG がチケット販売に寄与するということではないかと思います。例えば、アクション映画ではカーチェイスや爆発がたくさん盛り込まれている方がわくわくします。あるいはサイエンスフィクション映画でもそうです。特殊効果を使わないサイエンスフィクション映画というのは考えにくいです。特殊効果は映画に信憑性を持たせるために概して必要です。

まず I'm not sure, but I think the main reason is 以下で理由を述べ、For instance でそれをサポートする例を挙げ、Or 以下でさらにサポートとなる情報を加えています。

以下に役立つ表現を挙げておきます。なお、スピーキングテストでは学術論文を読んでいるかのような硬い表現を使う必要はありません。moreover や furthermore は書き言葉です。カジュアルな会話体の表現を使うようにしましょう。

１）理由や原因を示す言葉

I think the main reason is . . .
私が考える主な理由は……

Because . . .
なぜなら……

Because of . . .
……のせいで

One reason why . . .
……のひとつの理由は

This is probably caused by . . .
これはおそらく……が原因です。

Part of the reason is . . .
理由の一部としては……です。

Another reason might be . . .
別の理由として考えられるのは……でしょう。

The biggest reason is . . .
最大の理由は……です。

2）例を挙げるときの言葉

Take, for example, . . .
……を例に取りましょう

And another example is . . .
別の例としては……です。

For instance, . . .
例えば……

3）情報を追加する言葉

In addition, . . .
さらに……

And another thing, . . .
それからもうひとつ……

As well as that, . . .
それはもちろん……

One more thing, . . .
もうひとつ……

Or, . . .
あるいは……

Plus, of course, . . .
それから、もちろん……

And also, . . .
それと……

では、下記の質問にどのように答えるか練習してみましょう。それぞれ複数の理由や例を考えてみてください。

食習慣
▶ How important is it to have a healthy diet?
▶ In your country, do people prefer traditional food or fast food?
▶ What are the staple foods in your country?

仕事とテクノロジー
▶ How is technology having an influence on the way people work?
▶ With an increase in technology in the workplace, will people have more free time?
▶ In the future, do you think workers will be replaced by robots?

インターネット

▶ How has the Internet changed people's leisure time?
▶ Does the Internet make our lives more convenient? Why/Why not?
▶ Do you think that people spend too much time on the Internet?

■ ディスカッションのコツ — あえて「あいまい」にする

なぜ「あいまいさ」が必要か？

「あいまいにする」というと、意見が伝わりにくいのではと思う人もいるかもしれません。しかし、質問によっては、はっきりとは答えづらく、あいまいに答えておく方が適している場合があります。例えば、日本人の傾向、習慣、態度などを一般的に話すように言われた場合はどうでしょうか？　すべての日本人が完全に同じ考えや特徴を持ち、同じ行動をすることはほんどないでしょうから、断定的には答えられないと思います。そこで時にはあえて「あいまいにしておく」ことが必要になってきます。

例えば、Japanese people like watching variety shows. と言った場合、「日本人はバラエティ番組を見るのが好きです」と断定していることになりますが、それが本当に事実である、と確信を持って言うことは難しいものです。また、Japanese people don't like to speak to strangers because they are shy.「日本人は内気なので、見知らぬ人に話しかけるのは好みません」と言っても、これは全員に当てはまることではありません。ですから、もう少しあいまいな表現を使い、あまり断言せず、ほかの可能性の含みを持たせる必要があります。伝えたいことを正確に言えるように表現を変えることができれば、英語の言語運用能力についてよい印象を与えることにもつながります。

「あいまいさ」を表現する方法

あいまい表現にはいくつかの種類があります。断言する文の一部を下記の表現を使って変化させたり、例外に触れたりすることで、あいまいさを伝えることができるでしょう。

助動詞	could / might / can
副詞	sometimes / often / usually / maybe (not) / less likely / probably / (not) really / a bit / generally
動詞	think / tend to / seem / appear
形容詞	not sure
限定詞	for most people / the majority of people / some people / lots of people
ほかの人の考えとして紹介する	they say
例外に触れる	unless / except / maybe not

では、実際に質問例とその回答例を見て、どういった表現を使って「あいまいさ」を伝えているかを見ていきます。

(質問例)

Why are foreign movies popular in Japan?
なぜ日本では外国映画が人気なのですか？

(回答例)

One reason why foreign movies are <u>often</u> popular in Japan is that they <u>tend to</u> be big budget movies with a lot of special effects and famous actors. <u>It seems</u> that the small budget ones are <u>less likely</u> to be popular. And another reason <u>might be</u> that foreign films, particularly from the US and China, have a lot of action scenes, and for <u>some people</u>, not me, but some people, this <u>could</u> make them more attractive.

外国映画が日本でよく人気が出る理由のひとつは、外国映画は多額の予算で作られていて、特殊効果と有名俳優がたくさん盛り込まれる傾向があることです。低予算映画の人気が出る可能性の方が低いようです。もうひとつの理由として考えられるのは、外国映画、特に米国や中国の映画には多くのアクション場面があり、一部の人たちにとって、私は違いますが、ある人々にとっては、そのせいでより魅力的になっているのかもしれません。

often や usually、sometimes を使うと、簡単にあいまいな感じを出すことができます。あいまいさの度合いは話し手の年齢、地域、その場の雰囲気などによって若干変わりますが、だいたい sometimes が5分5分、often が6〜7割、usually が8〜9割の頻度を表します。積極的に使ってみましょう。また、It seems /

423

appears (that . . .) もセンテンスの最初につけるだけで、「……のようだ」という
あいまいなニュアンスを伝えることができます。多用しがちな I think (that . . .)
の代わりに使える場合もあるので、ぜひ覚えておきましょう。

（質問例）

Is it better to watch a foreign movie with subtitles or dubbed into Japanese?
外国映画を観るときは字幕付きの方がいいですか？　それとも日本語吹き替えの方がいいですか？

（回答例）

If you want to watch a foreign film, it's <u>probably</u> better to watch it in the
original language, <u>unless</u> the people speak really quickly. I think the biggest
reason is that it <u>can</u> spoil the film if they use a voice that doesn't <u>really</u> fit the
character. Still, for kids, <u>maybe not</u>, if they can't read the subtitles.
外国映画を観たい場合、登場人物の話すスピードがあまり速くないなら、おそらく原語で観る方がい
いでしょう。私が考える最も大きな理由は、登場人物にあまり合っていない声を使っていたら、映画
が台無しになるからということです。それでも、子供たちにとっては、字幕が読めない場合、そうで
はないかもしれません。

この中では unless が一番使いにくいでしょう。if the people don't speak really
quickly と同じ意味で、「（もし）〜ないのなら」と日本語では否定になりますので
注意してください。really は単独で使うと強調ですが、否定では「あまり〜ない」
とあいまい表現になります。maybe は、日本人英語学習者は使いすぎの傾向があ
りますが、否定形で maybe not「（たぶん）そうではないかも」と言うことができ
れば、かなりこなれた感じになります。何か言い切ってしまった後に、(Well . . .)
Maybe not. とつけるだけでもよいので、使ってみてください。

（質問例）

Do you think going to the cinema will be popular in the future?
今後、映画館に映画を観に行くことは流行ると思いますか？

（回答例）

It depends on how the technology develops. <u>They say</u> the technology might
get so good that we can all have something like a cinema in our homes. But
<u>I think</u> that <u>probably</u> <u>lots of people</u> will still want to go to the cinema because
of the atmosphere. Plus of course, for your average home, there really <u>isn't</u>
<u>that much</u> space for a great big screen.

技術がどう進歩するかによります。技術は、私たち誰もが家に映画館のようなものを持てるくらいに進歩するかもしれないと言われています。でも私は、おそらく、多くの人はそれでも、雰囲気を味わうために映画館に行きたがるのではないかと思います。それと、もちろん、平均的な家では立派な大スクリーンを設置できるほど大きなスペースはないですからね。

They / Some (people) say (that . . .) も、言い始めにつけるだけの便利な表現です。「～と言われている」と一般論を紹介したいときに使います。lots of / many people があいまい表現であることを不思議に感じるかもしれませんが、前の probably とあわせて、多数ではあっても 100%（all / always）ではないことを示しています。there really isn't that much space も really の否定と not that much の部分とであいまいさを表現しています。この that は口語で so と同じような意味になり、ここでは「そんなに（それほど）大きな～はない」と否定を弱めています。

では、下記の質問にどのように答えるか練習してみましょう。必要に応じてあいまい表現を使ってみてください。

住まい

▶ In your country, do people generally live in houses or apartments?
▶ What are the advantages and disadvantages of living in these types of accommodation?
▶ What do you think are the best characteristics of a house for a family?
▶ Can you tell me about the types of place people will be living in in the future?

輸入品

▶ What kind of imported goods are most popular in your country?
▶ Why are these goods imported and not made in your own country?
▶ Would you say there will be more imports in the future?
▶ How does the quality of imported goods compare with the quality of domestically produced goods?

◾️ ディスカッションのコツ ― 知識ゼロの話題について答える

知識ゼロの話題にどう対応するか？

まったく知識のないことや考えたこともないこと、あるいは明確な答えを持たないことについて試験官から質問されることもあるでしょう。そうした場合でも、ともかく答えるようにしましょう。試験官は知識があるかどうかを評価するのではなく、英語でどれだけ自分の考えを表現できるかを見ます。ですから、対策としては「わからない」ということを表明してしまい、その前提に立って自分の考えを伝えることです。

「わからない」ときに役立つ表現

以下に「わからない」という前提のうえで意見を言うための表現を挙げます。これらの表現を使って、とにかく話を続けることが大事です。決して、I don't know. と言ったきり、黙り込んだりしないようにしてください。

Ah, I have no idea. Maybe . . .
ああ、わからないです。たぶん……

I don't know much about . . .
……についてはあまりよく知りません。

I don't really know. I'd imagine . . .
あまりよくわからないです。想像するに……

I have absolutely no idea. Presumably, . . .
私にはまったくわかりません。おそらく……

Well, I can't speak for everyone, but . . .
そうですね、すべての人を代表して言うことはできませんが、

I suppose so.
そうですねぇ。

Some people seem to think . . .
……と考える人もいるようです。

Maybe one (thing) would be . . .
たぶん、ひとつ言えることは……

I don't know. I'd have to say . . .
わからないです。……と言わざるを得ないです。

As far as I know, it's . . .
私の知る限りでは、それは……

I can't go into much depth about / on . . .
……について詳細にお話しすることができません。

XXX is not really my strong point.
×××はあまり私の得意な話題ではありません。

「わからない」けれど「少し推測できる」といった場合には、下記のような表現も使うことができます。

XXX is fairly common I think.
×××はかなり一般的だと思います。

I'd probably go for XXX.
たぶん×××ではないかと思います。

では、実際に質問例とその回答例を見て、どういった表現を使って「わからない」ことを伝えたうえで、話を続けているかを見ていきます。

(質問と回答の例)

E : You said *The Daily News* and *The Yoake Shimbun* are the most popular newspapers. Why do people like them?
『デイリー・ニュース』と『夜明け新聞』が最も人気がある新聞だとおっしゃいましたね。人々はどうしてそれらを好むのでしょうか。

C : Ah, I have no idea. Maybe because they're just easy to buy. You can get them anywhere, so they're easy to buy.
ああ、わからないです。たぶん単に買いやすいからでしょう。どこでも手に入るので、買いやすいんです。

E : Can you explain the main differences between the different popular news-papers?
さまざまな人気のある新聞について、主な違いを説明してもらえますか？

C : Um, I don't know much about the newspapers, to be honest. Um, basically, there're maybe three or four popular ones, but I don't read them, so I don't know.
正直に言って、あまり新聞に詳しくないのですが、基本的には人気のある新聞はおそらく３、４紙だと思いますが、私はそれらを読まないので、わかりません。

E : Is the reporting in newspapers generally accurate?
新聞の報道は概して正確でしょうか？

C : I don't really know. I'd imagine it would be because it's a business, so they'd need to tell the truth. But you never know, do you?
あまりよくわからないです。想像するに、正確なのではないでしょうか。というのも、報道はビジネスであって、真実を伝える必要があるからです。でも、わからないですよね？

E : Is Japanese news reporting similar to that in other countries?
日本のニュース報道は他国と似ていますか？

C : I have absolutely no idea. Presumably, it's pretty similar.
私にはまったくわかりません。おそらく、かなり似ているのではないでしょうか。

E : Which are people more interested in, domestic news or international news?
人々の関心がより高いのは、国内ニュースと国際ニュースのどちらでしょうか？

C : Well, I can't speak for everyone, but personally, I prefer international news.
そうですね、すべての人を代表して言うことはできませんが、私個人としては国際ニュースの方が好きです。

E : Should there be more news aimed at a younger audience, for example junior high school students?
例えば中学生など、若い視聴者向けのニュースがもっとあるべきでしょうか？

C : I suppose so. It would be good for them, but I'm not sure if they'd really be interested in it. Ideally, children would take an interest in the world, but that's not always the case.
そうですね。彼らにとってはいいことでしょうが、実際に興味を持つかどうかはわかりません。理論的には子供たちは世界に関心を持つと思われますが、必ずしもそうとは限りません。

時間を稼ぐことも……

難しい質問に思わず焦ってしまった場合、以下のような時間を稼ぐための表現を言うという手もあります。

Let me see, . . .
そうですねぇ……

Oh. Just a minute, I'll have to think about it.
ああ、ちょっと待ってください。考えなければいけません。

Hmm, that's not easy!
うーん、簡単ではないですね！

That's a difficult question.
それは難しい質問ですね。

ただし、この方法は使い過ぎてはいけません。自分が試験官だとして、どの受験生も Let me see. とか That's a difficult question. などと言ってばかりだとしたら、どう思いますか？ 暗記したフレーズを繰り返しているだけという、よくない印象を持つでしょう。どうしても使いたい場合は、できるだけ自然に聞こえるように、つまり暗記した表現に聞こえないように心がけてください。また、What kinds of food do Japanese people eat for breakfast? といった簡単な質問の後にこうした表現を使うと、とても奇妙に聞こえますので注意しましょう。

◢ ディスカッションのコツ ── 副詞をうまく使う

話し始めに副詞を使って、自分の見解を示すことや、話そうとしていることの方向性を示すことができます。こうした表現方法も時々盛り込んでいくと、トークにメリハリがついて、相手により伝わりやすくなります。では、実際に質問例とその回答例を見て、副詞をどのように用いているかを見ていきます。

質問と回答の例

E : How would people feel if the government raised taxes?
政府が増税したら、人々はどう感じるでしょうか？

C : Personally, I wouldn't mind, but I know lots of people who would.
私は個人的には気にしないと思いますが、多くの人たちは嫌がるでしょう。

冒頭に副詞の personally「個人的には」を入れたことで、これから「私個人」の意見を述べるという方向性を明確に示しており、後半の「しかし、多くの人たちは嫌がる」という意見との対照がうまく表現されています。

429

E : Do you think the economy will improve in the future?

景気は今後よくなると思いますか？

C : <u>Hopefully</u>, it will get better, but who knows?

よくなればいいですが、誰にもわかりません。

冒頭に副詞の hopefully「……だといいのですが」を入れたことで、I hope . . . 「私は……だと願う」という意味合いを簡潔に表現しています。

ここで少し練習をしてみましょう。下記の例文の空欄に適した副詞を（　　）内から選んでください。

1. How do people feel when they start a new job?

....................., I should think it is a bit difficult because you're not sure what to do, but I think most people soon get used to it. (Initially / Surprisingly)

2. What is the most popular type of magazine in Japan?

....................., I have no idea. I like fashion magazines, but I don't know how popular they are with everyone else. (Actually / Basically)

3. What do you think makes a good student?

....................., I'd say it is someone who studies hard and has an enquiring mind. (Generally / Presumably)

4. What is the best way to deal with the aging population?

....................., I don't think there is a good way to deal with this problem. (Obviously / Unfortunately)

5. Which sports are most commonly played in your country?

....................., according to a newspaper report I read, baseball, football and tennis. (Inevitably / Apparently)

6. Are there many accidents on the underground in your city?

....................., the number of accidents is going down. (Thankfully / Primarily)

7. What kind of house do most Japanese people prefer?

....................., people live in either small detached houses or apartment blocks. I think which they prefer depends on the person. (Luckily / Normally)

8. How does the Japanese education system prepare students for working life?

....................., students study maths and Japanese, so they are useful. (Ideally / Of course)

解答

| **1** Initially（最初は）| **2** Actually（実のところ）| **3** Generally（一般的には）※ | **4** Unfortunately（あいにく）|
| **5** Apparently（見たところ~らしい）| **6** Thankfully（幸いにも）| **7** Normally（普通は）| **8** Of course（もちろん）|

※ Presumably「思うに~」は自分が想像した内容を言う際に用いるため、やんわりと自分の意見を言うときに使う I'd say の前に置くには適切ではありません。

練習問題

下記の質問に答えてください。「理由」や「例」を挙げながら、「あいまいさ」の表現や「副詞」をうまく使って、自分の意見を組み立ててみましょう。

健康

▶ How would you describe the health of most people in your country?
▶ Who is most responsible for educating children about health?
▶ What can the government do to encourage people to have a healthier lifestyle?
▶ Is it okay for fast food companies to sponsor sporting events? Why/Why not?

インターネットと安全性

▶ To what extent do you trust the information on the Internet?
▶ What can people do in order to get reliable information from the Internet?
▶ Should the Internet be censored to a certain point?
▶ How can parents control what their children see and do on the Internet?

音楽とテクノロジー

▶ How has music been influenced by changes in technology?
▶ Do you think electronic music is a legitimate form of music?
▶ What effect has the Internet had on musicians and the music industry?
▶ What musical developments do you think will take place in the future?

IELTS トリプル模試

TEST 1

TEST 2

TEST 3

WRITING TASK 1

You should spend about 20 minutes on this task.

> *The information below shows the percentages of the population of one Asian country that enjoyed different types of reading for leisure from 1995 to 2010.*
>
> *Summarise the information by selecting and reporting the main features, and make comparisons where relevant.*

Write at least 150 words.

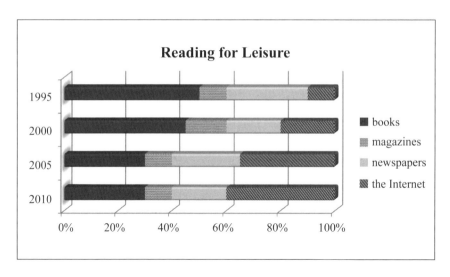

WRITING TASK 2

You should spend about 40 minutes on this task.

Write about the following topic:

> *It is better to have a job that provides a very good salary than a job that pays less but is more satisfying.*
>
> *To what extent do you agree or disagree with this opinion?*

Give reasons for your answer and include any relevant examples from your own knowledge or experience.

Write at least 250 words.

TEST 1

TEST 2

TEST 3

*You should spend about 20 minutes on **Questions 1-14**, which are based on Reading Passage 1 below.*

Fifteen Seconds of Fame

I once wrote a joke and had it read out at one of the UK's top comedy clubs. It was an excruciating moment; the host for the evening mentioned my name and then delivered my line to the large and discerning audience. It was met with total silence – one second, two … three … nothing. Meanwhile, I was inwardly disintegrating as it appeared that my attempt at humour had died a horrible, agonising and, very public, death. And then, just as I had almost given up hope – an explosion of laughter, which grew and grew and grew until the noise seemed to have filled up every nook and cranny of the arena. It was an intoxicating feeling and unlike anything I had ever felt before or have since. It was as if my whole body were glowing from head to toe, and it gave me the briefest insight into what it must be like to be a celebrity performer, cherished and adored by people you do not know and never will. Those were my fifteen seconds of fame.

It was a lovely moment but, to be honest, I was happy with my duration in the spotlight by proxy. The idea of fame scares me a bit. I remember reading a comment from the British actor William Roache – who has played the character Ken Barlow in Britain's longest-running soap opera *Coronation Street* for more than 50 years – recalling with horror the embarrassment he felt when he was first recognised in a supermarket by a stranger, and the panicky realisation that this kind of unwanted attention would be with him for the rest of his life. And, for the same reason as other drugs scare the life out of me, I'm worried about what fame might do to my character. John Updike, the great American writer, who managed to be internationally renowned but still pass unnoticed in crowds, summed up these dangers thus, celebrity is a mask that eats into the face. My complexion may be far from pristine, but I don't fancy the pockmarks and pitfalls that stardom might bring.

But not everyone agrees. It seems that many in Britain are eager to take their chances, leap into the spotlight and stay there as long as they possibly can, at least if the popularity of the talent shows *The X-Factor, Britain's Got Talent* (both fronted by *Pop Idol*'s Simon Cowell), and the non-talent show, *Big Brother* are anything to go by. On the plus side, some of the winners from these shows have done quite well out of it, but there have been high-profile casualties from these programmes, as their ordinary lives are turned upside down with little preparation or time for adjustment. Similarly, the more of these shows there are, the more suffused the limelight becomes, and the newly heralded stars are increasingly finding themselves fading from view far faster than they might have expected.

But though the talent shows promise far more than they can realistically deliver, they do at least give a chance to performers, some of whom are genuinely talented, and who might not otherwise be recognised. *Big Brother* is another story entirely. Begun in Holland in 1997, this show puts a dozen or so strangers together in a house and films their every waking (and sleeping) moment for three months. At regular intervals the public is invited to phone in, on premium rate phone lines of course, and nominate a member of the group for eviction. The group is therefore whittled down slowly, and the last man or woman standing gets to pick up a substantial cash prize along with the inevitable celebrity status accrued over the preceding months. This can be used to launch some sort of career 'in the public eye' either as a performer or presenter.

Big Brother could have been an interesting social experiment if the participants had been chosen at random, like jury service. Instead, would-be housemates have to submit an audition tape, which showcases their personality, charisma and telegenic qualities. Inevitably, the elect are usually annoyingly self-confident 'characters' with names like 'Spider' or 'Chas', and the show can quickly become a not very edifying 'who do you hate least' contest. It has been roundly condemned in many quarters as exploitative, offensive and intrusive but you can't argue with its popularity – 10 years, over 1000 episodes and it's still going, albeit with a recent relegation to Channel 5, the least popular of Britain's main networks.

Interestingly though, there's nothing new about any of this. I'm just about old enough to remember the previous round of horrible talent shows, which clogged up the TV schedules in the 1970s. Many famous singers and comedians from my youth were launched on shows like *Opportunity Knocks*, which churned out average performers until public taste shifted away from the format. The *Big Brother* concept has a curious historical parallel too: in the 1930s, the very ambitious Mass Observation Project sought to record the lives and feelings of ordinary people in great detail in the form of diaries kept by volunteers. Just like *Big Brother*, it was criticised as an invasion of privacy, and the project eventually morphed into market research though its findings did have some influence on government policy.

The participants whose lives were scrutinised in the Mass Observation Project never became famous or went on to careers in the entertainment industry but lived out their lives in obscurity. I'm quite happy living there too but, having had that briefest of tastes of what celebrity must be like, I'm willing to acknowledge it does have its attractions, however you arrive at it. As we have seen, in modern Britain, there are various routes. Some are born famous and have to live with the consequences good and bad (Harper Seven Beckham?), others achieve fame by doing something worthwhile, attention grabbing or notable while still others have fame thrust upon them, like lottery winners or disaster victims. If you ever find yourself at that peculiar destination, you may find fame to be a dangerously powerful narcotic. Don't let it go to your head. Particularly, your face.

©*Philip Patrick*

Questions 1-7

Do the following statements agree with the claims of the writer in Reading Passage 1?

In boxes 1-7 on your answer sheet, write

YES	*if the statement agrees with the claims of the writer*
NO	*if the statement contradicts the claims of the writer*
NOT GIVEN	*if it is impossible to say what the writer thinks about this*

1   The comedy club audience reacted positively to the writer's joke.

2   Being famous would definitely not change the writer's personality.

3   People who appear on TV talent shows get paid well.

4   As the number of talent shows increases, more and more people are becoming stars.

5   Shows such as *The X-Factor* can serve as an opportunity for would-be stars.

6   Talent shows of the 1970s were enthralling.

7   The Mass Observation Project participants were hoping to influence government policy.

Questions 8-10

*Choose the correct letter, **A**, **B**, **C** or **D**.*

8   The writer thinks *Big Brother* participants are

    A   offensive.
    B   annoying.
    C   charismatic.
    D   random.

9   The Mass Observation Project is similar to *Big Brother* in that

    A   the participants kept diaries.
    B   participants were picked at random.
    C   the audience watched the participants on video.
    D   people thought it intruded into participants' privacy.

10 The writer's overall attitude to fame is that it is

A something to be wary of.
B something to be observed.
C something far from pristine.
D better than obscurity.

Questions 11-14
*Match each statement with the correct TV programme, **A-D**.*

11 One of its cast failed to pass unnoticed in public and felt flustered.

12 It produced mediocre performers when the writer was young.

13 Some people on this programme are talented performers.

14 People are chosen to appear on the programme after a selection process.

List of TV Programmes

A *Coronation Street*

B *Britain's Got Talent*

C *Big Brother*

D *Opportunity Knocks*

TEST 1

TEST 2

TEST 3

*You should spend about 20 minutes on **Questions 15-28**, which are based on Reading Passage 2 below.*

The Globalisation of Consumer Credit

Each day, billions of consumer credit records are collected, stored and reported. Sophisticated credit scoring models determine to what degree a consumer is allowed to participate in a globalised credit system but unfortunately, 'the watched' are not always aware of how 'those watching' use what the industry quietly collects.

A consumer's ability to buy and sell is strongly influenced by a new set of rules. Risk-based credit scoring models with incredible reach and thoroughness present new challenges for consumers, some of whom are threatened with elimination from the credit markets while others, particularly the new immigrants, will not be able to participate in them at all. In fact, millions of consumers will pay more for, or be denied, credit, insurance, rent or utilities because of the growing use of the consumer 'credit score'. A secret war is being waged on consumers as creditors use the credit score to justify increased fees on the highest level of consumer debt in history.

The credit scoring system is a complex process of reporting, scoring and distributing information on consumer credit. It is created by an alarmingly small number of private entities carefully supported by governmental laws. These laws are fiercely protective of these collection and scoring systems because without such systems, consumer spending might be threatened. Governments must protect and promote the extension and widespread availability of credit and ensure its spending predictions are accurate. The credit scoring process is designed to remove risk from the credit system.

The credit score has created a system that lenders can use to exploit its algorithmic power to model debt data. This gives them the ability to squeeze more profits from their debt portfolios. However, governments have a responsibility to protect the consumer. Through a series of consumer protection statutes, in countries around the world, new laws are tightening up the loopholes in the credit system. Many of these changes focus on who has a permissible purpose to view the reputation of a consumer and how the data is being used in the name of privacy. However, despite the avowed good intentions of protecting the consumer, it is the consumer reporting and scoring system that the government most aims to protect.

Contrary to popular belief, the credit reporting system is not a consumer-purposed instrument. Its customers are the firms to whom it sells its data. The raw material used to manufacture its database is voluntarily provided to it by a creditor community of lenders that, in turn, continually re-purchases its data on consumer reputations. Therefore, the consumer is not a direct party to this complex transaction. He is merely the judged.

It has been estimated that over 75% of all credit decisions are based on the credit score produced by one American company, Fair Isaac Company. Their credit score, known as the FICO score, has a monopoly on the formula that controls the majority of lending decisions. The FICO score, and variations of it developed for the major worldwide credit bureaus, are sold through these bureaus. Since Fair Isaac is a privately-held company and fiercely protects its franchise, it is largely immune to suggestions that it should reveal how its score grades customers because intellectual property laws properly protect its trade secrets. Moreover, a developing nation government is unlikely to force the hand of these private enterprises, as they protect the credit system's continued proliferation and technology, thereby protecting the developing nation's own consumer-

spending economy. The maintenance of consumer spending, a government's private economic engine, is consequently becoming a function of a small group of private companies, themselves protected by complete privacy and lack of transparency. Interestingly, this system has created an industry of practitioners who use the secrecy of the scores' formula to promote their own claims that they understand what makes a FICO score go up, or down. This industry, called the credit repair industry, has overwhelmed hapless consumers who have been denied credit, with fraud and misinformation.

Unfortunately for consumers, the credit scoring method is a well-guarded secret. Not even the lender that denies you credit can tell you exactly why you have been given your particular score. There are companies who have developed credit scores and readily reveal how they work. One such company is Community Empower, which works with consumers to provide credit education. Without a definitive knowledge of how a scoring models works, credit education is impossible. Tragically, credit-challenged consumers, who are often the less sophisticated consumers, increasingly find themselves without hope of ever understanding the modern credit system and how it works.

TEST 1

TEST 2

TEST 3

Questions 15-22

*Complete each sentence with the correct ending, **A-K**, below.*

15 New immigrants will find it difficult

16 Use of the credit score means many consumers will have

17 By taking advantage of the credit scoring system, lenders are able

18 The goal of governments is

19 The role of a creditor community is

20 The Fair Isaac Company does not have

21 Developing nations do not seem

22 Community Empower allows its clients

A	to provide data for the credit reporting system.
B	to make sense of the credit scoring system.
C	to destroy consumer reputations.
D	to take part in the credit markets.
E	to divulge the credit scoring method.
F	to pay more for their insurance.
G	to be successful in finding credit.
H	to safeguard the consumer credit system.
I	to make their business more lucrative.
J	to challenge credit score producers.
K	to borrow money from creditors.

*Q*uestions *23-28*
*Complete the summary using from the list of words, **A-N**, below.*

Controlling the Credit Score

The vast majority of **23** _____ concerning the credit score are

carried out by Fair Isaac Company. However, there are **24** _____

of the score that are employed by other large credit scoring companies.

This has resulted in non-public **25** _____ controlling how much

consumers spend, and these consumers are not able to comprehend

the scoring system as it is an industry **26** _____ . However, there

are some businesses that have **27** _____ different credit scoring

systems that let the consumer see how the system **28** _____ .

A work	**B** secret	**C** policy	**D** managers
E corporations	**F** assessments	**G** claimed	**H** operates
I disadvantages	**J** secrets	**K** created	**L** practice
M departments	**N** adaptations		

You should spend about 20 minutes on **Questions 29-40**, which are based on Reading Passage 3 below.

Questions 29-33
Reading Passage 3 has 10 paragraphs, **A-J**.

Choose the correct heading for each paragraph **B-F** from the list of headings below.

List of Headings

i Dependent cells evolve into complex cells

ii The importance of viridiplantae

iii Bacteria under the earth's surface

iv Animals' contribution to the environment

v The appearance of oxygen in the atmosphere

vi Types of life in the Precambrian era

vii First life to the present day

viii Classification of organisms that have cells with a nucleus

ix Bacteria in warm environments

x The relationship between two different types of cell

Example	Answer
Paragraph **A**	**vii**

29 Paragraph **B**

30 Paragraph **C**

31 Paragraph **D**

32 Paragraph **E**

33 Paragraph **F**

A Brief History of Life on Earth

A   The diversity of species, ecosystems and landscapes that surround us today is the product of perhaps 3.7 billion to 3.85 billion years of evolution of life on Earth. Life is likely to have first evolved under harsh conditions, perhaps comparable to the deep sea thermal vents where chemo-autotrophic bacteria are currently found. These are organisms that obtain their energy only from inorganic, chemical sources.

B   A subterranean evolution of life has also been suggested. Rock layers deep below the continents and ocean floors, which were previously thought to be too poor in nutrients to sustain life, have now been found to support thousands of strains of microorganisms. Types of bacteria have been collected from rock samples almost 2 miles below the surface, at temperatures up to 75 degrees Celsius. These chemo-autotrophic microorganisms derive their nutrients from chemicals such as carbon, hydrogen, iron and sulphur. Deep subterranean communities could have evolved underground or originated on the surface and become buried or otherwise transported down into subsurface rock strata, where they have subsequently evolved in isolation. Either way, these appear to be very old communities, and it is possible that these subterranean bacteria may have been responsible for shaping many geological processes during the history of the Earth, for example, the conversion of minerals from one form to another, and the erosion of rocks.

C   The earliest evidence for photosynthetic bacteria – suspected to be cyanobacteria – is dated at sometime between 3.5 and 2.75 billion years ago. These first photosynthetic organisms would have been responsible for releasing oxygen into the atmosphere. Photosynthesis is the formation of carbohydrates from carbon dioxide and water, through the action of light energy on a light-sensitive pigment, such as chlorophyll, usually resulting in the production of oxygen. Prior to this, the atmosphere was mainly composed of carbon dioxide, with other gases such as nitrogen, carbon monoxide, methane, hydrogen and sulphur gases present in smaller quantities.

D   It probably took over 2 billion years, from the initial advent of photosynthesis for the oxygen concentration in the atmosphere to reach the level it is at today. As oxygen levels rose, some of the early anaerobic species probably became extinct, and others probably became restricted to habitats that remained free of oxygen. Some assumed a lifestyle permanently lodged inside aerobic cells. The anaerobic cells might, initially, have been incorporated into the aerobic cells after those aerobes had engulfed them as food. Alternatively, the anaerobes might have invaded the aerobic hosts and become parasites within them. Either way, a more intimate symbiotic relationship subsequently evolved between these aerobic and anaerobic cells. In these cases, the survival of each cell was dependent on the function of the other cell.

E   The evolution of this symbiotic relationship was an extremely important step in the evolution of more complex cells that have a nucleus, which is a characteristic of the eucaryotes (eu = good, or true; and karyon = kernel, or nucleus). Recent studies of rocks from Western Australia have suggested that the earliest forms of single-celled eucaryotes might be at least 2.7 billion years old. According to contemporary theories, there has been sufficient time, over those 2.7 billion years, for some of the genes of the invading anaerobe to have been lost, or even transferred to the nucleus of the host aerobe cell. As a result, the genomes of the ancestral invader and ancestral host have become mingled and the two entities can now be considered as one from a genetic standpoint.

F   The evolutionary history of the eucaryotes is described in various standard references and so is not covered in detail here. Briefly, eucaryotes constitute three well-known groups – the Viridiplantae or green plants, the Fungi, and the Metazoa or animals. There are also many basal groups of eucaryotes that are extremely diverse, many of which are evolutionarily ancient. For example, the Rhodophyta, or red algae, which might be the sister-group to the Viridiplantae, includes fossil representatives dating from the Precambrian, about 1025 million years ago. Another example, the Stramenopiles include small, single-celled organisms such as diatoms, fungus-like species of water moulds and downy mildews, and extremely large, multicellular brown seaweeds such as kelps.

G   The earliest known green plants are green algae, dating from the Cambrian, at least 500 million years ago. By the end of the Devonian, 360 million years ago, plants had become quite diverse and included representatives similar to modern plants. Green plants have been extremely important in shaping the environment. Fueled by sunlight, they are the primary producers of carbohydrates, essential food resources for herbivores that are then prey to predatory carnivores. The evolution and ecology of pollinating insects has been closely associated with the evolution of the Angiosperms, or flowering plants, since the Jurassic and Cretaceous periods.

H   Fungi, which date back to the Precambrian times about 650 to 540 million years ago, have also been important in shaping and sustaining biodiversity. By breaking down dead organic material and using this for their growth, they recycle nutrients back through ecosystems. Fungi also form symbiotic relationships with tree species, often in nutrient-poor soils such as those found in the humid tropics. These relationships allow their symbiont trees the ability to flourish in what would otherwise be a difficult environment.

I   Metazoa, which date to over 500 million years ago, have also been responsible for shaping many ecosystems from the specialised tubeworms of the deep sea hydrothermal vent communities of the ocean floor to birds living in the high altitudes of the Himalayas, such as the Impeyan pheasant and Tibetan snow cock. Many species of animals are parasitic on other species and can significantly affect the behaviour and life-cycles of their hosts.

J   Thus, the evolutionary history of Earth has physically and biologically shaped our contemporary environment. Many existing landscapes are based on the remains of earlier life forms.

Questions 34-36

Complete the notes below. Choose **NO MORE THAN THREE WORDS AND/OR A NUMBER** from the passage for each answer.

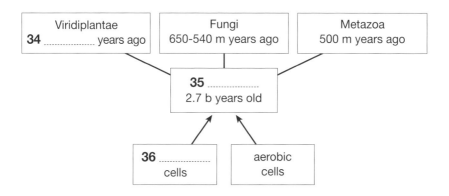

Questions 37-40

Complete the sentences below. Choose **NO MORE THAN THREE WORDS** from the passage for each answer.

37 Chemo-autotrophic bacteria obtain energy from inorganic sources and therefore are able to live in _____ that were previously considered to be deficient in nutrients.

38 During the history of the Earth, chemo-autotrophic organisms might have affected _____ .

39 The roles of fungi with regard to biological diversity are the recycling of nutrients back into the ecosystem and their _____ relationships with trees, especially in areas with poor soil.

40 Parasitic animals may influence the _____ of those on which they live.

TEST 1

TEST 2

TEST 3

◀))34

Questions 1-3
Complete the table below. Write **NO MORE THAN TWO WORDS AND/ OR A NUMBER** for each answer.

Oval Cable Network	
Example	*Answer*
Customer enquiry:	monthly fees

Packages	Details
All channels	**1** £ ....
Top 12 package	**2** £ ....
Penalty charge	**3** .... the monthly fees of remaining contract period

Questions 4-10
Complete the form below. Write **NO MORE THAN THREE WORDS AND/OR A NUMBER** for each answer.

Installation Check: Appointment Details	
Customer Name	Penny **4** ....
Customer Address	**5** .... Cherswell Avenue, **6** ....
Customer Postcode	**7** ....
Appointment day / time	**8** .... at 10 o'clock.
Customer Phone	**9** ....
	Company representative **10** ....

PART 2   Questions 11-20

Questions 11-15
Complete the sentences below. Write **NO MORE THAN THREE WORDS AND/OR A NUMBER** for each answer.

The Multicultural Museum

11 The Union House was an important _____ .

12 The Multicultural Museum opened in _____ .

13 The museum provides information about the country's immigration history from the 1800s to _____ .

14 The Union Shop and Café is located on _____ .

15 In the People's Garden, immigrants from over _____ are represented in a piece of art.

Questions 16-20
Label the map below. Write **NO MORE THAN TWO WORDS** for each answer.

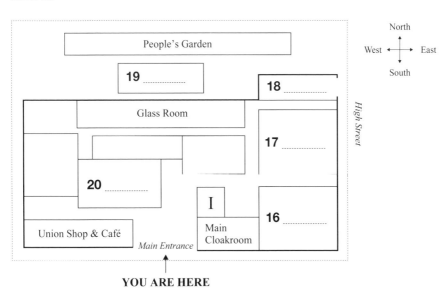

YOU ARE HERE

36

PART 3   Questions 21-30

Questions 21-24
*Choose the correct letter, **A**, **B** or **C**.*

21 Lily and John are complaining about the classes they take for

   A   environment studies.
   B   design.
   C   architecture.

22 The scale needed for their model is

   A   100:1.
   B   150:1.
   C   250:1.

23 The homework is due in on

   A   Tuesday 5th.
   B   Tuesday 25th.
   C   Wednesday 25th.

24 The students are studying

   A   English, physics, statistics, history, architecture.
   B   maths, English, physical education, statistics, architecture.
   C   maths, English, physics, statistics, architecture.

Questions 25 and 26
*Complete the sentences below. Write **ONE WORD AND/OR A NUMBER** for each answer.*

25 Lily and John sometimes stay up until ....

26 Lily is feeling stressed because of all her homework and has more
    .... than before.

Questions 27-30

One student suggests some ideas to deal with two other students' difficulties.

What is the response of the other two students?

A Lily rejects the idea

B John rejects the idea

C Lily and John reject the idea

---

27 They should ask the teacher to give them less homework. ....

28 They should sign a petition against too much homework. ....

29 They should improve their time management. ....

30 They should consult the student counsellor. ....

TEST 1

TEST 2

TEST 3

451

37

PART 4   *Questions 31-40*

Questions 31 and 32
Complete the sentences below. Write **NO MORE THAN TWO WORDS**
for each answer.

31 UNESCO says the World Heritage site of Stonehenge, Avebury and
    Associated Sites is of outstanding _____ .

32 Avebury has a number of special graves called _____ .

Questions 33-36
Complete the notes below. Write **ONE WORD AND/OR A NUMBER** *for
each answer.*

Stonehenge

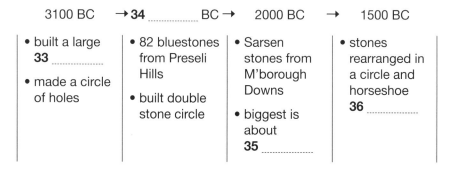

3100 BC   →**34** _____ BC →   2000 BC   →   1500 BC

• built a large **33** _____ • made a circle of holes	• 82 bluestones from Preseli Hills • built double stone circle	• Sarsen stones from M'borough Downs • biggest is about **35** _____	• stones rearranged in a circle and horseshoe **36** _____

Questions 37-40

Complete the table below. Write **NO MORE THAN THREE WORDS AND/OR A NUMBER** for each answer.

Avebury	
Age	4500 years
Size	About **37** _____ in circumference
Stones	From Marlborough Downs Brought using **38** _____
Shape	One big circle and two smaller ones
Differences c.f. Stonehenge	Avebury stones – **39** _____ Stonehenge stones – dressed Stonehenge includes horizontal stones Avebury stones stand alone
Impressive points	Stones balance over their **40** _____ Heaviest is 65 tonnes

TEST 1

TEST 2

TEST 3

◀)) 38

PART 1

音声を聞いて、試験官の質問に答えてください。質問の後に続く短いポーズで、音声を一時停止して回答してください。

◀)) 39

PART 2

メモと鉛筆を用意し、音声を聞いて、試験官の指示に従ってください。試験官の指示や質問の後に続く短いポーズで音声を一時停止して回答してください。

渡されるカードには、下の内容が書かれています。

> **Describe a city you travelled to which you liked very much.**
>
> **You should say:**
> **where it is**
> **when you went there**
> **what you did there**
> **and explain why you liked it.**

◀)) 40

PART 3

音声を聞いて、試験官の質問に答えてください。質問の後に続く短いポーズで、音声を一時停止して回答してください。

> 「初級者」のサンプル音声を、音声のトラック 41 ～ 43 に収録しています。参考にしてください※。
>
> ※ TEST 2 には「中級者」、TEST 3 には「上級者」のサンプル音声を収録しています。

READING

#	Answer	✓ or ✗	#	Answer	✓ or ✗
1	YES		21	J	
2	NO		22	B	
3	NOT GIVEN		23	F	
4	YES		24	N	
5	YES		25	E	
6	NO		26	B	
7	NOT GIVEN		27	K	
8	B		28	H	
9	D		29	iii	
10	A		30	v	
11	A		31	x	
12	D		32	i	
13	B		33	viii	
14	C		34	500 million / m	
15	D		35	single-celled eucaryotes	
16	F		36	anaerobic / anaerobe	
17	I		37	subterranean / subsurface rock layers / strata	
18	H		38	(many) geological processes	
19	A		39	symbiotic	
20	E		40	behaviour / behavior (and life-cycles)	

正答数カウント欄 ────────↑

✓ = 正解

✗ = 不正解

LISTENING

		✓ or ✗			✓ or ✗
1	50		21	C	
2	30		22	B	
3	half (of)		23	B	
4	Worther		24	C	
5	27B		25	midnight	
6	Leeds		26	headaches	
7	LD13 7RL		27	A	
8	Monday (the) 19th		28	A	
9	01797 633 398		29	C	
10	Simon King		30	B	
11	public building		31	universal value	
12	1998		32	barrows	
13	the present (day)		33	henge	
14	the ground floor		34	2150	
15	90 countries		35	50 tonnes / tons / t	
16	Learning Centre / Center		36	shape	
17	Museum Theatre / Theater		37	1.3 kilometres / kilometers / km	
18	Group Entrance		38	rollers	
19	Union Lawn		39	natural (form)	
20	Exploration Centre / Center		40	centre / center (of gravity)	

TEST 1

TEST 2

TEST 3

TASK 1 【初級者のサンプルエッセイ】

The graph shows how many people in one Asian country liked different sorts of reading between 1995 and 2010. You can easily see that the Internet became more popular and reading books became less popular.

Books were popular with about 45% of the population in 1995. They dropped slightly below 40% in 2000 and then fell again to about 27% in 2005, where they stayed in 2010.

Magazines were less popular than books. Only 10% of the people read magazines in 1995, and this figure stayed relatively constant for the period. But in 2000, a few more people enjoyed reading.

In 1995, the second most popular type of reading was newspapers. About 30% of the population liked reading newspapers. The percentage fell to about 20% in 2000 and then after a slight increase in 2005 fell back to 20% in 2010.

Finally, the Internet was not so popular in 1995 (about 5%) but steadily rose to just over 40% in 2010 when the Internet was the most popular type of reading. (171 words)

📖 解説

＜タスクの達成＞

1. タスクをある程度こなしており、データはおおむね正しく使用できているが、いくつか誤りも見られる。第2パラグラフの2文目の ... dropped slightly below 40% は dropped to slightly over 40% とするのが正しい。また、最終パラグラフの in 1995 (about 5%) は about 10% が正しい。全体への影響は大きくないが、ケアレスミスでスコアを失わないように注意したい。

2. 冒頭に簡潔に要約を入れることができている。さらにスコアを伸ばすなら、主語をより明確に設定する必要がある。例えば、第2パラグラフの2文目の They dropped は The percent of people reading them dropped とした方がいいだろう。They=books が下がるわけではなく、percent が下がるからだ。

3. データの提示の仕方がとても単純で、読書タイプ間の比較があまり見られない点は改善したい。

＜一貫性とつながり＞

よく構成されているが、パラグラフ間のつなぎが最低限に抑えられていて、つなぎ表現も非常に初歩的なもの（but / finally）だけになってしまっている。パラグラフ内のアイディアのつなぎ方ももっと工夫したい。

＜語彙と文法＞

語彙の使用範囲はあまり広くない（popular や reading といった同じ単語を使用しすぎている）が、数字の英語表現は上手に使えている。文法の範囲もそれほど広くないが、関係詞を用いた文（where they stayed / when the Internet）も見られる。

TASK 1 【上級者のサンプルエッセイ】

The bar chart shows the relative popularity of different kinds of reading that people did in their spare time in an Asian country. The data run from 1995 through 2010 and cover books, magazines, newspapers and the Internet.

Overall, it is fairly clear that the popularity of books fell over the period in question, while at the same time, the Internet became more and more popular as a reading medium.

To take each particular form of media in turn, books were the most popular in 1995 with around 50% of the population enjoying a good book. Newspapers were the second most common reading material at around 30%, followed by magazines and the Internet, each of which attracted about 10% of the people.

Following this, the percentage of people who read books fell in 2000 and 2005, but in 2010 it leveled off at around 27% of the population. In contrast, as mentioned above, the Internet became more and more popular with the greatest increase in readers coming between 2000 and 2005, when figures jumped from about 22% to about 40%. They finished at about 42% in 2010.

For the other types of reading, newspapers and magazines, reader figures fluctuated between 30% and 20% for newspapers and stayed between 10% and 15% for magazines, this being the least commonly enjoyed form of reading for pleasure.

(226 words)

📖 解説

<タスクの達成>
一般的な要約から書き始め、その後、高い数字から低い数字へと順番に説明していて、わかりやすい。必要に応じて異なる読書タイプの比較もされているうえに、顕著な要素である書籍とインターネットの比較もきちんと入っている。

<一貫性とつながり>
論理的に構成されていて、パラグラフ間やパラグラフ内の流れもスムーズ。洗練されたつなぎ表現を幅広く使っている。
例：while at the same time / To take each particular form of media in turn / each of which / Following this / In contrast / as mentioned above / For the other types of reading / this being

<語彙と文法>
語彙と文法の使用範囲は十分に広い。特にグラフの内容を説明するために非常に多様な表現を駆使している。
例：different kinds of reading / reading medium / form of media / reading material / people who read books / readers / reader figures / form of reading for pleasure

関係詞や前置詞などをうまく使って効率的に表現している。例：that people did in their spare time / each of which attracted about 10% of the people / with the greatest increase in readers / when figures jumped from ... to ... / this being the least commonly enjoyed form

TEST 1

TEST 2

TEST 3

TASK 2 【初級者のサンプルエッセイ】

In my opinion, a job with a good salary is better for three reasons.
The first reason is that good salaries give people lots of good things like a nice house, a great car, and their children can go to good schools.
Jobs that provide a very good salary, for example doctors and lawyers, also give you a nice working environment like a big office in a better part of town.
The second reason is that jobs with great salaries are popular with other people. If we have a lot of money, our neighbours can think we are a clever person or we are important.
For example, near my house, one man has a job, and I think he receives a big salary.
His wife and children have nice clothes, and he has a big house and garden.
The other neighbours respect him, and he is important in our neighbourhood committee.
The third reason is that I can feel happy when I look at my bank account.
The salary goes into the bank account, and the person feels great every month.
I know that I have to pay a lot of tax but after the tax, I still have a lot of salary, so I feel good.
I can save money, and I can feel safe for the future.
These are the three reasons why a good salary is important. (230 words)

 解説

<タスクへの応答>

1. 高い給与をよりよいと考える理由について述べているが、給料が低めで満足感が高めの仕事との比較に触れていないので、タスクに応答し切れていない。導入で両方について述べたうえで、質問に対してどちらかに賛成の立場を取るなら問題はないが、もう一方についてまったく触れていないと、タスクの質問に対応できていないことになってしまう。
2. 意見をサポートする3つの理由を挙げているが、それぞれの理由の範囲が狭くなってしまっている。
3. 語数が足りていない（250語以上が必須）ので要注意。

<一貫性とつながり>

1. 新しい文を書くたびに改行してしまっているので、パラグラフでエッセイを組み立てるようにしよう。
2. 流れが明確かつ論理的になっていない。例えば2つ目の理由（高給取りになると人気が出る）のサポートとして、ひとつ目の理由（高給取りになるとよい物が手に入る）の具体例を述べてしまっている。例：His wife and children have nice clothes, and he has a big house and garden.
3. 主語に主観的な we / I を使っているため混乱を招きやすい。
4. 3つの理由を単純に The first / The second / The third reason is that . . . と紹介しているが、洗練されていない印象を与えてしまう。スコアアップを狙うなら、文の流れをうまく出すようにもう少し工夫した方がいいだろう。例えば、The second を As well as the things you can buy に変えれば「買える物（ひとつ目の理由）と同じように」という流れができ、The third を In addition to the above reasons に変えれば「上記の理由に加えて」という流れができる。

<語彙と文法>

語彙と文法は正確だが非常に初歩的。語彙は good / salary / nice など基本表現が非常に多いが、中級の語彙もいくつか使えている。例：working environment / neighbours / respect / bank account / save money

大半は初歩的な文だが、工夫された文もいくつか見られる。例：If we have a lot of money / when I look at my bank account

TASK 2【上級者のサンプルエッセイ】

In today's economic climate, many people are lucky to have a job and many have to put up with part-time or low-paid work. Taking this into account, I feel that while the ideal would be to have a job that is both well-paid and satisfying, to be practical, having a high salary is more important than having more job satisfaction.

For one thing, whether one has a family or not, it is still essential to buy goods and services, and of course this takes money. People may say that the basics can be bought with a reasonable salary, and a lot of money is not necessary. However, it seems from my experience that the more money you pay, the better the service you receive, for example, in education. If my children want to become doctors or researchers, the education fees will be extremely expensive, prohibitively so for most of the population. Only those with enough money can pay for the necessary university courses. A job that is satisfying but does not pay much would not do.

As well as spending power, money tends to confer status onto those who have it. A person who is relatively well-off, particularly if this is because she or he has a high-paying job, is usually well thought of in the community. This may not be very useful, but it certainly leads to a feeling of well-being if your social standing is high. In contrast, someone doing a lower-paid job is not as respected. This is illogical, but it is a fact of life.

Finally, being able to put aside money for later life or for a rainy day enables you to feel secure and to avoid money worries. As we all know, money problems are often the cause of marital problems and other family difficulties. If there is not enough money coming in, problems may arise or get worse.

In short, it is better to put aside personal satisfaction to ensure that you and your family have the things, status and security you require for a comparatively worry-free life.

(349 words)

 解説

<タスクへの応答>
すべての情報を明確に主題に関連づけており、アイディアをサポートするために個人的な経験や例にも触れている。最後のパラグラフでは自分の意見を改めて違う言葉で示して、効果的に締めくくっている。

<一貫性とつながり>
情報を非常に効果的に組み立てている。各パラグラフにひとつのメインアイディアと詳細なサポート部を提示している。パラグラフ間やパラグラフ内の流れもスムーズで、幅広いつなぎ表現を効果的に使っている。例：Taking this into account / For one thing / However / As well as spending power/ In contrast / Finally / As we all know / In short

<語彙と文法>
主題に関連した語彙を幅広く活用している。例：well-paid and satisfying / job satisfaction / goods and services / extremely expensive / spending power / confer status onto / well off / well being / social standing / illogical / personal satisfaction / comparatively worry-free life

複雑な構文や多様な表現が多く見られる。例：while the ideal would be to have / having a high salary / the more money you pay, the better the service you receive / money tends to confer / being able to put aside / enables you to feel secure and to avoid / If there is not enough money coming in

PASSAGE 1

Fifteen Seconds of Fame
15秒間の名声

私はかつてジョークを書いて、英国トップクラスのコメディ・クラブで読み上げられたことがある。それは耐え難い瞬間だった。その夜の司会者は私の名前を挙げた後、大勢の眼識ある観客たちに私の言葉を届けた。その場は完全に静まり返り──1秒、2秒、3秒……何も起こらない。その間、私の心は崩壊しようとしていた。というのは、私のジョークへの挑戦が、恐ろしい苦悶に満ちた死を、まさに公衆の面前で迎えたように思えたからだ。それから、ほとんど望みを捨てかけたその時──笑いの爆発。さざめきが会場のすみずみまで満たしたようになるまで、笑いはどんどんどんどん大きくなっていった。それは酔わせるような、それまでもその後も味わったことのない感覚だった。まるで頭からつま先まで体全体が輝いているかのようだった。私はこの経験から最も簡潔な洞察を得た。知り合いでもなく知り合うこともない人々から大切にされ崇拝される有名なパフォーマーであることが、どういう感じなのかについてである。これが私の経験した15秒間の名声だ。

それはすばらしいひと時だったが、正直に言って、私は自分にスポットライトが当たっている時間を誰か別の人のことのように喜んでいた。私は名声という考えにやや怖さを感じる。英国人俳優ウィリアム・ローチ──彼は英国の最長寿ソープ・オペラ「コロネーション・ストリート」でケン・バーロウ役を50年以上にわたり演じてきた──が初めてスーパーマーケットで見知らぬ人に気付かれた時に味わった戸惑いや、そういった類の望まれざる注目がこれから一生つきまとうであろうことをパニックの中で悟ったことについて、恐怖とともに回顧しているコメントを読んだことを覚えている。そして、私はほかの麻薬を非常に恐れるのと同じ理由で、名声が自分の性格に及ぼしうることを心配している。偉大な米国人作家ジョン・アップダイクは国際的な名声を見事に手に入れながらも、大衆に紛れることがいまだにできているが、こういった危険についてひと言で次のように言い表している。名声は顔に食い込む仮面である、と。私の性格は純粋なままであるとはとても言えないかもしれない。でも私はスターダムがもたらしうる傷跡や落とし穴は望まない。

しかし誰もが私と同じ考えというわけではないのだ。少なくとも「Xファクター」「ブリテンズ・ゴット・タレント」(いずれも「ポップ・アイドル」のサイモン・コーウェルが総合司会)といったタレント・ショーや、「ビッグ・ブラザー」といったノンタレント・ショーの人気から判断すれば、英国の多くの人々は運に任せてスポットライトに飛び込み、できる限りそこに留まりたくてしょうがないようだ。プラスの面を見ると、これらの番組の優勝者の中には、そこからまずまずうまくやっている人もいる。しかし順応するための準備も時間もほとんどなく普通の人生がひっくり返るせいで、世間の注目を集める犠牲者も出ている。同様に、こういった番組が多ければ多いほどスポットライトはいっぱいになり、新たに歓迎されたスターたちはますます、おそらく自らが予想していたよりもはるかに速く画面から姿を消していっている。

しかし、これらのタレント・ショーは現実的に実現可能であるよりはるかに多くの期待を持たせているものの、パフォーマーにチャンスを与えていることだけは確かである。中には本当に才能があり、番組がなければ世に出ることがなかっただろう人もいる。「ビッグ・ブラザー」はまったく別の話だ。1997年にオランダで始まったこの番組では、知らない者同士12人ばかりを一緒の家に住まわせ、3ヵ月にわたって彼らが目覚めている(そして寝ている)間ずっと撮影する。一定期間ごとに一般の人たちは電話投票を求められる。言うまでもなくプレミアムレートの回線

を使用して、グループの中から退くべきメンバーの候補を挙げるのである。そのため、グループの人数はゆっくりと減っていき、最後まで持ちこたえた男性もしくは女性がかなりの額の賞金を、これまでの数ヵ月で自然に生じた有名人としての避けられない地位とともに手に入れることになる。これはパフォーマーであれプレゼンターであれ、「公衆の目に」さらされる類のキャリアを始めるために利用することができる。

「ビッグ・ブラザー」は、陪審員義務のように参加者が無作為に選ばれていれば興味深い社会実験になったはずだ。だが実際は、「ビッグ・ブラザー」の同居志望者は自分の人間性、カリスマ性、テレビ映りのよさを披露するオーディションテープを提出しなければならない。当然のことながら、選ばれた人たちはたいてい、うっとうしいくらい自信のある「性格」をしていて Spider や Chas といった名前を持っており、番組はたちまちあまり啓発的でない「誰が最も嫌いではないか」コンテストになりうる。番組は搾取的で攻撃的で押しつけがましいとして、各方面から手厳しく非難されてきたが、その人気には文句がつけられない──10 年間で放送回数は 1000 を超えて、いまだに続いているのだ。最近でこそ、英国の主要ネットワークで最も人気の低いチャンネル 5 に移ったが。

とはいえ、興味深いことにこの番組には新しいところが何もない。私はちょうど年齢からして、ぞっとするようなタレント・ショーが繰り返し出現した時期を覚えている。1970 年代にはこうした番組がテレビ番組表をぎっしり埋めていた。私の青春時代の多くの有名歌手やコメディアンが「オポチュニティー・ノックス」のような番組に登場した。この番組は人々の好みがその番組の進め方から離れるまで、ありふれたパフォーマーを大量に生み出した。「ビッグ・ブラザー」のコンセプトには興味深い過去の類例もある。それは 1930 年代に行われた非常に野心的な世論調査プロジェクトである。ボランティアがつける日記の形で、一般の人々の暮らしと気持ちを非常に詳細に記録しようとしたものだ。ちょうど「ビッグ・ブラザー」と同じように、そのプロジェクトはプライバシーを侵害するとして批判され、最終的には市場調査の形に変更された。とはいえ、プロジェクトで明らかになったことは政府の政策に実際に多少の影響をもたらした。

世論調査プロジェクトによって暮らしを精細に調査された参加者たちは、決して有名にもならず、エンターテイメント業界でのキャリアに進むこともなく、ひっそりと自分たちの人生を生きた。私もそんな暮らしにまずまず満足しているが、有名人というのはこんな感じに違いないという状態をあのときにほんの一瞬味わったので、どういう方法で有名になるにしても、それはそれで確かに魅力があると認めることにやぶさかではない。それに、ここまで見てきたとおり、現代の英国においてはさまざまなルートがある。生まれながらに有名で、よくも悪くもその影響を受け入れて生きなければならない人たち（ハーパー・セブン・ベッカムだろうか？）がいるし、価値があることや、注意を引くこと、あるいは注目に値することをして名声を勝ち取る人たちもいる。一方、さらにほかにも宝くじの当選者や災害の犠牲者のように、有名人にまつりあげられる人たちがいる。もしあなた自身がそんな特別な運命に置かれるようなことがあれば、名声が危うい効能のある麻薬であることを知るかもしれない。のぼせ上がることのないように。とりわけ自分の顔には気を付けよう。

TEST 1

TEST 2

TEST 3

📖 解説

隠喩や回りくどい表現が多く見られ、語彙も小説や文学的エッセーを読み慣れていない人には少々難解なため、スキミングのために読み進めることに苦痛を感じるかもしれない。特に第1パラグラフはトピックを紹介するために著者の過去話が長々と書かれていて、何が言いたいのかよくわからない状況が続き、第2パラグラフでようやくトピックに対する著者の主張が見えてくる。第3パラグラフ以降は具体的なテレビ番組の記述になるので話を追いやすくなり、最後のパラグラフで著者の態度を繰り返してまとめとしている。こうした文学的表現のために読み難さを感じるパッセージは、問題文(今回は特にYES / NO / NOT GIVEN)の方がシンプルで意味が取りやすいことが多いので、まずそちらから事実関係にめどをつけ、パッセージの該当箇所と対比しながら主旨を理解するようにしよう。

Q2 は、第2パラグラフ後半の character や complexion を問題文で personality と言い換えていることに気づくかどうかが鍵となる。**Q3** は、お金を得ることができると明記されているのは *Big Brother* の最後まで残った人(第4パラグラフ後半)で、*Big Brother* は non-talent show(第3パラグラフ)。talent shows と出演料についての記述はパッセージ中にはないので、NOT GIVEN となる。**Q5** は、第4パラグラフの最初の文で they do at least give a chance . . . の部分から考える。この they は同じ文の前半部分から talent shows を指し、問題文の *The X-Factor* が talent show であることは第3パラグラフの前半部分からわかるので、答えは YES となる。**Q6** は、著者は70年代のタレント・ショーによい印象は持っていなかったことが、第6パラグラフ前半の horrible talent shows「ぞっとするようなタレント・ショー」や churned out average performers「ありふれたパフォーマーを大量に生み出した」からわかる。enthralling は「心を奪う、面白い」の意。

Q8 は、どの選択肢も同じ語、派生語、語幹の同じ語が第5パラグラフにあるので、その部分をじっくり読み解く必要がある。問題文では「出演者についての著者の考え」を聞いており、番組の説明や世論について聞いているわけではないところに注意して丁寧に読んでいくと、選択肢の中で唯一、著者の私見を反映しているのが選択肢Bである。

Q11 は、問題文に「出演者の1人は一般大衆の目をかわすことができず、うろたえた」とあるので、それに近い内容を記述した第2パラグラフをよく読むと、*Coronation Street* の出演者であるウィリアム・ローチについての説明であることがわかる。**Q12** は、第6パラグラフ中程の Many famous singers and comedians from my youth . . . *Opportunity Knocks*, which churned out average performers . . . を言い換えている。mediocre は「平凡な、さえない」といった意味。

PASSAGE 2

The Globalisation of Consumer Credit
消費者信用のグローバル化

毎日、何十億もの消費者信用情報が収集され、蓄積され、レポートされている。精巧な信用スコアリング・モデルは、グローバル化された信用制度に消費者がどの程度参加できるかを決定しているが、残念ながら「監視される側」は「監視する側」が、業界がひそかに収集するものをどう使用しているかについて、必ずしも気づいているとは限らない。

消費者の売買能力は一連の新しい規定に強く影響を受けている。驚くべき適用範囲の広さと完全さを併せ持つリスクに基づいた信用スコアリング・モデルは、消費者に新たな課題をもたらしている。信用市場から排除される危機にさらされている消費者もいれば、とりわけ新規の移民の中には信用市場にまったく参加できない消費者もいる。実際、消費者の「信用スコア」がますます盛んに利用されていることで、無数の消費者が信用供与、保険、賃貸、公益サービスにより高い金額を支払うことになるか、あるいはそれらを与えられないことになるだろう。債権者は信用スコアを使って、史上最高水準にある消費者債務に対する手数料の値上げを正当化しており、消費者を対象にした秘密の戦争が行なわれているのだ。

信用スコアリング・システムは消費者の信用情報をレポートし、採点し、配信を行う複雑なプロセスである。このシステムは、政府の法律によって慎重に擁護された、驚くほどわずかな民間団体によって作られている。これらの法律はこういった収集およびスコアリングのシステムに関してすさまじく保護的だ。というのは、そのようなシステムがなければ、個人消費が脅かされる可能性があるからである。政府は信用の拡大と普及を保護し、促進し、消費予測が正確であることを保証しなければならない。この信用スコアリングのプロセスは、信用システムからリスクを取り除くために設計されている。

信用スコアは、貸し手がアルゴリズムの力を都合よく利用して債務データを作るために使用できるシステムを作り上げた。これにより、貸し手は債務ポートフォリオからより多くの利益を搾り出すことができる。しかし、政府には消費者を保護する責任がある。一連の消費者保護法を通じて、世界中の国々で新たな法律が信用システムの抜け穴を厳しく取り締まっている。こういった改変の多くが焦点を当てているのは、消費者の信用情報の閲覧を許可できる目的を持つのは誰なのかという点と、プライバシーの名の下にデータがどう使われているのか、という点である。しかし、消費者を保護するという善意が公言されているにも関わらず、政府が最も保護しようとしているのは、消費者のレポーティングとスコアリングのシステムなのである。

一般に信じられているのとは反対に、信用レポーティングシステムは消費者に向けた仕組みではない。信用レポーティングシステムが対象とする顧客は、データを売る相手先企業だ。信用レポーティングシステムのデータベースを生産するために使用される生データは債権者側から自発的に提供されるのだが、その債権者側は、今度は消費者信用データの購入を繰り返す。したがって、消費者はこの入り組んだ取引の直接の当事者ではない。単に審査される側に過ぎないのだ。

推計によると、信用に関するすべての決断の75%超が、フェア・アイザック・カンバニーというアメリカの一企業が出す信用スコアに基づいている。FICOスコアとして知られる同社の信用スコアは、大多数の融資判断を管理する方法を独占している。FICOスコアと世界規模の大手信用情報機関のために開発されたその変形バージョンは、これら大手情報機関を通じて販売される。フェア・アイザック・カンバニーは株式非公開であり、その独占的使用権を強力に保護しており、

スコアがどのように顧客を評価しているかを明かすべきだという提案にはおおむね影響を受けない。知的財産法が同社の企業秘密を適切に保護しているからである。さらに、発展途上国の政府がこれらの民間企業に強制力を発動する可能性は低い。というのはこれらの企業は信用システムの継続的な拡大と技術を保護しており、その結果として発展途上国自体の個人消費経済を守っているからである。結果的に、国の民間経済のエンジンである個人消費の維持は、わずかな民間企業の集まりが担う機能になりつつあるが、これらの企業自体は完全に他者の監視がない状態と透明性の欠如によって守られている。興味深いことに、このシステムはある産業を生み出した。その業者たちはスコア方式の秘密性を利用し、自分たちは FICO スコアを上下させる要因に通じているという主張を売り込んでいるのだ。信用回復業と呼ばれるこの産業の顧客は、詐欺や誤った情報によって信用供与を拒否され、途方に暮れた不運な消費者たちである。

消費者にとって残念なことに、信用スコアリングの方法は厳重に守られた秘密である。あなたへの信用供与を拒否する貸し手でさえ、あなたが特定のスコアを与えられた理由を正確に伝えることはできない。信用スコアを開発し、その仕組みを躊躇なく明かす企業もある。そのような企業のひとつがコミュニティ・エンパワーである。同社は消費者に信用教育を提供するべく取り組んでいる。スコアリング・モデルの仕組みについての明確な知識がなければ、信用教育は不可能である。悲惨なことに、信用に問題のある消費者はしばしば教養が低く、気がつくと現代の信用システムとその仕組みを理解する見込みが決してない状態にいることが増えているのである。

📖 解説

消費者信用情報はクレジットカードやローン審査などに関連して、現代社会でよく見聞きする話題。話の流れを推測しながら読み進めよう。また、第1パラグラフに提示されている全体の論旨の展開を、第2パラグラフ以降の具体的な説明を追う場合に心に留めておくとよいだろう。

Q15-22は、まず問題文のキーワードを手がかりにパッセージの該当部分を探す。キーワードは言い換え表現の場合も多いので、字面だけではなく必ず意味も確認しよう。選択肢のto不定詞が問題文中の語句とどう結び付くかを考えることも参考になる。**Q15**のNew immigrantsは第2パラグラフ中程にthe new immigrantsがあり、その後will not be able to participate in them (=the credit markets)「信用市場に参加できない［だろう］」と続く。問題文itは選択肢to以下の内容を示す形式目的語で、to以下を「困難だと思う」となり、選択肢Dのtakepartinはパッセージのparticipateinと同義なのでDを選ぶ。**Q17**は、第4パラグラフ第2文のThis gives them the ability to squeeze more profits from their debt portfolios.を言い換えた選択肢Iを選ぶことができる。本文のthemは第1文からlendersを指しており、また、squeeze more profitsを選択肢Iではmore lucrative「より利益をもたらす」と言い換えている。**Q18**のThe goal of governmentsは第4パラグラフの終わりのthe government most aims to protectを手がかりにすることができる（goalはaimの言い換え）。**Q22**のCommunity Empowerは第7パラグラフ中程にOne such company is Community Empowerとそのまま出てくるので前後をよく読めば答えられるだろう。

Q23-28の要約文はFair Isaac Companyの説明から始まるので、第6パラグラフから見ていく。空欄を埋める問題は、文法的に空欄に入る可能性のある品詞を考え、選択肢をある程度限定することもできる。例えば**Q23**は前置詞ofの後なので名詞、**Q24**はthere areの後なので名詞の複数形を探す。**Q27**はhaveの後に空欄が入り、その後に目的語different credit scoring systemsが続くことから、完了形の文を作るとわかるため、空欄には動詞の過去分詞形が入る。**Q28**はhow the systemの後であり、その語で文が終わるのでthe systemを主語とする動詞が必要。では内容も合わせて見ていこう。**Q25**の直前のnon-publicが第6パラグラフ第4文のprivately-heldの言い換えなので、空欄にはパッセージ中のcompanyと同じく「企業」を意味する選択肢Eのcorporationsを選ぶ。「企業」を意味する語はenterpriseが第6パラグラフ中程に出てくるほか、一般にbusinessやfirmもよく使われる。**Q26**は第6パラグラフ中程のits trade secretsのtradeを要約文ではindustryに言い換えているので、選択肢Bのsecretを選ぶことができる。なお、空欄の前のanから答えは単数形になることも判断できる。**Q28**は、第7パラグラフ中程のand readily reveal how they workから判断できる。このtheyはcredit scoresを指し、要約文ではthe systemと言い換えられているので、答えは三人称単数現在形の選択肢Hを選ぶ。

A Brief History of Life on Earth
地球上の生命の歩み

A 　今日、私たちを取り巻く種、生態系、地形の多様性は、おおよそ37億年から38億5000万年に及ぶ地球上の生命の進化が生み出したものである。生命は、最初はおそらく深海熱水噴出孔のような過酷な状況で進化した可能性がある。そこでは一般に化学合成独立栄養細菌が見られる。これは無機化学物からのみエネルギーを得る生物である。

B 　地下における生命の進化も示唆されてきた。以前には養分が乏しすぎて生命に栄養を補給できないと考えられていた陸地と海底の下深くにある岩層は、今では何千という種の微生物の生命を維持していることがわかっている。さまざまなタイプの細菌が地下ほぼ2マイル、最高で摂氏75度の地点にある岩のサンプルから収集された。これらの化学合成独立栄養微生物は炭素、水素、鉄、硫黄といった化学物質から養分を得ている。地下深くの生物群集は地下で進化したのかもしれない。あるいは地上で生まれてから地中に埋まったか、さもなければ地下岩層へと運ばれ、その後にそれらの場所において隔離状態で進化してきた可能性もある。いずれにせよ、これらは非常に古い生物群集と見られ、これらの地下細菌が、地球の歴史における多くの地質学上のプロセス、例えば鉱物がある組成から別の組成へと変化したり、岩盤が浸食されたり、といったことを形づくる原因となってきた可能性がある。

C 　光合成細菌の最初期の証拠——シアノバクテリアと推測される——は35億年から27億5000万年前の間のどこかの年代のものとされている。これら最初の光合成生物が酸素の大気圏への放出に関与したのであろう。光合成とは、光エネルギーがクロロフィルなどの感光性色素に作用して、二酸化炭素と水から炭水化物を作ることであり、通常はその結果として酸素が発生する。それ以前に大気圏を構成していたのは主として二酸化炭素であり、窒素、一酸化炭素、メタン、水素、硫黄ガスといったその他の気体も少量ではあるが含まれていた。

D 　大気圏の酸素濃度が、最初の光合成から今日の水準に達するまでには、おそらく20億年を超える時間を要したと推測される。酸素濃度の上昇に伴い、初期の嫌気性菌の中には、絶滅した種もあれば、無酸素状態で残った場所に生息地を限られた種もあったであろう。好気性細胞の中に永久に寄生する形をとったという仮説もある。初期には、嫌気性細胞は好気性細胞に養分として飲み込まれた後で、その細胞中に組み入れられた可能性がある。あるいは、嫌気性菌が好気性の宿主に侵入し、その中で寄生体となった可能性もある。いずれにせよ、好気性細胞と嫌気性細胞の間で、その後さらに密接な共生関係が進化していった。こういったケースでは、それぞれの細胞が生き残るかどうかは相手の細胞の機能しだいであった。

E 　こういった共生関係の進化は、細胞核を有する、より複雑な細胞の進化において極めて重要な段階であった。細胞核の存在は、真核生物（eucaryote の eu は「よい」「真の」、karyon は「（果実の）仁」「核」を表す）の特徴である。西オーストラリアの岩石についての最近の研究では、最初期の単細胞真核生物は少なくとも27億年前のものである可能性が示唆されている。複数の最新理論によると、この27億年超という時間は、侵入してきている嫌気性菌の染色体の一部の喪失、あるいは宿主である好気性細胞の細胞核へのそれらの移転にさえ十分であった。結果として、侵入菌と宿主の先祖のゲノムは混ざり合い、今では遺伝子学的見地からこれら二つの存在は一つであると考えることが可能である。

F　真核生物の進化の歴史はさまざまな定評ある参考文献に記述されているので、ここでは詳細に扱うことはしない。手短に言えば、真核生物には三つのよく知られた群——緑色植物亜界（緑色植物）、真菌類、そして後生動物（動物）——がある。また、極めて多様な真核生物の基礎群も多く存在しており、それらの多くは進化的には非常に古いものである。例えば、緑色植物亜界の姉妹群であると推測されている紅色植物門（紅藻）には、およそ10億2500万年前の先カンブリア時代の化石標本がある。別の例としては、ストラメノパイルには珪藻などの小さい単細胞生物、水生菌やべと病菌といったカビのような種、またケルプなどの極めて大きい多細胞の褐藻が含まれる。

G　既知の最初期の緑色植物は緑藻で、少なくとも5億年前のカンブリア紀から存在する。3億6000年前のデボン紀末には、植物はかなり多様になっており、現代の植物に類似したものがあった。緑色植物は自然環境を形成するうえで極めて重要であった。日光から燃料を供給される緑色植物は炭水化物の一次生産者である。炭水化物は草食動物の不可欠な食糧資源であり、草食動物は次に動物を捕食する肉食動物の獲物となる。ジュラ紀および白亜紀から、授粉昆虫の進化と生態は被子植物の進化と密接な関係がある。

H　その起源をおよそ6億5000万年から5億4000万年前の先カンブリア時代に遡る真菌類もまた、生物学的多様性を形成し持続させるうえで重要であった。真菌は死んだ有機物を分解して自らの成長に利用することで、生態系を通じて養分を還元する。真菌はまた、しばしば湿度の高い熱帯地方に見られるような養分の不足した土壌で、樹種と共生関係を築く。こうした共生関係は、さもなければ繁茂しにくいであろう環境において、真菌の共生者となっている樹木に繁茂する力を与える。

I　その起源を5億年以上前に遡る後生動物もまた、多くの生態系の形成を担ってきた。その範囲は深海の海底熱水噴出孔の生物群集である分化した棲管虫から、ニジキジやチベットセッケイといったヒマラヤ山脈の高地に生息する鳥にまで及んでいる。動物の多くの種が他種に対して寄生体質を持っており、宿主の生態やライフサイクルに著しい影響を及ぼすことができるのだ。

J　このように、地球の進化の歴史は現代の私たちの環境を物理的かつ生物学的に形づくってきた。多くの現存する地形は、先の時代の生物の痕跡に基づいている。

TEST 1

TEST 2

TEST 3

このような自然科学系のパッセージは文系受験者には馴染みのない用語が使われているが、内容は専門レベルではなく普通教育で学習する程度のものだ。また、ほとんどの場合、文中にそれらの説明があるので、訳語がわからなくても内容は理解できるはずだ。同じ語（派生語、同義語を含む）を○や□で囲むなどして記号として認識する方法も有効であろう。

Q29-33 のようなパラグラフの見出しを選ぶ問題は、たいてい最初の1、2文（トピックセンテンス）から答えを選ぶことができるが、パラグラフDのように最後まで読む必要がある場合もある。パラグラフBは、パラグラフAで述べられている深海の細菌に対して、A subterranean evolution of life「地下における生命の進化」について説明している。subterranean がわからなくても、次の Rock layers deep below the continents and ocean floors から推測できる。パラグラフCは photosynthetic bacteria「光合成細菌」の出現についてであることは第1文からわかる。そこから酸素の発生と結びつけることは容易だが、photosynthetic がわからなくても、それらが responsible for releasing oxygen into the atmosphere とあるので、答えは v と確定できる。パラグラフDでは anaerobic と aerobic の2種類の細胞が説明されているが、最後に a more intimate symbiotic relationship . . . evolved between these . . . cells とあることに気がつけば、答えとして x を選ぶことができるだろう。パラグラフEは最初の文に an . . . important step in the evolution of more complex cells とあり、続く内容から、答えは i となる。パラグラフFは、eucaryotes「真核生物」には3つの群があると第2文で述べられている。ちなみに、選択肢 viii の organisms that have cells with a nucleus が eucaryotes を指すことは、パラグラフEの cells that have a nucleus, which is a characteristic of the eucaryotes からわかる。

Q34-36 では、パッセージのパラグラフEからIまでの情報を図表化しているが、問題の順番とパッセージの時系列の流れが逆になっている。まず **Q34** は、パラグラフGの最初の The earliest known green plants are green algae, dating from . . . at least 500 million year ago から答えを導く。ちなみに、green plants が Viridiplantae であることは、パラグラフFで Viridiplantae or green plants と紹介していることからわかる。**Q35** はパラグラフEの第2文に the earliest forms of single-celled eucaryotes might be at least 2.7 billion years old とあることから single-celled eucaryotes を指すとわかる。**Q36** はパラグラフEの最後の2つの文から、anaerobic が入ると推測できる。

Q37-40 は、まず問題文中のキーワードからパッセージ中の該当部分を探す。**Q37** は「かつては栄養素が不足すると考えられていた、chemo-autotrophic bacteria が生息できる場所」についての記述を探す。パラグラフAの第2と最終文（. . . where chemo-autotrophic bacteria are currently found. These are . . . obtain their energy only from inorganic, chemical sources）、パラグラフBの第2文（Rock layers deep below the continents and ocean floors, which were previously thought to be too poor in nutrients）の内容を合わせると、rock layers deep below the continents and ocean floors が答えの候補となるが、語数が「3語以内」に制限されるので、deep below the continents and ocean floors を言い換えている語を探す。パラグラフBを読み進めると後半に subsurface rock strata があり、これが解答になる。パラグラフBの冒頭と後半にある subterranean「地下」と、strata の言い換えである layer を使って解答してもよい。**Q38** は chemo-autotrophic organisms がキーワードになっており、パラグラフBの最後の these subterranean bacteria may have been responsible for shaping many geological processes に対応している（these subterranean bacteria=chemo-autotrophic organisms）。**Q39** は問題文中の fungi から、パラグラフHの中～後半部分の Fungi also form symbiotic relationships with tree species が対応しているとわかる。**Q40** は問題文中の Parasitic animals から、パラグラフIの最終文 Many species of animals are parasitic on other species and can significantly affect the behaviour and life-cycles of their hosts. が対応しているとわかる。their hosts を問題文では those on which they (=parasitic animals) live と言い換えていることに気づけるかどうかがポイント。

◀️)) 34

Part 1. You will hear a phone conversation between a customer and a cable TV company employee. First, you have some time to look at questions 1 to 3. An example has been done for you, and the conversation relating to this will be played first.

CUSTOMER : Hello.
WORKER : Good morning. Oval Cable Network. Can I help you?
CUSTOMER : Yes, I'd like to enquire about the cable TV network packages.
WORKER : Oh, yes. What would you like to know?
CUSTOMER : Well, I'd like to know about your <u>monthly fees</u>.　　　　　　　　Ex.
WORKER : Of course, there are in fact a few monthly packages available.

The customer is asking about the monthly fees, so 'monthly fees' has been written in the space. Now let's begin. You should answer the questions as you listen because you will not hear the recording again. Now Listen carefully and answer questions 1 to 3.

CUSTOMER : Hello.
WORKER : Good morning. Oval Cable Network. Can I help you?
CUSTOMER : Yes, I'd like to enquire about the cable TV network packages.
WORKER : Oh yes. What would you like to know?
CUSTOMER : Well, I'd like to know about your <u>monthly fees</u>.　　　　　　　Ex.
WORKER : Of course, there are in fact a few monthly packages available.
CUSTOMER : Okay, so how much are they?
WORKER : Per month, if you want all the channels, it'll be <u>£50.</u>　　　　　Q.1
CUSTOMER : Really? That's quite steep.
WORKER : Well, if you'd like to use only 12 channels, it's £20 less - <u>£30</u> a month. That's　Q.2
the 'Top 12' package.
CUSTOMER : Oh, well, that's a bit better. Can I choose which 12 channels to have?
WORKER : Yes, that's absolutely no problem.
CUSTOMER : And is there a contract?
WORKER : Yes, you have to stick with your choice for two years. If you cancel the contract before then, you'll have to pay a penalty charge.
CUSTOMER : I see. And how much would that be?
WORKER : It's <u>half</u> of the remaining monthly fees that you would've paid if you had kept　Q.3
on with the contract for two years. So if you stayed on the contract for one year and then decided to cancel, you'd have to pay a penalty of, let's see, 12 months at £30 is £360 and <u>half</u> of that is £180.　　　　　　　　Q.3

Before you hear the rest of the conversation, you have some time to look at questions 4 to 10. Now listen and answer questions 4 to 10.

WORKER : Right. If you like, we can dispatch one of our people to check whether it is possible to install cable TV in your home.
CUSTOMER : Oh, that would be helpful.

WORKER : Can you give me your name and address?

CUSTOMER : Sure. My name is Penny Worther. That's W-O-R-T-H-E-R.   Q.4

WORKER : Can you spell your first name, please?

CUSTOMER : Yeah, it's P-E-double N-Y.

WORKER : And your address?

CUSTOMER : It's 27B Cherswell Avenue.   Q.5

WORKER : 27B, did you say?   Q.5

CUSTOMER : Yes, that's right. That's in Leeds. And the postcode is LD13 7RL.   Q.6, 7

WORKER : I'm sorry. Could you say the city name again?

CUSTOMER : Yes, Leeds. L-double E-D-S.   Q.6

WORKER : Okay, and it was LD13 7RL. Yes?   Q.7

CUSTOMER : Yes, that's right.

WORKER : When would be a convenient time for us to call?

CUSTOMER : Um, how about next Monday morning. The 12th?

WORKER : Oh, I'm sorry. We don't have anyone available then. How about the following, the 19th? Or we could come on the Tuesday.

CUSTOMER : Um, Monday the 19th is fine.   Q.8

WORKER : Okay. Is 10 o'clock in the morning okay?

CUSTOMER : Yes, all right.

WORKER : Right. 10 o'clock on the 19th. Can I have your phone number just in case?

CUSTOMER : Sure. My mobile number is 01797 633 398.   Q.9

WORKER : 01797 633 398. Is that right?   Q.9

CUSTOMER : Yes. That's right. Um, one last thing. Can you tell me the name of the representative who will be coming to my house?

WORKER : Sure. Just a moment. Let me check. Okay. His name is Simon King and   Q.10 he'll have a company ID badge.

CUSTOMER : Okay. Thank you for your help. Goodbye.

WORKER : Goodbye. Thank you for calling.

That is the end of Part 1. You now have one minute to check your answers to Part 1.

【訳】

客 ：もしもし。

従業員：おはようございます、オーバルケーブルネットワークです。ご用件をどうぞ。

客 ：はい、ケーブルテレビネットワークのパッケージについて伺いたいのですが。

従業員：かしこまりました。どのようなことでしょうか？

客 ：ええと、月額料金を知りたいのですが。

従業員：かしこまりました。実際、月額パッケージをいくつかご用意しております。

客 ：そうですか。おいくらですか？

従業員：すべてのチャンネルをご覧になりたい場合、ひと月当たり50ポンドになります。

客 ：本当ですか？ それはかなり高いですね。

従業員：もし12チャンネルだけでよろしければ、20ポンドお安くなり、ひと月約30ポンドに

なります。こちらは「トップ 12」というパッケージになります。

客　　：まあ、その方がまだいいですね。その 12 チャンネルを自分で選ぶことはできますか？

従業員：はい、全然大丈夫ですよ。

客　　：あと契約条件はあるのですか？

従業員：はい、お選びいただいた内容は約 2 年間変更できません。もしその前に契約を解除される場合は違約金をお支払いいただきます。

客　　：なるほど。それはいくらですか？

従業員：2 年間継続された場合にお支払いいただく残りの月の分の半額になります。ですので、1 年で解約される場合の違約金は、そうですね、ひと月あたり 30 ポンドですから残りの 12 ヵ月の料金が 360 ポンド、よってその半分の 180 ポンドになります。

* * *

従業員：承知しました。よろしければ、当社の従業員を一人派遣して、お宅にケーブルテレビを設置することが可能かどうか確認することもできますが。

客　　：ああ、それは助かります。

従業員：お名前とご住所を教えていただけますか？

客　　：はい。名前はペニー・ウォーサーです。綴りは W-O-R-T-H-E-R です。

従業員：下のお名前の綴りをお願いできますか？

客　　：はい、PE に N が 2 つ、そして Y です。

従業員：ご住所は？

客　　：チャーズウェル通りの 27B です。

従業員：27B とおっしゃいましたか？

客　　：はい、そうです。リーズ市です。そして郵便番号は LD13 7RL です。

従業員：すみません、市の名前をもう一度お願いできますか？

客　　：はい。リーズです。L、E が 2 つ、D、S です。

従業員：わかりました。LD13 7RL でしたよね？

客　　：はい、そうです。

従業員：何時頃お伺いするのが、ご都合よろしいでしょうか？

客　　：あー、今度の月曜の朝はどうですか？　12 日かな？

従業員：申し訳ありません。その日はお伺いできるスタッフがいないのです。その次の月曜、19 日はいかがでしょう？　または火曜日に伺うこともできます。

客　　：ええと、19 日、月曜日で結構です。

従業員：わかりました。午前 10 時でよろしいですか？

客　　：はい、大丈夫です。

従業員：承知しました。19 日の 10 時に伺います。念のためお電話番号をお伺いできますか？

客　　：はい。私の携帯番号は 01797 633 398 です。

従業員：01797 633 398 ですね。こちらでよろしいですか？

客　　：ええ、そうです。あ、最後にひとつお願いしたいのですが、私の家に来る担当者の名前を教えてもらえますか？

従業員：承知しました。ちょっとお待ちください。お調べします。はい、名前はサイモン・キングです。会社の ID バッジを着けて伺います。

客　　：わかりました。ありがとう。よろしくお願いします。

従業員：失礼いたします。お電話ありがとうございました。

PART 2 【スクリプト】

Part 2. You will hear a tour guide at a museum giving a talk to a group of visitors. First, you have some time to look at questions 11 to 15. Now listen carefully and answer questions 11 to 15.

Hello everyone . . . can you just make your way over to here . . . ah, thanks very much.

So, good morning, and welcome to the Multicultural Museum. My name is Julian Lanigan, and I'll be your guide for this morning's tour. We've a lot to get through, but I thought it'd be best to start with a little bit about this wonderful building we are currently standing in. Before housing the Multicultural Museum, this used to be the Union House, which was an important public building, as you can probably see from Q.11 its elaborate and impressive architecture. During that time, all kinds of administrative processes occurred here, so you could say that the history of the Union House reflects the history of the country.

However, the Union House was beautifully restored, and in 1998 it was resurrected as Q.12 the Multicultural Museum. We like to think of this museum as a living cultural centre that offers visitors insights into the country's immigration history, starting in the 1800s and all the way up to the present day. While on this tour, you'll be able to explore a Q.13 variety of permanent and temporary exhibitions with a focus being on discovery and, of course, learning.

Right, I see some of you are looking a bit worried by all this talk of learning. Don't worry. You're more than welcome to wander about at your own pace and explore the museum in a way that is best for you. If you need to take a break, head for the Union Shop and Café, which you can find on the ground floor. Or, if you are in need of Q.14 some fresh air, just remember that there's a lawn at the back of the museum, a lovely outdoor area for you to relax in. Also, while you are there, check out the People's Garden. Here you can see a public artwork that pays tribute to the thousands of people who have immigrated to this country from over 90 countries. I'll tell you more Q.15 about this garden soon.

Before you hear the rest of the talk, you have some time to look at questions 16 to 20. Now listen and answer questions 16 to 20.

Now, before we proceed with the tour, just a quick orientation to the building. As you can see from your brochure, the museum has three floors, and we are currently standing at the main entrance. On our right are the Information Desk and the Main Cloakroom. Just over there, you can see the Union Shop and Café, which offers a great selection of souvenirs, gifts and books, and also refreshments. Now, behind the Information Desk and Main Cloakroom, we have the Learning Centre. If you have Q.16 a chance, check out the natural lighting in this centre. It's quite amazing!

Okay, straight ahead of the centre, you can see the <u>Museum Theatre</u>. Currently, there Q.17 is nothing happening in it, so I recommend you just pop in to appreciate its design and the views it gives you of the surrounding gardens. Just beyond this space, in the north-eastern corner of the building, there is the <u>Group Entrance</u>, which leads on to Q.18 the high street. To be honest, this is an area to avoid when a school group arrives . . . not the quietest of places at that time.

If you can bring your attention back to the inside of the building, in the centre of the ground floor, you can see the Glass Room. This glass conservatory was actually built onto the back of the old Union House during the previous redevelopment. The Glass Room conveniently overlooks the museum's northern area, which comprises the <u>Union Lawn</u> and the People's Garden. As I said earlier, a great place to spend Q.19 time in the open air. It's also quite a popular spot for functions and parties. Luckily, there're none happening this morning, so it's free for you to wander around.

If you find something of interest while you are here, you can always do some extra research at the <u>Exploration Centre</u>, which is located just over there, opposite the Q.20 Union Shop and Café. It's here that you can look through a large range of resources, collections and websites carefully developed and selected by our researchers.

Now, that was just the ground floor. Wait till you get to the first floor and see the impressive architecture in the . . . .

That is the end of Part 2. You now have 30 seconds to check your answers to Part 2.

TEST 1

【訳】
皆さん、こんにちは……ちょっとこちら側に来ていただけますか……はい、ありがとうございます。

では改めて、おはようございます、そして多文化博物館へようこそ。私の名前はジュリアン・ラニガンと申します。今朝のツアーのガイドを務めさせていただきます。見るべきものはたくさんありますが、まず今私たちが立っているこの素晴らしい建物について少しお話ししたいと思います。多文化博物館となる前、ここはユニオンハウスとして使われていた重要な公共建築物でした。その精巧で荘厳な建築からおわかりいただけるでしょう。当時、あらゆる種類の行政手続きがここで行われました。ですから、ユニオンハウスの歴史はこの国の歴史を反映していると言ってもよいでしょう。

しかし、ユニオンハウスは美しく修復され、1998年に多文化博物館として蘇りました。私どもはこの博物館は、訪れる人に1800年代から現在までのこの国の移民の歴史に対する洞察を与えてくれる、生きた文化の中心地であると思っています。このツアー中、皆さんには発見と、そしてもちろん学びに焦点を絞って、さまざまな常設展示や企画展示をご覧いただけます。

はい、学びという話を聞いて少し心配そうな表情をされている方もお見受けしますが、ご心配なさらずに、ご自身のペースで歩いて、自分に最も合った方法で博物館を見て回ってください。もし休憩が必要でしたら、ユニオンショップ・アンド・カフェをご利用ください。1階にございます。

または、新鮮な空気を吸いたい場合は、博物館の奥に芝地がございます。リラックスできる素敵な屋外スペースですよ。またそこにいらっしゃったら、ぜひピープルズ・ガーデンもご覧になってください。そこでは、90を超える国からこの国に移住してきた数千人の移民に敬意を払った公共のアート作品をご覧いただけます。この庭については後でもう少しお話しします。

* * *

さて、ツアーを開始する前に、建物について簡単にご説明します。お手元のパンフレットでご覧いただけるように、博物館は3フロアから成っており、今私たちが立っているのはメインエントランスのところです。右手にインフォメーションデスクとメイン・クロークルームがあります。すぐ向こうにはユニオンショップ・アンド・カフェが見えます。おみやげやプレゼント、本などいろいろ取り揃えておりますし、軽食もお求めいただけます。インフォメーションデスクとメイン・クロークルームの後ろには、ラーニングセンターがございます。機会があれば、このセンターの自然採光を楽しんでください。本当に素晴らしいですよ！

さて、センターのすぐ前には、ミュージアム・シアターが見えます。現在は何もやっていないので、立ち寄って、そのデザインやそこから見える周囲の庭園を観賞するとよいでしょう。このスペースのすぐ先、建物の北東の角に大通りに出るグループ・エントランスがございます。正直申し上げて、そこは学校の団体が到着する時間は避けた方がよいでしょう……その時間はかなり騒がしくなりますので。

再び建物の中に注意を向けていただくと、1階の中央にグラスルームが見えます。このガラスでできたサンルームは実際のところ、以前の再開発の際に旧ユニオンハウスの背面に増築されました。このグラスルームからは、ユニオン・ローンやピープルズ・ガーデンがある博物館の北側部分をよく見渡すことができます。先ほど申しましたように、屋外で時間を過ごすのに最適な場所です。イベントやパーティの場所としても大変人気があります。幸い今朝は何もやっていないので、ご自由に歩き回っていただけます。

ここにいらっしゃる間に興味を引くものが見つかったらいつでも、すぐあちらの、ユニオンショップ・アンド・カフェの向かいにあるエクスプロレイション・センターで、さらにお調べいただけます。そこでは、私どもの研究員が入念に制作したり選び出したりした広範な資料や収蔵品、ウェブサイトがご覧いただけます。

さて、以上が1階の説明になります。2階に行って、印象的な建築物をご覧いただくのをお楽しみに……

◀》36

PART 3 【スクリプト】

Part 3. You will hear two students, Lily and John, are having difficulties with their workload at university. They are talking with their friend, Kate, about what they have to do. First, you have some time to look at questions 21 to 26. Now listen carefully and answer questions 21 to 26.

KATE : Hi there. How are you doing?

LILY : I don't care if I never see another model in my life.

JOHN : Yes, I know what you mean. I can't get the angles on my model right. It looks hideous.

KATE : What model?

JOHN : Oh, our homework assignment for our <u>architecture class</u> is to make a model of Q.21 an environmentally-friendly office building.

KATE : That doesn't sound too taxing.

LILY : Really? Have you ever made a model? It has to be 100% precise, and I mean exact. Our teacher's really strict about getting the scale right. For example, the one that we're doing this time is <u>150 to 1.</u> So the model's exactly 150 times Q.22 smaller than the real building would be. Then, we also have to show how the building would be environmentally-friendly if it were built. The professor's not just looking at how well we build a model but also at the ideas behind the design. And it's got to be handed in by Tuesday.

JOHN : No, it's Wednesday.

LILY : No, it isn't. He said <u>the 25th and that's Tuesday.</u> Q.23

KATE : She's right. <u>Tuesday is the 25th.</u> Q.23

LILY : Hmm, well anyway, it's ridiculous. We've got huge amounts of homework and no time to do it. We get two classes for architecture a day and all the other subjects on top and all of them give some kind of homework.

JOHN : <u>Maths, English, physics, not to mention the horrible statistics classes.</u> When Q.24 are we supposed to do all this homework?

KATE : Well, how long does it take you?

LILY : I don't know about you John, but <u>I'm usually up until midnight</u> three nights a Q.25 week, and the other nights are almost as late. It's amazing I don't fall asleep in more classes.

JOHN : <u>Yeah. I'm about the same.</u> Sometimes just before the hand-in date, I have to Q.25 do an all-nighter.

KATE : A what?

JOHN : An all-nighter. You know, when you stay up all night doing the work and then go straight to classes in the morning.

KATE : I don't think I would be able to do that. I mean, what's the point of going to class if you can't concentrate? And I'm sure you can't be that productive or accurate at three o'clock in the morning, so when you look at what you've completed

TEST 1

TEST 2

TEST 3

477

the next day, you'll have to go over it all again!

LILY : True. But sometimes you have to at least try. It's ridiculous. And I'm sure the pressure is not good for you. I'm feeling really stressed, and I get a lot more <u>headaches</u> than I used to. Q.26

Before you hear the rest of the conversation, you have some time to look at questions 27 to 30. Now listen and answer questions 27 to 30.

KATE : So why don't you do something about it?

JOHN : There's nothing we can do. This has been going on for years. The fourth year students say the same thing about their first year, and second year.

KATE : That doesn't mean you have to put up with it as well. Why don't you ask the teacher to give you a bit less homework, or explain the situation to some of your other subject teachers?

JOHN : Yeah! Lily, you should ask the teacher to not give us so much homework.

LILY : <u>I'm not asking him that</u>. He's not exactly the easiest person to talk to, and I don't Q.27 think it'd make any difference. And he's so draconian. Five minutes late, and you're counted as absent in his classes!

KATE : Oh, well . . . maybe not. But how about all the students getting together and signing a petition or something to tell him how you feel?

LILY : I'm sure he knows how we feel, but I suspect that he thinks it's good training for when we get a job and have to work to strict deadlines. Also, <u>I'm not sure</u> Q.28 <u>that he'd appreciate everyone getting together to protest.</u> It might make things worse, and it definitely wouldn't be beneficial for the organisers of the protest.

KATE : Yes, but you're at university to learn other things as well as his class. It's a bit arrogant to try to monopolise all your time just for his work.

JOHN : I agree. I agree.

LILY : So do I, but I still don't know what we can do about it.

KATE : Well, why don't you ask him to give you a little bit more time?

JOHN : I suppose we could ask him to give us the term schedule in advance, so we know what is coming, but it's difficult to prepare or start earlier if we're using what we learn in class, and we haven't actually had the classes yet. And I don't think he would extend the deadlines because that would mean we wouldn't finish all the work within the term time.

KATE : Hmm, well, it might just be a case of improving your time management.

LILY : What do you mean?

KATE : You know, managing your own time so that you are using all your time effectively.

LILY : Hmm. Well, I suppose I do waste a bit of time on a Friday evening. But you have to relax some time. <u>You can't just keep going and keep going with no time off.</u> Q.29 And I could perhaps work over lunchtime, but I thought that having time off to eat properly was necessary for your health.

JOHN : <u>Exactly.</u> And my girlfriend is already annoyed with me because I hardly have Q.29
any time to spend with her. I'm worried that I'm going to lose more friends. They
don't understand that I really do want to meet up with them, but I just haven't
got time.

KATE : Well, if you really can't think of anything, why don't you go and see the student
counsellor? She might be able to give you some better ideas or if enough of
you go along, it would let the university know how many people were unhappy
about all the work.

LILY : Well, we could do.

JOHN : I don't know. It sounds like a waste of time to me. <u>I don't think there is anything</u> Q.30
<u>we can do except just get on with it and hope the situation gets a bit better as</u>
<u>the term goes on.</u>

LILY : You think? Maybe we could split some classes. You know, you help me and I
help you. You can go to the statistics class and I'll go to the English class.

JOHN : Why do I have to go to the statistics class? Anyway, I'm not sure that's a good
idea. If the teacher notices, we'll both fail at least one class.

KATE : You're right. And anyway, they don't teach those classes for fun. You might
actually learn something useful.

LILY : If we're awake!

That is the end of Part 3. You now have 30 seconds to check your answers to Part 3.

TEST 1

TEST 2

TEST 3

【訳】

KATE ：こんにちは。元気？

LILY ：もう模型は見たくないかな。

JOHN ：その気持ち、わかるよ。模型の角度を正確にできないんだ。ひどい見た目だよ。

KATE ：なんの模型？

JOHN ：ああ、建築クラスの課題が環境に優しいオフィスビルの模型を作ることなんだ。

KATE ：そんなに大変そうじゃないけど。

LILY ：本気で言っている？　模型を作ったことある？　100 パーセント正確じゃなきゃならない
の、ぴったりってことよ。先生は正しい縮尺についてすごく厳しいの。例えば、今回私た
ちがやっているのは 150 分の 1 だから、模型は実際のビルのぴったり 150 分の 1 のサイ
ズでないといけないの。それから、仮にそのビルが建ったらどう環境に優しいのかを見せ
なきゃいけないの。教授はどれだけうまく模型を作るかってことだけじゃなく、そのデザ
インの裏にある考えも見るのよ。そして火曜日までに提出しないといけないの。

JOHN ：違うよ、水曜日だよ。

LILY ：違うわ。25 日って言っていたから火曜日よ。

KATE ：リリィの言うとおり、火曜は 25 日よ。

LILY ：うーん、まあ、とにかくすごく大変なの。ものすごい量の課題が出ているんだけど、やる
時間がぜんぜんなくて。1 日に建築の授業が 2 つ、それに加えてほかの授業もあって、そ
の全部に何かしら課題があるわ。

JOHN：数学、英語、物理に、もちろんあのすごく嫌な統計の授業まで。これだけの宿題をいった いいつやればいいんだ？

KATE：どのくらいの時間が必要なの？

LILY：ジョン、あなたのことはわからないけど、たいてい週3日は夜中まで起きていて、ほかの 日の夜もそれに近いかな。もっとたくさんの授業で居眠りしないのは我ながらすごいと思 う。

JOHN：うん。僕もだいたい同じかな。提出日の直前は完徹することもあるけど。

KATE：何をすると言ったの？

JOHN：完徹だよ。課題で一晩中起きていて、朝にそのまま授業に行くやつ。

KATE：そんなの私はできそうにないわ。集中できなかったら授業に行く意味ってある？　それに 夜中の3時に作業がはかどるとも思えないし、そんなに正確にもできないでしょうから、 終わらせたものを次の日に見たら、もう一度やり直さなきゃならなくなるじゃない！

LILY：そうなのよね。でも、とりあえずやってみなきゃって時もあるのよ。ばかげているわよね。 それにプレッシャーはよくないと思う。最近本当にストレスが溜まっていて、前より頭痛 がずっと増えたわ。

*　*　*

KATE：じゃあ、なんとかしたら？

JOHN：僕たちにできることは何もないのさ。同じことがずっと何年も続いてきたんだから。4年 生は1、2年生の頃について同じことを言っているよ。

KATE：だからって、あなたたちも耐えるべきってことにはならないでしょ。先生に課題を少し減 らしてもらうよう頼むとか、今の状況をほかの科目の先生たちの誰かに相談してみたら？

JOHN：そうだ！　リリィ、君が先生にあまり課題を出さないよう頼んでよ。

LILY：私は頼みたくないわ。先生はあまり話しやすい人じゃないし、頼んだところで何も変わら ないと思うの。それにものすごく厳しいでしょ。あの先生の授業では5分遅れたら欠席扱 いになるのよ！

KATE：うーん、じゃあ、やめたほうがよさそうね。でも学生が結託して、嘆願書か何か集めて思 いを伝えたら？

LILY：先生は私たちの気持ちをわかっていると思うけど、就職して厳しい締め切りに合わせて仕 事をする時のためのいい訓練だと思っているんじゃないかな。それに、みんなが集まって 抗議をするのをよく思わないんじゃないかしら。状況を悪化させる可能性もあるし、抗議 のまとめ役は絶対得をしないと思う。

KATE：うん、でも、大学では彼の授業以外にも学ばなきゃならないことはあるでしょ。自分の授 業のためだけにあなたたち学生の時間全部を独占しようなんてちょっと傲慢だわ。

JOHN：そう思う。そう思う。

LILY：私もだけど、それでもまだどうしたらいいかわからないわ。

KATE：じゃあ、もう少し時間をくれるよう頼んでみたら？

JOHN：今後何があるのかわかるよう、学期のスケジュールを前もって教えてくれるよう頼むこと はできるかもしれないけど、授業で学んだことを使うなら、実際の授業を受ける前に準備 したり早く着手したりすることは難しいね。それに締め切りを延ばしてくれるとは思えな いな、だってそれって学期中にすべての課題を終わらせないってことだから。

KATE：うーん、じゃあ、あなたたちの時間管理を改善するしかないってことかもね。

LILY：どういう意味？

KATE ：ほら、自分の時間のすべてを有効に使えるよう、自分で時間を管理するってこと。

LILY ：ふーん。金曜の夜には少し時間を浪費していると思う。でも時にはリラックスが必要よ。休みなしにただやり続けられないわ。あと、ランチタイムにも勉強できるかもしれないけど、きちんと休んで食べる時間を持つことは健康のために必要だと思うの。

JOHN ：そのとおり。あと、僕の彼女は、一緒に過ごす時間がほとんどないから、もう僕に嫌気がさしているんだ。友達ももっと減るんじゃないかと心配だよ。彼らは、僕が本当に彼らと会いたいのに、単に時間がないってことをわかっていないんだ。

KATE ：うーん、もし本当に方法が何も見つからないなら、学生カウンセラーに相談に行ってみたら？　もっといいアイデアをくれるかもしれないし、十分な人数で一緒に行けば、その課題すべてについてどれだけの学生が不満を持っているか大学に知らせる機会になると思うわ。

LILY ：それならできそうね。

JOHN ：どうだろう。僕には時間の無駄に感じるよ。ただひたすら取り組んで、学期が進むにつれて状況が少しは改善するのを期待するしかないんじゃないかな。

LILY ：本当にそう思うの？　いくつかの授業を分担すればいいんじゃない。お互い助け合うのよ。あなたは統計学の授業に行って、私は英語の授業に行くとか。

JOHN ：なんで僕が統計学の授業に行かなきゃいけないの？　とにかく、それはいいアイデアとは思えないな。もし先生に気づかれたら、少なくともどちらかのクラスは僕たち二人とも落とすことになるよ。

KATE ：そのとおりね。とにかく、彼らは趣味で授業を教えているんじゃないの。実際何か役に立つことを学べるかもよ。

LILY ：眠らずにいられたらね！

TEST 1

TEST 2

TEST 3

PART 4 【スクリプト】

Part 4. You will hear part of a lecture on Stone Age sites in the UK. First, you have some time to look at questions 31 to 40. Now listen carefully and answer questions 31 to 40.

Today, we're going to continue our series of lectures about ancient monuments with a look at a UNESCO World Heritage site in the UK. I'm sure most of you have heard of Stonehenge, but have you heard of Avebury? The World Heritage site is not just Stonehenge but is actually Stonehenge, Avebury and Associated Sites. These Neolithic – or new Stone Age – and Bronze Age sites are said by UNESCO to be of 'outstanding universal value.' Q.31

So let's have a look at the site in detail. Apart from the focal stone circles and henges – or earthwork ditches with a bank – at Stonehenge and Avebury, there are a number of other important monuments within the area. For example, each of the circles has at least one avenue, and both have areas where people were buried. Stonehenge has the densest concentration of prehistoric burial sites in Britain, and Avebury has a number of significant mounds of earth that cover graves of important people. These Q.32 are called barrows; that's B-A-R-R-O-W. In the Stonehenge area, there are also Woodhenge, which is a huge circle of large blocks of wood, and Durrington Walls, which used to be a village in prehistoric times.

Turning to the stone circles themselves, both are unique in their own ways. Stonehenge, according to UNESCO, is the world's most architecturally sophisticated prehistoric stone circle, although considering that it was built concurrently with the Egyptian pyramids, it's perhaps not the most sophisticated structure of that time. Still, if we take into account the design, the size and variety of the stones and the distance travelled, Stonehenge is an amazing feat of engineering for the time.

Its stone circles were built in stages over a period of about 2000 years from around 3100 BC rather than just being put up in a matter of decades. In the first stage, the large henge was built and a circle of holes about 1 metre wide and deep was dug in Q.33 a circle a touch over 100 metres in diameter. As I said before, a henge is a ditch and a central bank of earth. Then nothing much was done for about a thousand years. Then in around 2150 BC, about 82 stones of up to four tonnes in weight were brought Q.34 from the Preseli Hills in Wales. That's a journey of about 390 kilometres! It's thought the stones were shifted using a combination of dragging over rollers and rafting. These bluestones were used to set up an incomplete double stone circle. About 150 years later, in around 2000 BC, Sarsen stones from Marlborough Downs, about 40 kilometres away, were dragged to the circle and used to construct a complete circle with lintels, those horizontal stones on top of the vertical ones. The biggest of these Sarsen stones is about 50 tonnes. Finally, about 500 years later, the bluestones were Q.35 rearranged into a horseshoe and circle shape. Q.36

Then just 30 kilometres up the road you can see Avebury stone circle, erected around 4500 years ago. Although Stonehenge is more famous, this circle at Avebury is actually the largest prehistoric stone circle in the world. The henge around the stones is about 1.3 kilometres in circumference. It's estimated that about 120000 cubic metres of earth Q.37 was excavated from a huge round ditch to form this central raised platform of earth. That's sixty times more than the one at Stonehenge. As for the stones, in the Avebury circle, they were all taken from the local area of Marlborough Downs, from where as you may recall, the Sarsen stones at Stonehenge were taken. The Avebury stones are also thought to have been rolled on rollers from the quarry to their destination and Q.38 there levered into position. It's estimated that approximately 1.5 million man-hours were necessary to accomplish this feat. Originally, it is thought, there were about 400 stones; now there are around 180, which form one large circle, and two smaller inner circles. Looking at the stones, it's easy to see a couple of differences between these and the ones at Stonehenge. These are still in their natural form, while the ones at Q.39 Stonehenge have been dressed, or cleaned up a bit so that the sides are smoother and flatter. Also, in the case of Avebury, each stone stands alone rather than having some laid across others like at Stonehenge. But anyway, the impressive thing is that all the stones are balanced carefully over their centre of gravity with very little of the Q.40 stone underground. The heaviest one, the Swindon Stone, weighs about 65 tonnes. It's astonishing to think, isn't it, that this stone has been balancing on one corner for the last 4500 years . . . .

That is the end of Part 4. You now have one minute to check your answers to Part 4. That is the end of the listening test. You now have 10 minutes to transfer your answers to the answer sheet.

TEST 1

TEST 2

TEST 3

【訳】
今日は、英国にあるユネスコ世界遺産に焦点を当て、古代遺跡の講義シリーズの続きを進めていきたいと思います。皆さんのほとんどはストーンヘンジのことを聞いたことがあると思いますが、エーヴベリーは聞いたことがありますか？ 世界遺産はストーンヘンジだけではなく、実際は「ストーンヘンジ、エーヴベリーと関連する遺跡群」なのです。これらの新石器時代や青銅器時代の遺跡はユネスコによって「卓越した普遍的価値がある」と認められています。

それでは、この遺跡を詳しく見てみましょう。ストーンヘンジとエーヴベリーにある、中心のストーンサークル（環状列石）とヘンジ——堀と土塁——以外にも、この一帯には多くの重要な遺跡があります。例えば、それぞれのサークルには少なくとも一本のアヴェニュー（道）があり、両方に人が埋葬されたエリアがあります。ストーンヘンジには英国にある先史時代の埋葬地が最も密集しており、エーヴベリーには重要な人物の墓を覆う数多くの重要な土塁があります。これらは barrow（古墳）と呼ばれています。つづりは B-A-R-R-O-W です。ストーンヘンジ周辺にはウッドヘンジと呼ばれる、大きな木柱でできた巨大なサークルや、先史時代に村落だったダーリントン・ウォールなどもあります。

ストーンサークルそのものに話を戻しましょう。どちらのサークルもそれぞれ類のないものです。ユネスコによると、ストーンヘンジは先史時代のストーンサークルのうち、世界で最も建築的に洗練されたものだそうです。エジプトのピラミッドと同時期に作られたことを考えると、その時代の最も洗練された建造物というわけではないでしょうが、それでも、そのデザインやサイズ、石の種類の豊富さや移動距離を考慮に入れると、ストーンヘンジは当時の土木技術としては素晴らしい偉業と言えるでしょう。

ストーンサークルはものの数十年で作られたのではなく、むしろ紀元前 3100 年頃からおよそ 2000 年間にわたって段階的に建てられました。第 1 段階では、大きなヘンジが建設され、直径 100 メートル強の円の中に、幅と深さが約 1 メートルのいくつもの穴が円を描くように掘られました。先ほど申しましたように、ヘンジとは堀と中央の土塁のことを言います。その後約千年の間、ほとんど何もされませんでした。それから紀元前 2150 年ごろに、重さ 4 トンにもなる約 82 個の石がウェールズのプレセリの丘から運ばれてきました。これは移動距離約 390 キロメートルの旅です！　これらの石は、ローラーの上を引っ張ったり筏に乗せたりして運ばれたと考えられています。これらのブルーストーンは未完成の二重ストーンサークルを建てるために使われました。その約 150 年後の紀元前 2000 年ごろにはサルセン石が、約 40 キロメートル離れたマールバラ・ダウンズからサークルに引きずって運ばれて、まぐさ石のある完全なサークルを構築するのに使われました。まぐさ石は直立する石の上に水平に置かれた石を指します。これらのサルセン石は最大で約 50 トンもありました。最終的に約 500 年後、ブルーストーンが馬蹄と円の形に再配置されました。

＊　＊　＊

それから、その道のほんの 30 キロ先に約 4500 年前に建てられたエーヴベリーのストーンサークルがあります。ストーンヘンジの方が有名ですが、エーヴベリーのこのサークルは、実は世界で最も大きい先史時代のストーンサークルなのです。その石群の周りのヘンジは外周約 1.3 キロメートルあります。約 12 万立方メートルの土が巨大な円形の溝から掘り起こされ、この中央の盛り土の部分が作られたと推定されています。これはストーンヘンジのサークルの 60 倍にもなります。石はと言えば、エーヴベリーのサークルの場合、すべて地元のマールバラ・ダウンズから運ばれました。覚えているかもしれませんが、ここはストーンヘンジのサルセン石が採られた場所ですね。エーヴベリーの石もまた採石場から目的地までローラーで転がされ、そこで梃で動かして所定の位置に配置されたと考えられています。この偉業を成し遂げるにはおよそ 150 万人時を要したと推定されています。もともとは約 400 石あったと考えられていますが、現在では約 180 の石があり、ひとつの大きなサークルと内側の少し小さな 2 つのサークルを形作っています。石を見ると、これらの石とストーンヘンジの石にはいくつか違いがあることは容易に見て取れます。ストーンヘンジのものは側面がより滑らかで平らになるよう整えられ、少しきれいにされていますが、ここにあるものはいまだに自然の形態のままです。また、エーヴベリーの場合、ストーンヘンジのように、ある石をほかの石の間に渡すといったことはせず、それぞれの石は離れて立っています。しかし、とにかく素晴らしいのは、地中に埋まっている部分がほとんどないにもかかわらず、すべての石が重心に対して絶妙なバランスを保っていることです。最も重いスウィンドンストーンの重さは約 65 トンあります。この石が過去 4500 年の間、一点でバランスを取っていたと考えると、驚きではありませんか……

E: Examiner (試験官) ／ C: Candidate (受験者)

E : Good afternoon. My name is Michael Brown. Can I have your full name please?

C : Ayano Kobayashi.

E : Thank you. And can I see your passport, please? Thank you. Now in part one, I'm going to ask you some questions. Let's talk about what you do. Do you work or are you a student?

C : I work.

E : What do you do?

C : Umm . . . I work in a restaurant.

E : What was your first day at work like?

C : It was busy. It was Friday night, so there were a lot of people. I worked very hard.

E : Do you do any training for your job at your workplace?

C : Ahh . . . I study the menu. It changes sometimes. And sometimes I do training about the customers.

E : Now, let's talk about newspapers and magazines. How often do you read newspapers and magazines?

C : Newspapers . . . umm . . . I read often. And magazines . . . not a lot.

E : What kinds of newspaper and magazine do you read?

C : I like international news, so I read these newspapers.

E : Why?

C : It is interesting. Also, I like sports. I read sports magazines sometimes.

E : Do you use the Internet to read them?

C : Yes.

E : Why?

C : It's convenient. I can read it at home. I don't have to buy newspapers . . . it's free.

E : Do you enjoy reading newspapers and magazines on the Internet?

C : Umm . . . yes.

E : Why?

C : If I like a story, I can look for more information on the Internet. It's easy to read more about it.

E : Now, let's talk about writing. Do you like to write letters and postcards?

C : No.

E : Why?

C : It takes a long time. I'm not a good writer.

E : How are postcards and letters different?

C : Umm . . . letters are difficult . . . umm . . . formal. I prefer postcards because I write to my friends. It's more fun.

E : When was the last time you wrote a letter?

C : I think . . . I think a few years ago. I wrote it for a job. I wrote about myself and my jobs.

E : What are the difficulties of writing a letter or postcard?

C : For me . . . it takes a long time to write. I don't like it. I write but change my words. It's . . . umm . . . annoying. Too much time . . . I don't like it.

E : Thank you.

PART 2

E : Now, I'd like you to talk about a topic for one to two minutes. Before you talk, you have one minute to make notes. Here's some paper and a pencil and here's your topic. Please describe a city you travelled to which you liked very much.

(1 minute)

E : Okay? I'd like you to speak for one to two minutes. I'll tell you when your time is up. Please start speaking now.

C : OK . . . umm . . . I'm going to tell you about my holiday in Italy. About four years ago, I went to Italy. It was my summer vacation. I went there with my university friends. I went to many cities, but I really liked Venice; it was my favourite city. It is so beautiful. There are many rivers in the city, and there are not many roads. It was really interesting. I took many boats in Venice. It was really fun. It was my first time to travel by boat. Also, I went to many interesting places. I went to museums and churches; they are very . . . very old, a lot of history. The buildings are old and very interesting. It's different to my country. And the city was very clean and safe. Other cities were not safe. In Venice, there are lots of hotels and restaurants. It was easy and convenient for me . . . I ate a lot of pizza. It was very good. And I drank wine . . . mmm . . . it was good! But I really liked Venice because of the shops. I love shopping, and there are many shops in Venice. Everyday I went shopping. Italian fashion is beautiful, so I was very happy. I bought a jacket and a bag . . . very nice style.

E : Thank you. Have your family and friends been to this city?

C : Yes, my mother went there. She told me about it, so I went there.

E : Would you like to go back to Venice?

C : Yes.

E : Thank you. Can I have the paper and pencil back, please?

PART 3

E : You've been talking about a city you travelled to, and I'd like to discuss this topic with you by asking some general questions about it. Now, let's talk about travel and going on holiday. What kinds of holiday do people in your country generally go on?

C : I think most people travel around Europe. They like to go to beaches. They want to relax. And they want nice weather . . . hot and sunny. My country has bad weather in summer.

E : Is it popular for people to travel within your country?

C : Yes, many people travel. It's easy because we can drive. And we can use trains and buses. My country is not big, so it doesn't take a lot of time.

E : Why do people like to go travelling to foreign countries?

C : I think people like new things. They like to meet new people and see different things.

E : Are there any disadvantages of going travelling to foreign countries?

C : Maybe. If you don't speak the language, it is a problem. People don't know where they are. They might get lost. This is a problem. A guidebook is good. People should use it.

E : When people go travelling, what do they learn?

C : Umm . . . I think people don't learn the language because it's a short time. People eat new food . . . traditional food. Also, people see new buildings or visit the countryside. This is different. People learn about new things.

E : If a tourist wants to learn about your country, what kinds of things should they do?

C : There are a lot of books about my country. They can read about history and food. And they can do a homestay, learn about daily life. It is different from a hotel.

E : Do you think they can learn a lot through the Internet?

C : Yes.

E : How?

C : There are many websites. And videos. There is a lot of information on the Internet. It is good for study.

E : Now, let's consider tourism and the environment. Has the growth in travelling to foreign countries been a positive development?

C : Yes, it's true.

E : In what ways?

C : People can learn about countries. We can learn about people and cultures. It's great to travel to foreign countries.

E : What effect can tourism have on a local environment?

C : I think places make a lot of money. Restaurants make money. Hotels make money . . . and shops too. It is good for the economy.

E : How about in terms of the actual environment?

C : It might be bad. People damage the environment. Hotels and roads are built. Also, there is a lot of rubbish.

E : What measures can be taken to limit these effects?

C : We should teach people about the environment . . . what they should and shouldn't do. For buildings . . . rules and laws are a good thing.

E : Do you think it's possible to have eco-tourism?

C : It is very popular . . . many eco-tours. But people always damage the environment: new buildings, roads and rubbish. It's true. So, I think it's difficult to have eco-tourism.

E : Thank you very much.

WRITING TASK 1

You should spend about 20 minutes on this task.

> The table below shows the times for the 100 m and 200 m races in the Olympics in selected years, and the nationality of the winner in each case. The pie charts show the number of gold medals won by each country in these events since the Olympics started.
>
> Summarise the information by selecting and reporting the main features, and make comparisons where relevant.

Write at least 150 words.

Times for the 100 m and 200 m races in the Olympics (in seconds)

	100 m men		100 m women		200 m men		200 m women	
2012	9.63	Jamaica	10.75	Jamaica	19.32	Jamaica	21.88	USA
1988	9.92	USA	10.54	USA	19.75	USA	21.34	USA
1964	10.00	USA	11.40	USA	20.30	USA	23.00	USA
1936	10.30	USA	11.50	USA	20.70	USA		no event
1904	11.00	USA		no event	21.60	USA		no event

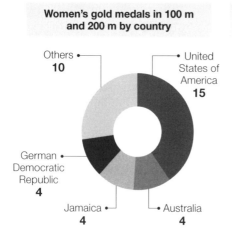

Women's gold medals in 100 m and 200 m by country

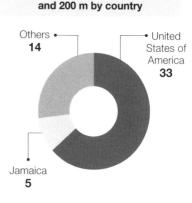

Men's gold medals in 100 m and 200 m by country

WRITING TASK 2

You should spend about 40 minutes on this task.

Write about the following topic:

> *The relatively recent development of games on phones, computers and TV consoles is extremely popular with people all over the world.*
>
> *What are the advantages and disadvantages of such electronic games?*

Give reasons for your answer and include any relevant examples from your own knowledge or experience.

Write at least 250 words.

TEST 1

TEST 2

TEST 3

You should spend about 20 minutes on **Questions 1-11**, which are based on Reading Passage 1 below.

Learning a Language

What are the underlying reasons that influence someone to take up and maintain the study of a second language? While there may be countless influences that affect the learning process, such as learning styles, personality, social context, and age, the area of learner motivation appears to have a great deal of significance for this process. It is believed that motivation is the most important factor that determines the rate and success of learning a second language. It provides the primary impetus to initiate learning a language and later the driving force to sustain the long and often tedious learning process.

It has only been in the last two to three decades that an effort has been made to investigate the role and nature of motivation in learning a second language. One of the most influential researchers in this field has been Robert Gardner, who placed motivation in a social-psychological context thereby giving motivation a social dimension. He considered the motivation to learn the language of the other community to be the primary force for enhancing or hindering intercultural communication and affiliation. Two aspects of his approach were integrative and instrumental motivation. The former is concerned with the positive attitudes a learner has towards the target language community and his or her desire to interact with members of that community or even assimilate into that community. On the other hand, instrumental motivation relates to functional reasons or practical goals for learning a language such as passing an examination, getting a better occupation or gaining promotion.

While acknowledging the influential contributions that Gardner's social-psychological model has made to the understanding of motivation, it is argued that a wider definition and understanding of student motivation is required. Extending the boundaries of motivational research has resulted in alternative models and an evolution in language learner motivation theory. There are in fact different attitudes and orientations that seem to be important in ways that vary from situation to situation. Kimberly Noels from the University of Ottawa extends the understanding of student motivation by presenting four orientations that have a greater influence on a learner's reasons for studying a second language. These orientations include travel, friendship, knowledge and instrumental orientation. Motivation resulting from a travel orientation has also been reported by Yoshiko Mori from Georgetown University. In her research of Japanese learners, Mori discovered that travelling and studying overseas, rather than a desire to integrate into the target language community, were viewed as strong motivational factors in learning a second language.

Another new conceptualisation of student motivation has been offered by Zoltan Dornyei from Eötvös Loránd University, Hungary, who re-orientates the idea of motivation in respect to a theory of self and identity. Student motivation can be better understood by relating it to aspects of personality psychology, which sees individuals' perceptions of the self right at the heart of motivation and action. Involved in this concept of self and identity is the idea of the 'possible selves' which represent the individuals' ideas of what they might become, what they would like to become, and what they are afraid of becoming. This idea of 'possible selves' is further broken down into different types: 'the ideal self', which represents the attributes that someone would ideally like to possess such as hopes, aspirations, or wishes; and 'the ought self', which refers to attributes that one believes one ought to possess such as a student's sense of duty, obligation, or responsibility. For Dornyei, motivation to learn a language comes not from positive feelings towards the target language community but more from internal representations of what we would like to be or what we think is expected of us.

This approach to students' motivation is corroborated by Bonny Norton from the University of British Columbia. She puts forward the idea of an imagined community that learners are interested in integrating into. While Gardner saw integration into the local community as a key motivating factor for learning a language, Norton extends this concept to incorporate an imaginary global community. This concept of an imagined community can be used with the emergence of 'World English identities' where English is viewed as a world language thereby establishing a virtual language community. This perspective asserts that the idea of an imagined community develops in learners an imagined identity, which can be used to stimulate motivation towards learning.

The concept of an imagined community with World English as its language finds further support with research conducted at Kansai University by Tomoko Yashima. She argues that students, who have a greater interest in international issues, work and activities, seem to be motivated to study a second language. According to this research, learners who are conscious of how they relate themselves to the world tend to be motivated to study English, as they probably visualise 'English-using selves' clearly.

Questions 1 and 2
Choose TWO letters, A-E.

Below are listed some statements about Robert Gardner's theory of learner motivation.

Which **TWO** of the following statements are stated in the passage?

A The desire to gain some external reward influences learner motivation.
B The theory was developed over 40 years ago.
C His research focused on societal factors that influence a learner's motivation.
D The personality and age of a student affects motivation.
E Instrumental motivation has the most influence on language learners.

Questions 3-6
Choose the correct letter, A, B, C or D.

3 What is perceived to have the greatest influence on learning a foreign language?

A the way a learner approaches their study
B the personal characteristics of a learner
C the social and financial position the learner is in
D a learner's incentive for studying the language

4 What is a criticism of Gardner's research?

A It is too limited in its understanding of learner motivation.
B It does not take into account the educational background of learners.
C It focuses too much on the target language community.
D It puts too much emphasis on the importance of practical goals.

5 How does Dornyei's theory differ to Gardner's?

   A He included himself and his experiences in the theory.
   B He outlined the possible consequences if people learn a new language.
   C He added an element of how learners view themselves to motivational theory.
   D He theorised that one's personality results from one's self-image.

6 In what ways does Norton contribute further to motivational theory?

   A by reinforcing the idea of integration into the local community
   B by arguing against the idea of instrumental motivation
   C by claiming that an interest in international issues motivates students
   D by proposing that the concept of an imaginary international community can motivate learners

Questions 7-11

*Complete the sentences below. Choose **NO MORE THAN THREE WORDS** from the passage for each answer.*

7 Noels' understanding of learner motivation highlights several _____ that impact on why people learn a second language.

8 Research undertaken by Mori demonstrated that blending into a community was less important than _____ abroad.

9 Dornyei asserts that the incentive to learn a language stems from people's images of their _____ .

10 It is claimed that the concept of an imaginary global community leads to an _____ .

11 Learners are likely to be motivated if they have an awareness of how they _____ to the international community.

TEST 1

TEST 2

TEST 3

*You should spend about 20 minutes on **Questions 12-26**, which are based on Reading Passage 2 below.*

The Cooperative Breeding of Birds

Animals have evolved to behave in ways that maximise their reproductive success, so behaviour that reduces one animal's reproduction, but helps another's, is difficult to understand. Examples of this phenomenon are particularly widespread within populations of birds engaged in cooperative breeding, where individuals invest heavily in rearing offspring that are not their own. The biological parents and one or more foster parents cooperate to raise a nest's offspring even though this helpful behaviour on the part of the foster parent results in it foregoing the opportunity to have progeny of its own during that breeding season. This may seem like a significant cost, but there are many benefits to being a helper.

The benefits of cooperative breeding are more obvious when considered in light of the theory of kin selection formulated by W.D. Hamilton in 1964. Kin selection is a form of natural selection favouring altruistic behaviour towards close relatives. Though this behaviour does not directly increase an individual's reproductive success, as is possible by personal reproduction, it does provide an evolutionary benefit in the form of indirect reproductive success. This idea's genetic basis is also explained by W.D. Hamilton's theory, which identifies the ultimate goal of reproduction as the passing on of one's genes. Helping to raise non-descendent kin as a helper in cooperative breeding systems achieves this goal, albeit indirectly.

An examination of this form of breeding in the Azure-winged Magpie provides some clues as to why and when it makes evolutionary sense to be a helper. The Azure-winged Magpie is a member of the corvidae, or crow family, of birds which breeds in small colonies and feeds mainly on insects. In a study of these birds during two consecutive breeding seasons, researchers found the number of helpers and cooperatively breeding units to be heavily influenced by changes in the weather. The year that experienced significantly more rainfall witnessed an increase in the number of helpers and cooperative breeding. This may be attributed to the fact that rainfall has a marked influence on the presence of invertebrates, which are the main component of the magpie's diet. During rainfall, insects tend to seek cover making it more difficult for magpies to find them. This reduces the available food supply. As a result, increased numbers of helpers appear because the low probability of successful reproduction caused by limited resources discourages a large proportion of mature adults from breeding and instead encourages them to invest in helping to rear the offspring of others.

A natural evolutionary preference towards being a helper may also be explained by taking a look at cooperative breeding in the Micronesian Kingfisher. Both males and females play a major role in caring for young, and offspring often remain with their parents as helpers after they have reached adulthood. Studies have revealed that Micronesian Kingfishers in cooperative breeding families are able to collectively secure better resources and larger territories than those in single pair breeding families. This prospect of access to ideal territories and resources is just one of the evolutionary motivations for birds to participate in cooperative breeding.

The motivations, however, for becoming a helper in a cooperative breeding system are not always ultimately based upon improving the chance an individual will have of passing on its genes. Sometimes, adult birds become helpers for the sole reason of gaining personal benefits. This phenomenon has been observed among Brown-headed Nuthatches. These birds usually resort to helping behaviour following personal nest failure. The main causes of this failure are often depredation by higher consumers, the destruction of their nest by fire or other natural phenomena. A secondary motivation for helping behaviour is the inability of young adults to successfully find a mate and breed. This is often attributed to a shortage in the female nuthatch population or an increased density in local nuthatch nesting sites.

So far, while only young helpers capable of reproducing have been examined, older birds that have become too old to have offspring also sometimes take up the role of helper. A grandparent as a helping subordinate in a cooperative system is a phenomenon that has been observed in a few species such as the Seychelles Warbler. From an evolutionary perspective, as a bird gets older the cost of reproduction increases. At some point in the bird's lifecycle, it will no longer be beneficial for it to breed its own offspring. Older females can thus maintain greater reproductive benefits by increasing the reproductive success of their relatives, rather than breeding themselves. In this manner, they are still able to pass their genes on to a limited extent.

Cooperative breeding is driven by a variety of ecological factors, specific to the circumstances of the species in question. Some adult birds choose to become helpers in an effort to secure food and settling sites when resources are scarce. Others resort to helping behaviour because their own personal attempts at reproduction have failed or they have lost their breeding status, and helping is the next best opportunity to pass on their genes, albeit indirectly. In each case, the cooperative breeding phenomenon appears to benefit the helpers, the parents and the chicks, creating a beneficial situation for all the individuals involved.

Questions 12-15

Complete the notes below. Choose **NO MORE THAN TWO WORDS** from the passage for each answer.

Cooperative breeding: biological and foster parents working together

Related to W.D. Hamilton's concept of **12** ....

- characterised by **13** .... of extended family members

- offers reproductive success in an **14** .... way

- objective: to pass on the animal's **15** ....

Questions 16-19

Match each statement with the correct bird, **A-D**.

16 Working together enables access to better nesting sites and food.

17 Old birds still act as helpers.

18 Personal breeding failure results in becoming a helper.

19 Due to a lack of nourishment, cooperative breeding may occur.

List of Birds

A Azure-winged Magpie

B Micronesian Kingfisher

C Brown-headed Nuthatch

D Seychelles Warbler

Questions 20-26

Do the following statements agree with the information in Reading Passage 2?

In boxes 20-26 on your answer sheet, write

> **TRUE**   *if the statement agrees with the information*
> **FALSE**   *if the statement contradicts the information*
> **NOT GIVEN**   *if there is no information on this*

20 Cooperative breeding occurs mainly in bird populations.

21 The number of foster parents in each nest is limited to one.

22 Male and female Azure-winged Magpies play an important role in the care of their young.

23 The offspring of Micronesian Kingfishers seldom contribute to reproductive success.

24 An individual male-female partnership can acquire better resources than a family of birds.

25 Some birds assist in cooperative breeding because they have no nest of their own.

26 Birds that have lost their breeding status can become a helper.

You should spend about 20 minutes on **Questions 27-40**, which are based on Reading Passage 3 below.

Questions 27-32

Reading Passage 3 has eight paragraphs, **A-H**.

Choose the correct heading for each paragraph **B-G** from the list of headings below.

> **List of Headings**
>
> i   A competitive energy system
> ii   The power of the sun
> iii   Passive and active energy use
> iv   A system needing energy to operate
> v   A system that directly captures energy
> vi   Geographical problems
> vii   Solar energy firms
> viii   Pumping fluids
> ix   Why renewable energy?
> x   Cost-effective over the long term
> xi   The future alternative

Example	Answer
Paragraph **A**	**ix**

27   Paragraph **B**

28   Paragraph **C**

29   Paragraph **D**

30   Paragraph **E**

31   Paragraph **F**

32   Paragraph **G**

Example	Answer
Paragraph **H**	**xi**

RENEWABLE ENERGY

A Renewable energy sources are often considered alternative sources because, in general, most industrialised countries do not rely on them as their chief energy source. Instead, they tend to rely on non-renewable sources such as fossil fuels or nuclear power. Because of the energy crisis during the 1970s, dwindling supplies of fossil fuels, and hazards associated with nuclear power, use of renewable energy sources such as solar energy, hydroelectric, wind, biomass, and geothermal has flourished, albeit slowly. Renewable energy originates from the sun or other sources that can theoretically be renewed instantaneously as they are consumed. If used at a sustainable rate, these sources will be accessible for consumption for thousands of years or longer.

B Solar energy is the ultimate energy source driving the earth. Though only one billionth of the energy that leaves the sun actually reaches the earth's surface, this is more than adequate to meet the world's energy requirements. In fact, all other sources of energy, renewable and non-renewable, are to all intents and purposes stored forms of solar energy. Solar energy represents an essentially unlimited supply of energy, as the sun will long outlast human civilisation on earth. However, the predicament lies in harnessing that energy.

C There are two basic forms of solar energy use: passive and active. Passive solar energy systems are static, and do not require the input of energy in the form of moving parts or pumping fluids to utilise the sun's energy. Buildings that passively use the sun's energy can be designed to capture energy directly. Building materials such as glass, which allows the sun to penetrate the building to provide light and heat, and also water and stone, which have high heat capacities, could be used extensively. Such buildings can absorb substantial amounts of solar energy during the day, which can then be used or stored during the night. A southern exposure greenhouse with glass windows and a concrete floor exemplifies a passive solar heating system.

D Active solar energy systems require the input of some energy to drive mechanical devices such as solar water heaters, which collect the solar energy and pump fluids used to distribute it. Solar collectors are generally mounted on a south or west-facing roof, and usually consist of glass-covered valves containing a heat-collecting liquid medium, which is usually water, sometimes augmented by antifreeze. The sun heats the water in the valves. The heated water is then pumped to a heat storage tank, which also has an external source of cold water. In the tank, heat is transferred in the heat exchanger. The water is then pumped through to an auxiliary boiler, which works as a supplier of hot water to heat rooms or for taps, as well as a backup to add heat to the water when it is not sufficiently hot.

E Another popular form of solar energy system is solar panels, otherwise known as photovoltaic panels. Photovoltaic cells are a common component of solar panels that generate electricity from sunlight. Hundreds of cells are linked together to provide the required flow of current, and the electricity produced can be used directly or stored in storage batteries. Since photovoltaic cells have no moving parts, they are clean, quiet and durable. However, they were originally unpopular because early cells were inordinately expensive, making the cost of solar electric panels prohibitive. The recent development of affordable semiconductor materials has helped greatly lower the cost to the point where solar electric panels are much more competitive cost-wise than traditionally produced electricity.

F However, although solar energy itself is free, and costs associated with equipment needed to harness the energy may be gradually falling, some costs are still substantial. The building costs for a house heated by passive solar energy may initially be more expensive as the glass, stone materials, and excellent insulation necessary for the system to work properly tend to be more costly than those used in conventional systems. The solar water heaters and solar panels used in active solar energy can be expensive to purchase, install and maintain. Leaks can occur in the extensive network of pipes required, causing additional expenditure. However, despite all these expenses, a long-term comparison of utility bills generally reveals noticeable savings.

G By far the biggest impediment of any solar energy system is not the materials and maintenance costs, but the fact that it requires a consistent supply of sunlight to work. Most parts of the world have less than ideal conditions for a solar-only home because of their latitude or climate. Therefore, it is usually necessary for solar houses to have conventional backup systems such as a gas furnace. This double-system requirement further adds to the financial costs incurred.

H However, even taking into account the above-mentioned costs, the benefits to the environment and the consumer mean that as the technology advances further, the use of solar energy is likely to increase tremendously over the next few decades. It will need to as the supplies of other non-renewable energy sources dry up.

*Q*uestions 33-36

*Label the diagram below. Choose **NO MORE THAN THREE WORDS** from the passage for each answer.*

How a solar water heating system works

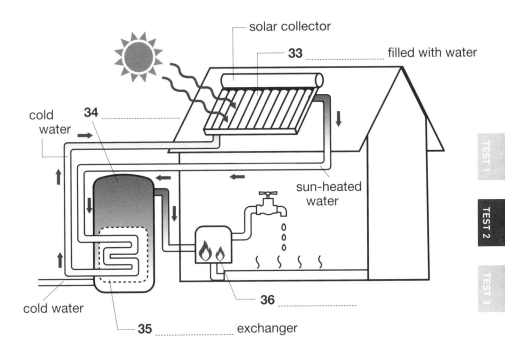

solar collector

33 .... filled with water

cold water

34 ....

sun-heated water

cold water

36 ....

35 .... exchanger

Complete the summary using the list of words, **A-K**, below.

Solar energy

In the last few decades, there has been a worldwide increase in the use
of alternative energy. One source is solar energy. However, there are
37 _____ costs involved in using this type of energy. Passive
systems need **38** _____ materials, which are sold at higher
prices. Active systems need pricey solar energy collection equipment,
and in some cases require a large network of pipes, causing
further expense. Due to the inconsistent nature of sunlight around
the world, both methods require additional support in the form of
39 _____ systems. Despite such drawbacks, there are benefits
for the environment and **40** _____ in utilising solar energy, which
could lead to a huge increase in the usage of solar power due to future
resource scarcity.

A builders	**B** renewable	**C** excellence	**D** end-users
E companies	**F** dear	**G** extensive	**H** modern
I construction	**J** traditional	**K** significant	

*Q*uestions 1-5

Complete the form below. Write **NO MORE THAN TWO WORDS AND/ OR A NUMBER** *for each answer.*

Al's Video Rental

Example	*Answer*
Application form for a ~~membership~~ card	

1 ID Shown
Choose **TWO** of the following

- **a** Driver's license ☐
- **b** Student ID card ☐
- **c** Health insurance card ☐
- **d** Utility bill ☐

Full name	Roberta **2** _____
Address	**3** _____ Brooklyn Street
Postcode	**4** _____
Phone / (Mobile)	**5** _____

Choose the correct letter, *A, B* or *C*.

6   You can borrow

   A   10 old DVDs at one time for three days.
   B   10 new DVDs at one time for three days.
   C   10 old DVDs at one time for one week.

7   It costs

   A   £2.50 to borrow a new DVD for a week.
   B   £1.50 to borrow a CD for a week.
   C   £2.50 to borrow an old DVD for a week.

8   If you are late returning a DVD or CD,

   A   you have to pay a £2.50 fine.
   B   you have to pay £2.50 for each day that you are late.
   C   you have to pay between £5 and £15.

Questions 9 and 10

Label the diagram below. Write **NO MORE THAN TWO WORDS** for each answer.

Video Shop Layout

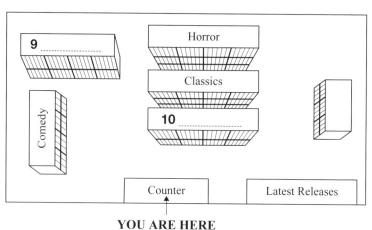

PART 2   Questions 11-20

Questions 11-16

Complete the table below. Write **ONE WORD AND/OR A NUMBER** for each answer.

Comparison of Jump Types

	Tandem Jump	AFF (Accelerated Free Fall)
Preparation time	11	5-6 hours of classes
How you jump	attached to instructor	on your own with 2 instructors holding you
Jump from	9,500 – 17,500 ft	13 ....
Free fall time	45 seconds to one minute	14 ....
Open parachute at	12	4,000 ft
After opening	enjoy the view	1 instructor helps you get ready for 15 ....

N.B. Few people die while skydiving. Only about 30 people in over 16 .... jumps.

507

Questions 17-20

Label the diagram below. Write **ONE WORD AND/OR A NUMBER** for each answer.

Canopy made of **17** ....

18 .... chute

Bridle

Cells

19 .... lines

Brake loop

Lines run through **20** ....

Reserve parachute inside

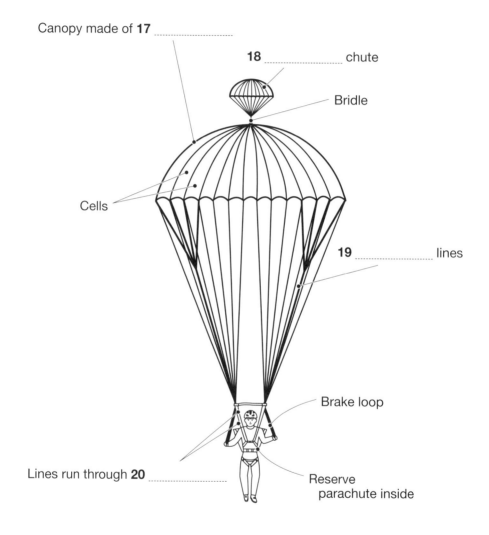

PART 3   Questions 21-30

*Q*uestions 21-27
Complete the notes below. Write **NO MORE THAN THREE WORDS** for each answer.

Studying Overseas

- The University of Westbury
- The programme will commence in **21** ....
- Two programmes offered
- Programme duration: up to **22** ....
   #1: Exchange Programme
      - need an exchange **23** .... with your university
      - partner with Westbury University: Yes
      - **24** .... given to your degree
      - tuition fees: **25** .... paying regular fees
   #2: 26 .... **Programme**
      - maybe cannot **27** .... the credits
      - have to pay fees

---

*Q*uestions 28-30
Complete the summary below. Write **NO MORE THAN TWO WORDS** for each answer.

Entry Requirements

For students to attend these programmes, they must have an above average **28** .... record for their current course. Also, applicants need to show a **29** .... in their English ability, so they may have to take a test. However, applicants may not have to take a language test if their university classes are **30** .... in English.

Questions 31-37
Complete the notes below. Write **NO MORE THAN THREE WORDS** for each answer.

Didjeridu

Origins
- used by the Aboriginal people of **31** ....
- materials: branches, horns, shells
- 1500 years old according to archaeological **32** ....
- proof provided by research into **33** .... at particular sites

Traditions
- three musical traditions
- variety due to cultures with diverse **34** ....

Appearance
- a tube with a mouthpiece
- a hollow **35** .... of a tree is shaped for better sounds
- the exterior may be painted or **36** ....
- around the mouthpiece, a **37** .... of beeswax is used

---

Questions 38-40

*Complete the summary below. Write **NO MORE THAN TWO WORDS** for each answer.*

The Performance

Didjeridu players maintain their rhythm as a result of circular breathing, which enables them to make a **38** _____ sound. When performing with singers and dancers, their role is to provide the basic rhythm and add improvisations, a similar role to that of a **39** _____ . Nowadays, the instrument is used in non-traditional ways, which are accepted, but some Aboriginal people are concerned about the **40** _____ of inferior instruments.

TEST 1

TEST 2

TEST 3

◀))48

PART 1

音声を聞いて、試験官の質問に答えてください。質問の後に続く短いポーズで、音声を一時停止して回答してください。

◀))49

PART 2

メモと鉛筆を用意し、音声を聞いて、試験官の指示に従ってください。試験官の指示や質問の後に続く短いポーズで音声を一時停止して回答してください。

渡されるカードには、下の内容が書かれています。

Describe a skill you have learnt.

You should say:
    what it is
    when you started
    why you learnt it
and explain how it has helped you in your life.

◀))50

PART 3

音声を聞いて、試験官の質問に答えてください。質問の後に続く短いポーズで、音声を一時停止して回答してください。

「中級者」のサンプル音声を、音声のトラック 51 ～ 53 に収録しています。参考にしてください※。

※ TEST 1 には「初級者」、TEST 3 には「上級者」のサンプル音声を収録しています。

READING

		✓or ✗			✓or ✗
1	A ⎫ 順不同		**21**	FALSE	
2	C ⎭		**22**	NOT GIVEN	
3	D		**23**	FALSE	
4	A		**24**	FALSE	
5	C		**25**	TRUE	
6	D		**26**	TRUE	
7	orientations		**27**	ii	
8	travelling / traveling and studying		**28**	v	
9	possible selves		**29**	iv	
10	imagined identity		**30**	i	
11	relate (themselves)		**31**	x	
12	kin selection		**32**	vi	
13	altruistic behaviour / behavior		**33**	(glass-covered) valves	
14	indirect		**34**	heat storage tank	
15	genes		**35**	heat	
16	B		**36**	auxiliary boiler	
17	D		**37**	K	
18	C		**38**	I	
19	A		**39**	J	
20	NOT GIVEN		**40**	D	

正答数カウント欄 ────────────┐

✓ = 正解

✗ = 不正解

LISTENING

		✓ or ✗			✓ or ✗
1	a, b [順不同]		21	February (next year)	
2	Schum		22	2 semesters	
3	45D		23	agreement	
4	SW12 5BA		24	credits	
5	07953 210 006		25	continue	
6	C		26	Study Abroad	
7	B		27	transfer	
8	B		28	academic	
9	TV dramas		29	high level	
10	Thrillers		30	conducted	
11	30 minutes / min		31	northern Australia / Arnhem Land / Australia's Northern Territory	
12	5,000 feet / ft		32	records	
13	12,000 feet / ft		33	rock art	
14	50 seconds		34	languages and customs	
15	landing		35	branch / trunk	
16	2 million / m		36	varnished	
17	nylon		37	layer	
18	Pilot		38	continuous	
19	Brake		39	jazz drummer	
20	risers		40	mass production	

TASK 1 【中級者のサンプルエッセイ】

The table shows the times for the 100 m and 200 m races and the countries which won in the Olympics in selected years. You can see that the times got shorter in most of the races, and the USA tended to win most of the races.

For example, in the 100 m and 200 m men's races, the time decreased from 11 seconds to 9.63 seconds and from 21.60 to 19.32 seconds in 2012 respectively. The only different ones were in the 100 m and 200 m women's races. The 1988 time was faster than the 2012 time.

You can also see that the U.S. won the gold medals in every race until 2012. In 2012, Jamaica defeated the U.S. in three races, but the U.S. won the 200 m women's.

The two pie charts illustrated the numbers of gold medals in these events by country. You can see that the U.S. is the country that won the most gold medals in both men and women's races. The U.S. women got 15 medals and men got 33.　　**(**186 words**)**

📖 解説

<**タスクの達成**>
「タイムが縮められていった」「ほとんどのレースで米国が勝利している」という主要な特徴の2点に触れており、タスクをある程度こなしている。ただし、タイムの具体的な数字はもう少し盛り込みたいところ。また、円グラフについては、米国以外の国について触れられておらず、情報が少なすぎる印象だ。

<**一貫性とつながり**>
パラグラフの組み立て方が論理的で、全体的によく構成できている。for example / also などを使ってうまく流れを作っている。ただし、第2パラグラフ1文目は2012年の記録をいつの記録と比較しているのかがわからない。ここでは最も古い1904年の記録と最新の2012年を比較していることを読み手にはっきり伝えておきたい。
改良例：For example, comparing the times in 1904 and 2012, in the 100 m and 200 m men's races, the times had decreased from 11 seconds to 9.63 seconds and from 21.60 to 19.32 seconds respectively.

<**語彙と文法**>
適格な語彙で情報をうまく説明できているが、全体にごく基本的な語が多い。ほとんどが非常によく使われる表現であるため、幅広い語彙を持っていることを示すことができていないのが惜しい。また、「米国」の表記が統一されていない（the USA / the U.S.）が、同じエッセイ内では統一するようにしたい。

また、冒頭で問題文とほとんど同じ文を書いてしまっている。このように問題文からそのまま引いてきたり、単に単語の順番だけを変えて新しい文を作ったりすることは避けたい。自分の言葉で表現できていないことになり、ライティング力があるという印象を与えられないからだ。

文法はだいたい正確だが、関係詞を使った複雑な文は2つだけなので、もう少し構文を工夫したい。また、最後のパラグラフの1文目で現在形を過去形に変えてしまうというミス（The two pie charts illustrated . . .）が見られる。時制にも注意しよう。

TASK 1 【上級者のサンプルエッセイ】

The table shows Olympic gold medal winners' records in the men's and women's 100 m and 200 m races over 5 specific years in history together with the nationality of the athletes. The pie charts also show nationalities, but in this case, those of all winners in these races since the beginning of the Olympics.

To start with the table, it clearly indicates two different main trends: one, that race times in general became quicker with time; and two, that both events have been dominated by the Americans and Jamaicans.

Regarding the times, for the men's 100 m race, in 1904, the time was 11 seconds exactly, but this fell to 9.63 seconds in 2012. Similarly, the women's 100 m time fell from 11.50 to 10.75 seconds between 1936 and 2012. There were no women's races in 1904, so data for this year is not available. The 200 m event shows a similar trend with times falling by just over 2 seconds to 19.32 in 2012 for the men and by just over 1 second to 21.88 for the women, although it should be noted that the women's races were slightly faster in 1988 than in 2012 in contrast to the overall trend.

With regard to nationality, the earlier races seemed to have all been won by the USA, whereas in 2012, the Jamaicans almost swept the board. This general indication is supported by the pie charts, which show that for the two events, the American athletes won 15 and 33 gold medals in the women's and men's respectively, followed by 4 and 5 for runners from Jamaica. As for other winners, in the women's, Australia and Germany took 4 each whereas the rest went to 'other' countries. In the men's, 'other' countries took 14 medals. (321 words)

 解説

<タスクの達成>
主要な特徴を簡潔に述べたうえで、詳細なデータで説明している。さらに、表と円グラフの関連性も的確に示すことができている。具体的な数値も十分に挙げている。

<一貫性とつながり>
導入（表と円グラフの紹介）→ 表の要約 → 表の詳細 → 表と円グラフの関連性の指摘から円グラフの詳細へ、という明確な構成。エッセイ全体を通じて、つなぎ表現が非常に有効に使われている。例：To start with the table / one, that ... and two, that / Regarding the times / Similarly / although / in contrast to / With regard to nationality / followed by / As for other winners

<語彙と文法>
さまざまな複雑な文法構造を使っていて、文法範囲も広い。例：those of all winners in these races / with times falling / it should be noted that / races seemed to have all been won / whereas the rest went to

データを的確に提示している。例：fell from ... to   / falling by just over / slightly faster

豊富な語彙が見られる。例：specific / clearly indicates / dominated by / overall trend / swept the board / general indication / respectively

Some years ago, children sat in front of their television with their TV games. Nowadays, people can play electronic games wherever they want to, and the range of games and players has grown a lot. Of course, there are advantages and disadvantages to this development.

Many people think there are no advantages to electronic games but in my view, there are several. One is that children can learn to think quickly to solve a problem, for example, in Tetris or other fast games. Another advantage is that people can work together in their games such as building a village together or fighting together. Also, people can forget their worries and relax. Commuting on the train is boring, but if your phone has games on it, you can spend the time more enjoyably and not get stressed because of the crowded train.

On the other hand, there are also disadvantages to playing electronic games. They can be bad for your eyes, or people can get addicted and play all night. People sometimes forget that the game's life is different from real life, and they may hurt someone. For example, kids may hit another child and expect him to not be hurt. Another point is that they are expensive, and the companies always sell new ones, so you have to spend more and more money.

In conclusion, electronic games have advantages and disadvantages. People should decide by themselves if the advantages are bigger than the disadvantages.(246 words)

📖 解説

<タスクへの応答>

1. タスクの質問によく答えている。利点を3つ、欠点を4つ挙げながら、例や説明を入れてサポートしているので、書き手の考えを理解しやすい。

2. 最後のまとめの部分は単に繰り返しになってしまっているので、少し変化を持たせた書き方をしたい。

3. わずかに語数が足りていない（250語以上が必須）ので注意しよう。

<一貫性とつながり>

導入 → 利点 → 欠点 → まとめ、という明確な構成。利点を3つ挙げている第2パラグラフでは3つのサポートがはっきり示されている。欠点を4つ挙げた第3パラグラフでは、最初の2つの欠点（目に悪い・中毒性がある）が同じ文に盛り込まれているのが不自然な印象。これら2つは「健康に悪い」というひとつのアイディアでまとめてしまった方が、論理が通るだろう。全体としてアイディアはうまくつながっているが、第3パラグラフの2文目で2つの欠点を挙げて、3文目で3つ目の欠点を挙げていくという流れは唐突な印象。例えば、... and play all night. A further problem is that people sometimes forget ... などのようにつなぎ表現を使って工夫したい。

<語彙と文法>

語彙と文法は正確で、ある程度多様な言葉を使えているが、同じ構文を使い過ぎている部分がある。例：One is that ... / Another advantage is that ... / Another point is that ...

比較的高い語彙力を発揮している部分 (commuting / get stressed / get addicted) もあるが、かなり基礎レベルの語彙も見られる (sell new ones / advantages are bigger)。

TASK 2 【上級者のサンプルエッセイ】

Well-known, popular games such as Pokémon, World of Warcraft and Angry Birds are worldwide phenomena that are enjoyed by millions. The development of such games has been relatively sudden, and whether or not these games are detrimental to the health and fitness of our children as some would have it, or brilliant new ways to stimulate mental growth as others claim, is still a matter under discussion.

Some advantages to playing electronic games on consoles or on mobile devices are obvious. For one thing, imagine a boring train journey with nothing to do. Even if you have forgotten your book, you can still spend the time enjoyably playing online or playing your downloaded games on your smartphone or tablet. A more serious advantage is that games can improve a player's skills such as eye-hand coordination, or mental agility by solving IQ style problems in game format. As well as these points, we should not forget communication skills. Traditionalists may scoff at this, but players who are playing large multi-player games need to communicate swiftly and effectively with the other players, and it has been shown that those playing games across international borders can improve their foreign language skills in this manner.

However, the disadvantages associated with computer games are many. Mild physical complaints, such as sore eyes from the blue light emitted by backlit devices and stiff shoulders from hunching over a keyboard, are common. Social problems, such as withdrawing from social interaction and an inability to distinguish reality from the virtual world, may also arise as a result of addiction to certain games. For children, this may even be translated into actual bodily harm of others, as the child could lose sight of reality through playing violent games on a console. In addition to physical and social issues, economically, someone has to pay for the hardware and software. Parents and children can be pressured to buy the latest expensive gadget by peers and commercials. Those without can be ostracised in school.

To conclude, admittedly there are beneficial aspects to having this type of game, but I believe any benefits could be attained by other means, and they are greatly outweighed by the drawbacks.   (366 words)

 解説

<タスクへの応答>
利点・欠点の両方を十分に説明していて、非常にバランスがよい。さまざまな例を挙げながら、自分の視点をサポートできている。結論部で全体的な意見を述べることで、エッセイがより意味深いものになった。

<一貫性とつながり>
導入 → 利点 → 欠点 → まとめ、といっ明確な構成。パラグラフ間および文と文の流れもスムーズ。
例：Some advantages / For one thing / A more serious advantage is / As well as these points / However / For children / In addition to . . . issues / To conclude

<語彙と文法>
多様な文法を効果的に駆使している。例：that are enjoyed by millions / whether or not . . . is / spend the time enjoyably playing / by solving IQ style problems / an inability to . . . may also arise

高レベルな語彙力でトピックの関連語を正しく使いこなしている。例：worldwide phenomena / relatively sudden / detrimental to / stimulate mental growth / eye-hand coordination / mental agility / scoff at / across international borders / mild physical complaints / light emitted by backlit devices / stiff shoulders from hunching over / withdrawing from social interaction / peers / ostracised / attained by other means / greatly outweighed / drawbacks

Learning a Language
言語を学ぶということ

人に第二言語の勉強を始めさせ、それを持続させるよう影響を与える根本的な理由は何だろうか。例えば学習スタイル、パーソナリティ、社会的状況、年齢といったような、学習過程に作用する無数の影響があるかもしれないが、学習者の動機づけという領域はその学習過程に非常に大きな重要性を持つようだ。動機づけは、第二言語習得の速度と成功を決める最も重要な要素と考えられている。動機づけは言語の学習を始める最初の刺激を与え、そして後には、長期にわたる往々にして退屈な学習過程を持続させる原動力を提供する。

ここ2、30年でようやく、第二言語を学習するうえでの動機づけの役割と特徴を研究する努力がなされてきた。この分野で最も影響力のある研究者の一人がロバート・ガードナーだ。彼は動機づけを社会心理学的な文脈で捉えることで、動機づけに社会的要素を与えた。彼は他コミュニティの言語を学習する動機づけを、異文化間のコミュニケーションおよび親和を促す、もしくは妨げる、最も重要な影響力を持つものであると考えた。彼のアプローチの2つの見地は「統合的動機づけ」と「道具的動機づけ」であった。前者は、目標言語のコミュニティに対して学習者が持つ肯定的な態度と、そのコミュニティのメンバーと触れ合いたい、あるいはそのコミュニティと同化さえしたいという欲求に関するものである。一方で、「道具的動機づけ」は、例えば試験に合格する、よりよい職を得る、昇進をするといったような、言語学習の実用的な理由もしくは実利的な目的に関わるものである。

ガードナーの社会心理学的モデルが、動機づけの理解に大きな影響を与える貢献をしたと認められている一方で、学生の動機づけを、より広義に定義および理解する必要があることが論じられている。動機調査の範囲が拡大した結果、言語学習者の動機づけ理論に代替モデルがもたらされ、発展が見られた。実際、状況によって異なるそれぞれの意味で重要と思われる、さまざまな態度や志向性が存在する。オタワ大学のキンバリー・ノエルズは、学習者が第二言語を学習する理由に対して、とくに大きく影響を与える4つの志向性を示すことで、学生の動機づけへの理解を広げている。4つの志向性とは、旅行志向性、友人関係志向性、知識志向性、そして道具的志向性である。旅行志向性によってもたらされる動機づけは、ジョージタウン大学のヨシコ・モリからも報告されている。モリは日本人学習者の研究において、目標言語のコミュニティの一員となりたいという欲求よりもむしろ海外旅行と海外留学が第二言語学習の強力な動機づけ要因と見なされていることを発見した。

学生の動機づけのもうひとつの新たな概念化を示したのが、ハンガリーのエトヴェシュ・ロラーンド大学のゾルタン・ドルニェイだ。彼は自己とアイデンティティの理論から、動機づけの考えに新たな方向を与えている。学生の動機づけは、パーソナリティ心理学の見方と関連づけることで、よりよく理解することができる。パーソナリティ心理学は個人の自己認識が動機づけと行動のまさに中心にあると見なしている。この自己とアイデンティティの概念には「可能自己」の概念が含まれる。それは、なるかもしれない自分、なりたい自分、なりたくない自分についての個人の考えである。この「可能自己」という考えはさらにさまざまなタイプに分類される。例えば「理想自己」は希望、向上心、願望といった、その人が理想を言えば持ちたいと思う特性を示す。「義務自己」は学生の義務感、恩義、責任感といった、その人が持っているべきと考える特性を示す。ドルニェイは、言語学習の動機づけは、目標言語のコミュニティへの肯定的な感情から生じるのではなく、むしろなりたい自分、自分に期待されていると自分が考える自分という内在的概念作用から生まれるとしている。

学生の動機づけに対するこういったアプローチは、ブリティッシュ・コロンビア大学のボニー・ノートンによって裏付けられている。彼女は学習者が一員になりたいと思っている「想像の共同体」という考えを提唱している。ガードナーが地域のコミュニティへの統合を言語学習の主要な動機づけ要因としてとらえた一方で、ノートンはその概念を拡大して想像のグローバルコミュニティを組み入れる。この想像の共同体という概念は、「世界英語のアイデンティティ」の出現とともに用いることが可能だ。こうした状況下では英語が世界言語と見なされ、それにより仮想の言語コミュニティを成立させる。この見地では、想像の共同体という考えが学習者の中に想像のアイデンティティを育て、それが学習への動機づけを刺激するのに利用可能だと主張されている。

想像の共同体がその共有言語としての世界英語を持つという考えは、トモコ・ヤシマが関西大学で行った研究によって、さらなる支持を得ている。彼女は、国際的な問題、仕事、活動に対して特に高い関心を持つ学生は、第二言語を学習するよう動機づけられるようであると論じている。この研究によると、どのように自らを世界に関連づけるかを意識している学習者は「英語を使う自己」をおそらく明確に思い描くことから、英語を勉強するよう動機づけられる傾向にある。

TEST 1

TEST 2

TEST 3

このパッセージは論文などにある先行研究紹介の典型的な形を取っている。まず、第1パラグラフにトピックの導入と既知の内容の説明があり、第2パラグラフでそれに対する新しい試み（Gardner の理論）を紹介している。第3パラグラフ以降は Gardner を発展させた研究を紹介している。第3パラグラフは Noels と Mori、第4パラグラフは Dornyei、第5パラグラフは Norton、第6パラグラフは Yashima というように研究者の名前を挙げながら順に説明されている。それぞれの研究の特徴を確認しながら読み進めよう。問題もそれを問うようにできている。つまり、人名、または研究の特色から該当部分を見つけ、そこをじっくり読んで答えを探すという取り組み方になる。研究者の名前を○で囲んでおくのもいいだろう。

Q1 と **Q2** は、Gardner の理論について問う問題。第2パラグラフを読みながら問題の内容を確認していく。正答の選択肢 A は some external reward が第2パラグラフ最終文の functional reasons or practical goals を指すことがわかれば選択できる。選択肢 B の内容はパッセージに書かれていない。正答の選択肢 C は第2文の social-psychological context に対応していることがわかれば選択できる。選択肢 D の personality and age は第1パラグラフに出てくるので、どこかで見たという理由で選ぶと間違ってしまう。必ずどこで述べられているか確認しよう。選択肢 E の instrumental motivation は Gardner の理論で提唱しているアプローチの2つの見地のうちのひとつだが、パッセージ中で優劣はつけられていないので、has the most influence とは言えない。

Q3 はこのパッセージ全体に関する問いなので、まず一般論の部分（第1パラグラフ）にあると見当をつけ、さらには the greatest influence から「最も影響が大きい」と言われているものを探す。第1パラグラフ後半の motivation is the most important factor という部分から、選択肢 D を選ぶことができる（incentive は motivation の言い換え）。**Q4-6** はそれぞれの研究について問うているのでパッセージ中の研究者をキーワードとして該当部分を探す。**Q4** は Gardner への批判の内容が問われているので、Gardner の理論から次の理論へと移るところ、つまり第2パラグラフの最後か第3パラグラフの最初にあると推測できる。第3パラグラフ第1文の it is argued that ...「……が論じられている」の that 以下の内容と合致する選択肢を選ぶ。**Q5** は Dornyei についての第4パラグラフを見る。選択肢 C の how learners view themselves が第2文の individuals' perceptions of the self の言い換えであることがわかれば正答できるだろう。**Q6** は第5パラグラフ中程の Norton extends this concept to incorporate an imaginary global community 以下から、Norton の研究の特徴を読み取ることができれば、選択肢 D を選ぶことができる。

Q7-9 も研究者をキーワードとして該当部分を探し、**Q10-11** は研究の特色を手がかりにする。**Q10** は an imaginary global community があるので比較的容易に第5パラグラフの終わり部分の develops ... an imagined identity が対応しているとわかるだろう。**Q11** は問題文の前半を手がかりにして答えを探すと、第6パラグラフ最終文が対応していると見当がつく。空欄の後の前置詞の to と結びつく動詞が必要であるということもヒントになる。

PASSAGE 2

The Cooperative Breeding of Birds
鳥類の協同繁殖

動物は繁殖の成功を最大限に高める形で行動するよう進化してきたため、ある動物が繁殖を減らしながらもほかの個体の繁殖を援助する行動を理解するのは難しい。こういった現象の例は、協同繁殖を行う鳥類の個体群にとりわけ広く見られる。協同繁殖において、個体は自らのものではない子孫を育てることに非常に注力する。生物学上の親と、1匹あるいは複数の育ての親が協力して巣の中の子孫を育てる。育ての親側によるこの助けとなる行動の結果、育ての親はその間の繁殖期に自らの子を持つ機会を見送ることになるにもかかわらずだ。これは大きな犠牲のように見えるかもしれないが、ヘルパーになることには多くの利益がある。

協同繁殖のもたらす利益は、1964年にW.D.ハミルトンが構築した血縁淘汰理論に照らして考えればより明らかだ。血縁淘汰は、近縁者に対する利他行動を好んで行うという自然淘汰の一種だ。この行動は、自らが生殖することで可能なほどには、直接的に個体の繁殖の成功を増やすことはないものの、間接的な繁殖の成功という形で進化における利益を確かに提供する。この見解の遺伝子的根拠についても、生殖の最終的な目標は遺伝子の継承であるとみなすW.D.ハミルトンの理論によって説明されている。協同繁殖システムにおいて、自らが生んだのではない近縁者の養育をヘルパーとして援助することは、間接的であるにせよこの目標を達成する。

オナガの協同繁殖型に関する調査が、ヘルパーになることが進化的に理に適う理由とその時期に関する手がかりを提供している。オナガはカラス科に属する鳥で、小さな個体群の中で繁殖し、主に昆虫を食べる。連続した2期にわたる繁殖期におけるオナガの研究で、研究者は、ヘルパーおよび協同繁殖グループの数が天候の変化によって大きく影響されることを発見した。著しく降雨量が多かった年には、ヘルパーおよび協同繁殖の数が増加した。これはオナガの食餌の主要構成要素である無脊椎動物の存在に、降雨が大きな影響を与えるという事実による可能性がある。降雨中、昆虫はオナガにさらに見つかりづらくするため隠れ場所を探し求める傾向がある。そのせいでオナガが手に入れられる食糧の供給が減る。結果として、より多くのヘルパーが現れることになる。なぜなら、限られた資源のせいで低下した生殖成功率が成鳥の大半から繁殖意欲を失わせ、代わりに他個体の子孫の養育を援助することに注力するよう仕向けるからである。

ヘルパーになることを生まれつき進化的に好むことについても、ミクロネシアカワセミの協同繁殖を調べることによって説明がつくだろう。オスもメスもともに幼鳥を世話する上で主要な役割を果たし、子孫はしばしば成鳥となった後にヘルパーとして親鳥と一緒に留まる。研究により、協同繁殖をするミクロネシアカワセミの群れは、単一ペアで繁殖する群れよりも優良な資源と広い縄張りを共同で確保できることが明らかになっている。この理想的な縄張りと資源が手に入るという見込みは、鳥類が協同繁殖に参加する進化上の動機のほんのひとつである。

しかし、協同繁殖システムでヘルパーになることへの動機は、必ずしも個体が自らの染色体を伝える確率を上昇させることに根本的に基づいているとは限らない。成鳥は、自らの個体としての利益を引き出すというただひとつの理由でヘルパーになることがある。この現象はチャガシラヒメゴジュウカラにおいて観察されている。これらの鳥は通常、自らの造巣に失敗した後で手伝い行動という手段を使う。造巣失敗の主な原因としてよく見られるのは、より高位の消費者による略奪、あるいは火事やその他の自然現象による巣の破壊である。手伝い行動の第二の動機は、若鳥が首尾よくつがいを見つけて繁殖する能力を持たないことである。これはしばしば、メスのヒメゴジュウカラの個体数の不足、あるいは地域の営巣密度の上昇に起因するとされている。

ここまでは、生殖能力を持つ若いヘルパーのみが検討されてきたが、子孫を持てないほどに老いた、より高齢の鳥もヘルパーの役割を務めることがある。協同システムにおける従属的な助手としての祖父母は、例えばセイシェルウグイスなど、いくつかの種において観察されている現象である。進化的見地からは、鳥は老いるにつれ生殖に伴う犠牲も高まる。鳥類のライフサイクルのある時点で、自らの子孫を産むことはもはや利益をもたらさなくなる。したがって、より高齢のメスは、自ら繁殖するよりもむしろ血縁者の生殖の成功を増やすことで、より大きな生殖的利益を維持することができる。このようにして、なおも彼らは限られた範囲内で自らの遺伝子を伝えることができる。

協同繁殖は、検討対象となっている種の置かれた環境に特有の、さまざまな生態学的要素によって引き起こされる。成鳥の中には、資源が乏しい場合に食糧と定住場所を確保しようとしてヘルパーになることを選ぶものもいる。自らの個体としての繁殖の試みに失敗したか繁殖可能状態でなくなり、ヘルパーをすることが間接的ではあれ自らの遺伝子を伝える二番目に最良の機会であるために、手伝い行動という手段を使う成鳥もいる。いずれにせよ、協同繁殖現象は、関与するすべての個体によい状況を作り、ヘルパー、親鳥、雛に利益をもたらしているようである。

📖 解説

パッセージ1で研究者名を主なキーワードとしたのと同様に、このパッセージでは鳥の種類名とその特徴を確認しながら読み進める。第1パラグラフはトピックである cooperative breeding の導入とこの現象が特に鳥によく見られることの説明、第2パラグラフは Hamilton の kin selection 理論に絡めての説明、第3パラグラフからは具体的な鳥の種類名を挙げながら cooperative breeding の理由についての仮説、最後の第7パラグラフで全体を振り返るまとめ、という構造になっている。

Q12-15 は Hamilton の理論についてのメモなので、第2パラグラフを見る。**Q13** は extended family members が close relatives の言い換えであることから答えを導く。**Q15** も objective が goal の言い換えになっている。また、空欄に入る語の品詞を考えることもヒントになる。

Q16-19 は鳥の種類ごとに確認すればそれほど難しくはないが、**Q16** の better nesting sites and food が第4パラグラフの第3文にある better resources and larger territories の言い換えであることは少々わかりづらいかもしれない。

Q20 の問題文は動物一般の cooperative breeding の中での鳥の位置づけを述べているので、一般論について触れている第1パラグラフを見る。第2文 Examples of this phenomenon [=cooperative breeding] are particularly widespread within populations of birds が問題文と比較対照する部分だ。パッセージには particularly widespread「とりわけ広く見られる」とあり、問題文には occurs mainly「主に起きる」とあるが、よく考えるとほかの動物と比べて「主に」と言えるほど多いかどうかまではわからないので、NOT GIVEN となる。**Q22** は Azure-winged Magpies についての第3パラグラフを見る。問題文には Male and female . . . play an important role とあるが、パッセージ中に性別の記載はない。よって NOT GIVEN となる。**Q23** は問題文中の seldom とパッセージ中の often（第4パラグラフ第2文）とが一致しないので FALSE となる。**Q20** もそうだが、このように副詞（句）の意味の確認が必要な問題は紛らわしいので注意したい。**Q24-26** は仮説の特徴を手がかりにする。**Q24** は第4パラグラフの第3文から、FALSE であるとわかる。**Q25** は第5パラグラフにある personal nest failure を問題文で have no nest of their own と言い換えていることから TRUE とわかる。**Q26** は第6パラグラフ冒頭の文の後半を言い換えており、TRUE と判断できる。

PASSAGE 3

Renewable Energy
再生可能エネルギー

A 再生可能エネルギー源はしばしば代替エネルギー源として考えられる。なぜなら一般的に、ほとんどの工業国は主要エネルギー源として再生可能エネルギーに依存することはないからだ。その代わりにそれらの工業国は、化石燃料や原子力といった非再生可能エネルギー源に依存する傾向にある。1970年代のエネルギー危機、しだいに減少する化石燃料供給、そして原子力関連の事故のせいで、太陽エネルギー、水力電気、風力、バイオマス、そして地熱といった再生可能エネルギー源の使用が、ゆっくりではあるものの盛んになってきた。再生可能エネルギーは、理論的には消費されると即座に再生が可能な太陽やその他のエネルギー源からもたらされる。持続可能な速度で使用されれば、これらのエネルギー源は数千年あるいはそれ以上の間に消費する量が利用可能となる。

B 太陽エネルギーは地球を動かす究極のエネルギー源だ。太陽から出るわずか10億分の1のエネルギーしか実際に地球表面に到達しないにもかかわらず、世界で必要とされるエネルギー量を十二分に満たしている。実際、再生可能にせよ非再生可能にせよ、その他すべてのエネルギー源は事実上、太陽エネルギーの蓄積された形なのである。太陽の寿命は地球上の人類文明よりもずっと長く続くであろうことから、太陽エネルギーは本質的に無限のエネルギー供給を象徴している。しかし、そのエネルギー源を利用するには困難がある。

C 太陽エネルギー使用には2つの基本方式がある。パッシブ方式とアクティブ方式である。パッシブ太陽エネルギーシステムは静的で、太陽エネルギーを利用するために、部品を動かしたり流体をポンプで流したりといった方式でのエネルギー投入を必要としない。太陽のエネルギーを受動的に使用する建築物を、エネルギーを直接取り込むように設計することができる。日光が建築物の中に入り込んで光と熱を供給することを可能にするガラスや、高熱容量の水や石といった建築材料は広範に利用できるだろう。そういった建築物は大量の太陽エネルギーを日中に吸収することができ、そのエネルギーはその後、夜間に使用するか蓄えておくことができる。南向きでガラス窓とコンクリート床のある温室は、パッシブ式太陽熱暖房の実例である。

D アクティブ式太陽エネルギーシステムは、機械装置を動かすために何かしらのエネルギー投入が必要である。例えば、太陽熱温水器は太陽エネルギーを集め、それを供給するために使われる液体をポンプで流す。太陽熱集熱器は一般的に南もしくは西に面した屋根に据え付けられ、通常、熱を集める液状媒体の入ったガラス管で構成されている。液状媒体は通常は水で、不凍液を加えることもある。太陽がガラス管内部の水を熱し、その温水はポンプによって蓄熱槽に送り込まれる。その蓄熱槽にも外付けの冷水源が設けられている。槽内では熱交換機で熱が移される。そのあとで温水はポンプで補助ボイラーに送り込まれる。補助ボイラーは温水を部屋の暖房や水道に供給するほか、予備システムとしても働き、水が十分に温まっていない場合には加熱する。

E もうひとつの一般的な太陽エネルギーシステムは太陽パネルだ。別名、光起電性パネル（PVパネル）としても知られている。光電池（PV電池）は太陽パネルに共通した構成部品で、日光から電気を発生させる。何百枚もの電池がつなげられて必要な電流の流れを供給し、生み出された電気は直接使用可能であり、また蓄電池への保存も可能である。光電池は可動部

品を持たないのでクリーンで静かで耐久性がある。しかし当初は不評だった。というのは初期の電池は尋常でなく高価で、太陽電気パネルの費用を法外なものにしていたからだ。近年、手頃な価格の半導体材料が開発されたことが大幅な費用の低下につながり、従来の手法で生産された電気と比べて、太陽電気パネルの費用面での競争力ははるかに強くなっている。

F しかし、太陽エネルギーそのものは無料で、エネルギーの活用に必要な設備に関連した費用は徐々に下がっているかもしれないが、いまだに一部の費用は相当なものである。パッシブ式太陽エネルギー暖房の住宅建設費は、初期にはより高くなることがよくある。というのも、システムが適切に機能するために必要となるガラス、石材、優れた断熱は、従来のシステムに用いられるものよりも費用がかかる傾向にあるからだ。アクティブ太陽エネルギーに使用される太陽熱温水器や太陽パネルは購入、設置、維持に費用がかかりかねない。広範に及ぶパイプ網が必要とされており、そこに漏れが起こって追加費用が生じることもある。しかしながら、これらすべての費用にもかかわらず、公共料金を長期にわたって比較すると、ほとんどの場合は注目に値するほど節約できていることが明らかになる。

G いかなる太陽エネルギーシステムにおいても間違いなく最大の障害は、資材費でも維持費でもなく、機能するために太陽光の安定供給を必要とするという事実だ。世界のほとんどの地域は緯度や気候のせいで、太陽光のみを使用する住宅にとって決して理想的な環境とは言えない。そのため、通常は太陽光住宅にはガス炉など、従来方式のバックアップシステムを備えることが必要となる。こういった二重システムが必要となることで、さらに金銭的な負担が増える。

H しかし、上述の費用を考慮しても、環境と消費者にもたらす利益があることから、技術のさらなる進歩に伴って今後数十年にわたり、太陽エネルギー使用は激増すると見込まれている。ほかの非再生可能エネルギー源が枯渇するにつれ、その必要が生じることになるだろう。

📖 解説

再生可能エネルギーのうち太陽エネルギー利用の方法と利点・欠点を、passive「パッシブ方式」と active「アクティブ方式」の2つのエネルギー使用方式に分けて論じている。どちらの使用方式について述べているのか、各パラグラフで言いたいことは利点と欠点のどちらなのかを確認しながら読み進めよう。

Q27-32 のようなパラグラフの見出しを選ぶ問題は、そのパラグラフ全体に関係する話題またはアイディアを選ぶ必要があることに留意しよう。例えば **Q28** のパラグラフCは、最初の文で太陽エネルギーの利用には passive と active があることを紹介しているが、その後はずっとパッシブ方式の建築物について述べられている。よって iii ではなく v を選ぶ。同様に、**Q29** のパラグラフDでは第1文に pump fluids とあるので viii の Pumping fluids に目が行くが、これはシステムの具体的説明の一部。パラグラフ全体はシステム全体の特徴、つまり機械を動かすためにエネルギーが必要であることが言いたいので iv を選ぶ。**Q30** は、まずソーラーパネルのよい点を述べ、その後に欠点（費用がかかる）が続き、最後に現在は価格的にはるかに competitive になっていると述べている。つまり答えは最後の文にあるので、パラグラフ全体をじっくり読む忍耐力が必要。

Q33-36 は図のタイトルから solar water heating system について書かれているパラグラフD（最初の文に solar water heaters がある）を見るべきとわかる。第2文に solar collector があるので、図の中央上から順にパッセージと照らし合わせながら読んでいけば答えを探すことができるだろう。

Q37-40 は太陽エネルギー利用について、まずはコスト面を取り上げているので、パラグラフFから見る。**Q37** は最初の文の some costs are still substantial から選択肢 K の significant「相当の」を選ぶ。**Q38** は passive systems に必要なもので、materials の前に入る語を探す。パラグラフF中程の passive 方式の建築材料について触れている部分から、答えは選択肢 I の construction が入る。**Q39** は要約の同文の前半にある the inconsistent nature of sunlight から、パラグラフ G に話題が移っていることがわかる。第3文に、太陽光が安定的に供給されないために necessary ... to have conventional backup systems であることが書かれているので、選択肢 J の traditional（conventional の言い換え）を選ぶことができる。**Q40** は全体のまとめなのでパラグラフ H を見る。パッセージの the benefits to the environment and the consumer の部分から、空欄には選択肢 D の end-users（consumers の言い換え）が入るとわかる。

TEST 1

TEST 2

TEST 3

PART 1 【スクリプト】

Part 1. You will hear a woman enquiring about rental video membership. First, you have some time to look at questions 1 to 5. An example has been done for you, and the conversation relating to this will be played first.

WORKER　　: Hi there. Can I help you?

CUSTOMER : Er, yes. I've just moved to the area, and I'm interested in renting some videos.

WORKER　　: That's great to hear.

CUSTOMER : Can I get a <u>membership</u> card?　　　　　　　　　　　　Example

WORKER　　: Sure. I'll need to see some form of ID. Have you got any two of a driver's license, student ID card, health insurance card, or utility bill?

The woman is asking about a membership card, so 'membership' has been written in the space. Now let's begin. You should answer the questions as you listen because you will not hear the recording again. Listen carefully and answer questions 1 to 5.

WORKER　　: Hi there. Can I help you?

CUSTOMER : Er, yes. I've just moved to the area, and I'm interested in renting some videos.

WORKER　　: That's great to hear.

CUSTOMER : Can I get a <u>membership</u> card?　　　　　　　　　　　　Example

WORKER　　: Sure. I'll need to see some form of ID. Have you got any two of a driver's license, student ID card, health insurance card, or utility bill?

CUSTOMER : Just a minute. Okay. <u>I've got my student card and a driver's license.</u> Is that　Q.1 okay?

WORKER　　: Yeah, that's fine. Can I just have those for a minute? I need to take down the details.

CUSTOMER : Sure. Here you go.

WORKER　　: Also, could you fill this form in, please?

CUSTOMER : Okay. Here you go. I've finished.

WORKER　　: Right, let's have a look. Okay. Sorry, I can't read this bit here. Is your surname Schum or Scham?

CUSTOMER : <u>Oh, it's a U, not an A. So it's S-C-H-U-M, Schum.</u>　　　　　　　Q.2

WORKER　　: Okay, thanks. And your address is <u>45D</u> Brooklyn Street? That's near here,　Q.3 isn't it?

CUSTOMER : Yeah, fairly. It's a ten minute walk.

WORKER　　: Ah, do you know the postcode?

CUSTOMER : Not offhand. I've just moved here. Hang on a minute. It's on my phone. Okay. It's <u>SW12 5BA.</u>　　　　　　　　　　　　　　　　　Q.4

WORKER　　: Great. Um, you've missed a bit here on this form. I need some kind of phone number, landline, mobile or whatever. It's just in case you neglect to bring your DVDs back, we can get a hold of you to remind you. Otherwise the fees can mount up a bit.

CUSTOMER : Oh, I see. Well, I have this one, my mobile. It's <u>07953 210 006</u>. Do you want Q.5
to know my landline number when I get one? Like I said, I've just moved in,
but I will be getting a phone line in my house, so I can give it to you if you
want.

WORKER   : Don't worry. One's enough.

Before you hear the rest of the conversation, you have some time to look at questions 6
to 10. Now listen and answer questions 6 to 10.

WORKER   : Right. That's all the paperwork out of the way. I'll just go over some of the
information for you.

CUSTOMER : Okay. Like how many DVDs or CDs can I borrow at one time?

WORKER   : Well, it depends. For old ones, you know, <u>not the latest stuff, you can borrow</u> Q.6
<u>up to 10 DVDs at a time or 10 CDs for a week.</u> But for the DVDs that have
just come out, it's only three at a time, and you can only keep them for three
days.

CUSTOMER : Oh, but can I bring them back and then get them out again?

WORKER   : Yes, it's okay, if there's no waiting list on them.

CUSTOMER : Right. How much is it?

WORKER   : For new DVDs, £2.50 for three days and for older ones, £1.50 for a week.
<u>For CDs, they're all £1.50 for a week.</u> If you want to borrow anything for just Q.7
one night, it's a pound.

CUSTOMER : Right. And what happens if I bring them back late?

WORKER   : Oh, <u>you have to pay a surcharge of an extra £2.50 for each one per day.</u>   Q.8

CUSTOMER : Whoa. That's a bit much!

WORKER   : Yeah, but it makes sure people bring them back punctually. Just one or
two things more. Um, if you mislay a DVD, you have to pay for it. The price
depends on the DVD, but it's usually between 5 and 15 pounds.

CUSTOMER : Okay.

WORKER   : Right. Here's your membership card. Enjoy. The latest releases are here by
the counter at the front of the shop, comedy is over there on the left, horror
at the back, and thrillers and stuff like that are in the middle. We've got quite
a lot of <u>TV dramas as well. They're just back there in the corner on the left.</u> Q.9
<u>And there's a good range of classics in the middle there between the horror</u> Q.10
<u>and the thrillers</u>. We've also got a reasonable range of documentaries but
not a huge number. Oh, yes, and the CDs are here on the right. If there's
anything you can't find, just come and ask.

CUSTOMER : Okay. Great. Thanks.

That is the end of Part 1. You now have one minute to check your answers to Part 1.

【訳】

従業員：いらっしゃいませ、こんにちは。

客　　：あ、はい。こちらに引っ越してきたばかりで、ビデオでも借りようかと思いまして。

従業員：それはいいですね。

客　　：会員になりたいのですが。

従業員：かしこまりました。何か身分証を拝見したいのですが。運転免許証、学生証、健康保険証、公共料金の請求書のいずれか2つをお持ちですか？

客　　：ちょっと待ってください。はい。学生証と免許証があります。大丈夫ですか？

従業員：はい、大丈夫です。その2つをちょっとお借りしてよろしいでしょうか。情報を書き留める必要がありますので。

客　　：はい、どうぞ。

従業員：それから、このフォームにご記入いただけますか？

客　　：わかりました。はい。終わりました。

従業員：はい、ちょっと拝見します。大丈夫ですね。すみません、ここのところが少し読めないのですが。名字は Schum ですか、それとも Scham ですか？

客　　：ああ、それは A じゃなくて U です。S-C-H-U-M でスチャムです。

従業員：わかりました、ありがとうございます。あとご住所はブルックリン・ストリート　45D でしょうか？　この近くですよね？

客　　：ええ、まあ。歩いて10分です。

従業員：郵便番号はおわかりですか？

客　　：今はわかりません。ここに越してきたばかりなんです。ちょっと待ってください。電話に入っています。あ、はい、SW12 5BA です。

従業員：ありがとうございます。このフォームにご記入いただいていないところが少しあるのですが。ご自宅の電話でも携帯電話でも何でもいいので、何らかの電話番号をお書きください。これは万が一お客様が DVD を返却し忘れた際にお知らせのご連絡ができるよう控えさせていただきます。ご返却いただかないと延滞料が少しずつ増えていきますので。

客　　：なるほど。携帯電話ならわかります。番号は 07953 210 006 です。自宅の電話がつながったら番号をお知らせした方がいいですか？　さっき言ったように、引っ越してきたばかりなんですが、自宅に電話を引こうと思っているので、必要でしたらお知らせしますが。

従業員：大丈夫です。ひとつで結構です。

* * *

従業員：さて、これで必要な書類はすべてです。あと、お伝えしておくことがいくつかございます。

客　　：はい。一度に何枚の DVD や CD を借りられるとかですか？

従業員：ええと、それはものによって違います。最新作ではないもの、つまり旧作ですと、一度に DVD10枚または CD10枚まで、1週間レンタルいただけます。でも出たばかりの DVD ですと、一度に3枚まで、3日間しか借りられません。

客　　：なるほど。でも一度返却してまた借りることはできますか？

従業員：はい、待っている方がいらっしゃらなければ大丈夫です。

客　　：わかりました。いくらですか？

従業員：新作 DVD ですと、3日で2ポンド50ペンスで、旧作ですと、1週間で1ポンド50ペンスです。CD はすべて、1週間で1ポンド50ペンスです。もし一晩だけ借りたい場合は、どれでも1ポンドです。

客　　：わかりました。もし遅れて返すとどうなるんですか？

従業員：ええと、1 日遅れるごとに 1 枚当たり 2 ポンド 50 ペンスの延滞料がかかります。

客　　：わあ。けっこうしますね！

従業員：はい、ですがこれはお客様に期限までに必ずご返却いただくためです。あともう 1 つ 2 つ、お伝えすることがあります。もしも DVD を紛失されますと、その代金をお支払いいただきます。金額は DVD によって異なりますが、だいたい 5 ポンドから 15 ポンドの間です。

客　　：わかりました。

従業員：それでは、こちらがお客様の会員証になります。どうぞお楽しみください。最新作は店内前方のこちらのカウンターそば、コメディはあちらの左側、ホラーは奥、スリラーなどは中央にございます。テレビドラマもたくさん置いております。奥の左角にございます。名作はそちらの中央、ホラーとスリラーの間に幅広くそろえてあります。ドキュメンタリーもいろいろ置いていますが、数はそんなに多くありません。あ、あと、CD はこちらの右側にございます。もし見つからないものがあれば、こちらでご遠慮なくお尋ねください。

客　　：わかりました。ありがとうございます。

PART 2 【スクリプト】

Part 2. You will hear a skydiving instructor talking to a group of customers. First, you have some time to look at questions 11 to 16. Listen carefully and answer questions 11 to 16.

Welcome to the Down Sky Dive centre. I understand that everyone here today is keen to experience skydiving and that most of you've never been up before. So I'll just tell you a bit about what to expect.

Now I expect most of you will want to do a tandem jump, which means you'll jump out of the plane while you're attached to an instructor with a harness, and the instructor does all the work. You only need about 30 minutes' preparation, and it's virtually foolproof. Q.11

Before you actually do your jump, you'll meet your instructor and he or she will outline exactly what's going to happen and get you a harness that fits. When you get up to the jumping altitude, which will be somewhere between 9,500 and 17,500 feet, the instructor will clip you onto their harness. Then you jump. You'll be free falling at around 120 miles per hour for somewhere between 45 seconds and a minute and then at around 5,000 feet, the instructor will open the parachute and you'll be able Q.12 to just hang there and enjoy the view for another four minutes. Getting down, you need to do exactly as the instructor tells you as the position you are going to land in depends on the circumstances.

For those of you who are a little more adventurous, you could try an AFF or Accelerated Free Fall. Now with this type of jump you get to jump out of the plane on your own with your own parachute. You will need to do five or six hours of classes on the ground for this. It doesn't sound like much I know, but when you jump you'll have two experienced instructors helping you exit the plane and holding onto you all the way down. You jump from about 12,000 feet and do about 50 seconds free fall. The two instructors Q.13, 14 will guarantee you stay stable, monitor your altitude and practise pulling the ripcord. You pull the cord at about 4,000 feet to open your parachute, and another instructor on the ground can help you via radio to get ready for landing. Q.15

I know that most of you will probably be worried about safety. I'd just like to say that although some people do die while skydiving, the figures are around 30 deaths in over 2 million jumps, and 5 out of 6 of those are solo jumpers who are not quite as Q.16 good as they thought they were. The risks of injury or death can easily be mitigated by doing what you are told and using your best judgment. Deaths among beginners while tandem jumping are very few indeed. If you have any questions about the safety precautions that we take, please come and see me after the talk.

Before you hear the rest of the talk, you have some time to look at questions 17 to 20. Now listen and answer questions 17 to 20.

Right. Next, I'll show you what a parachute looks like. Here we have an ordinary rig. The parachute itself is called the canopy. It's made of lightweight nylon and is _{Q.17} divided into separate cells. Then there is a small pilot chute, which is released by the _{Q.18} skydiver. This yanks the canopy out by pulling on a piece of nylon webbing called a bridle. So basically, the pilot chute is attached to the bridle, which is attached to the _{Q.18} canopy. Then there is another parachute, which I'm sure you will not need, but it's good to have it just in case. This is called a reserve parachute, and it is used if the canopy does not work properly. All these things are packed away in the container. This is a kind of backpack that has strong shoulder and leg straps. The canopy is attached to the container by lines. There are a variety of lines for each function; the ones connected to the brake loop are the brake lines. The lines run through some _{Q.19} thick straps just above the skydiver called risers. Finally, there's an AAD or Automatic _{Q.20} Activation Device. This automatically releases the reserve chute if there's a problem, for example, the skydiver becomes unconscious. It notices if the diver is at a certain altitude and speed and has not deployed the canopy yet . . . .

That is the end of Part 2. You now have 30 seconds to check your answers to Part 2.

【訳】

ダウン・スカイダイブ・センターにようこそ。今日、皆さんはスカイダイビングをぜひ体験したいということでここにいらっしゃると思うのですが、ほとんどの方は今回が初めてかと思いますので、心得について少しお話ししたいと思います。

さて、皆さんのほとんどはタンデムジャンプをご希望になると思います。これは、インストラクターとハーネスでつながれた状態で飛行機から飛び、インストラクターがすべてやってくれるというものです。30分の準備で済み、ほとんど誰でもできます。

実際にジャンプをする前に、担当のインストラクターに会っていただきます。彼らがこれからの進行予定の概略をお伝えし、サイズのぴったり合うハーネスを準備いたします。ジャンプする高度、だいたい9500から17500フィートの間に来ましたら、インストラクターが皆さんを彼らのハーネスに固定します。そして飛んでいただきます。時速120マイルで45秒から1分間ほど自由落下し、それから約5000フィートのところでインストラクターがパラシュートを開きますので、皆さんはただそれにつかまって、そのあと4分間、景色を楽しんでいただけます。降りる際、どこに着地するかは状況によりますので、皆さんはインストラクターの指示にしっかり従ってください。

もう少し冒険を求める方は、AFFという、アクセルレイテッド・フリーフォールにトライすることもできます。このタイプのジャンプでは、飛行機から自分のパラシュートを持って自分ひとりでジャンプします。このための地上講習を5、6時間受けていただく必要があります。あまり多くないと感じられると思いますが、ジャンプをする時には経験豊富なインストラクターが二人ついて、あなたが飛行機から出るのを手伝い、下までつかまえていてくれます。約12000フィートからジャンプし、およそ50秒自由落下します。二人のインストラクターは必ずあなたの体が安定した状態を保つようにし、高度を監視し、パラシュートのリップコード（開き綱）を引く練習をして見せてくれます。あなたは約4000フィートのところでコードを引いてパラシュートを

開き、地上にいるもう一人のインストラクターは無線であなたの着陸準備を手伝います。

おそらく、皆さんのほとんどは安全について心配されることと思います。ただ申し上げたいのは、確かにスカイダイビング中に死亡する人はいますが、その確率は 200 万回以上のジャンプに対し 30 事例ほどで、その 6 回に 5 回は一人でジャンプをした人であり、自分が思っていたほどの技術がありませんでした。けがや死のリスクは、指示されたとおりにし、最善の判断をすることで、簡単に軽減することができます。実際、タンデムジャンプの最中に初心者が死亡に至るケースはほとんどありません。私どもが取っている安全対策について質問がございましたら、この話のあと私のところにいらしてください。

＊　＊　＊

では次に、パラシュートがどんなものかお見せしましょう。ここに通常の装備があります。パラシュート自体はキャノピーと呼ばれます。軽量ナイロン製で、いくつかのセルに分かれています。それから、スカイダイバーが開く小さなパイロットシュートがあります。これは、ブライドルと呼ばれるナイロン製のウェビングを引っぱることで、キャノピーを引き出します。ですので、基本的にパイロットシュートはブライドルに結ばれており、ブライドルはキャノピーに取り付けられています。それからもうひとつパラシュートがあります。これは皆さんには必要ないと思いますが、万が一のためにあるとよいものです。それはリザーブパラシュートと呼ばれ、キャノピーが正しく機能しない場合に使います。これらはすべてコンテナにしまわれています。コンテナとは、丈夫なショルダーストラップとレッグストラップがついたバックパックのようなものです。キャノピーはコンテナにラインで取り付けられています。機能ごとにさまざまなラインがあります。ブレーキループにつながっているのは、ブレーキラインです。ラインはスカイダイバーのすぐ上にあるライザーと呼ばれる太いストラップの中を通っています。最後になりますが、AAD、つまり自動開傘装置があります。これは、例えばスカイダイバーが気を失うなど、問題が起こった時にリザーブパラシュートを自動的に開いてくれます。ダイバーがある高度と速度に至ってもまだキャノピーを開傘していない場合、それを探知します。

◀)) 46

PART 3 【スクリプト】

Part 3. You will hear a student called Nick talking to his professor about study abroad programmes. First, you have some time to look at questions 21 to 27. Now listen carefully and answer questions 21 to 27.

PROFESSOR : Hello, hey there, yeah come right in . . .

NICK : Hi, Professor Smith, it's only me.

PROFESSOR : Right, Nick, isn't it? . . . Please excuse the mess; I'm marking papers and my office is a bit chaotic at the moment . . . Here you go, just take a seat right here.

NICK : Cheers.

PROFESSOR : So, Nick, what can I do for you?

NICK : Umm, it's about the studying overseas programmes that are on offer at this university. Not the one happening later this year, but the one that's starting in <u>February next year</u>. Q.21

PROFESSOR : I see. That's the programme to the University of Westbury, isn't it?

NICK : Yeah, that's correct.

PROFESSOR : Well Nick, that's a good choice. I actually taught there for a few years, so I can vouch for its high standards.

NICK : That's good to hear. Do you know much about the programmes that are being offered?

PROFESSOR : Certainly do. And it's good that you came to see me because Westbury Uni actually offers two programmes. With both programmes, you'll be able to study for a maximum of <u>two semesters</u>, but each programme has important Q.22 differences.

NICK : Oh, I see. I didn't know that. How different?

PROFESSOR : Quite different to be honest, but I'm sure we'll be able to work out what is best for you. Let's just check out their website. Here you go, first of all, there's the Exchange Programme. This is where the University of Westbury has a formal exchange <u>agreement</u> with a partner university. To get on to this Q.23 type of programme, you have to be nominated by an exchange coordinator at your home university.

NICK : Is that possible at this university?

PROFESSOR : Most definitely. We are a partner with Westbury Uni, so it's available to you.

NICK : Nice one! But I'm a bit worried about my credits at this university. As you know, I need to get a certain amount in order to graduate, and I'm wondering whether this programme will affect this.

PROFESSOR : No need to worry. Through the Exchange Programme, when you study in Westbury, you'll still be enrolled at this university, and the courses you take overseas will be credited towards your degree here. So, think of your overseas study as an extension of your study here. It'll be done in a different

country, but you'll get <u>credits</u> towards your degree. Also, you don't need Q.24
any extra outlays for this. All you need to do is <u>continue</u> paying your tuition Q.25
fees here, and you are exempt from paying fees at Westbury Uni.

NICK : Interesting, now that makes life a lot easier. You also mentioned another programme available to me. What's that about?

PROFESSOR : Ah yeah, the other one . . . that's the <u>Study Abroad</u> Programme. As with Q.26 the Exchange Programme, you can also study at the University of Westbury for one or two semesters. However, with this programme, you will need to check with our university's International Students' Office to see if you can get credits for this course.

NICK : Really?

PROFESSOR : Yep, just remember, you may not be able to <u>transfer</u> the credits from this Q.27 course. And, what's probably of great importance to you, you will have to pay a single flat fee to the University of Westbury, so that will create a bit more financial pressure for you and your family.

NICK : That's true, and definitely something I need to keep in mind.

Before you hear the rest of the conversation, you have some time to look at questions 28 to 30. Now listen and answer questions 28 to 30.

PROFESSOR : I've just found a bit more information about these programmes that may be of interest to you. Let me see . . . ah yes, it says here that you must have completed at least one full-time year at university before you can attend these programmes.

NICK : No problem there. Actually, I'm a second year student, so we can tick the box on that one.

PROFESSOR : Okay, that's good to hear . . . Ah, the next requirement states that you must have a better-than-average <u>academic</u> record. Especially with respect to the Q.28 subject you are majoring in.

NICK : Well, I'm not going to say it is outstanding, but I will say it is above average, and who knows, with a bit more work and more focus, my scores could be up there with the best.

PROFESSOR : I hope so! . . . Ahh . . . this'll be of great interest to you, the university's website says that . . . umm . . . 'all applicants whose first language is not English will be required to provide satisfactory evidence of their proficiency in English'.

NICK : Oh, I see. So does this mean that I'll have to take an English test?

PROFESSOR : I'm afraid so, even though your classes at this university are conducted in English, the fact that English is not your first language means that you will have to demonstrate a <u>high level</u> in the language. Q.29

NICK : Ah, that's annoying; I was hoping I wouldn't have to go through that process.

PROFESSOR : Hey, wait a minute, I stand corrected. It says here that 'where classes are
<u>conducted</u> in English at a student's home university, this may be accepted as Q.30
evidence of adequate English language proficiency', which means everything
might be okay for you. But to be on the safe side, you'll need to check this
out. If I were you, I'd ask the International Students' Office about this matter.

NICK : Yeah, that would be best. Anyway, you've given me a lot to think about,
and I think it's time I made my way over to that office. Many thanks for all
your information. When, or if, I make a decision, I'll let you know.

PROFESSOR : Look forward to it. All the best! And . . . see you in the next tutorial. Don't
forget that presentation you have to give!

That is the end of Part 3. You now have 30 seconds to check your answers to Part 3.

【訳】

教授 ：こんにちは。さあ、入って……

NICK ：こんにちは、スミス教授、僕なんですが。

教授 ：はい、ニックね？ ……散らかっていてごめんなさいね。レポートの採点をしていて私の
研究室は今ぐちゃぐちゃなんです……さあ、ここに座って。

NICK ：ありがとうございます。

教授 ：それで、ニック、どんな相談ですか？

NICK ：ええと、この大学で設定されている留学プログラムについてなんです。年内にある方では
なくて、来年の2月に始まる方なのですが。

教授 ：ああ、それはウェストベリー大学に行くプログラムですね？

NICK ：はい、そうです。

教授 ：ニック、それはいい選択ですね。実際、私はそこで数年教えていたから、水準の高さは保
証しますよ。

NICK ：そう聞いてうれしいです。設定されているプログラムについて、いろいろご存じですか？

教授 ：もちろんよく知っていますよ。それにウェストベリー大学は実際、2つのプログラムを設
定しているから、私のところに相談に来てよかったです。どちらも最大で2学期間、勉強
できるのだけれど、それぞれ重要な違いがあるんですよ。

NICK ：そうなのですか。それは知りませんでした。どう違うのですか？

教授 ：正直に言って、かなり違うけれど、あなたにとって何がベストかをきっと見つけられると
思います。大学のウェブサイトを見てみましょう。さあこれ、まず、交換留学プログラム
があります。これはウェストベリー大学が提携大学と正式な交換留学協定を交わしている
ものです。このタイプのプログラムに参加するには、自分の大学の交換留学コーディネー
ターに推薦されないといけません。

NICK ：それはこの大学では可能なんですか？

教授 ：まったく問題ありません。この大学はウェストベリー大学と提携しているから、あなたに
も参加できますよ。

NICK ：いいですね！ でもこの大学での単位について少し心配しているんです。ご存じのように、
卒業するためには一定の単位の取得が必要なのですが、このプログラムがそれに影響を与
えるのかどうかと思いまして。

教授 ：心配いりませんよ。この交換留学プログラムを通じてあなたがウェストベリーに留学して

も、この大学にまだ籍を置いているから、海外で取ったコースはここでの学位のための単位として認められます。だから、この大学での勉強の延長として海外留学を考えてごらんなさい。ほかの国で授業を取っても、ここでの学位のための単位になるんです。また、このために追加の支出の必要はありません。必要なのはここでの学費を払い続けることだけで、ウェストベリー大学の学費は免除されるんですよ。

NICK：面白いですね、それはすごく助かります。ほかにも僕が参加できるプログラムがあるとおっしゃっていましたね。それはどういうものなんですか？

教授：ああ、もうひとつの方ですね……それはスタディ・アブロード・プログラムです。交換留学プログラムと同じように、ウェストベリー大学で1学期か2学期間勉強できるけれど、このプログラムでは、ここのコースの単位をもらえるかどうか、この大学の留学生事務局に確認しないといけないんです。

NICK：そうなのですか？

教授：ええ、ただ覚えておいて。そのコースで取った単位が認められるかは保証がないんです。そして、おそらくあなたにとって大変重要なことですが、ウェストベリー大学に一律料金を払わなければならないから、あなたとご家族にとって財政的負担が少し増すでしょう。

NICK：そうですね、それは確かに心に留めておかないといけないですね。

＊　＊　＊

教授：これらのプログラムについて、あなたに関係がありそうな情報をもう少し見つけましたよ。ええと……ああ、これ、これらのプログラムに参加するにはフルタイムで少なくとも1年間は大学を修了していないといけない、とここに書いてあります。

NICK：それは大丈夫です。実際、僕は2年生なので、それについては問題なしです。

教授：そう、それはよかった……あ、次の要件は、成績が平均以上であるということ、特に専攻の科目に関しては。

NICK：ええと、成績優秀とは言いませんが、平均以上はありますし、もう少し集中して頑張れば、成績がトップの方に上がることだってあるかもしれません。

教授：そう期待していますよ！……ああ……これはあなたにとって、とても関係があることですね……大学のサイトにこう書いてあります……「第一言語が英語ではないすべての応募者は、英語力が十分にあることを証明する書類の提出が求められる」。

NICK：ああ、なるほど。それは英語のテストを受けないといけないということですかね。

教授：そうでしょうね、この大学での授業が英語で行われていたとしても、英語があなたの第一言語でないということは、高度な英語力を証明しないといけないということでしょうね。

NICK：それは面倒ですね。それはやらないで済んだらと思っていたのですが。

教授：ああ、ちょっと待って、訂正させて。ここにこう書いてあります……「学生が在籍する大学で授業が英語で行われている場合、それが十分な英語能力の証明として認められることがある」。ということは、あなたはすべてクリアしているかもしれないということですね。でも念のため、これは確認する必要があるでしょう。もし私があなただったら、この件について留学生事務局に聞いてみると思いますよ。

NICK：はい、それがベストですね。とにかく、おかげさまでたくさん検討することができましたし、これからその事務局に行ってみようと思います。いろいろ教えてくださりありがとうございました。決めたときは、というか、もし決めたらですが、ご報告します。

教授：楽しみにしていますよ。うまくいくように！　そして……次回のチュートリアルで会いましょう。プレゼンテーションをすることになっているのを忘れずに！

PART 4 【スクリプト】

Part 4. You will hear part of a lecture on a musical instrument from Australia. First, you have some time to look at questions 31 to 40. Now listen carefully and answer questions 31 to 40.

Morning everyone, and welcome back to class . . . hope you enjoyed your long weekend, but now it's back to work for me and study for you. If you can put your minds back to our last lecture, you'll remember that we looked at indigenous instruments from Papua New Guinea. Today, we're going to move south to Australia and find out about a unique instrument played by the Aboriginal people of Australia. So, what do you think this is? Yeah, that's right; it's the didjeridu, also known as the didge.

So what is it? Well, the didjeridu is a musical instrument that's a vital aspect of the traditions of the Aboriginal people of <u>northern Australia</u>. It's an ancient instrument, in Q.31 the same category as other traditional lip-reed wind instruments made from a variety of materials, from branches to animal horns to conch shells, and found in many cultures around the world. In a minute, I'll tell you a bit more about the types of material used for this instrument. But first, what's very interesting historically about this instrument is that archaeological <u>records</u> show the didjeridu is at least 1500 years old. Some Q.32 archaeologists have even asserted that it may be much older than that, possibly even one of the oldest wind instruments ever invented anywhere. So, we are talking about a very old instrument. All the evidence regarding the instrument's age has come from analysis of <u>rock art</u> at certain archaeological sites around northern Australia. The most Q.33 famous site depicts two songmen and a didjeridu player participating in a ceremony.

A common misconception is that the didjeridu has historically been played all around Australia. This is in fact incorrect because didjeridu traditions center in <u>Arnhem Land</u>, Q.31 the largest Aboriginal freehold area in Australia, which is located at the 'Top End' of <u>Australia's Northern Territory</u>. Another thing you may find surprising is that there Q.31 are actually three distinct musical traditions in Arnhem Land, which include different didjeridu playing styles. Also, several different native groups have a specific local version of the instrument, with a local name. In order to understand this diversity of the didjeridu in one particular area of Australia, albeit a very large area, you have to realise that Aboriginal Australians come from a variety of related cultures, with different <u>languages and customs</u>, not a single uniform culture. Q.34

Okay, now let's move onto the physical attributes of the didge. The typical didjeridu consists simply of a tube with a mouthpiece at one end. The tube is traditionally made from a termite-hollowed eucalyptus tree. Sometimes a <u>branch</u> that is large enough Q.35 and straight enough can be found, but more commonly, it's the <u>trunk</u> of a young Q.35 tree. When a hollow tree of the right size is discovered, the bark is removed, and its innards may be further hollowed and shaped to produce a better sound. The outside of the instrument may be painted or <u>varnished</u>. Some modern instruments are made Q.36 of other materials, such as bamboo or other kinds of wood.

The rim of one end of the tube is altered slightly to form the mouthpiece. If one end of a didjeridu is already the right size and shape to accommodate the lips, simply smoothing it out to make it comfortable is often enough to create a mouthpiece. In many instruments, though, a <u>layer</u> of beeswax is added to the rim. The consistency Q.37 of the beeswax, which becomes malleable at warm temperatures, makes it ideal for shaping a comfortable, efficient mouthpiece. With this instrument, the sound is created by 'buzzing' the lips inside the mouthpiece rim.

So that's the physical characteristics of the didge. Now let's have a look at how it's played. In order to keep up the rhythm pattern effectively, didjeridu players use a technique called circular breathing, which allows them to breathe in through the nose while they're still blowing through the instrument with their mouth. This allows the player to produce a <u>continuous sound</u>. Some players of other low brass instruments also Q.38 learn circular breathing, but the technique is somewhat tricky to master and physically strenuous, and the didjeridu is the only instrument which uses it as a matter of course.

Traditionally, a single didjeridu player accompanies one or more singers who may also be playing percussion instruments, and there may also be dancing. Boys and young men are encouraged to play the instrument for enjoyment, and the most promising ones are trained to become the community's didjeridu players, the ones who are asked to play at ceremonies and performances. The most typical kind of performance is a series or cycle of short songs; each song has its standard rhythm, and the didjeridu player is expected to both keep the basic rhythm and to improvise variations on it, somewhat as a good <u>jazz drummer</u> would. Q.39

So, up until now, we've looked at the didjeridu's history, etymology, physical characteristics and how it's played. It's now time to move on to the instruments outside the Aboriginal communities. In recent times, the world music movement has created widespread interest in the didjeridu, which is now sometimes included in cross-tradition ensembles. Most Aboriginal Australians have no problem with the idea of the instrument being used in non-traditional ways, but some are troubled by the <u>mass production</u> of poorer-quality, inauthentic instruments, and by schools of Q.40 playing that claim, but don't really have, a link with Aboriginal traditions, considering this to be a form of intellectual-property theft from their culture . . . .

That is the end of Part 4. You now have one minute to check your answers to Part 4. That is the end of the listening test. You now have 10 minutes to transfer your answers to the answer sheet.

【訳】

皆さん、おはよう。また授業に出て来てくれてうれしいです……皆さん、3連休の週末は楽しみましたか？　私にとっては仕事、皆さんにとっては勉強がまた始まります。前回の講義の記憶を呼び起こしてもらうと、パプアニューギニア発祥の楽器を見たことを思い出すでしょう。今日はその南のオーストラリアに目を移し、オーストラリアのアボリジニの人々によって演奏されている独特な楽器について知りましょう。では、これは何だと思いますか？　はい、そうです。これはディジュリドゥで、ディッジとしても知られています。

では、これは何なのでしょうか？　ディジュリドゥは楽器であり、北オーストラリアのアボリジニの伝統にとってきわめて重要な一面です。これは太古からある楽器で、ほかの伝統的なリップリードの管楽器と同じカテゴリーに分類され、木の枝から動物の角、ホラ貝などさまざまな素材で作られており、世界の多くの文化で見られます。この楽器で使われている素材の種類についてはこのあとすぐにもう少し詳しくお話ししますが、まずこの楽器について歴史的に大変興味深いのは、考古学的記録によると、ディジュリドゥは少なくとも 1500 年前からあったということです。考古学者の中には、それよりずっと古く、たぶん世界で発明された管楽器の中で最古のものの一つであろうとさえ主張する人がいます。ですから、私たちは大変古い楽器について話しているのです。この楽器の年代についての証拠はすべて、北オーストラリア周辺の、ある考古学的遺跡のロックアート（岩絵）の分析から見つかっています。最も有名な遺跡には、二人のソングマン（歌い手）とひとりのディジュリドゥ奏者が儀式に参加している様子が描かれています。

よくある誤解は、ディジュリドゥが歴史的にオーストラリア全土で演奏されてきたというものです。これは実は誤りです。というのも、ディジュリドゥの伝統はアーネムランドに集中しているからです。アーネムランドはオーストラリア最大のアボリジニの特別保留地で、オーストラリアのノーザンテリトリーの「トップエンド」に位置します。また、アーネムランドには実際、さまざまなディジュリドゥ奏法を含め、三つの異なる音楽の伝統があることに驚かれるかもしれません。また、いくつかの異なる原住民の集団は、その土地特有のディジュリドゥを持っていて、その土地独自の呼び名があります。かなり広い地域ではありますが、オーストラリアの特定の一地域におけるディジュリドゥのこうした多様性を理解するためには、オーストラリアのアボリジニが、単一のどこでも同じ文化ではなく、異なる言語や慣習を持ったさまざまな近接文化に由来していることを認識しなくてはいけません。

さあ、ではディッジの物理的特性に話を移しましょう。典型的なディジュリドゥは一端にマウスピースが付いた管という単純な構造をしています。この管は伝統的にシロアリに食われて空洞になったユーカリの木から作られます。時々、十分な大きさをした十分にまっすぐな枝が見つかることがありますが、若木の幹を使う方がより一般的です。空洞のあるちょうどよい大きさの木が見つかると、樹皮が取り除かれ、内部がさらにくり抜かれ、よりよい音を出すように形が整えられることもあります。楽器の外側に色を塗ったり、ニスで光沢を付けたりしているものもあります。現代のディッジの中には竹やほかの種類の木など、違った素材で作られているものもあります。

管の一端の縁はマウスピースの形になるよう、わずかに変えられます。もしディジュリドゥの一方の端がすでに唇を当てるのにちょうどよい大きさと形なら、単に滑らかにして吹きやすいようにするだけで多くの場合、マウスピースができます。しかし、多くのディジュリドゥは、縁にミツロウが塗られています。温かい温度で柔らかくなるミツロウの粘度は、使いやすく効率のよいマウスピースの形をつくるのに理想的なのです。この楽器では、マウスピースの縁の内側に当てた唇を「ブンブン」と振動させることで、音が出ます。

＊　＊　＊

ということで、以上がディッジの物理的特性でした。さて、今度は演奏の仕方を見てみましょう。効果的にリズムパターンについていくために、ディジュリドゥ奏者は循環呼吸というテクニックを使います。これは口で楽器を吹いている最中でも鼻から息を吸う演奏技法です。これによって、奏者は途切れることなく音を出し続けられます。ほかの低音金管楽器の奏者も循環呼吸を学びますが、その技法を習得するにはややこつが必要ですし、体力を消耗します。唯一、ディジュリドゥが循環呼吸を当たり前のこととして使う楽器なのです。

伝統的に、一人のディジュリドゥ奏者は一人以上の歌手を伴うのですが、歌手は打楽器を演奏する場合もあります。またダンスが加わることもあります。少年や青年はこの楽器を楽しみのために演奏するよう勧められますが、最も見込みのありそうな人たちは儀式や演奏会で演奏するよう求められる、共同体のディジュリドゥ奏者になる訓練を受けます。最も典型的な演奏は、一連または一巡の短い歌から成ります。それぞれの歌には基準になるリズムがあり、ディジュリドゥ奏者は基本のリズムを刻みながらアドリブで変奏していくことになっていますが、上手なジャズドラマーがするのと少し似ています。

ここまで、ディジュリドゥの歴史、語源、物理的特性、そして奏法を見てきました。今度はアボリジニの共同体以外におけるディジュリドゥに目を移しましょう。最近では、ワールドミュージック・ムーブメントのおかげで、ディジュリドゥに幅広い関心が寄せられ、今や伝統の枠を越えた合奏に加えられることがあります。たいていのオーストラリアのアボリジニは、ディジュリドゥが伝統と違う方法で使われることに異論がありませんが、品質の劣った本物とは違うディジュリドゥの大量生産や、アボリジニの伝統と実際は何のつながりもないにもかかわらず、関係があると主張する演奏の流派に対し、これは彼らの文化から知的財産権を盗む行為の一種だとして心を痛めているアボリジニの人たちもいます。

E: Examiner（試験官）／ C: Candidate（受験者）

E : Good afternoon. My name is Margaret Grant. Can I have your full name, please?

C : Roger Sidharta.

E : Thank you. And can I see your passport, please? Thank you. Now in part one, I'm going to ask you some questions. First of all, let's talk about where you live. Do you live alone or with others?

C : At the moment, I'm living alone. I'm living in an apartment, a two-story apartment, and I live on the second floor.

E : What are the advantages of living alone?

C : Um . . . It's very free. You can do everything, whatever you want. And you don't need to listen to your parents. You can invite some friends to your place and have fun.

E : Do you think more people will live alone in the future?

C : Yes, I think so because when it comes to a certain time, then you want to have freedom, and it's a good thing to be alone.

E : Okay. Let's talk about growing things. Did you ever grow things when you were a child?

C : When I was a child. I don't think I had anything.

E : What can children learn from growing plants?

C : You can learn to take care of things, like you have to water the plants, and you have to tend the earth sometimes, and you can learn to be responsible for something.

E : Is growing plants popular in your country?

C : Yeah, but not for children.

E : Is there anything you would like to grow?

C : I'd like to grow . . . No. Maybe my children.

E : Let's talk about meeting friends. How often do you meet your friends?

C : I meet them almost every day because I don't like to be alone. And I like to talk a lot.

E : And what do you usually do with your friends?

C : Usually chatting and, um, having dinner and sometimes study.

E : Would you like to meet your friends more often?

C : Er no . . . that would be fine because, as I said, I meet them almost every day. And, um, sometimes I don't have time for myself to study.

E : Do you prefer to go out with one or two friends, or a large group of friends?

C : I like one or two friends because you can focus on one person. And I'm not good at talking to many people at the same time.

E : Thank you.

PART 2

E : Now, I'd like you to talk about a topic for one to two minutes. Before you talk, you have one minute to make notes. Here's some paper and a pencil and here's your topic. Please describe a skill you have learnt.

(1 minute)

E : Okay? I'd like you to speak for one to two minutes. I'll tell you when your time is up. Please start speaking now.

C : It's a study skill, and I started to learn that when I got into university because before that, when I studied, I didn't think much about what to do and how to do it. When I got into university, one of my friends suggest to me how to do the timing. Like, she gave me a planner, and you can write down all the things you have to do in the week or in the month, and you can go straight to that place, and I found that's really quite helpful because, um, I'm an organised type of person, and when you have the schedule, you can focus on what you have to do and imagine what you have to do at once. And I learnt it because I need to study a lot in university and not only study, because I need to do some work, a part-time job, at the same time, and it's quite difficult if you don't have a plan, and I think it's also good for you in the future because you have to work in the future, and you can learn about time management and you . . . it can make your life become more organised.

E : Thank you. Can any of your friends do this time management?

C : Yes. Almost all of them do it because they always carry their planner with them.

E : Thank you. Can I have the paper and pencil back, please?

PART 3

E : You've been talking about a skill you've learnt, and I'd like to discuss this topic with you by asking some general questions about it. Now, let's talk about learning skills. Do you think children are taught enough skills at school?

C : I don't think so. Um, it depends on the school too, but I think students learn a lot from school, but it's the academic stuff, not like other skills.

E : What other skills?

C : They're useful in your life.

E : For example?

C : As I said, time management or something that can help you with study, like how to read faster, something like that.

E : So, what skills do you think children should be taught? I mean you said academic ones. Anything else?

C : Yeah, like time management, management skills. Something that can help students with their studies.

E : Hmm ... but how about things that don't help them with their studies. Any other skills?

C : How to communicate with people, how to manage your life, how to clean, how to cook.

E : How to cook. Yeah. So, do you think teenagers should have a chance to do job experience when they are at high school?

C : Yeah, I totally agree because when you learn something when you're still young, you can remember more, and you can get an experience, and even if you did something wrong, no one cares because you're still young, and then you can start over again and learn from your mistake.

E : Do you think it helps people when they leave school?

C : Yes, because you have to work anyway sooner or later.

E : So, what skills do people learn as they get older after they leave school?

C : What do you mean? Like how old?

E : Like from starting work to middle-aged.

C : I think they can learn how to cooperate with people, how to communicate with many types of people.

E : Let's think about creativity. Does your country's education system allow students to be creative?

C : It's a difficult question. I've never thought about that before. Maybe ... oh ... difficult question.

E : Are most students creative do you think?

C : Not really. Because we aren't taught to be creative students. Like, we just answer what the teacher asks and do the homework, something like that. We don't really need to be imaginative or creative or anything.

E : Do you think that's a good idea?

C : I think that's not a good idea because you cannot do anything; I mean you can do it, but it's very simple, you know. Everyone has the same thought, has the same feeling, and it can be too boring.

E : So, do people become more or less creative as they get older?

C : I think they're more creative 'cause they experience lots of things, and they talk to more people, and you share experiences with other people when you get older.

E : So, they don't lose their imagination?

C : It depends on people too. It depends on how you live your life. Some people, when they're older, they have more money, and they can travel a lot. And of course, it creates your imagination by doing that. But for some other people, they just work every day doing the same routine and don't have time to think anything.

E : All right. Thank you very much.

WRITING TASK 1

You should have about 20 minutes on this task.

> *The diagram below shows some stages in the process of plastic bottle recycling.*
>
> *Summarise the information by selecting and reporting the main features, and make comparisons where relevant.*

Write at least 150 words.

Plastic Bottle Recycling Process

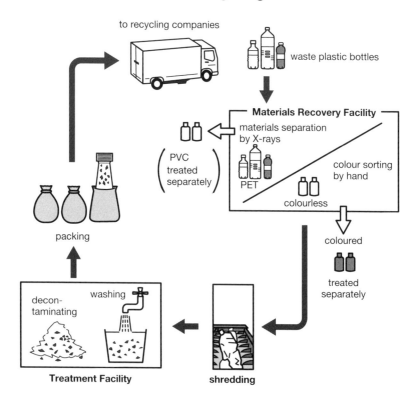

WRITING TASK 2

You should spend about 40 minutes on this task.

Write about the following topic:

> *Worldwide, more and more animal and plant species are becoming endangered by human activities.*
>
> *What kind of activities can lead to species becoming endangered?*
>
> *What measures could be taken to reduce this problem?*

Give reasons for your answer and include any relevant examples from your own knowledge or experience.

Write at least 250 words.

TEST 1

TEST 2

TEST 3

READING PASSAGE 1

*You should spend about 20 minutes on **Questions 1-13**, which are based on Reading Passage 1 below.*

Cultural Differences

US college students working on short-term field projects in developing countries face several communication challenges. Typically, these students come from an ordinary US college environment and are accustomed to living and learning among peers and professors in an English-speaking environment, where codes of conduct are generally understood by all despite the lack of specific attention paid to them. When these students arrive in a country at their rural non-English speaking project site, things change on many levels. In addition to obvious language difficulties, basic assumptions about how to get things done and even whether things should be done will be challenged, sometimes openly, more often in many subtle ways.

Such students working on outreach projects all over the world face specific challenges not encountered by casual visitors or long-term workers such as Peace Corps volunteers or missionaries, who are committed to several years in the foreign location. Student project groups are generally on location for 7 to 10 days during spring break or in the summer, and even though there may be repeated visits to the same village over a space of several years, the individual members of the group may change.

To work successfully in another culture, it becomes very important to understand the 'language you yourself speak', not just the words and the grammar of your own language, but the underlying, often subconscious, assumptions you make and the underlying values that you rely on. When you understand the implications of your own language, then it becomes easier to deal with the reality that the 'language' local people speak is not just a literal translation of yours but is embedded in their underlying cultural values and assumptions. Communication across cultures is not easy. As we all know, the possibility of misunderstanding is always present, even among members of the same culture who are communicating in the same language. The possibility of misunderstanding, even if everybody is of good will, is exponentially increased when you cross cultures.

When comparing cultures, cross-cultural trainers often use a picture of an iceberg. Only a small part, the tip of the iceberg, is visible; the major portion of the iceberg is submerged and can become dangerous to a passing ship. Everybody wants to avoid the calamity that befell the Titanic, the famous passenger ship that ran into an iceberg on her first voyage and sank, taking hundreds of passengers with her.

Applying this image, the tip of the iceberg shows the visible part of the culture or, more specifically, the part of the culture that can be perceived through all the senses, the things you can see, hear, feel, taste and smell: the architecture, the food, the music, the literature, the art and much more. This is the part of culture that the tourist is interested in and that the short-term visitor perceives as different, interesting and sometimes exotic.

Below the surface is the invisible part of culture, the differences that are perceived by long-term visitors, the people who try to live in the culture for an extended period of time. These people realise, often slowly, how essential the under-the-surface components of the culture are and how deeply they affect everyday life. One such component involves the way in which people identify themselves, as individuals or as members of their group. Involved in this invisible part of a culture is the distribution of power within a community. A question that needs to be asked is – who has it and how much? It is also vital to understand what is important when people talk to each other. In other words, do they say things straight out, or do they assume that you know how to read between the lines? In the submerged part of the iceberg of culture, we find the values, the beliefs and the often subconscious assumptions that most members of the culture share.

Here is the important insight, especially for project groups who want to work successfully with rural villagers on very short-term projects: the underlying values, beliefs and assumptions of a culture affect what you see on the surface in the behaviour of the members of that culture. In other words, if you know something about the values, beliefs and assumptions of your own culture and the culture you are going to work with, if you understand the major differences, then it will become easier to deal with the behaviour patterns of everyday interactions, and you can become more creative and hopefully more successful in solving the big and little problems involved in getting your project completed.

Questions 1-4

*Choose the correct letter, **A**, **B**, **C** or **D**.*

1 What kind of areas do American college students go to in order to do their projects?

A cities in developing countries
B cold areas
C countryside areas
D poor areas

2 How often can communicative misunderstandings take place within the same language group?

A They can occur on a daily basis.
B When an outsider enters the group, misunderstandings happen.
C There are very few misunderstandings.
D They happen more often than when you cross cultures.

3 Why is the image of an iceberg used?

A to show that as a tourist, you should notice the parts of a culture under the surface.
B to show that tourists enjoy exotic parts of a country's culture
C to show the importance of the visible part of a culture
D to show that there are easily noticeable aspects of culture and hidden aspects of culture

4 What can contribute to solving problems related to rural short-term projects?

A a deep attachment to each other's culture
B the ability to deal with people's behaviour by relying on assumptions
C the comprehension of distinctions between cultures
D insights into the daily life of the local people

Questions 5-10
Complete the summary below. Choose **NO MORE THAN THREE WORDS** from the passage for each answer.

Understanding Culture

Tourists pay attention to the **5** .... part of a culture rather than the 'under-the-surface' parts. **6** ...., on the other hand, notice these aspects and understand how **7** .... they are to the culture, and how profoundly they influence daily life. One example relates to different people's identities within the culture and how **8** .... is shared between the members of a community. Also, when trying to understand a culture, it is crucial to grasp what matters when people communicate. Some people say things **9** .... and some imply what they mean. Most people in a culture share value systems, ideas and **10** .... and these will affect how they speak and behave.

Questions 11-13
Complete each sentence with the correct ending, **A-G**, below.

11 US students on outreach short-term projects

12 Tourists

13 Long-term visitors

A like to compare cultures.
B focus on the sensory aspects of a country's culture.
C have an understanding of the complex nature of a culture.
D express a desire to experience daily life activities.
E experience no difficulties when communicating with local people.
F have different problems from sightseers.
G gain more experience due to their volunteer work.

TEST 1

TEST 2

TEST 3

You should spend about 20 minutes on **Questions 14-27,** *which are based on Reading Passage 2 below.*

Questions 14-19

Reading Passage 2 has seven paragraphs, **A-G.**

Choose the correct heading for each paragraph **B-G** *from the list of headings below.*

List of Headings

i   Why 'food miles'?
ii   Disadvantages related to exporting food
iii   Adding up the miles
iv   Just one factor when choosing food
v   Disadvantages for the environment
vi   International food trade
vii   Not a useful concept
viii Food miles and fuel efficiency
ix   Grow local. Buy local.
x   Locally-produced is not always best

Example	*Answer*
Paragraph **A**	**vi**

---

14   Paragraph **B**

15   Paragraph **C**

16   Paragraph **D**

17   Paragraph **E**

18   Paragraph **F**

19   Paragraph **G**

Food Miles

© branislavpudar /
Shutterstock

A   With increasing globalisation, our meals have progressively included food
items from other continents. Previously, it would have been too expensive
to transport these products, but now people in affluent countries can start
the day with coffee from Brazil, consume a pasta lunch topped with Italian
cheeses, snack on chocolate from Côte d'Ivoire, and end with a dinner of
Mediterranean bluefin tuna and Thai rice. This access to a broader range
of food products can lead to increased appreciation for other cultures and
greater international cooperation. Exporting food products can also provide
jobs in developing nations by giving them access to larger, more prosperous
international markets, possibly leading to growth in other economic areas.
However, this globalisation also comes with associated costs such as
the emission of greenhouse gases and other pollutants, increased traffic
congestion, a scarcity of support for local economies, a reduction in fresh
food, and diminished food security.

B   In the 1990s, the term food miles (the distance food travels from production
to consumption) was coined by Andrea Paxton, a U.K.-based environmental
activist. It was meant to provide a straightforward comparison of the relative
impacts of our food choices in order to broaden awareness that those
choices have important consequences. Consumers frequently do not realise
the histories behind their food purchases, and markets often cannot supply
the information because of the many production processes and distribution
methods used. Food miles can be of service in helping consumers to evaluate
food choices from varying points of reference. For example, transportation
involves fossil fuel consumption, which contributes to climate change and
increases traffic, resulting in an increase in the need for further infrastructure.

C   Use of the notion of food miles is often tied to 'locavore' movements, which
emphasise consumption of locally-grown food products. This strengthens
local cultural identity, helps people to regulate the safety of the food
and by focusing on local foods, provides assistance to local economies.
Purchasing local foods also promotes food security because the availability
and price of imported foods is more dependent on fluctuating fuel costs
and sociopolitical factors elsewhere. Some businesses are embracing the
underlying concepts of food miles because transporting food over shorter
distances uses less fuel, and is therefore more economical. Additionally,
food that covers longer distances usually requires more packaging, which
adds to the cost. This adoption of the concept has led to clearer labelling of
food products, empowering consumers to make more informed decisions

TEST 1

TEST 2

TEST 3

about their purchases.

D   Using food miles also highlights the drawbacks associated with the production of food for export in developing countries. The environmental burdens of soil degradation, water depletion and other problems are imposed on developing countries, while more prosperous countries enjoy the benefits. This can be especially problematic because some developing countries do not have the policies or the resources to introduce more environmentally-friendly food production practices. In particular, the low prices paid to food producers in developing countries are not enough to allow for practices to preserve or restore ecosystem quality. Moreover, developing countries' people may suffer malnutrition, yet the success of large-scale transportation of food encourages cultivation of products to be exported instead of planting nutritious foods to be self-sustaining.

E   One issue with using food miles as a guide, though, is that not all miles are created equally. The fuel consumption varies by the mode of transportation and the amount being moved. If you compare the consumption required to move one kilogramme of a product, ocean freighters are the most efficient of the common methods, followed by trains, trucks, and finally planes. When a combination of transportation methods is used, a comparison of food miles becomes even more convoluted. This is especially a problem because most of us drive a personal vehicle to get our groceries. That means that it may be more efficient (from a total fuel consumption perspective) to drive 1 mile (about 1.6 km) to a local supermarket that sells imported beef from Australia, than to drive 40 miles to visit a market selling locally-produced beef.

F   Another problem is that food miles do not take into consideration production variables. Several recent investigations have suggested that as much as 80% of greenhouse-gas generation from food consumption originates from the production phase. Facilities that may be required in a local climate such as the use of heated greenhouses, fertilizers and access to irrigation could make food imports more efficient from environmental and economic perspectives than locally-grown food.

G   All this does not mean that food miles are never a useful tool. When comparing analogous products under similar conditions, food miles provide a convenient way for consumers to begin to make informed decisions about their purchases. However, decisions should not be made solely on the basis of food miles, which cannot account for all variations in transportation and production methods or social and economic impacts.

Questions 20-23

Reading Passage 2 has seven paragraphs, **A-G**. Which paragraph includes the following information?

20 Air transportation is the least fuel-efficient way of transporting products.

21 Imports could be a less reliable source of food than locally-produced food.

22 If people consume imported food, they may think more highly of other cultures.

23 Developing countries that produce food for markets overseas could face a paucity of water.

Questions 24-27

Complete the notes below. Choose **NO MORE THAN THREE WORDS** from the passage for each answer.

Advantages of international food trade

- More international cooperation
- Employment in **24** ....
- Potential economic **25** ....

Problems using food miles

- Not created equally
- Disparate types of transport have varying rates of **26** ....
- Growing food locally could be less **27** .... than importing because of climatic considerations.

---

*You should spend about 20 minutes on **Questions 28-40**, which are based on Reading Passage 3 below.*

Roman and Celtic Drinking Practices

If one is willing to peer past the surface of Roman and Celtic drinking practices, there are surprises to be found in their consumption of alcohol.

As the Romans produced copious written records, while the Celts left behind almost no writing at all since nearly all of the Celtic cultures had no written language, it is easy to make the mistake of thinking in Roman stereotypes when looking at these cultures in parallel. These stereotypes are particularly tempting in the case of Celtic drinking practices. The Romans' descriptions of the Celts as riotous hard-drinking barbarians, the last denizens of the wild places in Europe that had not yet been tamed by Roman-style civilisation, seem to strike a romantic chord in many readers' hearts. The fact that this bias is such a wonderfully tempting one makes it all the more important to question whether or not Roman and Celtic drinking practices were indeed so different as the Romans may have made them out to be.

In 1995, in a very useful collection of essays on Roman feasting practices called *In Vino Veritas*, anthropologist and author Oswyn Murray published an essay entitled *Histories of Pleasure*. This essay outlines several ways in which the consumption of alcohol may be examined from the perspective of an anthropologist. Murray's perspectives are quite insightful and interesting, particularly in the context of Roman and Celtic drinking practices. That is, not in the ways that alcohol was consumed by each culture, but rather in the ways that alcohol was used to transform social boundaries within them, for example, to bring people together or to separate them, to foster respect or to foster contempt.

These perspectives may seem to be more than a little bit contradictory. However, they are less contradictory than they might at first appear to be and can often even be applied to the same situation. Take for example a communal feast, which was common practice in Roman and Celtic times. At such feasts, the classes shared more or less the same food and drink with the exception of the expensive fare, in particular the expensive (high quality) alcohol. This was saved for the upper classes and was also often consumed out of showy or expensive tableware. Thus, the classes are at once united by shared food and alcohol and separated, one must suppose, by the lower classes' awe at the upper classes' show of opulence.

The distinction between classes did not stop at the quality of alcohol consumed at a typical meal. Both the Celts and Romans took pains to publicly highlight class distinctions through the means of alcohol. There is evidence that the Romans did this in a very direct manner. At feasts at the Roman colleges of Aesculapius and Hygia, for example, food and – most importantly – wine were distributed in portions that varied according to status, the largest share going to the men of the highest status. In such situations, if the quality of the wine being drunk by men of different status was the same, the men of higher status were instead distinguished by the quantity of wine that they received. Furthermore, that the upper-class Celts who were able to afford wine chose to drink it out of showy and expensive cups and pitchers suggests that they drank it not purely for pleasure but also as a statement of superiority over the less wealthy. Thus, it seems reasonable to argue that these ornate wine services served as an everyday reminder of wealth, and by extension political clout, in the periods of time in between the wealthy Romans' and Celts' more impressive displays.

And what exactly were these more ostentatious displays of wealth? Typically, they were public feasts that included large quantities of alcohol. These huge parties were often thrown with the purpose of gaining political support among the lower class. Yet, to say that the sole purpose of the grand public feasts of the Celts and Romans was to separate the classes would be to miss their alternative, and probably greater function of uniting the classes as one people. They did this partly by gathering the classes in the same space where they shared a common meal. In some cases, the Romans even took pains to transgress class distinctions at such feasts. Roman poets in the later first century praised the emperor Domitian for hosting lavish feasts where he dined with a wide social range of people. Although Domitian dined on a raised platform that separated him slightly from his guests, the fact remains that the emperor was taking pains to unite himself with men of 'inferior' classes through the sharing of food and alcohol.

Alcohol, no doubt, played a key role by attracting the public to such events and by acting as a social lubricant, facilitating conversation and companionship. Thus, these Roman and Celtic public feasts served the dual purpose of bringing the classes together to create a renewed sense of community among upper- and lower-class citizens and of providing the upper class with an opportunity to flaunt their wealth before the public eye in order to emphasise the difference between classes.

TEST 1

TEST 2

TEST 3

Questions 28-33

Do the following statements agree with the claims of the writer in Reading Passage 3?

In boxes 28–33 on your answer sheet, write

> **YES**   *if the statement agrees with the claims of the writer*
> **NO**   *if the statement contradicts the claims of the writer*
> **NOT GIVEN** *if it is impossible to say what the writer thinks about this*

28 The Romans described the Celts as uncivilised.

29 Oswyn Murray preferred the Roman drinking practices to the Celtic ones.

30 The different ways of regarding the use of alcohol by Romans and Celts are completely incompatible.

31 Upper-class Celts drank out of ornate cups to show that they were superior to lower-class Celts.

32 One purpose of the big parties that upper-class Romans and Celts held was to unite them with the ordinary people.

33 As a result of big mixed-class parties, the lower classes were less jealous of the upper-class citizens.

Questions 34-40
*Complete the summary using the list of words, **A-O**, below.*

Drinking Customs

There appear to be some similarities between the Roman and Celtic cultures in terms of their drinking practices. The two cultures used alcohol both to bring the society **34** _____ and, at the same time, to allow the upper classes to **35** _____ their wealth and distinguish themselves from the lower classes. At great **36** _____ feasts, rich and poor ate and drank together, but the upper classes consumed **37** _____ or larger **38** _____ of food and alcohol, or they often used **39** _____ cups and plates. Even so, as a result of these big parties, there was a **40** _____ of the sense of community felt by the society.

A amount	**B** communal	**C** praise	**D** distinct
E flaunt	**F** one	**G** renewal	**H** ostentatious
I portions	**J** relation	**K** serve	**L** status
M superior	**N** together	**O** wealth	

◀》54

Questions 1-6
Complete the form below. Write **NO MORE THAN THREE WORDS AND/OR NUMBERS** for each answer.

University Student Housing Services

Example　　　　　*Answer*
Date:　　　　　　_15th February_

Name: **1** _____

Department: **2** _____

Student number: **3** _____

Year: 3rd year

Type of property: **4** _____

Number of rooms: **5** _____

Price range: **6** $_____ to $_____ per month

Questions 7-10
Complete the table below. Write **NO MORE THAN THREE WORDS AND/OR A NUMBER** for each answer.

Property	80 Brick Avenue, Northcote – near All Nations Park	25 Ellroy Street, Thornbury – near **7** _____
Features	• 3 bedrooms • living room • spacious • a lot of **8** _____ • $1,300 a month	• 2 bedrooms • a balcony • no **9** _____ • **10** $_____ a month

◀꤀)) 55

PART 2   Questions 11-20

Questions 11 and 12
*Complete the sentences below. Write **ONE WORD ONLY** for each answer.*

11 The people attending the meeting are _____ who will be working at a music festival.

12 Each person at the meeting has been given a _____ .

Questions 13-16
*Label the map using the list of phrases, **A-H** or writing **A NUMBER**.*

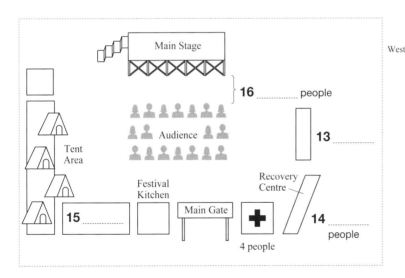

A First Aid Centre	**B** Food/Drink Stalls	**C** Kids Play Area
D Merchandise	**E** Craft Stalls	**F** Showers
G Information Centre	**H** Toilets	

Choose the correct letter, **A, B** or **C**.

17 Staff at the First Aid Centre should

    A treat all injuries as quickly as possible.
    B send all patients to the hospital by ambulance.
    C avoid treatment of those with broken bones.

18 Staff at the Recovery Centre will

    A be on duty all night.
    B take care of people who vomit.
    C take care of violent people.

19 At the Kids Play Area,

    A all hurt children must be taken to the First Aid Centre.
    B staff should make an announcement about any child left on its own.
    C staff must find a child's parents if the child is hurt.

20 Staff working at the Main Stage should

    A watch the band in case there is an accident.
    B look out for people who have fainted in the audience.
    C look out for troublemakers in the crowd.

PART 3   Questions 21-30

Questions 21-23
Complete the sentences below. Write **ONE WORD ONLY** for each answer.

21 In response to a .... problem, the first air conditioning unit was developed.

22 An air conditioner has a similar process to that of a ....

23 Each air conditioning unit is equipped with a .... to clean the air.

Questions 24 and 25
Label the diagram below. Write **NO MORE THAN TWO WORDS** for each answer.

AC Unit

24 .... and .... coils

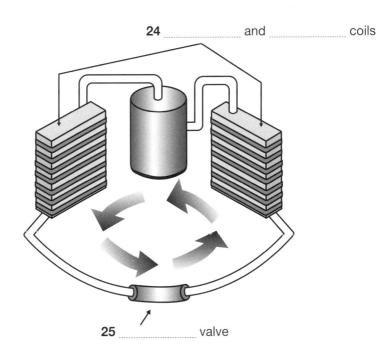

25 .... valve

Questions 26-29
Choose FOUR letters, A-I.

Which **FOUR** sections will the students use in their presentation?

A Similar process: other household appliances
B Publishing businesses that use the technology
C Environmental problems
D Historical development
E Comparison of air conditioners
F The life of Willis Haviland Carrier
G Variety of applications
H Extra information
I The science behind air conditioning

Questions 30
Choose the correct letter, A, B or C.

30 William thinks the presentation

A doesn't have enough slides.
B is not exciting.
C is incomplete.

PART 4   Questions 31-40

Questions 31-34
Complete the sentences below. Write **NO MORE THAN TWO WORDS**
for each answer.

31 Due to the spread of English, the language is not the ....
of any one group of people.

32 English usage around the world is influenced by unique cultural and
social ....

33 World English varieties are in a .... of evolving new
standards in English.

34 The widespread use of English has lead to an increase in
.... varieties of the language.

Questions 35-40
Choose the correct letter, **A**, **B** or **C**.

35 The growth in English varieties means students should be

A focused on learning a native speaker's form of English.
B conforming to one style of English.
C respected as individuals and not unsuccessful speakers of English.

36 People who speak World Englishes are

A better than native speakers.
B different from native speakers.
C worse than native speakers.

37 To promote regional varieties of English, teaching materials need to
concentrate on

A local cultures and people.
B traditional English culture.
C developing speaking skills.

38 A more effective way to teach English in Japan would be to

A educate Japanese people about English culture.
B use native English speaking teachers.
C use nonnative English speaking teachers.

39 English as a world language has developed because of

A the influence of western cultural norms.
B the transition from traditionalism to pragmatism.
C the desire to communicate with each other.

40 Everyone participating in English language teaching has to acknowledge

A global standards of intelligibility.
B regionally-developed variations.
C traditional teaching approaches.

◀)) 58

PART 1

音声を聞いて、試験官の質問に答えてください。質問の後に続く短いポーズで、音声を一時停止して回答してください。

◀)) 59

PART 2

メモと鉛筆を用意し、音声を聞いて、試験官の指示に従ってください。試験官の指示や質問の後に続く短いポーズで音声を一時停止して回答してください。

渡されるカードには、下の内容が書かれています。

> **Describe an important family event you celebrated.**
>
> **You should say:**
> **when it was**
> **who was there**
> **what happened**
> **and explain why this event was important to you.**

◀)) 60

PART 3

音声を聞いて、試験官の質問に答えてください。質問の後に続く短いポーズで、音声を一時停止して回答してください。

> 「上級者」のサンプル音声を、音声のトラック 61 ～ 63 に収録しています。参考にしてください※。
>
> ※ TEST1 には「初級者」、TEST 2 には「中級者」のサンプル音声を収録しています。

READING

		✓ or ✗			✓ or ✗
1	C		21	C	
2	A		22	A	
3	D		23	D	
4	C		24	developing nations / countries	
5	visible		25	growth	
6	Long-term visitors		26	fuel consumption	
7	essential		27	efficient	
8	power		28	YES	
9	straight out		29	NOT GIVEN	
10	(often subconscious) assumptions		30	NO	
11	F		31	YES	
12	B		32	YES	
13	C		33	NOT GIVEN	
14	i		34	N	
15	ix		35	E	
16	ii		36	B	
17	viii		37	M	
18	x		38	I	
19	iv		39	H	
20	E		40	G	

正答数カウント欄 ⎯⎯⎯⎯⎯⎯⎯⎯⎯↑

✓ = 正解

✗ = 不正解

LISTENING

		✓ or ✗			✓ or ✗
1	Sam Collens		21	humidity	
2	Design		22	fridge	
3	13090533		23	filter	
4	flat		24	cold, hot 【順不同】	
5	2 to 3		25	expansion	
6	1,100, 1,250		26	D	
7	(the) golf course / a shopping street		27	E	順不同
8	natural light		28	G	
9	laundry		29	I	
10	1,170		30	C	
11	volunteers		31	(exclusive) property	
12	map		32	realities	
13	H		33	(constant) process	
14	3		34	regional	
15	C		35	C	
16	5		36	B	
17	C		37	A	
18	B		38	C	
19	C		39	C	
20	B		40	B	

TEST 1

TEST 2

TEST 3

TEST 3 | WRITING サンプルエッセイと解説

TASK 1 【準上級者のサンプルエッセイ】

The diagram depicts what happens to waste plastic bottles before they are returned to recycling companies. The recycling process goes through four stages: sorting, shredding, treatment and packing.

After the waste bottles are collected, they are taken to a materials recovery facility where they are sorted into PVC and PET plastic bottles using X-rays. The PVC ones are taken off to be treated in a different process whereas the PET bottles remain, and people working at the facility sort them by colour. The coloured bottles are removed for separate treatment.

Having been sorted, the PET bottles are then shredded and sent to a treatment facility for the third stage of the process. Treatment here consists of two mini-stages, washing and decontaminating, by which all contaminants are removed.

Once the bottles leave the treatment facility, they are packed into bags, which are then shipped to the recycling companies by truck.

Overall, the process is not so complex. (156 words)

📖 解説

<タスクの達成>
短いエッセイだがタスクをきっちりこなしている。明確な要約（four stages）の後、すべてのプロセスを簡潔に説明している。

<一貫性とつながり>
プロセスを説明するタイプのエッセイの場合、構成を組むことは難しくない。たいていは「始まり」があり、「終わり」があるからだ。しかし、必ずすべての文が論理的につながり、情報が相互に関連づけられているようにしなければならない。このエッセイでは、異なるプロセス段階を then / Once the bottles leave といった言葉でつなげることができている。

<語彙と文法>
タスクの図解に使われている語彙を用いている部分もあるが、そのままコピーすることを避けて言い換えている箇所も見られる。例（図解→エッセイ）: materials separation → sorted into / colour sorting → sort them by colour

文法は正確であり、関係詞や分詞を有効に使っている。例: a materials recovery facility where / sorted into PVC and PET plastic bottles using / The PVC ones ... different process whereas the PET bottles

TASK 1 【上級者のサンプルエッセイ】

Part of the process of how PET plastic bottles are treated and recycled is described in the diagram. As we can see, there are several stages in the process starting with the collection of waste plastic bottles.

The waste bottles are taken to a materials recovery facility where they are separated according to their constituent materials. PVC bottles are separated out and taken to be treated through a different process. This sorting is done by means of X-rays. The remaining PET bottles are then divided into different colour groups by the facility's employees. Colourless bottles continue on in the process while the coloured bottles are separated off to be treated in a different batch.

After the bottles have been categorised, they are shredded and then, in a treatment facility, are washed and decontaminated.

In a final stage before the bottles are shipped off to recycling companies, the clean, shredded PET bottles are packed into sacks for easy loading onto trucks. They are then, as mentioned, taken to companies that specialise in recycling.　　　　(174 words)

 解説

＜タスクの達成＞
一読して図解の内容がすっきりと伝わるエッセイになっており、タスクを非常によくこなしている。

＜一貫性とつながり＞
パラグラフ間およびパラグラフ内の流れが非常にスムーズで、プロセスの流れを追いやすい。つなぎ表現を幅広く駆使している。例：As we can see / This sorting / The remaining PET bottles / After the bottles / and then / In a final stage before the bottles / as mentioned

＜語彙と文法＞
関係詞や分詞など、多様な文法を効果的に用いて表現を工夫している。例：starting with / where they are separated / companies that specialise in recycling

非常に広範囲な語彙を用いており、言い換えや語形変化も見られる。例：constituent materials / remaining / the facility's employees / categorised / easy loading

TASK 2 【準上級者のサンプルエッセイ】

It is said that over the past decade thousands of species have become extinct, most of which we have never heard of. It is also said that species extinction is 1,000 times its natural average as a result of human activities. Clearly, governments, companies and individuals need to take urgent measures if even more animals and plants are not to become endangered.

The types of activities that may lead to species endangerment are connected to development and population increase. Development of industry requires a huge input of resources, for example from mines, forests, and the hydrological cycle. The exploitation of these resources puts animals' and plants' habitats at risk and thus reduces the likelihood of their survival. Increase in population exacerbates these problems, while also, in developing areas, giving rise to problems such as overgrazing, uncontrolled deforestation and increases in pollution. These may kill animals or plants directly or, again, affect their habitats.

The measures that can be taken to alleviate the stress put on our wildlife should be taken by governments. Laws such as limiting emissions and using forests sustainably should be standard, but often are not. In these cases, companies should police themselves and try to have the smallest impact on the environment possible. Individuals can also help in a small way by not using resources carelessly and also by not hunting, fishing or destroying plants needlessly. Also, already endangered animals and plants should be nurtured back to healthy numbers.

In general, it may be possible to reduce the number of species on the endangered list by making sure no more are threatened and by helping to increase the numbers of those that already are. (279 words)

📖 解説

＜タスクへの応答＞
1. タスクが問うている「動植物が絶滅の危機に瀕している要因」と「対策」を明確に提示することができている。
2. トピックの展開の仕方が少し限定的な部分もある。例えば第3パラグラフの最後で単に nurtured back to healthy numbers と述べているが、それをどう実現するかについては言及していないのが惜しい。

＜一貫性とつながり＞
導入 → 「要因」の説明 → 「対策」の説明 → まとめ、という明確な構成。アイディアは非常によくつながっている。しかし、「対策」について述べた第3パラグラフではアイディアの提示の仕方がやや唐突なところがあるため、流れは「要因」のパラグラフほどスムーズではなくなってしまっている。

＜語彙と文法＞
文法、語彙ともに幅広く有効に用いており、使用頻度の低い語彙も適切に使っている。例：urgent measures / the hydrological cycle / exacerbates these problems / alleviate the stress

名詞句を使った表現や関係詞を用いた複雑な文も見られる。例：thousands of species have become extinct, most of which we have never heard of / the likelihood of their survival

574

TASK 2 【上級者のサンプルエッセイ】

In recent years, since the mid 20th century, the number of species, both plant and animal, that are either endangered or have become extinct has increased dramatically. Perhaps the greatest cause of this problem has been human activity, as it is said that extinction is now 1,000 times greater than the natural rate. Therefore, morally it is up to the human race to prevent or at least minimise the threat we pose to other species.

To prevent something from occurring, it is necessary to know the causes behind the occurrence. People are impacting on the animal and plant world in many ways. For example, by intruding into animal domains such as the natural tropical forests, where thousands of species have their home, we are destroying their habitats and thus with no place to live, animals or plants must adapt or die out. Another example is the deliberate killing of animals. In some areas, they have been hunted to the edge of extinction by the human desire for a pretty pelt, for example leopard skins, or due to demand for body parts, such as tigers' gall bladders that supposedly have a medical benefit.

In order to rescue species from the endangered list, it is necessary to take immediate measures to halt the kinds of actions mentioned above. One measure that has proved at least partially effective has been the international CITES treaty that bans trade in endangered animal products. Although some trade still carries on, such as illegal export of ivory, many successes have been achieved. Another way to protect species would be for governments and companies to commit to not encroaching upon endangered animals' and plants' habitats. This requires immense public pressure, and this is where the individual person comes in. One person alone cannot make much difference, but thousands of people lobbying the government or boycotting a company's products may lead to change.

Thus, if people work together and countries work together, more species may be preserved for future generations. (336 words)

 解説

<タスクへの応答>
タスクが問うている「動植物が絶滅の危機に瀕している要因」と「対策」について、広い視野から具体例を豊富に挙げながら詳細に答えている。

<一貫性とつながり>
導入 → 「要因」の説明 → 「対策」の説明 → まとめ、という明確な構成。つなぎ表現を的確に使用しており、パラグラフ間およびパラグラフ内の流れもスムーズ。例：as it is said that / Therefore / For example, . . . Another example is . . . / In some areas / the kinds of actions mentioned above / One measure . . . Another way . . . / This requires / Thus

<語彙と文法>
複雑な構文で効果的に表現している箇所が多く見られる。例：that are either endangered or have become extinct / where thousands of species have their home / that supposedly have a medical benefit / to commit to not encroaching upon / this is where the individual person comes in

語彙範囲も非常に広く、トピックに関連した語を用いて自分の意見を明確に伝えている。例：increased dramatically / the natural rate / at least minimise / impacting on / intruding into animal domains / natural tropical forests / habitats / adapt or die out / deliberate killing / hunted to the edge of extinction / pretty pelt / leopard skins / gall bladders / immediate measures / at least partially effective / immense public pressure / lobbying / boycotting

575

PASSAGE 1

Cultural Differences
文化の違い

発展途上国での短期の現地プロジェクトに取り組む米国の大学生は、いくつかのコミュニケーション上の課題に直面する。概して、これらの学生は普通の米国大学の環境からやって来ており、英語環境において同級生や教授の間で暮らし学ぶことに慣れている。そこでは、特定の注意が払われないにもかかわらず、行動規範は全員に広く理解されている。こういった学生たちがある国にやって来て、彼らがプロジェクトを行う農村の非英語圏の現場に到着すると、多くのレベルで物事が変化する。明らかな言語上の困難に加えて、どうやって物事を成し遂げるか、そして物事を成すべきかどうかというところまで、時にあからさまに、より頻繁に多くのとらえがたい形で、基本的な想定が疑われることになる。

そういった世界中で特別支援プロジェクト（アウトリーチ・プロジェクト）に取り組んでいる学生は、一時的な訪問者や、数年にわたり外国で尽力する平和部隊のボランティアや宣教師といった長期的にそこで働く人たちが遭遇しない、彼らに固有の課題に直面する。学生プロジェクトのグループは概して、春期休暇中か夏期に7日から10日にわたって現場に滞在する。数年にわたり同じ村を何度も訪問する可能性があるとはいえ、グループ内の個々のメンバーは変わることがよくある。

別の文化の中で首尾よく仕事をするには、「あなた自身が話す言語」について理解することが非常に重要になる。それは単に自らの言語の言葉や文法だけではなく、その根底にあるしばしば潜在意識で持つ想定や、拠り所となる根底にある価値観のことである。自らの言語の持つ言外の意味を理解すれば、地域の人たちが話す「言語」は単にあなたの言語の逐語訳ではなく、根底にある彼らの文化的価値観や想定に深く根ざしているという現実に対処しやすくなる。文化を横断するコミュニケーションは簡単ではない。私たち皆が知っているように、誤解の可能性は常にある。同じ言語でコミュニケーションする同じ文化の人の間にさえもそうだ。誤解の可能性は、皆が善意を持っていたとしても、文化を横断するときには飛躍的に高まる。

文化を比較する際、異文化トレーナーはよく氷山のイメージを用いる。ほんの小さな部分、氷山の先端しか目に見えず、氷山の大半の部分は水中に沈んでいて、通過する船にとっては危険なことがある。初航海で氷山に衝突して何百人もの乗客を連れて沈没した、有名な客船タイタニック号に降りかかった災難は避けたい、と誰もが思っているのだ。

このイメージを当てはめると、氷山の先端は、文化の目に見える部分、あるいはもっと具体的に言えば、五感すべてによって知覚可能な文化の部分、つまりあなたが見て聞いて感じて味わって嗅ぐことができる物事を示している。それは建築物、食べ物や音楽、文学、芸術、ほかにもまだたくさんある。これは旅行者が興味を抱く文化の一部であり、短期の訪問者が、違う、興味深い、そして時に異国情緒がある、と受け取る部分だ。

水面下には文化の目に見えない部分がある。それは長期間にわたりその文化の中で暮らそうとする長期滞在者によって知覚される違いである。こういった人たちは、水面下にある文化の構成要素がいかに本質的なものであるか、それらが日常生活にいかに深く影響を及ぼすかを、しばしばゆっくりと悟る。そういった構成要素のひとつに、人が個人として、あるいはグループの一員として自己をどう認識するかというものがある。こうした文化の目に見えない部分には、コミュニティ内における権力の配分が関連している。問うべき質問は、誰が権力をどのくらい持っている

のかということだ。人々が互いに話すときに何が大きな影響を持つのかを理解することもまた不可欠だ。言い換えれば、彼らは物事を率直に言うのか、あるいは彼らはあなたが行間の読み方を知っていると想定しているのか、ということだ。私たちは、文化の氷山の水面下にある部分に、その文化のほとんどのメンバーが共有する価値観や信念、そしてしばしば潜在意識で持つ想定を見出すのだ。

ここに重要な洞察がある。とりわけ非常に短期のプロジェクトで農村の村人たちとうまく協力したいと思っているプロジェクトグループにとっては重要なものだ。それは、文化の根底にある価値観、信念、想定が、その文化のメンバーの行動の表面であなたが目にすることに影響を及ぼすということだ。言い換えれば、あなたが自分自身の文化とこれからともに働く相手の文化の価値観、信念、想定について多少の知識を持っていれば、そして主要な違いを理解していれば、日常の交流における行動様式に対応しやすくなり、あなたはより創造的に、そしてうまく行けばより成功裏に、プロジェクトの完遂に伴う大小の問題を解決できるようになる。

📖 解説

外国、特に途上国への渡航者を、滞在期間や目的によってグループ分けし、その特徴を対比している文章。どのグループが異文化理解に関してどのような特性があるかを区別しながら読むようにしよう。

Q1-4 はまず問題文のキーワードからパッセージ中の該当部分を探す。**Q1** は American college students から、第1パラグラフの US college students に対する記述を確認していく。選択肢 C の countryside が第1パラグラフ中程の rural の言い換えであることもポイント。**Q2** は communicative misunderstandings から、第3パラグラフの中程の the possibility of misunderstanding is always present に見当をつける。選択肢 A の can occur on a daily basis はこの部分とほぼ同じことを表していることに気づけただろうか。**Q4** は、はっきりしたキーワードがないので少々難しいかもしれない。あえて言うと solving problems と、この問題形式の最後の問いであることから、最後のパラグラフをまず探そう。パラグラフの最終文に successful in solving the . . . problems があるので、何がそうさせるのかを遡って探していくと if you understand the major differences があることから、選択肢 C を選ぶことができる。

Q5-10 は書き出しの Tourists から、第5パラグラフ以降の要約文であることがわかる。**Q5** は tourists の異文化理解の特性について、第5パラグラフ最終文に This is the part of culture that the tourist is interested in . . . とある。この This が指すものを遡って探し、最初の文の the visible part of the culture が空欄とその前後に合っていることを見つけよう。第5パラグラフ全体から読み取る必要があるのが少々やっかいだ。**Q6** は直後の on the other hand から、tourists と対比させる別のグループを探す。第6パラグラフの出だし部分の long-term visitors が適切だろう。**Q7** は long-term visitors の特性を説明している These people [=long-term visitors] realise . . . how essential the under-the-surface components . . . の部分と空欄前後を照らし合わせて答えを選ぶ。**Q8** は第6パラグラフ中程の identity と community に関する部分をよく読んで the distribution of power が空欄前後に対応していることに留意しよう。**Q10** は要約文が value systems, ideas and 空欄、といったように3つを列記していること、およびその後の and these will affect の these がこの3つを指していることに気がつけば、第6パラグラフ最終文から第7パラグラフの第1文から、(often subconscious) assumptions (ideas は beliefs の言い換え) が答えであるとわかる。

Q11-13 はグループごとの異文化理解の特徴をまとめた文と考えられる。**Q11** は outreach short-term projects から第2パラグラフの初めの部分を見て、casual visitors「一時的な訪問者」と sightseers がほぼ同じ意味であることから選択肢 F を選ぶ。**Q12** は Tourists から第5パラグラフと照らし合わせて選択肢 B を選ぶ。**Q13** は上記2グループと長期滞在者の根本的な違いを第6パラグラフから把握することができれば、選択肢 C を選ぶことができるだろう。

Food Miles
フードマイル

A グローバル化が進む中、私たちの食事には、しだいに他大陸の食品が含まれるようになって
きた。以前は、これらの食品を輸送するには費用がかかりすぎて不可能だったのだろうが、
今では富裕国の人々はブラジル産コーヒーで1日を始め、イタリアンチーズを載せたパスタ
の昼食をとり、コートジボワール産のチョコレートをおやつとし、地中海のクロマグロとタ
イ米の夕食で1日を終えることがありうる。このように、より広範な食品に触れることで、
他文化への好意的な見方が高まり、国際協力が促進されることもある。食品の輸出によって、
発展途上国はより規模が大きくて活況を呈している国際市場を利用できるようになり、それ
がおそらくほかの経済分野の成長につながり、雇用を生むこともある。しかしながら、こう
いったグローバル化にはそれに関連した犠牲も伴う。例えば、温室効果ガスやその他の汚染
物質の排出、交通渋滞の深刻化、地方経済への支援不足、新鮮な食料の減少、食糧安全保障
の脆弱化などである。

B 1990年代に、フードマイル(食料が生産から消費されるまでに輸送される距離)という用
語が、英国を拠点とする環境活動家のアンドレア・パクストンによって作り出された。そこ
には、食料の選択が重要な結果をもたらすという認識を広めるために、私たちの食料選択が
持つ相対的な影響力を単純に比較して見せようという意図があった。消費者は自分たちの食
料購入の背景にある履歴をわかっていないことが多いし、多くの生産過程や流通方法が用い
られたせいで売買の現場では情報を提供できないこともしばしばだ。フードマイルは、消費
者が食料選択をさまざまな判断基準から評価する助けとなりえる。例えば、輸送は化石燃料
の消費を伴い、それが気候変動の一因となるし、また交通量を増やすことで結果としてイン
フラ増加のニーズを高めることになる。

C フードマイルの概念を用いることは、地元で生産された食材の消費を重視する「地産地消」
運動とよく結び付けられる。地産地消運動によって、地方の文化的アイデンティティが強ま
り、食の安全の管理が促され、地元の食料に注目が集まることで地方経済が支援される。地
元の食料を購入することはまた食糧安全保障を促進する。なぜなら、輸入食料の入手可能性
と価格は、変動する燃料価格と他地域の社会政治的要素に、より左右されるからである。食
料の輸送距離を短くすれば燃料使用量が減り、ゆえにより経済的であるという理由で、フー
ドマイルの基本概念を取り入れている会社もある。さらに、輸送距離が長くなれば、たいて
い食料の梱包材量も多くなり、費用がかさむ。このようにフードマイルの概念を採用するこ
とで、より明確な食品表示がなされるようになり、消費者は自らの購入品について、より詳
細な情報に基づく決断ができるようになってきた。

D フードマイルを用いることはまた、発展途上国の輸出向け食料生産に関連する問題を浮き彫
りにする。土壌の劣化、水の枯渇やその他の問題といった環境負荷が発展途上国に押し付け
られる一方で、富裕国は利益を享受している。これは特に問題になりうる。というのは、一
部の発展途上国は、より環境保全に配慮した食料生産方式を導入する政策や財源を持たない
からである。とりわけ、発展途上国で食料生産者に支払われる少ない対価は、生態系の質を
保護あるいは復旧させる食料生産方式を取るためには十分でない。さらに、発展途上国の人々
は栄養不良に苦しむ可能性があり、それにもかかわらず、食料の大規模輸送が成功したこと
で、自分たちの生命を維持する栄養に富んだ食料を植える代わりに、輸出品を栽培すること
が奨励されるのである。

E だが、フードマイルを指標として用いることのひとつの問題は、すべてのマイルが平等に作られているわけではないということだ。燃料消費量は輸送手段と輸送量によって変わる。ある食品1キログラムを移動させるのに必要な消費量を比べると、一般的な輸送手段の中では海洋貨物船が最も効率的だ。次いで列車、トラック、そして最後に飛行機である。輸送手段を組み合わせて用いた場合、フードマイルの比較はさらに複雑になる。これは特に問題だ。というのは、私たちのほとんどが自家用車で食料雑貨類を買いに行くからだ。これはつまり、（すべての燃料消費量という観点からは）地元で生産された牛肉を売るマーケットまで40マイル（約64キロメートル）を車で行くよりも、オーストラリアから輸入した牛肉を売る地元のスーパーマーケットまで1マイル（約1.6キロメートル）を車で行く方が、より効率的である可能性があるということだ。

F もうひとつの問題は、フードマイルが生産変数を考えに入れていないことだ。最近のいくつかの研究は、食料消費によって発生する温室効果ガスのうち80%もの量が生産段階によるものであることを示している。暖房温室、化学肥料や、灌漑の利用など、その土地の気候で必要とされる可能性のある設備のせいで、環境的かつ経済的観点からは、食料輸入の方が地産食料よりも効率がよい場合もあるかもしれない。

G だからといって、フードマイルは決して有用なツールではないと言いたいわけではない。類似した環境下にある類似した食品を比較する場合、フードマイルは、消費者が自らの購入品について詳細を知らされたうえでの決断を下し始める便利な方法を与えてくれる。しかし、決断はフードマイルのみに基づいて下されるべきではない。フードマイルは輸送手段や生産方式におけるすべての変動や、社会経済的影響を説明することはできないのだ。

📖 解説

このパッセージは、パラグラフA以外は第1文にそのパラグラフのトピックが明確に提示されているうえに、最初の問題形式（**Q14-19**）がパラグラフの見出しを問う問題なので、全体の構成を把握しやすい。

まず、Example のパラグラフAはトピックである「フードマイル」の背景として、グローバル化に伴い食品の国際貿易が盛んになってきていること、およびその利点を述べ、However 以下で問題点を指摘している。パラグラフBはフードマイルの役割を説明しているので i が答えとなる。パラグラフCではフードマイルが locally-grown food products の推奨に結び付くことを述べているので ix を選択できる。パラグラフDは food for export の生産に関連する問題点を扱っていることが最初の文からわかるので ii を選ぶ。パラグラフEとFはフードマイルの問題点について述べている。Eは fuel consumption との関連でフードマイルの有効性に疑問を呈しているので viii を選ぶ。Fは Facilities . . . could make food imports more efficient「設備のせいで、食料輸入の方が効率のよい場合もあるかもしれない」と言っていることから x を選ぶ。パラグラフGは全体のまとめとして、decisions should not be made solely on . . . food miles「決断はフードマイルのみに基づいて下されるべきではない」から iv を選ぶことができる。

Q20 は、planes がパラグラフEの中程に交通手段の例として挙げられている。**Q21** は、輸入と地元産とどちらが頼りになるかという点について、パラグラフCの中程に Purchasing local foods also promotes food security because the availability and price of imported foods is more dependent on . . . とある。**Q22** は、think more highly of other cultures がパラグラフAの中程の increased appreciation for other cultures の言い換えとなっている。**Q23** の paucity of water「水の不足」については、パラグラフDの第2文 The environmental burdens の例の中に water depletion「水の枯渇」とある。

Q24-27 のうち、**Q24** と **Q25** は国際貿易についてのメモのためパラグラフAを、**Q26** と **Q27** はフードマイルの問題点についてなのでパラグラフEとFを見る。**Q24** の Employment はパッセージの jobs の言い換えなので、その後の in developing nations がそのまま使える。**Q25** はパラグラフ後半の possibly leading to growth in other economic areas と同じ内容、かつ空欄には名詞を入れる必要があるので growth を選ぶ。**Q26** はパラグラフE第2文の The fuel consumption varies by the mode of transportation を言い換えており、空欄に fuel consumption を入れると全体が同じ意味になる。なお、disparate は「異なる」の意。**Q27** はパラグラフF最終文の内容を言い換えている。問題文は Growing food locally が主語となり、空欄の前に less があるので、efficient をそのまま入れることができる。

PASSAGE 3

Roman and Celtic Drinking Practices
ローマ人とケルト人の飲酒習慣

ローマ人とケルト人の飲酒習慣の表層の先にじっくり目を凝らせば、彼らのアルコール消費に関して、驚きの発見に出会うことになる。

ローマ人が豊富な文献記録を作った一方で、ケルト系文化のほぼすべてが文字言語を持たなかったため、ケルト人はまったくといってよいほど何も文献を残さなかった。そのため、両文化を並べて考察する際には、ローマ人による固定観念の中で考えるという誤りを犯しやすい。こうした固定観念は、ケルト人の飲酒習慣に関しては特に魅力的なのだ。ローマ人はケルト人を、放埒な大酒飲みの野蛮人で、ローマ式文明にまだ馴染んでいない欧州における未開地の最後の住人として描写したが、それは多くの読者のロマンチックな心の琴線に触れるようだ。こうした先入観がそれほど素晴らしく心をそそるという事実は、ローマ人とケルト人の飲酒習慣は実際にローマ人がそう見せかけたかもしれないほどに異なっていたのだろうか、という問いかけを一層重要なものにする。

1995年、ローマの祝宴の慣習に関する非常にすぐれた論文選集『酒を飲むと本性がわかる』の中で、人類学者で作家のオスウィン・マレーは「喜びの歴史」という題名の論文を発表した。この論文では、人類学者の視点から、アルコールの消費を考察することができるいくつかの方法について概略が述べられている。マレーの視点はとりわけローマ人とケルト人の飲酒習慣という文脈において、なかなか洞察に満ちていて興味深い。それは各文化でのアルコールの消費方法についてではなく、むしろ彼らの中にある社会的な境界線を変化させるための、例えば人々をまとめたり隔てたり、敬意を育んだり軽蔑心を育んだりするための、アルコールの使われ方についてである。

これらの視点は少なからず矛盾しているように思えるかもしれない。しかし、一見そう思われるだろうほどには矛盾していないし、しばしば同じ状況に当てはまることすらありうる。ローマ時代およびケルト時代に一般的な習慣だった共同体内の祝宴を例に取ってみよう。こういった祝宴では異なる階級がおおよそ同じ食べ物と飲み物を分け合いながら、高価な食べ物、とりわけ高価な（高品質の）アルコールは別の扱いとしていた。これらは上流階級のために取りおかれたうえに、しばしば華美あるいは高価な器で飲まれた。こうして、異なる階級の人々は共有した食べ物とアルコールによってたちまち一体となり、そして推察のとおり、上流階級による富の誇示に対して下層階級が畏怖の念を抱くことで分離する。

階級間の区別は、典型的な食事で飲まれるアルコールの質にとどまらなかった。ケルト人もローマ人もアルコールの飲み方を通じて、階級間の区別を公に強調することに心を砕いた。ローマ人は非常に直接的なやり方でそれを行っていた形跡がある。例えばローマの医薬協会（Roman colleges of Aesculapius and Hygia）での祝宴では食べ物と、これが最も重要なのだがワインは、地位によって配られる量が異なり、最高位の人物に最も多くの量が供された。こうした状況下では、地位の異なる人物たちが飲むワインの質が同じであっても、その代わりに、供されるワインの量で地位の高い方の人物が区別された。さらに、ワインを買う余裕がある上流階級のケルト人は華美で高価なカップとピッチャーで飲むことを選んだが、それは彼らにとってワインを飲むことが純粋に楽しむためだけではなく、自分よりも富の少ない人々に優位性を表現することでもあったことを示唆している。したがって、ローマとケルトの裕福な者たちがより目立った力の誇示

をしていた時代には、こうした華麗なワインの給仕方法が、富と、そして拡大解釈をすれば政治的影響力とを、日常的に思い出させる役割を果たしていたと論じるのは理にかなっているようだ。

より仰々しいこういった富の誇示は、厳密にはどういうものだったのだろうか？ 典型的な例としては大量のアルコールが供された公の祝宴がある。これらの大宴会は下層階級から政治的な支持を得る目的でしばしば催された。しかし、ケルト人やローマ人による豪奢な公の祝宴の唯一の目的が階級を分離することであったと述べては、異なる階級をひとつにまとめるという、もう一方のより重要かもしれない機能を見逃すことになるだろう。異なる階級を一堂に集めて同じ食事を共有させることで、宴を催していた側面があるのだ。場合によっては、ローマ人はこういった祝宴において階級間の区別を踏み越えるべく骨を折りさえした。1世紀後半のローマの詩人は、ドミティアヌス皇帝が豪勢な祝宴を主催して広範な社会範囲の人々と食事を共にしたことを称賛した。ドミティアヌス皇帝は客たちから少しばかり離れて一段高い檀上で食事をしたとはいえ、皇帝が食べ物とアルコールの共有を通じて、自分自身と「下層」階級の人々を結びつける努力をしていた事実に変わりはない。

アルコールはこうした行事に大衆を引き付け、社会的な潤滑油として働いて会話や交遊を促すことで、おそらく重要な役割を果たしたのだろう。したがって、ローマ人やケルト人によるこういった公の祝宴は、異なる階級をまとめて上流と下層の市民の間に新しい共同体意識を作ること、そして上流階級に階級間の差異を強調するために公衆の面前で富を誇示する機会を与えること、という二重の目的にかなうものだったのである。

📖 解説

このような歴史叙述は文学的エッセイなどと同様に、見慣れない語彙が多いと感じるかもしれない。例えば opulence（第3パラグラフ最後）や ornate（第4パラグラフ後半）、ostentatious（第5パラグラフ初め）だが、これらはパッセージ中に出てくる比較的平易な単語 wealth（← opulence）と showy（← ornate/ostentatious）を言い換えたものだ。こうした未知語に惑わされることなく、意味を文脈から推測し、間違いなく論旨を追うことができるかどうかが鍵となる。

Q28 は The Romans described the Celts から第1パラグラフ中程の The Romans' descriptions of the Celts を探し出す。問題文の uncivilised はパッセージの barbarians の言い換えであることから YES となる。**Q29** は Oswyn Murray から、第2パラグラフを見ると、Oswyn Murray の視点について説明されているが、彼がどちらを好んでいるか（prefer）は述べられていないので NOT GIVEN を選ぶ。**Q30** の問題文は、「ローマ人とケルト人のアルコール使用に対するさまざまな考え方が、完全に矛盾する」という内容。それに近い内容を述べている第2パラグラフ後半から第3パラグラフの第1～2文を読むと、contradictory「矛盾している」の程度が completely とまでは述べていないことがわかるので、NO となる。**Q31** の問題文は「上流階級のケルト人は優位性を見せつけるために華美なカップで飲んだ」という内容。これは第4パラグラフ後半の the upper-class Celts . . . drink it out of showy and expensive cups . . . as a statement of superiority と合致しているので YES。**Q32** は「上流のローマ人もケルト人も階級を結びつけることが宴会の目的のひとつだった」という内容。第5パラグラフ前半の These huge parties から中程にかけてじっくり読もう。決定的な部分は Yet, to say that the sole purpose of the grand public feasts of the Celts and Romans was to separate the classes would be to miss their alternative, and probably greater function of uniting the classes as one people. である。to say that . . .（ここまでが主語）would be to miss ～、つまり「……と述べては～を見逃すことになるだろう」という意味なので、後ろの部分が著者の主張になり、YES であることがわかる。**Q33** は「階級が混在する宴会により、下の階級の嫉妬心が抑えられた」という内容。第5パラグラフをよく読もう。上下の階級をひとつにする機能も果たしたのならば嫉妬心も少なくなったと想像することもできるが、明確な言及も示唆もないので NOT GIVEN となる。

Q34-40 は、要約文の初めに similarities とあるので、ローマとケルトの飲酒文化の共通機能についてまとめてあると見当をつけ、第3パラグラフから見る。第3パラグラフ最終文の unit(ed) を要約文で bring . . . together、show of opulence を flaunt their wealth とそれぞれ言い換えることができるので、**Q34-35** の答えがわかる。**Q37** は質（第3パラグラフ中程）、**Q38** は量（第4パラグラフ中程）、**Q39** は食器（第3、4パラグラフそれぞれ後半部分）について参照して答えを選ぶ。**Q40** は最終パラグラフ中程の renewed sense of community から答えを導く。

◀)) 54

PART 1 【スクリプト】

Part 1. You will hear a conversation between a student and a university office worker about student accommodation. First, you have some time to look at questions 1 to 6. An example has been done for you, and the conversation relating to this will be played first.

WORKER : Hello there. And how can I help you?

STUDENT : Well, I'm a student at this university, and I'm looking for a place to live.

WORKER : Okay, well, I'm here to help, and we've got quite a few places available at this time. You're lucky; it's before the start of the semester. A few weeks later and it would be quite tough. To get the ball rolling, I have to get some details from you. First of all, today's date is . . . the <u>15th of February</u>.   Ex.

The date is the 15th February, so '15th February' has been written in the space. Now let's begin. You should answer the questions as you listen because you will not hear the recording again. Listen carefully and answer questions 1 to 6.

WORKER : Hello there. And how can I help you?

STUDENT : Well, I'm a student at this university, and I'm looking for a place to live.

WORKER : Okay, well, I'm here to help, and we've got quite a few places available at this time. You're lucky; it's before the start of the semester. A few weeks later and it would be quite tough. To get the ball rolling, I have to get some details from you. First of all, today's date is . . . the <u>15th of February</u>. And your name?   Ex.

STUDENT : I'm <u>Sam Collens</u>. That's Collens spelt with an E.   Q.1

WORKER : Got it. That's <u>C-O-double L-E-N-S</u>. And what department do you belong to?   Q.1

STUDENT : Well, last year, I was enrolled in the Economics department, but I kind of got bored with that, so I moved to the <u>Design</u> department.   Q.2

WORKER : That's quite a change. I hope you are enjoying it. Okay, so we'll put down <u>Design</u> as your department. Now, I need to get your student ID number.   Q.2

STUDENT : Sure, just give me a minute. I can't remember it off the top of my head, but my student card should be in my wallet . . . Ah, here it is. Right, it's . . . <u>13090533</u>.   Q.3

WORKER : Now, what's next? Ah yes, you said you were in your second year studying Design.

STUDENT : Design yes, but actually, I'm a third year student. Just one more year to go before I graduate.

WORKER : Not long to go. How about the type of accommodation you want? We've got a lot here, so let's narrow it down. Are you after a house or a flat?

STUDENT : A house would be preferable. I know my girlfriend would really like a house and a garden, but given our finances, I think it's best if we go for a <u>flat</u>.   Q.4

WORKER : Okay, so you mentioned your girlfriend. Does that mean you will want a couple of rooms?

STUDENT : Yeah true. We're both studying, so we need an extra bedroom, I mean, room, for our study. It would be great if we could find a flat with <u>two, possibly three</u> Q.5 <u>rooms</u>.

WORKER : That should be possible. Now, I think that is all. Just let me check. Oh, hang on. Just one more thing, what's your budget? I mean, how much are you willing to spend each month?

STUDENT : Umm . . . we're both at university with part-time jobs, so we have to be careful, but together we should be able to afford something in the range of <u>$1,100 to</u> Q.6 <u>$1,250</u>.

WORKER : Well . . . Sam, that's enough paperwork. Let's see if we can find you a place to live.

STUDENT : Cheers.

Before you hear the rest of the conversation, you have some time to look at questions 7 to 10. Now listen and answer questions 7 to 10.

WORKER : One moment while I log onto the Housing Services website . . . and here we go. So, what's a good spot for you?

STUDENT : That's a good question. Ideally, we would like something close to the university, preferably walking or cycling distance.

WORKER : I see, that's a common request, but you know, it means a higher rent. Anyway, let's see what is available. Ah, here you go; these look like good places for you. There's one at 80 Brick Avenue, Northcote near the All Nations Park. And another at 25 Ellroy Street, Thornbury. That's adjacent to <u>the golf course</u>. Q.7 Both within cycling distance, but it might be a bit of a walk to the university.

STUDENT : That's fine. We both like cycling and it'll be good exercise for us. Can you tell me about each place?

WORKER : Sure. The one in Northcote has three bedrooms, a living room and laundry. From all reports, it's spacious and has heaps of <u>natural light</u>. Here, take a Q.8 look at the photos.

STUDENT : Ah yeah, very nice, and I see what you mean about the <u>natural light</u>. But how Q.8 about the rent?

WORKER : Well, because it's a three-bedroom place, you're going to have to pay a bit more. It's actually $1,300.

STUDENT : Right. And how about the other one, the one in Thornbury?

WORKER : Let's take a look . . . Yeah, this seems a bit more within your means. It doesn't have three bedrooms, only two, and the living room and kitchen are not as big, but it does have a balcony. However, it doesn't have a <u>laundry</u>, but it's Q.9 near <u>a shopping street</u>, so I'm sure you will have no problems with washing Q.7 your clothes.

STUDENT : It's a bit of a pain, but I think we could live with that. And the rent?

WORKER : Let me see . . . for a calendar month, it'll set you back $1,170.

Q.10

STUDENT : Ah, that sounds good. But listen, I can't make a decision right now as I have to speak to my girlfriend.

WORKER : I understand. Take your time. Talk it over with her, and when you are ready, come back and see me.

STUDENT : Nice one! Many thanks for all your help. Hope to see you soon.

That is the end of Part 1. You now have one minute to check your answers to Part 1.

【訳】

職員：こんにちは、何かお探しですか？

学生：ええと、この大学の学生なんですが、住むところを探しているんです。

職員：わかりました。私がお手伝いします。この時期はたくさん候補がありますよ。学期の始まる前だから、ラッキーですね。あと2、3週間するとかなり大変になります。まず始めに、詳しい情報をお聞きしたいのですが。まず、今日は……2月15日ですね。それと、お名前は？

学生：サム・コリンズです。コリンズは綴りがEの方です。

職員：わかりました、C、O、L2つ、E、N、Sですね。どの学部に所属していますか？

学生：ええと、去年、経済学部に入ったんですが、ちょっと飽きてしまい、デザイン学部に編入したんです。

職員：それは大きな変更ですね。今度は楽しんでいるといいのですが。わかりました、学部の欄にデザインと書いておきますね。では、学籍番号を教えてください。

学生：はい、ちょっと待ってください。すぐ思い出せないんですが、財布に学生証が入っているはずなので……あ、あった。ええと、13090533です。

職員：では、次は何かな？　そうだ、デザイン学部の2年生ですよね。

学生：はい、デザインですが、実は3年生です。あとちょうど1年で卒業です。

職員：すぐですね。どんなところに住みたいのですか？　たくさん候補があるので、絞っていきましょう。家をお探しですか、それともアパートですか？

学生：家の方がいいとは思うんです。庭付きの家なら僕の彼女が本当に気に入るのはわかっているんですが、僕たちの経済状況を考えると、アパートを探すのがいいと思います。

職員：わかりました。彼女とおっしゃいましたね。ということは、いくつか部屋が必要なんでしょうか？

学生：はい、そうです。二人とも学生なので、勉強のためにもうひとつベッドルーム、いや部屋が必要です。2部屋か、可能なら3部屋あるアパートが見つかるといいんですが。

職員：見つかりますよ。では、以上ですね。ちょっと確認させてください。あ、待ってください。もうひとつだけ、予算はどれくらいですか？　つまり、ひと月どれくらいの額を払えますか？

学生：ええと……二人とも大学生でバイトをしている身なので、慎重にならないといけませんが、二人で1100ドルから1250ドルの間なら大丈夫と思います。

職員：では……サム、これで書類は終わりですので、ちょうどよい物件があるか探してみましょう。

学生：ありがとうございます。

＊　＊　＊

職員：ハウジングサービスのウェブサイトにログインしますので、ちょっと待ってください……
　　　できました。それで、どのあたりがいいですか？

学生：そこなんですよね。理想としては、大学に近いところがいいです。徒歩か自転車で通える
　　　くらいの距離の。

職員：なるほど、そう希望する方は多いのですが、そうなると家賃が高くなりますよ。とにかく、
　　　何があるか見てみましょう。あ、ありました、あなたに良さそうな物件がいくつか。ひと
　　　つはブリック・アベニュー 80、オールネイションズ・パークの近くのノースコートです。
　　　もうひとつは、エルロイ・ストリート 25、ゴルフコース近くのソーンベリーです。両方と
　　　も自転車で通学できる距離ですが、大学まで歩くとなると結構あるかもしれません。

学生：大丈夫です、二人とも自転車に乗るのが好きだし、いい運動になるので。それぞれの詳細
　　　を教えてくれますか？

職員：はい。ノースコートの方はベッドルームが 3 部屋、それにリビングルームとランドリーです。
　　　どのレポートにも、広々としていて自然光がたくさん入ってくると書いてあります。さあ、
　　　写真がありますので見てください。

学生：ああ、とてもいいですね、自然光とおっしゃる意味がわかりました。でも家賃はどうですか？

職員：ええ、ベッドルームが 3 つありますので、支払いは少し多めになります。1300 ドルです。

学生：なるほど。もうひとつの、ソーンベリーの方はどうですか？

職員：見てみましょう……ええ、こちらのほうがもう少し予算内のようですね。ベッドルームは
　　　3 つではなく 2 つだけですし、リビングルームとキッチンはそれほど広くありません。でも、
　　　バルコニーがありますよ。ただ、ランドリーがないのですが、商店街の近くなので、洗濯
　　　に困ることはないでしょう。

学生：それはちょっとわずらわしいですが、我慢できると思います。家賃はどうですか？

職員：ええと……まる 1 ヵ月で 1170 ドルになります。

学生：それはいいですね。でも、彼女に話さないといけないので今すぐには決められません。

職員：わかりました。ゆっくり彼女と話し合って、決まったらまた私のところに来てください。

学生：よかった！　いろいろ本当にありがとうございました。また近いうちに来ます。

TEST 1

TEST 2

TEST 3

PART 2 【スクリプト】

Part 2. You will hear a festival organiser talking to a group of workers about a festival. First, you have some time to look at questions 11 to 16. Listen carefully and answer questions 11 to 16.

Hello everyone. I'd like to thank you all for coming to this planning meeting for this year's festival. I know you're all busy, but it is essential to have these meetings for all you first aid <u>volunteers</u> so that we all know what we're doing. Right, first of all, I'd like Q.11 to tell you where everything will be on site.

Has everybody got their <u>map</u>? Yes? Okay? So, if you look at the map, to the east Q.12 of the main gate, that's where the first aid team will be based. If anyone's injured or becomes ill at the festival, this is the first place they should be taken. We'll have four people there at all times, and if you need more help, you can just radio, and we'll get people down there as fast as possible.

Judging by previous years, the festival should be relatively peaceful, so the main problems are usually over-indulging and injuries sustained while drunk. There's a special area, over to the east of the site near the <u>toilet block</u>, which is set aside for Q.13 people who need somewhere to sleep it off. <u>Two volunteers and a nurse</u> will be on Q.14 duty in that area.

Another section that we need to keep an eye on is the <u>Kids Play Area</u>. You can see it Q.15 right there between the food and drink stalls and the Tent Area. We get a few scrapes and cuts every year when the kids fall off the climbing frames or bang their heads on something. It should be enough to have one person on duty at the kid's area as it's not very big, but as I said before, if you need assistance, just radio.

Finally, we have the problem of the Main Stage. There's always a great crush at the front especially when the big acts come on, and we get a few people who are squashed or just faint from the heat. We'll need about <u>five</u> people between the crowd and the Q.16 stage on the lookout for those who need a hand.

Before you hear the rest of the talk, you have some time to look at questions 17 to 20. Now listen and answer questions 17 to 20.

Right, if that's all clear, I'd like to just go over some of the dos and don'ts.

Firstly, if you're at the main First Aid Centre, obviously, <u>you should not attempt to treat</u> Q.17 <u>major injuries like broken limbs</u> but just make the patient as comfortable as possible while you wait for an ambulance. I'm sure, though, that you'll have no problem at all with cuts, bruises and burns.

For those of you on duty at the Recovery Centre, I know it's not the most pleasant thing to do, cleaning up after <u>people who are being sick</u>, but we'll get a rota going Q.18 so that everyone takes turns. If anyone turns violent, do not try to deal with it yourself but call the onsite security and let them deal with it. That's what they are there for.

For anyone at the Kids Play Area, if a child is hurt in any way, take him or her and <u>a parent</u> down to the first aid base. Most people are fairly careful about looking after Q.19 their kids, but there's always someone who expects us to act as a babysitting service, and we get a few kids left on their own. If a child is hurt and you can't locate the parents, you'll need to try and get his or her name and radio it to us, so we can put out an announcement for <u>the parents</u> to come back. You must not take the child to Q.19 the First Aid Centre <u>without the parents</u>, or we'll get into all sorts of trouble. Q.19
Q.19

Finally, when you're on duty at the Main Stage, you need to be facing the crowd – not staring at the band. It's not always obvious if someone is in trouble. Sheer numbers can make it appear as if someone is still standing when in fact <u>they are unconscious</u>. Q.20 So watch carefully. We generally have no shortage of volunteers for this duty but to make it fair, we'll have a rota for this too and try to make sure that everyone gets their fair share of the fun as well as the more boring jobs over the weekend.

When you get your rota, if you have any questions or requests, just come and see me, and I'll see what I can do . . . .

That is the end of Part 2. You now have 30 seconds to check your answers to Part 2.

【訳】
皆さん、こんにちは。今年のフェスティバルの企画会議にお越しいただきまして、ありがとうございます。皆さんお忙しいことと思いますが、これらの会議は、私たち救急ボランティア全員がどんな活動をするかを把握するために大変重要です。ではまず、現場のすべての配置について説明します。

皆さん地図はありますか？　大丈夫ですか？　では、地図をご覧いただくと、正門の東にあるのが、救急チームの待機場所です。フェスティバルで怪我をしたり具合が悪くなったりした人がいたら、最初に連れて来られる場所です。4人のスタッフが常駐し、応援が必要な場合は無線で連絡をもらえれば、できる限り早くスタッフをそちらへ向かわせます。

過去の開催から判断して、フェスティバルは比較的平穏なものになると思いますので、主な問題は、通常は飲み過ぎと、酔っ払っている際の怪我です。施設の東側、トイレの近くに、酔いをさますのに仮眠が必要な人のための特別なエリアがあります。そこには2人のボランティアと看護師が1人、待機します。

もうひとつ目を光らせておかなければならないのは、キッズプレイエリアです。飲食物の屋台とテントエリアのちょうど間にあるのがご覧いただけるでしょう。ジャングルジムから落ちたり何かに頭をぶつけたりして擦り傷や切り傷を負う子供が、毎年何人かいます。キッズエリアはそんなに広くないので、1人がつけば十分でしょう。でも先ほど言ったように、応援が必要であれば、無線で連絡してください。

最後に、メインステージの問題があります。特に人気のある演目の際には前の方で必ず押し合いへしあいになり、押しつぶされる人や、熱気で気を失う人が何人かいます。助けが必要な人がいないか監視するために観客とステージの間に5人ほどのスタッフが必要になります。

* * *

では、何も問題がなければ、やるべきこととやってはいけないことについて、少し確認したいと思います。

まず、メインの救急センターにいる場合、当然のことですが手足の骨折などの大きな怪我は処置しようとせずに、救急車が来るまでの間、患者さんをなるべく楽な状態にしてあげてください。でも、切り傷や打撲、やけどについては皆さんまったく問題なく対処できるはずです。

リカバリーセンターに配備された人にとって、吐いた人の後片づけをするのは気持ちのよいものではないと思いますが、当番制にして全員が交替でやります。もし暴れる人がいたら、自分で対処しようとせず、現場のセキュリティスタッフを呼んで、彼らに対処してもらってください。そのために彼らがいるのですから。

キッズプレイエリア担当の人は、もし子供が何か怪我をしたら、その子と親を救急チームの待機所に連れて行ってください。たいていの人は自分の子供をちゃんと見ていますが、私たちにベビーシッターのようなことを期待する人も必ずいて、子供が置き去りにされていることがあります。もし子供が怪我をして、親が見つからなかったら、その子供の名前を調べて私たちに無線で伝えてください。私たちのほうで親が戻ってくるようにアナウンスをかけます。親がついていない子供を救急センターに連れて行かないでください。いろいろと面倒なことが起こる可能性がありますので。

最後に、メインステージ担当のときは、バンドの方をじっと見ているのではなく、観客に対面する必要があります。困っている人がいてもはっきりわからない場合があります。観客の人数が多いと、実際は意識がないのに立っているように見えることがあるのです。ですから、目を光らせてください。この仕事にはだいたいボランティアの数は足りていますが、公平にするため、これに関しても当番制にして、この週末は楽しいことも退屈な仕事もみんなで公平に分担できるようにします。

担当表を受け取って、もし質問や要望があれば、私のところに来ていただければ対応します……

PART 3 【スクリプト】

Part 3. You will hear two students called Anne and William talking about a class presentation. First, you have some time to look at questions 21 to 25. Now listen carefully and answer questions 21 to 25.

WILLIAM : How did you get on with the preparation for the presentation?

ANNE : Not too bad! I think I got through all the stuff that we decided on last week. Hey, let's just run through what we did; after that we can decide how we'll present the information.

WILLIAM : All sounds good to me.

ANNE : Now, I went and did a bit of study about air conditioners, and they're not as mundane as you might think. Any ideas about how they came about?

WILLIAM : None at all.

ANNE : Well, in response to a <u>humidity</u> problem at a publishing company factory, a Q.21 man by the name of Willis Haviland Carrier developed the first modern air conditioning system. A consequence of reducing the humidity in the factory was that the air temperature was lowered, and as a result, a new technology was born. Before too long, Carrier had his air conditioning systems in a variety of places and companies.

WILLIAM : You know, I also found out that the actual process of these things is based on a simple scientific principle, which is very much the same as that of another thing we all have in our homes – a <u>fridge</u>. Q.22

ANNE : Really? That's something I didn't know. Okay, how about this? What are the main functions of an air conditioner?

WILLIAM : That's easy . . . To cool the indoor air. I mean, to be more scientific, to monitor and regulate the air temperature by way of a thermostat.

ANNE : Very good. And what else?

WILLIAM : What? There's more? Looks like I didn't do enough research.

ANNE : Not to worry. I found that air conditioners can also be used as dehumidifiers just like Carrier's first one; that's why they've got water-collecting pans and tubes leading outside the house. Also, every unit has a <u>filter</u> that enables the Q.23 device to remove the airborne particles like dust and pollen from the air.

WILLIAM : Ah, so that's why there's always water around my air conditioning unit. Here I was thinking that it might be broken. Anyway, I had a look into the different parts of an AC unit. Generally speaking, you've got the <u>cold coils and the hot</u> Q.24 <u>coils</u>, and between these two sets of coils is the <u>expansion</u> valve. There are a Q.25 lot of other elements such as timers, valves and sensors, but the other main component is the compressor, a big electric pump that pressurises the gas in the air conditioner that keeps everything cool. Now, all these components are standard for a regular window AC unit; it gets somewhat different when we start to talk about split-system AC units or industrial ones, but the fundamentals are the same.

Before you hear the rest of the conversation, you have some time to look at questions 26 to 30. Now listen and answer questions 26 to 30.

ANNE : Well, it certainly looks like we did enough research into the presentation. If anything, maybe we have too much data, and we are going to have to cut it down.

WILLIAM : Yeah, I know what you mean. Well, I think it's really important to include a section on <u>the general background and development</u> of the air conditioner. Q.26~29 Within this, there should be a brief account of the publishing company that Willis Haviland Carrier worked for.

ANNE : That is all very interesting, and I'm sure people would like to know about this publishing company, but due to our time limitations, I think we can best do without a biography of Carrier and the company. Maybe just a <u>brief background</u> Q.26~29 <u>of its development</u> and then how it operates.

WILLIAM : You sure about that?

ANNE : Yeah, remember this is an engineering presentation and not a history one. So I reckon we should also include a section about <u>the scientific principles</u> Q.26~29 <u>behind the actual process of an AC unit</u>. What do you reckon?

WILLIAM : That's fine by me. At this stage, it could be a good opportunity for us to incorporate information about similar household technologies and how their process is similar to air conditioners.

ANNE : I agree with what you're saying, but this presentation is about air conditioners, not fridges and stuff like that, so we should stick to the topic and leave out any excess detail, even if it's thought-provoking.

WILLIAM : Really? Well, how about including a section on <u>the different types of AC</u> Q.26~29 <u>units</u>? As we have seen from our research, there are many types, which have similarities and differences.

ANNE : That's a good point. That's just the sort of approach we need. Also, when I was researching this topic, I found a lot of useful information about the use of air conditioners in different settings.

WILLIAM : Yeah, we can talk about how they are <u>used in a variety of situations</u>. We could Q.26~29 do this from an environmental perspective, but also a business or company one. To be honest, the application of the technology is very flexible, and our audience should be informed of this.

ANNE : Couldn't agree with you more. So, that is about it. I think we have covered all the main points. Have you got anything else to add?

WILLIAM : Generally, I am quite confident with the overall content. In no way is it dull, but in some ways I feel as if <u>we are missing out on something</u>. While the info Q.30 seems to be relevant, I keep wondering if there is <u>something more we can</u> Q.30 <u>add</u>. Maybe we need to start working on the slides and make them a pretty high quality. How are you with making a slide show?

ANNE : No need to worry. I've got that under control. You might say I'm a bit of a geek when it comes to slide shows. I can start . . . .

That is the end of Part 3. You now have 30 seconds to check your answers to Part 3.

【訳】

WILLIAM：プレゼンの準備はどう？

ANNE ：なかなかいい感じよ！　先週決めたことは全部終わったと思う。ねえ、ここまでやったことをひととおり確認しましょう。そうしたらどう情報を提示するか決められるわ。

WILLIAM：それはいいね。

ANNE ：ところで、エアコンについて少し調べたんだけど、あなたが思うほどありふれてはいないわよ。エアコンがどうやってできたと思う？

WILLIAM：全然わからないよ。

ANNE ：えっとね、ウィリス・ハヴィランド・キャリアという名前の男性が、出版社の工場の湿気問題に対処するために最初の現代型空調システムを開発したの。工場の湿度が低くなった結果、気温が下がり、結果として新しい技術が生まれたのよ。その後すぐにキャリアはさまざまな場所や企業に空調システムを設置するようになったというわけ。

WILLIAM：あのね、これも調べてわかったのだけど、空調システムの実際の仕組みは、みんなの家にある別の物とほとんど同じ単純な科学原理に基づいているんだ。それは冷蔵庫のことだよ。

ANNE ：本当？　それは知らなかった。じゃあ、これはどう？　空調の主な機能は？

WILLIAM：そんなの簡単さ……室内の空気を冷やすこと。その、もっと科学的に言うなら空気の温度をサーモスタットによって監視し制御すること。

ANNE ：よくできました。ほかには？

WILLIAM：え？　まだ何かあるの？　情報収集が足りなかったみたいだね。

ANNE ：心配しなくていいわ。エアコンはキャリアが初めて作ったものみたいに、除湿機としても使用できるとわかったのよ。だから、水受け皿と家の外につながる管が取り付けられているわけ。それに、どのエアコンにもフィルターがついていて、ほこりや花粉といった浮遊微粒子を空気から取り除くことができるのよ。

WILLIAM：ああ、だからいつもうちのエアコンの周りには水があるんだね。壊れているのかと思っていた。それはともかく、僕はエアコンのいろいろな部品について調べてみた。一般的に、冷却コイルと加熱コイルがあって、この2セットのコイルの間にはエキスパンション・バルブ（膨張弁）がある。タイマーやバルブ、センサーなど、ほかにもいろいろな要素があるけど、もうひとつの主要な部品はコンプレッサー（圧縮機）だ。これは大きな電気ポンプで、すべてを冷たく保つエアコン内部のガスを圧縮するものなんだ。それで、これらはすべて標準的なウィンドウ・エアコンの標準部品だ。スプリット型のエアコンや業務用エアコンになると少し違ってくるけど、基本は同じさ。

593

ANNE　　：間違いなく、このプレゼンのためのリサーチは十分なようね。どちらかと言えば、デー
タが多すぎて減らさないといけないかも。

WILLIAM：うん、わかるよ。エアコンの一般的な背景と開発に関するセクションはとても重要だと
思う。この中で、ウィリス・ハヴィランド・キャリアが勤めていた出版社の簡単な説明
を入れるべきだよ。

ANNE　　：それはすごく興味深いし、みんなこの出版社についてきっと知りたいと思うけど、時間
の制約を考えると、キャリアとその出版社の来歴は入れなくていいと思う。エアコン開
発の簡単な背景と、その仕組みだけで十分じゃないかな。

WILLIAM：本当にそれでいいのかな？

ANNE　　：ええ、これはエンジニアリングのプレゼンであって、歴史のプレゼンじゃないわ。だから、
エアコンの実際の仕組みの裏にある科学的原理についてのセクションも入れるべきだと
思う。どう思う？

WILLIAM：僕は構わないよ。この段階では、同様の家庭用技術の情報と、それらの仕組みがエアコ
ンにどう類似しているかを入れ込むよい機会かもしれない。

ANNE　　：あなたの言っていることには賛成だけど、これは冷蔵庫とかそういうものじゃなく、エ
アコンについてのプレゼンだから、トピックに忠実にして、余分な項目はたとえ示唆に
富むものであっても除外するべきだわ。

WILLIAM：そうかな？　じゃあ、さまざまなタイプのエアコンについてのセクションを入れるのは
どう？　調べてわかったとおり、類似点や相違点のあるいろんなタイプのエアコンがあ
るんだ。

ANNE　　：それはいいね。まさにそういう類のアプローチが必要ね。それに、このトピックについ
て調べていたとき、いろんな環境でのエアコンの使用について役に立つ情報がたくさん
見つかったわ。

WILLIAM：うん、さまざまな状況でエアコンがどう使われているのかについて話せるね。環境的な
視点から話すこともできそうだけど、ビジネスや企業の視点から語ることもできそうだ。
本当に、この技術はすごく柔軟に応用されているから、プレゼンを聞く人たちにこのこ
とを知ってもらいたいよ。

ANNE　　：まったく同感よ。じゃあ、これで終わりかな。主要な点はすべて網羅したと思う。ほか
に加えることはある？

WILLIAM：大まかに言って、全体の内容にはかなり自信があるよ。つまらないなんてことは全然な
いけど、どこか何か足りない気がする。情報は妥当なんだけど、もっと追加できること
があるんじゃないかってずっと感じていて。スライドに取りかかって、すごくクオリ
ティの高いものを作るべきかもね。スライドショーの作成はどんな感じ？

ANNE　　：任せて、すべて順調だから。スライドショーに関して、私はちょっとオタクだと言われ
るかもね。始めに……

PART 4 【スクリプト】

Part 4. You will hear part of a lecture about the use of English around the world. First, you have some time to look at questions 31 to 40. Now listen carefully and answer questions 31 to 40.

Today's topic is World Englishes. That's right, how English is taught and used around the world. A common observation about its global use has led to the claim that English has become the most widely taught, read and spoken language that the world has ever known. It has official status in 60 countries, and is highly visible in another 20 more. Within these contexts, it's used as the dominant language for books, academic journals, the media and international sports and entertainment. Given this widespread usage of English, it's inappropriate to view the language as the <u>exclusive property</u> Q.31 of any one community of people, be they English, American, Australian or any other.

It's necessary to view English not as a language that's spoken by a homogeneous group of people; it's in fact spoken by an immense variety of people and as such is always being influenced by and mixed with specific cultural and social <u>realities</u>. Q.32 Many people see this development of pluralism in the English language leading to a variety of World Englishes that're in the <u>constant process</u> of developing new norms Q.33 in English. While these varieties of English have much in common, they are also quite unique in their grammatical innovations and tolerances, lexis, pronunciation, idioms and discourse.

Due to this spread of English and the consequent development of <u>regional</u> varieties, Q.34 a question that needs to be asked by learners, teachers, administrators and policy makers is what variety of English should be taught and learnt. If there is no reason to think that the development of one variety is any stranger than another, then what is best for learners in a specific context? Such concerns seem to be at the core of English language teaching around the world.

Okay, so for every question, I hope there might be an answer. I'll give it a go. First, the emergence of English varieties makes it quite clear that people cannot be expected to conform to the norm of a group to which they do not belong. In addition, <u>students</u> Q.35 <u>should be treated as people in their own right, not as deficient native speakers.</u> What's important here is that the growth of World Englishes leads to the emergence of people speaking differently from each other, which is not better or worse, <u>but just different</u>. Q.36 It needs to be understood that the emergence of new English varieties should be respected in terms of different experiences in different surroundings.

Now, this understanding raises some issues. For instance, how about what standard of English should be taught? Students, teachers and administrators should accept that students need to make the language their own, identify with it, and not let the teacher impose authority upon them in the form of an alien pattern of behaviour. All those involved in the learning process need to focus on creating a local variety of English and not on adopting western cultural norms.

So, what does this mean for the day-to-day pedagogy in a classroom? Well, the nurture of local varieties can be achieved through <u>the development of authentic local</u> Q.37 <u>texts and materials, which have a focus on regional cultures. Giving local people a 'voice' by having the people in the materials be ones learners can identify with creates culturally appropriate varieties of English, based on the regional use of English.</u> Most importantly, there is a need to present nonnative speakers as skilled users of English in textbooks and materials in order to convince students that they are successful multi-competent speakers, not failed native speakers.

Promoting nonnative speakers . . . does that come as a shock to you? Well, I hope it doesn't because viewing nonnative speaking teachers as effective and appropriate teachers is also crucial in the development of a local variety. For instance, educated Japanese English places emphasis on interactions with Asian nations and cultures; therefore, <u>a local teacher or one from the region is more likely to be successful.</u> This Q.38 is due to such teachers having a greater control over the variety being taught, and the fact that they best relate to the experiences of learners. Students may prefer the fallible nonnative speaking teacher who presents a more achievable model.

The spread of English as a global language has occurred because <u>it serves the</u> Q.39 <u>communicative and communal needs of various communities and nations around the world.</u> Accepting this, it's then logical that the language itself will be diverse, reflecting the pragmatic and cultural norms of the local variety. Therefore, there is a need to move from irrational traditionalism to dynamic pragmatism. The challenge for those involved in English language teaching is <u>the recognition and development</u> Q.40 <u>of local varieties that exist alongside international standards of intelligibility.</u> Also, of great importance is the recognition that differences in use should not be viewed as errors or deviants from some 'Anglo' norm . . . .

That is the end of Part 4. You now have one minute to check your answers to Part 4.
That is the end of the listening test. You now have 10 minutes to transfer your answers to the answer sheet.

【訳】

今日のテーマは世界英語です。そうです、世界でどのように英語が教えられ、使われているかについてです。世界での英語の使用に関する一般的な見解は、英語はこれまでの歴史で最も広く教えられ、読まれ、話されている言語になったという主張に行きつきました。英語は 60 ヵ国で公用語とされ、さらに 20 以上の国で非常によく使われています。こうした状況下で、英語は書籍や学術誌、メディア、国際的スポーツやエンターテインメントにおける主要言語として使われています。この英語使用の広がりを考えると、イギリス人であれ、アメリカ人であれ、オーストラリア人であれ、英語を特定の集団の独特な所有物と見るのは不適切です。

英語を同質の人々の集団によって話される言語と考えないことが必要です。実際に英語は非常にさまざまな人々によって話されており、それゆえ、いつも文化的・社会的な具体的現実に影響を受け、また混ざり合っています。多くの人は、英語におけるこの多元性の発展が、英語における新しい規範を絶えず生み出している多様な世界英語につながっていくと見ています。これらの英語の変種は共通点が多い一方、文法面での革新や許容、語彙、発音、イディオム、話法においてかなり独特でもあります。

このように英語が広まり、その結果として局地的な変種が発展したことによって、学習者、教師、行政官、政策立案者が問うべきこととなっている事柄は、どんな種類の英語を教えたり学んだりするべきかということです。ある種類の英語の発展が別の種類の英語の発展よりもおかしいと見なす理由がないなら、ある特定の状況下で学習者にとって何が最もよいのか？　そういった関心が世界中の英語教育の中心にあるように思います。

* * *

では、どんな質問にも答えがあると願って、吟味してみようと思います。まず、英語の変種の出現は、自分の属していない集団の規範に従うことを人々に期待できないことをかなり明らかにしています。加えて、学生は不完全なネイティブスピーカーとしてではなく、完全な一人前の人間として扱われるべきです。ここで重要なのは、世界英語の成長により、互いに異なる話し方をする人々が出現することです。どちらの方がよい、悪いといったことではなく、単に異なっているだけです。新たな英語の変種の出現は、異なる環境での異なる経験という見地から、尊重されるべきだということを理解しておく必要があります。

さて、この理解によっていくつかの問題が浮かび上がります。例えば、どの英語が基準として教えられるべきでしょうか？　学生、教師、行政官は、学生自身が英語を自分のものとし、それに一体感を持つ必要があることを認めるべきであり、教師が外国人の行動パターンという形をとって彼らに権威を押しつけるままにしておかせてはいけません。学習過程に携わるすべての人は、西洋の文化規範を取り入れることではなく、その土地の英語の変種を作り上げることに焦点を当てるべきなのです。

では、これは日々の授業での教授法においては何を意味するでしょうか？　地域変種の発達は、地域文化に焦点を当てた、個々の地域のための信頼できるテキストや教材を開発することによって、実現できます。教材に登場する人々を、学習者が一体感を持てる人物にすることで、地元の人たちに「声」を与え、それによって、その地域における英語の使用に基づいた、文化的妥当性のある英語の変種ができるのです。最も重要なことですが、テキストや教材の中でノンネイティブスピーカーを英語の上手な使い手として紹介する必要があります。彼らが不成功に終わったネイティブスピーカーではなく、成功した多言語話者であると学生たちに納得させるためにです。

ノンネイティブスピーカーの地位を高めるということ……それはあなたにとって衝撃ですか？ そうでないとよいのですか。なぜなら、ノンネイティブスピーカーの教師を、英語を教えるのに効果的であり適切であると見ることが、地域変種の発展に不可欠だからです。例えば、教養のある日本人の英語はアジアの国々や文化との交流を重視しますので、地元の教師やその地域出身の教師が成功する可能性がより高くなります。というのは、そのような教師の方が、教えられている英語の変種をよりうまく使いこなせますし、学習者の経験に最も共感できるという事実があるからです。学生はより到達可能な模範となってくれる、完璧でないノンネイティブスピーカーの教師の方を好むかもしれません。

英語が世界言語として広がってきた理由は、世界中のさまざまな共同体や国の、コミュニケーション上のニーズや共同体としてのニーズに応えているためです。これを認めれば、この言語そのものが、地域変種の実用的・文化的規範を反映して多様性を帯びていくことも、理にかないます。ですから、理屈に合わない伝統主義から、常に変化を受け入れる実用主義に移行する必要があるのです。英語教育（ELT）に携わる人にとっての課題は、国際的な理解可能度の基準と並んで存在する地域変種を認知し、発展させることです。また、大変重要なのは、英語の使用法の違いが、誤りであるとか、「白人ネイティブスピーカー」の基準からの逸脱であると見られるべきではないと認識することであり……

PART 1 【上級者のサンプルスピーチ】

E: Examiner（試験官）／ **C:** Candidate（受験者）

E : Good afternoon. My name is Patricia Hays. Can I have your full name, please?

C : James Walker.

E : Thank you. And can I see your passport, please? Thank you. Now in part one, I'm going to ask you some questions. Do you work or are you a student?

C : I'm a student.

E : What do you study?

C : Currently, I'm enrolled on a doctoral programme. I'm studying Horticulture, more specifically, urban renewal, you know, making where we live a nicer place to be.

E : Do you have to do a lot of study each week?

C : Well . . . yes and no. It all depends on me. As it is postgraduate study, I have a bit of control over my workload, but there are always deadlines. So sometimes busy, sometimes not.

E : Do you prefer to study alone or with other people?

C : Umm . . . to be honest, when I was younger, I was really into studying with my classmates; it was more of a social thing. But now, being a lot older, I much prefer doing study by myself. It's also because of the nature of my study nowadays.

E : Now, let's talk about singing. Did you sing a lot when you were a child?

C : Yes, I sang a lot when I was a child . . . which then continued for me by studying singing when I was a teenager. Up until about twenty, I always liked singing, and I even participated in a few school theatre productions.

E : Do you sing much nowadays?

C : Umm . . . nowadays, I only sing to my children. I sing lots and lots of nursery rhymes.

E : Why do people enjoy singing?

C : I don't really know. I've always had a voice. I have spoken to other people who say, 'I can't sing, I can't sing at all'. To me, singing makes me feel happy. It's just part of life.

E : What kinds of songs do people sing in your country?

C : They can sing folk songs, operatic, pop, jazz . . . all types of music.

E : Now, let's talk about books. What kinds of books did you read when you were a child?

C : I probably read a lot of the classics. They were fascinating to read; I just loved reading, and I still love reading. I get so much enjoyment from it, even the academic stuff. Now, I read every night. But I read, as a child, probably from the age of six onwards.

E : What was the last book you read?

C : Umm . . . *Fall of Giants* by Ken Follett. It was a major novel and quite a dynasty.

E : How often do you read?

C : I read every day, for study and in my free time.

E : What's your favourite book?

C : My favourite book, which I have read twice, is *The Fortunes of Richard Mahony* by Australian writer, Henry Handel Richardson. It is set in Australia during the gold-mining boom.

E : Thank you.

 62

PART 2

E : Now, I'd like you to talk about a topic for one to two minutes. Before you talk, you have one minute to make notes. Here's some paper and a pencil and here's your topic. Please describe an important family event you celebrated.

(1 minute)

E : Okay? I'd like you to speak for one to two minutes. I'll tell you when your time is up. Please start speaking now.

C : Ahh, I had a very important family event that we celebrated last Saturday night. It was at my brother's house; he has a very large house, and it could accommodate all seventeen of us, which is the size of my extended family at present. All my family were there: parents, brothers and sisters and their partners, nephews and nieces. We had the most wonderful feast. My brother cooked on the barbecue, three and a half kilos of fish. I prepared vegetarian dishes because some vegetarians were at the table, and then other people who attended brought their favourite dishes. So we all sat down; there were lots of noise and laughter, and when the children finished eating, they left the table and watched a football game on TV. The girls played dress up, and they were dancing. This was a very important event for me personally because . . . I had all my family there; some travelled from overseas to be there. And it was just a very happy family evening that we could celebrate together. And lots of laughter and lots of fun . . . a very important time for us.

E : Do you spend a lot of time with your family?

C : Well, not really. I live in a different part of the country, so I don't get to see them often. I'm hoping this will change in the future.

E : Thank you. Can I have the paper and pencil back, please?

PART 3

E : You've been talking about a family event, and I'd like to discuss this topic with you by asking some general questions about it. Now, let's talk about family life. In your country, do people generally have small or large families?

C : Currently, at this present time, families are much smaller. A few decades ago, families were much larger, like four or five children to a family, but the usual number now is probably two.

E : So, why has this change happened?

C : I think because both parents need to work. A couple of decades ago, one could exist with just one wage coming in, and one could stay at home, but now it is the necessity of two incomes.

E : What are the advantages and disadvantages of being an only child?

C : I don't think there are any major disadvantages. Of course, an only child doesn't have siblings to play with, but on the other hand, they have all the love and attention from their parents.

E : What role do grandparents play in families in your country?

C : They play a very important role. They are always there to lend a hand, help out, and to be there for their children and their grandchildren.

E : Do you think most grandparents enjoy doing this?

C : Very much so. My parents absolutely love it although they have told me that they do get exhausted.

E : Do you think families are closer than they were in the past?

C : Ahh . . . well I know my family is very close, and most of my friends have a similar experience. Yeah, I'd say we probably put more importance on family life. We don't take it for granted anymore.

E : **Let's move on and talk about caring for children. Who has the main responsibility for child care in the family in your country?**

C : Definitely the female. The mother is always there, and in my case, my mother always gave up whatever needed to be given up in order to be there with her children.

E : Do you think this will change in the future?

C : Yes, I do. I see the change happening now.

E : In what ways?

C : Well, with my family and my friend's families, I see it as very much a joint effort between the wife and husband.

E : So, how should men and women share the responsibility of bringing up their children?

C : By working together, by sharing responsibility. There comes a time sometimes when the male, the father, may have to give priority to his job, but that is something now they work out together.

E : Is this easy to do?

C : In my parents' day, it wasn't heard of. The women just had to stay at home. Now, I think it is much easier for men and women to share the workload.

E : Nowadays, why do many children attend childcare centres?

C : Simply because of the cost of living. Most families want to own their own home, and to do this, both parents need to work. They need a double wage coming in, so childcare plays an important role in achieving this.

E : What are the advantages of children going to these childcare facilities?

C : Children become far more sociable. They learn to mix with their peer group. They learn to share better than those who stay at home and don't see other children as often as these children do.

E : Do you think there are any disadvantages?

C : Ahh . . . probably not. Childcare workers give a lot of attention, a lot of love, and a lot of detail is written out at the end of every day . . . what the children have done. I think the past was different, but definitely now the care is wonderful.

E : Thank you very much.

MEMO

著者

Sarah Morikawa
セーラ森川

イギリス出身。30年間にわたり日本での英語指導に携わる。英国にて日本研究の学位取得後、TEFLA（成人英語教育）の学位およびTESOLの修士号を取得する。東京のブリティッシュ・カウンシルにて12年間にわたり、IELTS、アカデミック・ライティング、その他種々の英語指導を担当する傍ら、千葉大学にて10年間にわたり英語教師として教壇に立つ。現在は同大学の特任講師を務めるほか、イングリッシュ・サポート・センターの運営、英語指導を担当。大学生や成人学習者に対するIELTS指導経験は25年に及ぶ。

Luke Harrington
ルーク・ハリントン

オーストラリア出身。応用言語学（TESOL）修士号取得。イギリス、コスタリカ、オーストラリア、日本における英語指導歴は22年を超える。広範におよぶ各種英語テストの受験指導経験があり、とりわけIELTS受験者への指導経験が豊富。英語教材の開発に力を注ぎ、現在、千葉大学で英語指導を担当する。

平岡麻里
ひらおか・まり

早稲田大学第一文学部卒業、ロンドン大学教育学大学院修士課程修了。MA in Education (History)。旅行会社勤務を経て、イギリスの中等学校にて日本語・日本文化を教えるボランティア、留学エージェントにて留学サポート業務などに従事した経験から、英語学習の重要性を実感する。留学予備校でIELTS受験対策指導を担当後、日本大学、青山学院大学、早稲田大学などで非常勤講師、現在は芝浦工業大学で特任教授を務め、現在は星槎大学共生科学部・大学院博士後期課程教授。専門は教育学（イギリス教育史）、英語教育学（ESP）。

STAFF

装丁＆本文デザイン	Pesco Paint（清水裕久）
編集協力	余田志保
イラスト	いけがみますみ
DTP	株式会社Sun Fuerza

IELTS 完全対策＆トリプル模試

2024 年 3 月 12 日　第 1 刷発行

著　　　者	Sarah Morikawa、Luke Harrington、平岡麻里
発 行 人	土屋徹
編 集 人	滝口勝弘
編集担当	安達正
発 行 所	株式会社 Gakken
	〒 141-8416　東京都品川区西五反田 2-11-8
印 刷 所	株式会社リーブルテック

この本に関する各種お問い合わせ先

● 本の内容については、下記サイトのお問い合わせフォームよりお願いします。
　https://www.corp-gakken.co.jp/contact/
● 在庫については
　Tel 03-6431-1199 (販売部)
● 不良品 (落丁、乱丁) については
　Tel 0570-000577
　学研業務センター
　〒 354-0045 埼玉県入間郡三芳町上富 279-1
● 上記以外のお問い合わせは
　Tel 0570-056-710 (学研グループ総合案内)

学研グループの書籍・雑誌についての新刊情報・詳細情報は、下記をご覧ください。
学研出版サイト　https://hon.gakken.jp/